Master of Public Administration

公共管理硕士（MPA）系列教材

公共经济学

唐任伍 ／ 编著

PUBLIC ECONOMICS

中国人民大学出版社
·北京·

作者简介

唐任伍 经济学博士，国务院政府特殊津贴获得者，北京师范大学政府管理学院教授、博士生导师，北京师范大学政府管理研究院院长，北京师范大学学位评定委员会管理学分会主席，浙江师范大学经济与管理学院院长。曾先后担任北京师范大学经济学院（今经济与工商管理学院）副院长、管理学院（今政府管理学院）执行院长、政府管理学院院长，全国公共管理专业学位研究生教育指导委员会委员、中国经济思想史学会会长。兼任《改革》《北京师范大学学报（社会科学版）》《首都经济贸易大学学报》等多家学术期刊编委，并担任多所高校兼职教授。著（编）有《中外经济思想比较研究》《中国政务信息化研究》《公共经济学》《经济学原理》《世界管理思想史》等专著和教材十多部，发表学术论文百余篇；承担国家级和省部级课题数十项；获得教育部、北京市等颁发的各类优秀成果奖20余项。

内容简介

作为一部主要为公共管理硕士（MPA）学生编写的公共经济学教材，《公共经济学》一书系全国公共管理专业学位研究生教育指导委员会组织编写的《“公共经济学”教学指导纲要》的配套教材，由该教学指导纲要的首席专家、北京师范大学唐任伍教授领衔著述。

全书紧扣该教学指导纲要的要求，按照“市场是资源配置最有效的方式→市场有时也会失灵→信息不完善、垄断、产权不清晰、外部效应、公共物品→“搭便车”“公地悲剧”→政府参与经济→公共财政支出→公共财政收入→转移支付、反贫困、解决社会贫富分化问题→公共选择→政府宏观调控手段和方法”这一逻辑线索来安排内容。为了适应专业学位研究生教育的特点，本书强调教材的应用性和实践性，注重培养MPA学生运用公共经济学理论和方法来解决实际问题的能力，在对公共经济学基本理论进行阐述的基础上，全书安排了大量案例和延伸阅读内容，力求更加符合中国公务员培养和发展的需要，适应国家治理体系和治理能力现代化及社会建设对公共经济学的需要。

本书不仅适合作为公共管理及相关学科学生的公共经济学课程教材，同时也是政府经济管理相关部门工作人员系统学习公共经济学知识的理想参考书。

出版说明

公共管理硕士（Master of Public Administration，MPA）专业学位研究生教育是以公共管理学科及其他相关学科为基础的研究生教育项目，其目的是为政府部门及非政府公共机构培养高层次的应用型专门人才。

我国的 MPA 教育始于 1999 年。1999 年 5 月，国务院学位委员会第 17 次会议审议通过了《公共管理硕士（MPA）专业学位设置方案》；2001 年 10 月，我国进行首次 MPA 招生考试；2002 年 3 月，首批 MPA 研究生正式入学。经过十多年的发展，我国的 MPA 培养院校从最初的 24 所发展到 2014 年的 200 余所；截至 2015 年 7 月，全国 MPA 培养院校累计招收 MPA 研究生 15 万余人，授予 MPA 学位 8 万余人，MPA 教育成为我国公共部门人才培养的重要渠道。

为了满足国内 MPA 教育对教材和教学参考资料的需要，不断探索和回应公共管理实践中的各种问题，同时反映国内外公共管理研究的最新成果，自 2001 年起，中国人民大学出版社组织有关专家编写"公共管理硕士（MPA）系列教材"。本套教材涵盖国务院学位办确定的《公共管理硕士专业学位培养方案（试行稿）》（2000 年发布）和《公共管理硕士专业学位研究生指导性培养方案》（2012 年发布）中规定的各门 MPA 核心课程教材，也包括公共管理各领域的专业方向必修课程教材及部分选修课程教材。本套教材不仅适合 MPA 学生使用，同时也可供公共管理学科的研究生及各级行政管理人员作为参考和培训资料使用。

"公共管理硕士（MPA）系列教材"力求体现如下特色：第一，系统完整，基本涵盖公共管理专业教育的主要知识领域；第二，反映国内外公共管理研究领域的最新成果，为公共管理领域的教育者、学生、实际工作者提供该领域的最新信息、资料及多视角思考空间；第三，反映 MPA 专业教育的特点，重视应用性，注重能力的培养，教材中除讲授一般理论知识外，还提供丰富的案例分析素材；第四，将中国传统的行政管理思想、国外先进的公共管理理论与中国政府的管理实践紧密地结合起来，理论联系实际。

在“公共管理硕士（MPA）系列教材”策划出版之初，中国人民大学出版社邀请国内公共管理领域有关专家成立了阵容强大的教材编审委员会。同时，本着将国内公共管理领域有影响的学校和有影响的学者都吸收进来以博采众家之长的原则，我们广邀全国各地公共管理知名学者，使得本套教材的作者突破了一个学校和一个区域的界限。参与本套教材编写工作的有中国人民大学、北京大学、清华大学、复旦大学、中山大学、厦门大学、南开大学、上海交通大学、北京师范大学、华中科技大学、国防科学技术大学、国家行政学院、中国社会科学院等国内知名高校及科研院所的学者，他们都是公共管理教育领域的专家，具有丰富的教学经验，同时又注重公共管理实践，能够较好地将理论和实践结合起来。

自 2001 年首本教材出版以来，“公共管理硕士（MPA）系列教材”受到了国内公共管理学界的广泛好评，被誉为“与中国 MPA 共同成长”的一套高质量的 MPA 教材。国内众多高校将本套教材选为 MPA 相关课程教材，“十二五”初期，本套教材的累计销量突破百万册，成为广受读者欢迎的 MPA 教材品牌。

随着公共管理教育和实践的不断发展，公共管理学科的研究和教育也在不断发展与完善，这就要求 MPA 教材也要不断修订和更新。在国内公共管理学界的热情支持下，我们编写的这套教材取得了一定的成绩。今后，还请广大读者，特别是在教学一线的 MPA 任课教师继续给我们反馈意见，对这套教材提出批评和建议，以帮助我们不断对相关教材进行修订和完善，实现这套教材“服务中国 MPA 教育事业，与中国 MPA 共同成长”的目标。

中国人民大学出版社

前言

“公共经济学”是公共管理专业学位研究生教育指导委员会规定的核心课程之一。它是一门要求学生掌握的兼具理论、知识和方法的基础性课程。在现代社会中，以政府为代表的公共部门和社会组织，在社会政治经济生活中起着举足轻重的作用，政府不但担负着纠正市场失灵的重任，而且依靠如税收、支出、管制、借债等强有力的政策工具，深刻地影响着社会中每一个公民与千千万万的企业的经济生活，影响着生产者、消费者、储户、雇主的经济行为。以政府为代表的公共部门作为市场经济的主体之一，在现代社会中具有很强的资源配置功能。“公共经济学”作为专门研究政府及各类公共部门资源配置的课程，在 MPA 专业学位研究生的知识结构中具有重要的地位。

公共经济学是经济学中既古老又年轻的分支学科，在经济学中占有重要地位。自庇古撰写的《公共财政学研究》出版算起，政府组织形式发生了很大变化，特别是与其他经济部门相比，规模较大，涉及范围广泛。到了 20 世纪晚期，混合经济出现并得到很大的发展，以政府为主体的公共部门在资源配置中的作用越来越大。在竞争性资源使用过程中，非市场配置资源的过程采用的配置规则与市场配置方式可能相同，也可能不同。实证性或规范性地研究公共部门资源配置的公共经济学越来越受到人们关注。

公共经济学（public economics）作为一个概念首次出现是在 20 世纪 50 年代末，马斯格雷夫出版了被后世奉为经典的著作《财政学原理：公共经济研究》，1964 年和 1965 年分别以法文和英文出版的《公共经济学基础：国家经济作用理论概述》和《公共经济学》则直接以“公共经济学”命名。目前在国内比较流行的国外学者编写的著作有鲍德威（Robin W. Boadway）和威迪逊（David E. Wildasin）合编的《公共部门经济学》、阿特金森（A. Atkinson）和斯蒂格里茨（J. Stiglitz）合编的《公共经济学讲义》、布朗（C. Brown）和杰克逊（P. Jackson）合编的《公共部门经济学》，以及斯蒂格里茨的《政府经济学》等。这些译著的一个重要特征是通俗易懂，案例丰富，信息量较大，教学内容之外的各种附件很多，给中国大学的教材改革、教学改革带来了一股清新气息，特别是对和国际接轨起到了一定的推动作用。但这些教材的缺点也是很明显的，西方学者按照他们的思维方式和认识问题的思路编写的教材适合西方学生的学习需要，但跳跃性较大，尤其是案例和有关数据大多以美国和西方经济社会发展中的实践为蓝本，得出的结论也有局限性。

国内一些学者也编写了一些公共经济学方面的教材，主要代表有高培勇等编著的《公共部门经济学》、郭庆旺等著的《公共经济学》、马胜杰等著的《公共经济学》、唐任伍主编的《公共经济学》、黄恒学主编的《公共经济学》等。这些教材的一个重要特征就是简洁、逻辑性较强，比较符合中国学生的特点和学习需要，适合中国学生的思维特点，但也存在这样或那样需进一步改进之处。

根据MPA专业学位研究生的培养目标，“公共经济学”课程重点在培养学生运用公共经济学基本理论、知识，观察、分析、解决现实社会经济问题。该课程的主要作用是希望MPA专业学位研究生通过公共经济学基本知识的学习，掌握一种经济学的思维和方法，能够熟练地运用公共经济学的理论观点和方法来观察、分析和解决中国特色社会主义建设过程中的实际问题。既要让学生了解和掌握必须具备的公共经济学的一些概念、理论、知识，更要提高学生解决公共经济问题的能力。

公共经济学作为一门同时涉及规范与实证经济学分析的学科，其教学和研究将紧紧围绕国家和社会发展重大战略问题展开。一方面，公共经济学要回答在市场经济条件下，公共部门在影响资源配置方面究竟应该起什么样的作用，确定公共部门决策原则的一系列规范分析需要运用到现代公共经济学的工具；另一方面，公共经济学涉及实证分析，研究如税收、支出、财政转移等政府活动如何影响经济中的资源配置、相对价格与福利状况。公共部门日益扩大的规模与活动范围将极大地影响到价格机制在配置社会资源方面的作用。在对公共部门决策所产生的影响进行实证分析时，必须考虑到政府的行为将会对多个市场上的价格与产出同时产生影响。只有引入公共经济学规范和实证分析方法的最新研究成果，建立起一个在经济学基本知识框架之上完整的公共部门经济学体系，通过一般均衡分析方法，对公共部门决策的经济影响进行分析，才会得到一个相对满意的答案。

MPA专业学位研究生主要为党政部门及非政府机构培养面向实践领域、具有较扎实的理论基础的实践型、应用型高层次人才，要求学生既具有很高的政治素质、道德水平和良好的意志品质，又具有比较好的理论修养。“公共经济学”作为一门理论性、知识性特别是应用性很强的课程，是为学生未来从事实际工作奠定理论基础的一门课。本课程通过教学，力图使学生达到下列几个目标：

1. 思维养成。作为理论性、实践性和方法性很强的课程，本课程旨在培养学生如何运用公共经济学的相关理论来观察、分析、解决现实中出现的大量的公共经济问题，尤其是让学生通过本课程的学习，养成一种经济学思维、公共思维，克服传统的思维惯性，增强自身对社会、对公共利益的责任感，树立以公共利益为最高原则的价值观和理念。

2. 理论养成。作为MPA专业学位研究生所必须了解、掌握的基础理论课程，“公共经济学”必须让学生懂得市场经济的基本规律、市场失灵、政府参与经济的必要性、“搭便车”、外部效应、“公地悲剧”、公共财政支出、公共财政收入、税收、转移支付、公共选择、宏观调控等理论知识，力图通过理论分析和实证研究的结合，让学生对现行税收制度、政府支出、宏观调控与社会保障制度等制度结构有比较完整的认识，从而为未来的工作实践奠定比较扎实的理论基础和具备良好的公共经济学知识素养。

3. 知识养成。本课程按照“市场是资源配置最有效的方式→市场有时也会失灵→信息不完善、垄断、产权不清晰、外部效应、公共物品→“搭便车”“公地悲剧”→政府参与经济→公共财政支出→公共财政收入→转移支付、反贫困、解决社会贫富分化问题→公共选择→政府宏观调控手段和方法”这一逻辑线索来安排内容，目的是让学生通过公共经济学的学习，懂得市场是资源配置最有效的方式，但是市场不是万能的，由于信息不完善、市场竞争不充分、产权不明晰、外部效应、公共物品等原因，市场有时也会失灵。市场失灵带来资源配置失效或者低效，出现“搭便车”“公地悲剧”等外部负效应，因此需要政府参与经济、政府管理经济来纠正市场失灵。政府管理经济、纠正市场失灵需要付出代价，这就是公共财政支出，包括消耗性支出、公共投资支出、转移性支出，消耗性支出保证政府的正常运转，以保障正常的公共物品和公共服务的提供；公共投资支出保障公共工程建设，维护国家经济稳定等；而转移性支出则用来保障社会公平，如建立社会保障体系，对弱势群体进行扶助，消除贫困，解决两极分化问题等。有公共财政支出就必须有公共财政收入做保障，公共财政收入主要有税收，税收按照横向公平和纵向公平的原则进行征收，是政府实现社会公平的一种手段，也是国家调控经济的一种工具。这些知识有很强的内在逻辑，学生在学习中必须有比较全面的了解和把握，以便以后在实际工作中加以应用，用以指导自己的实践。

4. 能力养成。能力培养是 MPA 专业学位研究生最重要的目标，也是“公共经济学”这门课程最重要的目标指向。本课程的学习，旨在培养 MPA 专业学位研究生运用基本理论来具体观察、分析、解决现实公共经济问题，使学生能够从经济学的高度，通过综合、归纳、演绎、推理，透过现象看清本质，从而提高实践能力、决策能力、组织能力、创新能力、沟通能力和执行能力。

本教材一方面兼顾公共管理学科的自身特点和 MPA 专业学位研究生教育的社会属性，适应对高层次、复合型和应用型硕士层次专业学位人才的培养要求，适应国家治理体系和治理能力现代化以及社会建设对公共经济学的需要；另一方面吸收国内外公共经济学教材的优点，尽可能地规避以往教材中的不足，力求符合中国公务员培养和发展需要。按照公共经济学内在的逻辑和发展规律，力求体系完整，内容全面，要点突出，逻辑清晰，简洁实用，理论联系实际，以利于学生了解掌握，为我国推进和全面深化经济体制改革提供政策和理论指导。

本教材由唐任伍编著，北京师范大学政府管理学院的博士生导师王华春副教授也参与了相关编写工作。对于本教材的大纲编写和内容写作，作者曾召开了多次研讨会，举办了三期公共经济学师资培训班，征求了全国各地众多同行的意见，在此一并表示感谢。教材中的不足和错误，希望使用者不吝指正，以使教材不断完善。

目　录

第1章

导　论

学习意义与作用

本单元是“公共经济学”这门课程的导入课，目的是通过本单元内容的教学，了解公共经济学的基本内涵、特征及发展，理解学习公共经济学的意义及必要性。

教学要求

了解公共经济学的基本含义、研究对象、特征及发展脉络，懂得公共经济学发展和兴起的原因及背景，理解作为公共决策理论依据的公共经济学的基本原理的现实意义和作用。了解公共经济学和其他学科之间的关系。

学习重点

- 公共经济学的研究对象
- 公共决策的理论依据
- 作为公共决策理论依据的公共经济学的基本原理

1.1　公共经济学内涵与研究对象

1.1.1　公共经济学的内涵

在现代经济发展中，政府与企业、家庭、世界市场一道，是经济增长的重要部门。那么什么是政府？政府在经济增长中承担什么样的责任、肩负什么样的使命？政府必须做什么？政府应该怎样做才能促进经济增长？这些问题不但是现实生活存在的客观问题，而且是现代社会经济发展必须解决的重要问题。公共经济学就是从经济学的角度来研究、解释、分析和规范政府职能和作用的科学，换句话说，公共经济学就是研究政府经济行为的科学。

公共经济学（public economics）又称为公共部门经济学（economics of public sector），它是专门研究公共部门的经济行为及运行规律的一门学问。公共部门主要指政府及其附属物，人们有时又把公共经济学称为政府经济学。

在市场经济条件下，政府也是一个独立的经济主体。西方经济学把所有经济主体分为公共部门（public sector）和私人部门（private sector）两大类。公共部门是指政府及其附属物，私人部门是指企业和家庭。无论是政府还是企业和家庭，都以各自的方式参与国民经济运行，影响着国民经济的发展方向和速度。在宏观经济学的核心理论即关于国民收入决定的理论中，政府、企业和家庭是三个平等的主体，相互关联而又各有自己的运行规律。如不考虑国际市场的因素，一国国民经济就取决于这三者的经济活动。家庭向企业提供劳动、资本、土地、企业家才能等各种生产要素，并从企业取得相应的报酬。家庭再以这些报酬向企业购买商品和劳务。企业向家庭购买各种生产要素并向家庭提供各种商品和劳务。政府通过税收和政府支出来与企业和家庭发生联系，参与国民经济。经济要保持正常运行，不仅要使企业的投资等于家庭的储蓄，而且要使政府从企业和家庭取得的税收与其向企业和家庭的支出相等。国民经济运行出现不均衡时，政府可以通过调节税收和支出，居民可以通过调节消费与储蓄，企业可以通过改变投资与生产，来使国民经济重新恢复稳定。

虽然政府与企业、家庭一起共同参与国民经济，但是其行为方式和目的却大相径庭。企业和居民作为私人部门是以收益最大化为前提和目标的；政府却不能，它的经济活动一方面不能忽视收益与成本，另一方面又必须以全社会的公正和公平为前提和目标。市场经济是有生命力的，但并不是任何时候都有效的。市场也有其失败之处，而政府有时可以弥补市场的不足与失灵。在市场经济条件下，政府的作用主要有三个，即收入再分配功能、社会资源配置功能和宏观经济稳定功能。换而言之，政府是以自己独特的方式和规律与企业、居民一起参与和影响国民经济的。公共经济学就是经济学中专门研究政府经济行为特殊规律的分支学科，是论述各级政府部门和公共组织（如国有企事业）的存在意义和行为、回答政府必须做什么以及应该怎样做的学问。

1.1.2 公共经济学的研究对象

公共经济学的研究对象是公共部门，即政府及其附属物。政府是国民经济中唯一通过政治程序建立的，在特定区域内行使立法权、司法权和行政权的实体。政府除对特定区域内居民负有政治责任以外，还参与非市场性的社会生产活动和社会财富再分配。政府参与的非市场性的社会生产活动是指政府为满足居民的公共消费需要，通过向社会成员征税和强制转移财富的办法来筹措资金，不以营利为目的地从事生产和提供诸如国防、治安、教育、卫生、文化等公共服务。政府所从事的社会财富分配是指为了保证特定区域内全体社会成员的公平与公正，维护社会的稳定，采取税收或其他强制手段对各社会成员的财富进行重新分配。

公共经济学中对公共部门（政府）的含义分成以下层次加以理解：第一个层次是中央政府。第二个层次是广义政府。这个层次不仅包括中央政府，而且还包括各级地方政府及其附属机构。第三个层次被称为统一公共部门。这个层次的公共部门在广义的政府之上，又加上了非金融的公共企业，包括中央和地方政府出资兴办的各种企事业。第四个层次被称为广义公共部门。这一层次的公共部门在中央和地方政府及其各自兴办的企事业之外又加上了政策性金融机构。公共经济学的研究对象是中央政府的经济行为、地方政府的经济行为，以及包括官方金融机构在内的所有由中央与地方政府出资兴办经营的企事业的存在意义和经济行为。

如何界定政府出资兴办经营的企事业是公共经济学的一个新课题。中国正处在建立健全社会主义市场经济体制过程中，以政企分开为目的的经济体制改革使政府正从无所不包的责任和义务中解脱出来。国有企业按市场经济机制展开生产和经营。虽然国家对转制后的国有企业由于历史原因还拥有一定的股份甚至控股，但纯从经营方式来看，国有企业（包括将来的一部分国有商业银行）与一般意义上的私人部门并无本质上的区别。本书在讨论问题时，已经把国有企业和国有商业银行排除在外，只讨论广义政府和官办政策性银行，即本书在讨论中国的公共经济问题时，只研究中央政府的经济行为、地方政府的经济行为、中央和地方政府出资兴办和经营的按公共经济规则经营的政策性金融企业。对于上述第三个层次中所讲到的非金融的公共企业则将其作为中央或地方政府经济活动的附属机构来看待。

在明确了中央政府、地方政府及中央和地方政府兴办经营的企事业是公共经济学的研究对象之后，还必须对上述主体的经济行为做一界定。从政府三大功能出发，研究政府经济行为也有三个层次的内涵。

第一个层次是研究财政收支。根据法律征收税金以及根据政治程序决定的预算支出各项费用是政府经济行为的核心。既然政府是一个经济主体，其财政收支也应该讲究收益与成本。

第二个层次是研究财政收支对国民经济的影响。财政收支原来只是维持政府人员生存和政府机构运作的非生产开支。但是随着政府的不断扩大，原本仅为自身存续所必需的财政收支在国民经济中所占比重越来越大，财政的作用不限于维持政府自身的存续，而且已经成为调节国民经济的重要手段。

第三个层次是研究包括财政收支在内的公共部门经济的合理性与必要性。各国政府出于调节经济和扩大社会福利的需要，出资兴办经营的企事业不断增加，连同财政收支一起成为国民经济中的一个庞大部门。人们不得不对如此庞大的公共经济的合理性和必要性进行认真研究，弄清楚为什么要维持如此庞大的公共经济，以及如何使其发挥应有的作用。

专栏

公共部门的分类

第一，最典型的公共部门是政府部门，包括国家各级立法机关、行政机关、司法机关和检察机关、暴力机关（军队、警察等）。政府部门以公共权力为基础，制定和执行国家宪法、法律，维持社会秩序，具有明显的强制性，依法管理社会公共事务，提供纯公共产品和公共服务，运营经费全部来源于国家公共财政划拨，其目标是谋求社会的公共利益，对社会与公众负责，不以营利为目的，不偏向于任何集团的私利。判断政府供给的三个标准依次为：技术经济特性、利益博弈结果、社会公平原则。在国外，政党和社团大都不属于公共部门，但在中国，它们事实上都是公共部门。

第二，由国家政权组织委托和授权的，为公众提供科学、文化、医疗卫生等公共服务的事业单位或组织，包括公立医院、疗养院、养老院、公立学校、科学研究机构、文化馆、图书馆、美术馆、社区公益服务组织、社群组织等。其运营经费一部分来源于国家公共财政的划拨，一部分来源于为收回成本而向服务接受者收取的费用，不以营利为目的。这些组织有些也采用企业化经营的模式，形成了企业式运营过程。由政府出资的诸如教育、社会保险、医疗保健、福利规划等经济领域的公共部门在现代经济中占有相当的比重。

第三，由政府出资组建、生产社会需求的物质产品、以营利和国有资产增值为目的、以企业化方式运营的各种国有企业和公司。在内部经营方式上，国有企业与私营企业区别不大，但由于其产权性质属于国有，运营资源来源于公共的资源，又受到政府主管部门或授权主管部门的监督、管理，所以可将其视为公共部门的一部分。国有企业具有执行公共政策、提供公共产品、调节经济、维护公共利益和促进社会公平的作用，属于广义的公共部门，经济合作与发展组织（OECD）国家也是这么规定的。

国有企业是否属于公共部门，在学术界有一定分歧。国有企业是指股权或企业资产绝大部分为国家占有的企业，源于按资产结构对企业所做的一种分类。而公共部门则源于按提供商品种类所做的分类。国有企业与公共部门并没有明确的从属关系。公共部门提供的肯定是公共物品，但是国有企业就不一样。而有的私营企业，比如某个网站却是典型的公共部门企业。所以还是根据定义来划分比较稳妥。

把国有企业划入公共部门，是因为国有企业也是建立在公有产权基础之上的经济组织，也提供公共物品。作为公共部门的国有企业，与私人企业相比较，除追求利润这一共同目标之外，还在一定程度上履行政府的特定经济职能，如基础产业和基础设施领域的国有企业。但中国也有相当一部分国有企业，其介入的领域已与传统的私人部门无异，因此这部分国有企业不归入公共部门。此时，国有企业是企业的一类，企业是市场的主体，而市场是和政府并列的，政府代表公共部门，市场代表私人部门，当然还有第三部门，就是非营利组织，共三块。国有企业只是表明国家是最大的或唯一的投资人，仍然是企业，纯粹以营利为目的，追求自身利益最大化，提供的是私人物品，所以不能算公共部门，如一般的竞争性的农工商或服务行业的国有企业。

就企业的经营方式而言，国有企业与私有企业没有本质区别，在现代企业制度下，股东和代理人之间都是以委托-代理的关系而存在，只不过股东的性质不一样。

资料来源：根据相关资料编写。

1.1.3 公共经济学研究的逻辑

1. 私人产品和公共产品

物质财富是人类社会存在的根基。自私有制和国家产生以来，物质产品就分为私人产品和公共产品。现代世界上所有物质形态的存在，从经济学属性来划分，都是以私人产品和公共产品两种基本形态表现的。根据其公共性和私人性程度的不同，两种形态还可以结合成混合产品这种过渡形态。

私人产品（private goods）又称私人物品，是指具有竞争性（rivalry）和排他性（excludability）、在效用上具有可分割性（divisibility）的产品。所谓竞争性，是指如果某个人消费了某种产品，其他人就不能再消费该产品。所谓排他性，是指排除那些没有付费的人消费该产品的能力。所谓效用的可分割性，是指产品可以分割为许多能够买卖的单位，效用只能对为其付款的人提供。例如，人们穿的衣服、戴的手表、佩戴的眼镜等商品，都属于私人产品。

公共产品（public goods）又称公共物品，是私人产品的对称，是指具有“消费使用上的非竞争性”、“受益上的非排他性”和“效用上的不可分割性”的产品。所谓非竞争性，是指一部分人对某一产品的消费不会影响另一些人对该产品的消费，一些人从这一产品中受益不会影响其他人从这一产品中受益，受益对象之间不存在利益冲突，边际成本为零，即增加一个消费者给供给者带来的边际成本为零。例如增加一个电视观众并不会导致信号发射成本的增加。边际拥挤成本为零，每个消费者的消费都不影响其他消费者的消费数量和质量。如国防、外交、立法、司法和政府的公安、环保、工商行政管理以及从事行政管理的各部门所提供的公共产品都是属于这一类，此类产品增加消费者不会减少任何一个消费者的消费量，增加消费者不增加该产品的成本耗费，它在消费上没有竞争性，属于利益共享的产品。所谓非排他性，是指产品在消费过程中所产生的利益不能为某个人或某些人所专有，要将一些人排斥在消费过程之外，不让他们享受这一产品的利益是不可能的。例如，消除空气中的污染是一项能为人们带来好处的服务，它使所有人能够生活在新鲜的空气中，要让某些人不享受到新鲜空气的好处是不可能的。效用的不可分割性是指公共产品一旦被提供，便有众多的受益者共同消费这一产品，要将其中的任何人排除在对该产品的消费之外是不可能的或无效率的。因此，公共产品是为绝大多数人共同消费或享用的产品或服务，如国防、公安、司法以及义务教育、公共福利事业等。

2. 私人部门和公共部门

私人产品和公共产品的存在，就需要通过某种方式进行资源配置，组织生产和对成果进行分配，这样就产生了私人部门（private sector）和公共部门（public sector）。

私人部门是公共部门的对称，是指个人、家庭和私人所拥有的企事业单位。私人部门的共同特点是它们的活动依赖于个人的收入、个人所有的资产，并且以自身利益为活动的宗旨。作为私人部门的家庭从事个人消费活动，其行为目标是个人或家庭效用最大化；而作为私人部门的企事业单位则从事私人投资的生产，其行为目标是利润最大化。因此，私人部门的消费和生产活动，都是具有竞争性和排他性的，它们的目的是追求效益和效用的最大化。现代社会中，私人部门占大多数，是构成社会的最主要因素。

私人产品的竞争性、排他性属性，意味着只能由生产和消费活动都具有竞争性和排他性、以追求利润最大化的私人部门来提供，也就是说由市场来提供，因为只有私人部门，即市场愿意以某种价格提供竞争性和排他性产品，自由地做出生产和使用产品的决策，并以成本和收益进行计算，提高经济效率，保证利润的最大化。在私有制社会里，私人产品的数量是巨大的，实践已经证明，私人部门提供私人产品是有效率的，它满足了人类日益增长的物质和文化的需要，并且促进了人类文明的进步和发展。因此，私人部门是提供私人产品的部门，市场应该并且愿意提供私人产品。

公共部门是私人部门的对称，指被国家授予公共权力，并以社会的公共利益为组织目标，管理各项社会公共事务，向全体社会成员提供法定服务的政府组织。公共部门主要包括政府、公共企业、非营利性组织和国际组织等。政府是以财政拨款为经费来源，免费或部分免费地向社会提供公共产品和服务的单位的总称，是公共部门的最主要成员。公共企业一般是指政府拥有的以提供公共服务为宗旨的企业。非营利组织指营利组织和政府组织之外的公益组织，是执行公共事务、不以营利为目的的组织。国际组织是指包括联合国、世界银行、国际货币基金组织等在内的跨国界的组织，它们所从事的许多活动都具有公共性，但它们的活动不属于政府活动。

公共产品由于具有非竞争性和非排他性，其消费的边际成本和拥挤成本均为零，容易出现"搭便车"现象。私人部门无法提升效率，也无法通过生产和销售获得利润，因此私人部门往往不愿意提供。这种产品只能由以政府为主要代表的公共部门来提供。

3. 公共部门与私人部门的区别

公共部门区别于私人部门的一个显著特征是制定和实施公共政策（public policy）。制定与实施公共政策是公共部门绝对垄断的一项特权，任何企业与个人以及其他组织都不被允许享有这项权利。与私人部门分散、自主的决策机制不同，公共部门主要通过公共决策机制来发挥作用。公共政策决定公共资金如何分配，影响经济活动中的资源配置，同时也影响经济效率、平等和其他被认为应由公共部门追求的社会目标。

公共部门区别于私人部门的另一特征是公共部门提供公共产品。公共产品是指具有非排他性和非竞争性的产品。正如私人部门提供分享消费的私人产品一样，公共部门提供集体消费的公共产品。作为消费者在市场上支付金钱得到私人产品，同时作为纳税人，向公共部门纳税得到公共产品。不同于私人部门具有边界清晰的私有产权，公共部门的公共产权边界很难划分，在提供公共产品方面会出现"搭便车"和"公地悲剧"等问题。

公共部门区别于私人部门的第三个典型特征是公共部门拥有公共权力。公共部门是公共权力的唯一垄断者。个人与厂商都拥有某些权利，但是这些权利与公共部门拥有的公共权力是截然不同的。公共权力的两大基本要素包括大范围的强制与法律授予。与私人部门通过市场机制来进行交易不同，公共部门的交易机制为非市场机制，具有强制性、无偿性等特征。借助公共权力，公共部门得以建立与维护制度规则，制定与实施公共政策，提供公共产品，引导竞争秩序，激励人们合作，从而对经济活动产生深远影响。

综上，区别于私人部门在既定条件下的利益最大化，公共部门更注重在全社会资源约束条件下的公共利益最大化，其决策大多涉及政治体制问题，一般采用公共决策机制。与私人部门相比较，公共部门的产权边界不明晰，更多的是公有产权。私人部门强调市场机制，而公共部门主要采取强制等非市场机制（见表 1－1）。

表 1－1　　公共部门与私人部门的主要区别

	动力与约束机制	决策机制	产权基础	交易机制
私人部门	既定条件下的利益最大化	分散、自主	私有产权（产权边界清晰）	市场机制
公共部门	全社会资源约束条件下的公共利益最大化	公共决策机制（国会、议会，涉及政治体制问题）	公有产权（产权边界难分）	非市场机制（强制、无偿等）

1.1.4 政府与市场

自国家产生以来，人类社会就出现了政府。所谓政府，是指由“公共当局及其通过政治程序设立的机构组成，并在它的疆域内或管辖地区实施强制的垄断权力”。政府是通过政治程序建立的，在特定区域内行使立法权、司法权和行政权的行为实体。政府除对特定区域内居民负有政治责任之外，还参与非市场性的社会生产活动和社会财富的分配。政府参与的非市场性的社会生产活动是指政府为满足居民的公共消费需要，通过向社会成员征税和强制转移财富的办法来筹措资金，不以营利为目的地从事生产和提供诸如国防、治安、教育、卫生、文化、社会保障等公共服务。政府所从事的社会财富分配是指为了保证特定区域内全体社会成员的公平和公正，维护社会的稳定，采取税收、补助、转移支付等手段对各社会成员的财富进行重新分配。

与政府相对应的是市场。市场是指买卖双方进行交易的场所，是社会分工和商品生产的产物，哪里有社会分工和商品交换，哪里就有市场。市场起源于古时人类对于固定时段或地点进行交易的场所的称呼。《周易·系辞》中说：“（神农氏）日中为市，致天下之民，聚天下之货，交易而退，各得其所。”发展到今天，市场具备了两种意义：一个意义是交易场所，如商品市场、股票市场、期货市场等等；另一个意义为交易行为的总称。

决定市场规模和容量的有三个要素：购买者、购买力、购买欲望。一般来说，人口多，购买者多，经济发达，购买能力大，购买欲望强，市场规模和容量就大。中国有近十四亿人口，人均收入提高很快，有着巨大的市场。市场在其发育和壮大过程中，也推动着社会分工和商品经济的进一步发展。市场通过信息反馈，直接影响着人们生产什么、生产多少以及产品的上市时间、销售状况等。联结商品经济发展过程中产、供、销各方，为产、供、销各方提供交换场所、交换时间和其他交换条件，以此实现商品生产者、经营者和消费者各自的经济利益。经济学研究经济人如何做出选择以及这种选择如何影响经济中的资源配置。理性经济人包括个人和由个人组成的组织，即厂商（企业）、以政府为核心的公共部门和非政府组织（NGO）。一般认为，私人部门（个人和厂商）的目标是追求自身利益的极大化，这与公共部门有显著的区别。公共部门的一般目标是在全社会资源约束条件下的公共利益最大化——即使公共利益是一个很难被确切界定并有很多争议的概念。

1.2 公共经济学的发展

公共经济学有新旧之分，旧公共经济学就是财政学，财政学的研究范围局限于财政收支，特别是专注于税收问题。新公共经济学是从财政学发展而来的，其研究范围大大扩展，不仅研究财政收支，而且还研究财政对整个国民经济的影响。严格意义上的公共经济学是在 20 世纪 60 年代问世，是一门年轻的学科。

1.2.1 公共经济学的研究起点

经济学是研究一定社会的生产、交换、分配和消费等经济活动、经济关系和经济规律的科学，是探索解决有限资源与无穷需求之间矛盾的科学。经济学从它诞生之日起就与国家、政府联系在一起。在中国，“经济”一词是“经邦济世”“经国济民”的简称。在西方，早期的知名经济学家无不把国家的经济行为作为自己最主要的研究对象。早在 1615 年，法国经济学家 A. D. 蒙克莱田把他的著作定名为《献给国王和王太后的政治经济学》。进入自由资本主义时期后，经济学更是与政治密切相关。威廉·配第在 1662 年出版了《赋税论》，明确提出“赋税是国家机器的娘奶”的命题。配第把国家经费分为六个项目：（1）军费；（2）官员俸禄和司法费用；（3）宗教事务经费；（4）大学及其他学校经费；（5）孤儿赡养费和无工作人员的生活救济费；（6）修路架桥费用和其他公共福利费用。配第在这本书中分析了上述六项国家经费增加的原因，即人民对赋税的反对和税收征课的办法，以及国家筹集资金的方式与手段，从而开创了西方财政学的先河。西方经济学的另一位巨人亚当·斯密在其 1776 年出版的巨著《国富论》中也详细地谈到了国家财政问题。亚当·斯密虽然主张经济自由，认为政府不应干预私人经济活动，但他同时又强调政府仍然是必要的，在市场经济中，政府负有保卫本国安全、维持社会治安、建设和维持公共工程和公共事业的职责。为了使这些职能得到充分的行使，政府必须支出和筹集经费。为此亚当·斯密详细地分析了政府收入的来源，征税的原则、方法与时间，以及政府通过发行公债来筹集资金的必要性与可能性。以此为标志，财政学作为一门独立的学科走上历史舞台，为公共经济学的发展拉开序幕。

1.2.2 公共经济学的兴起与发展

财政学因亚当·斯密的《国富论》而成为一门独立学科以后的很长一段时间内，只研究财政收支的本身，而对财政收支的研究又集中于对税收的研究。这与当时的社会背景有密切联系。18世纪新兴资产阶级开始勃兴，逐步登上政治舞台。亚当·斯密等人所创立的古典经济学是自由资本主义的学术结晶，其理论基础是自由经济，主张最好的政府便是最少的干预。这反映了新兴的资产阶级要求摆脱封建残余对其的制约，放手扩展市场的内在需要。

20世纪初，自由资本主义演变为垄断资本主义，资本主义制度固有的矛盾逐渐暴露。经济危机开始周期性地袭击和破坏资本主义的物质成果。克服和消除危机成了经济学家孜孜以求的研究目标。20世纪30年代的大萧条使经济学发生重大变革。英国经济学家凯恩斯在巨著《就业、利息和货币通论》中对自由经济提出疑问，主张国家干预。美国罗斯福总统推行的“新政”为凯恩斯的国家干预论提供了注释和典范。在实践和理论推动下，西方社会中政府的经济作用日益扩大，从单向的财政收支扩大到对经济进行调节和管理。政府开始直接进入生产领域，形成相当规模的公共企事业。这就给财政学提出许多新课题，包括：第一，公共部门应该从事哪些活动以及这些活动如何组织；第二，尽可能地理解和预测政府经济活动的全部结果；第三，评价政府的各种经济政策。很明显，这都不是财政学所能回答的，于是公共经济学便应运而生。

上述三个问题也就成为公共经济学的主要研究内容。1959年，美国经济学家马斯格雷夫出版了《财政学原理：公共经济研究》，第一次提出了“公共经济”概念。马斯格雷夫指出：的确，我一直不愿把本书看作是对财政理论的研究。从很大程度上说，问题不是财政问题，而是资源利用和收入分配问题……因此，最好把本书看成是对公共经济的考察。围绕着政府收入-支出过程中出现的复杂问题……虽然公共家庭（政府）的活动涉及收入和支出的倾向流量，但基本问题不是财政问题。它们与货币、流动性和资本市场无关，而是资源分配、收入分配、充分就业以及价格水平稳定与经济增长的问题。必须把经验看成是研究公共经济的原理或者更准确地说研究的是预算管理中出现的经济政策问题①。1964年和1965年，马斯格雷夫又分别出版《公共经济学基础：国家经济作用理论概述》和《公共经济学》，直接以“公共经济学”命名。

在马斯格雷夫的带动下，大多数著名财政学家如费尔德斯坦、斯蒂格里茨、阿特金森、杰克逊等纷纷将自己的著述改称为公共经济学，1966年起，又有了在公共经济学名义下召开的定期会议和阿特金森主持的公共经济学会及其会刊。20世纪70年代以来，国外许多学者纷纷编写公共经济学教材，比较流行的有鲍德威和威迪逊合编的《公共部门经济学》、布朗和杰克逊合编的《公共部门经济学》以及斯蒂格里茨的《政府经济学》等。这些教材后来通过各种渠道，被陆续引进到中国并用为备选教材。这些教材的一个重要特征就是通俗易懂，案例丰富，信息量较大，教学内容之外的各种附件很多，给中国大学的教材改革、教学改革带来了一股清新的气息，特别是对与国际接轨起到了一定的推动作用。

相对财政学而言，公共经济学增加了两大领域的内容。一是关于政府选择和政府决策的内容。公共经济学认为国家是经过政治程序产生的，主张研究其政治程序的经济效应。二是关于政府政策对经济的影响。除了上述内容的不同以外，公共经济学与财政学

---

① 杰克逊. 公共部门经济学前沿问题. 北京：中国税务出版社，2000：2.

在研究方法上也有很大的变化。公共经济学全面采用了现代经济分析方法，既注重实证分析方法，又注重规范分析方法。实证分析方法是通过量化分析来验证命题和假设，是弄清已经发生了什么。规范分析方法则是从道德标准和价值观出发研究应该怎么办。规范分析虽然不如实证分析严谨、科学和可验证，但是规范分析体现了人文精神和伦理观念，是经济学及其他社会科学不可缺少的分析工具。在公共经济学中，实证分析主要用于考察政府活动的范围和政策结果，规范分析则用于评价各种将要付诸实施的公共政策和政府形式的选择。

时代和经济环境变化要求人们从更广范围、更深层次去研究政府经济活动。只研究财政收支已经无法解释和说明现代国家对国民经济的影响及其政府本身经济活动的合理性。再加上研究方法的改进，在财政学的基础上就形成了公共经济学。为了尊重历史，不少人把财政学称为旧公共经济学，把扩大了的财政学称为公共经济学。但也有不少人认为财政学作为一门独立学科仍然有其存在的必要性和现实意义，而在财政学之前冠上“现代”二字，称之为“现代财政学”。

1.3 公共经济学的研究内容、方法及其与相关学科的关系

公共经济学是经济学中既古老又年轻的分支学科。各个学科相互交叉融合是当代社会科学发展的显著特征。公共经济学本质上是经济学的分支，但同时又受到政治学、伦理学、社会学等其他非经济学科的影响和渗透，与其他经济学分支既有区别，又有联系，相互影响，相互促进。

1.3.1 公共经济学的研究内容

在现代经济中，由私人部门经济和公共部门经济共同构成的经济体系，提供着不同类别的产品与服务，满足私人需求与公共需求。随着公共部门地位与作用的日益提升，公共经济学应运而生。作为一门新兴学科，归纳起来，公共经济学的研究内容主要包括以下三项：第一，清晰地界定公共部门应该从事哪些经济活动以及如何有效地组织与实施；第二，尽可能地把握与预测公共经济活动的结果；第三，对各种政策的制定和实施进行科学公正的评估。

1.3.2 公共经济学的研究方法

公共经济学本质上是经济学的一个分支，经济学中的一般研究方法对公共经济学同样适用。经济学中最常用的研究方法是规范研究和实证研究。除此之外，公共经济学中也经常使用理论分析与计量研究以及案例研究等其他研究方法。

1. 规范研究和实证研究

规范经济学关心的是政策问题，回答的是“应该做什么”的问题，为此要建立社会和

政策目标并寻找实现目标的有效方法。福利经济学给出的大多是关于规范性问题的答案。实证分析是对某种可以验证的经验事实做出的描述，回答的是“是什么”的问题。与实证分析不同，规范分析经常涉及价值判断。实证分析与规范分析有时很难区分，特别是涉及效率与公平问题的权衡取舍时更是如此。规范研究与实证研究是公共经济学的重要研究方法。

2. 理论分析与计量研究

公共经济学研究也经常进行理论分析，或者借助于比较研究和逻辑演绎，或者借助于数理方法。理论研究方法不局限于数理方法，但在西方学术界，理论研究基本上已经等同于数理方法。理论研究更加注重经济学思想，这是与数学不同的地方。计量经济学的研究方法现已得到了广泛运用。理论研究得出的模型是否成立往往要通过计量经济学方法的检验。

3. 案例研究

案例研究主要是法学院和商学院课程常用的方法，但实际上，公共经济学研究也可以运用这一方法。案例研究是一种综合的研究方法，在公共经济学中，可以通过一个具体的公共事件，对公共经济行为、公共经济政策和制度做出详细的描述和深入的剖析。对公共经济案例的研究有助于深化对公共经济理论的认识，在案例研究中发现理论与实践的区别并找出公共经济问题。

1.3.3 公共经济学和相关学科的关系

1. 公共经济学与微观经济学

微观经济学以单个经济单位为研究对象，通过研究单个经济单位的经济行为来说明市场经济如何通过价格机制来解决社会资源配置问题。微观经济学的理论由价格理论、消费者行为理论、生产者行为理论、分配理论及包括价格机制、消费与生产调节、收入分配平均化等在内的政府政策理论共五个基本方面组成。

在微观经济领域，最基本的单个经济单位是居民和厂商，前者是经济中的消费者，后者是经济中的生产者。根据经济学关于每个经济单位的经济行为的基本目标是实现最大化理论出发，微观经济学对于居民的研究是围绕居民如何将有限收入用于各种物品的消费以实现效用（满意程度）最大化而展开的，对厂商的研究则是从厂商如何将有限资源用于生产实现利润最大化而展开的。微观经济学通过对居民的效用最大化和厂商的利润最大化的研究，来探索整个社会的资源最优配置。每个经济单位都实现了最大化，整个社会的资源配置也就达到最优化。

价格机制是实现资源配置最优化的核心手段，居民、厂商的行为均受其支配。在价格和成本的驱使下，居民和厂商以效用最大化和利润最大化为目标而理性地做出每一个经济选择。微观经济学在强调价格机制和竞争的同时，又十分重视分配问题，即产品如何在社会各阶级、各集团之间进行分配。微观经济学认为工人、资本家、土地所有者和企业家是社会生产要素的提供者，必然相应获得工资、利息、地租和利润。微观经济学不仅研究这种收入是如何决定的，还关心各种收入在总收入中的份额大小。

公共经济学与微观经济学之间有两个联结点。第一个联结点是微观经济学研究了价格管理、消费与生产调节及收入分配平均化等政府的直接经济行为。第二个联结点是公共经济学把政府本身也看成是单个经济单位，对其经济行为是否实现最大化进行分析。旧公共经济学即财政学的出发点是弄清要维持一个政府需要多大成本。现代公共经济学完全继承了这一点，把政府的成本-收益分析作为首要研究对象。公共经济学把税收看成是政府的成本与价格，通过对财政收支的研究来弄清纳税人的每一笔税金是否实现了最大化，政府的每一笔开支是否实现了最大化。除此以外，在公共经济学中，微观经济学的一些主要分析工具如个量分析、成本-收益分析、均衡理论、边际效用理论等在公共经济学中被广泛使用。

2. 公共经济学与宏观经济学

宏观经济学以整个国民经济为研究对象，通过研究国民经济中各有关公共经济学总量的决定及变化来说明如何充分利用资源。宏观经济学由国民收入决定理论、就业与通货膨胀理论、开放经济理论、经济周期与经济增长理论以及宏观经济政策等基本方面组成。宏观经济学通过经济总量决定和变化来寻找国民经济的运行方式和规律，它以资源最优配置为理论前提，研究现有资源尚未充分利用的原因，探索充分利用被闲置资源的途径，以实现经济增长。在宏观经济学中，国民收入决定理论居中心地位，把国民收入作为研究的出发点，以国民收入的变化来分析整个国民经济的运行方式和规律，寻求资源的充分利用。

第二次世界大战结束以后的相当长时间内，宏观经济学以凯恩斯的有效需求论和国家干预论为主导。尽管 20 世纪 70 年代以后货币主义和供给学派占了上风，但是凯恩斯主义仍然对宏观经济学和各国经济政策有重大影响。货币主义和供应学派从未主张完全不要国家干预，它们与凯恩斯主义之间的争论只是国家干预的程度和方式之争。

政府职能与宏观经济学的联系。经济发展是一个从非均衡到均衡的过渡，在从非均衡到均衡的不断过渡中实现量的扩张和质的提高。在微观层次上主要起作用的是价格。市场价格调节生产和消费。尽管政府在完全的市场经济条件下可以管制价格和工资，通过税收来调整所得分配，但作用有限，只是一时一地有效，而非全局长期有效。到了宏观层面，价格调节相对有限，而政府调节十分重要，在宏观经济层次上更多是靠非价格机制来调节。

正因为如此，马斯格雷夫把政府的职能和经济行为归纳为配置、稳定和分配三方面。配置功能强调的是公共部门内外资源的有效配置；稳定功能强调的是税收、财政支出以及国债的利用，以实现对经济的短期需求管理，从宏观角度来减少资源浪费，提高全社会资源的使用效率；分配功能强调的是运用公共权力在社会的每个人之间重新分配收入。这三大功能是与宏观经济学中提出的充分就业、物价稳定、长期经济增长和国际收支平衡等宏观经济政策目标相一致的。

3. 公共经济学与福利经济学

福利经济学是由庇古创立发展起来的关于社会福利和个人分配最大化的经济学分支学科。福利经济学在理论上围绕下述命题构建起来：第一，共同利益问题。试图回答在一个相互竞争的经济体系中，买者和卖者之间是否有共同利益。第二，公平分配问题。

即在一个经济体系中，分配方案是由有眼光的统治者制定的。他在制定分配方案时必须考虑是通过对市场机制的补充来获得共同利益，还是让共同利益与市场机制完全对立，以至为了共同利益而必须取消市场机制。第三，社会福利问题。社会福利是个人满足程度的指标。需确认社会福利的提高和公共利益的实现是通过市场机制还是通过政治过程（投票等）。

福利经济学同其他经济学科的共同点是都以研究如何增加社会财富为出发点。但福利经济学更关心在增加国家财富基础上增加社会福利问题，也即研究个人如何从全社会的财富增长中获得更多的满足。福利经济学认为，增加社会福利首先要使社会资源配置达到最优化，从而实现全社会财富的增加。福利经济学强调国民收入的增加不能损害穷人的绝对份额，或增加穷人的份额而不至于影响国民收入总量，主张减轻社会分配不公是增进社会财富和社会福利的必要条件。由于分配机制是统治者制定的，政府总是要干预资源的分配与再分配。福利经济学的根本任务是评估各种资源配置和分配的方式。可见，福利经济学为考察政府的经济行为提供了理论启示。

福利经济学中的帕累托最优原则已经成为公共经济学的重要组成部分。帕累托最优是指资源的配置已经到了在不损害别人的前提下就无法改善的境地。福利经济学以帕累托最优原则揭示了资源分配的有效性问题。帕累托最优原则在经济学中有着广泛运用，在公共经济学中亦然。为了实现社会财富的增长和社会福利的增加，人们不能不在分配问题上打破现有的平衡以谋求新的平衡，帕累托最优原则是公共经济学的基本原则。

4. *公共经济学与政治学*

公共经济学一方面从非经济学的社会科学中汲取营养，另一方面又向非经济学的社会科学渗透和入侵。公共经济学作为经济学的分支，同样与政治学、伦理学、社会学的关系十分密切。公共经济学中所要阐述的公共产品理论和公共选择理论就是公共经济学与政治学之间的理论桥梁之一。

如果说凯恩斯的国家干预理论是纠正市场缺陷的理论，那么布坎南创立的公共选择理论则是纠正国家缺陷的理论。国家（政府）通过财政收支、经济政策和公营企事业来提供公共产品和干预市场。这种公共干预需要完善。现实中的财政和政府的经济行为是一种政治过程，是政治权力的反映。理论上的财政制度与现实中的政府经济行为并不一致，财政制度应当是建立在“超越不同利益集团的利益才能够实现真善美”的理念之上的，财政或其他政府经济行为应当是人们在自愿基础上选择和交换的结果。公共经济学有必要从规范政府经济行为的角度引入公共选择理论，把政府的经济行为同人们的政治投票联系在一起考虑，由选民用投票来决定生产什么公共产品、生产多少公共产品，让选民用投票来选择符合大多数选民愿望的政府经济行为。为了使社会福利不断增加和保证分配上的合理，公共选择理论提出了抉择、交换与讨价还价、调查和民意测验等观察与参与政治进程的方法，为选择合理的政府公共经济行为、合理的财政开支和税收、合理的公共企事业和合理的经济政策提供了理论基础。在选择过程中，必然会涉及伦理标准和社会结构问题，从而使公共经济学又与伦理学和社会学有了内在联系。

关键术语

公共经济学　公共部门　私人部门　公共产品　私人产品　混合产品
政府　市场

复习思考题

（一）简答题

1. 公共经济学的含义和研究对象是什么？
2. 公共经济学兴起和发展的背景及原因是什么？
3. 公共部门和私人部门有哪些主要区别？
4. 学习公共经济学的意义是什么？
5. 公共经济学与其他经济学科之间的关系如何？

（二）讨论题

1. 公共经济学研究的逻辑是什么？
2. 应该怎样学习公共经济学？

第2章

市场效率与市场失灵

学习意义与作用

理解市场是资源配置的最有效手段，在资源配置中起决定性作用。价格机制像一只“看不见的手”，无时无刻不在指挥着经济的运行。市场并不是万能的，市场有时也会失灵。

教学要求

理解人的欲望的无穷性和资源的稀缺性是人类社会的基本矛盾；理解市场经济是资源配置的一种有效方式，价格机制像一只“看不见的手”，指挥着经济的运行；理解帕累托最优是衡量竞争性市场效率的原则；理解市场经济配置资源的效率及其衡量方式。

学习重点

- 市场失灵的原因
- 市场失灵的表现形式
- 市场经济配置资源效率的衡量
- 效率原则“帕累托最优”及其表现形式

2.1　资源配置选择方式与经济发展

人类自诞生以来就一直为经济问题所困扰，生存和发展始终是人类要面对和解决的两个基本问题。当人类进入21世纪之后，科学技术日新月异，但人类生存和发展的两大问题仍然没有得到很好解决，饥饿、失业、通货膨胀、贫富分化、环境恶化、战争等仍然是各国面临的普遍难题。高效率地发展经济是人类解决上述问题的首要选择。

2.1.1 经济资源及其分类

生产各种物品和劳务的资源各种各样，它不仅包括诸如机器、厂房、设备、土地、森林、矿石、水等有形产品，同时包括诸如知识、技术、信息、能力、文化、价值观等无形产品。资源就是指满足人们需要的各种物品，它包括以土地为代表的自然资源，以资本为代表的人造资源，以劳动力为代表的人力资源，以企业家为代表的风险资源。

以土地为代表的自然资源不仅指能够生长庄稼、种植树木、修造房子的土地，而且包括土地上生长的森林，地底下的矿藏、石油、天然气等金属和非金属，甚至还包括海水、海中的鱼类、海底下的石油、天然气和矿藏等。

以资本为代表的人造资源包括厂房、机器设备、原料、材料、燃料等有形的东西，还包括商标、品牌、信誉、企业文化等无形的东西。除此以外，投入生产过程的货币也包含在资本的范畴之中。如航空公司的飞机、运输用的车辆、公司的商标、知识产权及其他各种设备等，均属于该公司的资本资源。

以劳动力为代表的人力资源包括具有一定教育、知识、文化水平的劳动者数量，更重要的表现为创造、发明能力。如企业员工素质，就成为企业在激烈竞争中最重要的资源。

以企业家为代表的风险资源主要指管理水平、管理能力和管理组织，它需要有一定数量的具有风险意识和创新水平的企业家做基础。如果管理水平高，一个企业、一个单位的效益就好；相反，效益就差甚至会破产倒闭。这种资源具有风险性。

2.1.2 人类欲望和资源稀缺性

人是有需求、有欲望的。饿了想吃，冷了想穿，渴了想喝，吃饱了想吃好，穿暖了想穿漂亮，这些欲望可能产生于生理需求，也可能产生于心理需求。清人胡澹庵编辑的《解人颐》收录的《不知足》，就生动地反映了人的欲望："终日奔波只为饥，方才一饱便思衣。衣食两般皆具足，又想娇容美貌妻。娶得美妻生下子，恨无田地少根基。买得田园多广阔，出入无船少马骑。槽头拴了骡和马，叹无官职被人欺。县丞主簿还嫌小，又要朝中挂紫衣。若要世人心里足，除是南柯一梦西。"另有一首叫《贪婪之心》的江南小令，更加生动地描写了人的非理性个人需求："终日奔忙只为饥，才得有食又思衣。置下绫罗身上穿，抬头却嫌房室低。盖了高楼与大厦，床前缺少美貌妻。娇妻美妾都娶下，忽虑出门没马骑。买得高头金鞍马，马前马后少跟随。招了家奴数十个，有钱没势被人欺。时来运转做知县，抱怨官小职位卑。做过尚书升阁老，朝思暮想要登基。一朝南面做天子，东征西讨打蛮夷。四海万国都降服，想和神仙下象棋。洞宾与他把棋下，吩咐快做上天梯。上天梯子未做好，阎王发牌鬼来催。若非此人大限到，升到天上还嫌低。玉皇大帝让他做，定嫌天宫不华丽。"

可见，人不但有欲望，而且人的欲望是无限的，即人们的欲望永远也没有完全得到满足的时候。一种欲望满足了，又会产生新的欲望，永无止境，所谓“欲壑难填”“人心不足蛇吞象”，就是指人类欲望的无限性。有人把人的欲望视为万恶之源，但从另一个角度认识，正是人类欲望的无限性，推动了人类不断地追求和探索，从而客观上推动了人类的进步和发展。

专栏

马斯洛的需求层次论与民生为本的层次

何谓“民生”？追根溯源，最早见于《左传·宣公十二年》的“民生在勤，勤则不匮”。孙中山先生对“民生”的解释，让人茅塞顿开：“民生就是人民的生活——社会的生存，国民的生计，群众的生命。”时下，对于“民生”的全新界定，简言之就是“四个基本”：民众的基本生存和生活状态、基本发展机会、基本发展能力、基本权益保护等。“治国有常，而利民为本。”《淮南子·氾论》的这一论断告诉我们，治理国家是有规律可循的，为百姓谋福利才是根本方略。不过，仅有这一根本方略是远远不够的，还须确立“改善民生是最大的政务，民生幸福是最大的政绩”的施政理念，只有如此，才能科学制定和实施保障和改善民生的“分层次”举措。要知道，泛泛而谈“民生”问题，弄不好成“老虎吃天——没法下爪”；撒胡椒面式解决“民生”问题，弄不好就成了“水过地皮湿——难解干旱”，甚或好心办了坏事。

美国心理学家亚伯拉罕·马斯洛的“需求层次理论”，能为保障和改善民生的“分层次”举措提供理论佐证。他认为，人的需求像阶梯一样从低到高，按照五个层次逐级递升。第一层次是生理上的需求，以呼吸、水、食物、睡眠、生理平衡、分泌、性为特征；第二层次是安全上的需求，以人身安全、健康保障、资源所有性、财产所有性、道德保障、工作职位保障、家庭安全为特征；第三层次是情感和归属的需求，以友情、爱情、性亲密为特征；第四层次是尊重的需求，以自我尊重、信心、成就、对他人尊重、被他人尊重为特征；第五层次是自我实现的需求，以道德、创造力、自觉性、问题解决能力、公正度、接受现实能力为特征。只有循序渐进地满足人的不同层次需求，才能使个体潜移默化地由自然人升华为社会人。

既然人的需求是分层次的，保障和改善民生的举措也应“分层次”实施。唐任伍等在《2012 中国民生发展报告》中，将民生问题的解决分为“保障”“改善”“发展”三个阶段，对应马斯洛的“生理需求”“发展需求”“人的自我实现需求”。党和政府在解决民生问题时，也采取“分层次”策略。“搞好‘基本民生’，建立人人可及的基本公共服务；保障‘底线民生’，安排好困难群众的生产生活；关注‘热点民生’，妥善化解涉及群众切身利益的热点、难点、焦点问题。”这一“民生层次论”，是对党的十七大报告提出的“学有所教、劳有所得、病有所医、老有所养、住有所居”的细化和强化，更利于有的放矢地解决人民群众最关心、最直接、最现实的利益问题。

搞好“基本民生”，就要确立就业是民生之本、教育是民生之基、分配是民生之源、社保是民生之依、稳定是民生之盾的施政理念，在扩大就业、促进消费、强化保障、增进福祉下功夫，建立人人可及的基本公共服务，让广大人民群众共享改革发展成果；

保障“底线民生”，就要时刻关注社会困难群体的生产、生活状况，落实社会救助和保障标准与物价上涨挂钩联动机制，确保城乡困难群众得到及时有效救助，为他们撑起衣暖食饱无忧、体面尊严生活的“保护伞”；关注‘热点民生’，就要从百姓安居乐业的高度出发，热点问题不回避，难点问题不推脱，焦点问题不敷衍，建立健全社会矛盾纠纷处理机制，千方百计把各种矛盾化解在萌芽状态，不断提高人民群众的安全感、幸福感、和谐感。无论是基本民生，还是底线民生，甚或热点民生，都是民生系统工程中的子系统。三者之间，虽说侧重点各不相同，但却相辅相成，共生共振，缺一不可，聚力托举起“大庇天下寒士俱欢颜”的民生大厦。说民生，道民生，民生实乃万世宗，正如明代著名文学家、哲学家王廷相在《慎言·御民篇》中所言：“天下顺治在民富，天下和静在民乐，天下兴行在民趋于正。”

资料来源：http://www.gmw.cn.

人有欲望，需要用各种各样的物质产品和劳务来满足。而物质产品和劳务需要用各种资源来进行生产。一个国家即使再大，资源再怎么丰富，也总是有一个相对有限的量，资源是稀缺的、有限的。例如，生产粮食的土地有限，生产建筑房子用的钢材所需要的铁矿石有限，开汽车用的石油是有限的——相对于人类社会的无限需求或者说相对于人的欲望的无限性来说，资源总是不足的、有限的。这种欲望无限而资源有限的特点就是经济学所说的稀缺性。稀缺性不是指资源绝对数量的多少，而是指相对于人的无限的欲望而言，再多的资源也是稀缺的，稀缺性是指资源的相对有限性。

专栏

趋利避害的欲望是人的天性

生物要生存发展，就必须与外界进行物质和能量的交换，从而与外界某些物体发生关系，必须能动地调节主客体关系，即能动地趋利避害。生物的能动性，就表现为生物所特有的信息处理功能和趋避行为功能。生物的趋利避害总是力争得大于失，即讲求效率，这就是生物生存发展必须遵循的第一条“效率定律”。为了提高效率，生物首先要改进自身的信息处理和趋避行为功能，这就促使生物的不断进化，即由低等生物的“感应-适应”功能，进化到动物的“感知-利用”功能，最后进化到人的“思维-创造”功能。从此人也就成了世界的“万物之灵”。

人饿了就要吃饭，渴了就要喝水，困了就要睡觉。总之人人都有趋利避害的本能。人的自然属性能趋利避害，人的社会属性也能趋利避害。韩非子说过，造车人造好了车，希望人富贵；工匠造好了棺材，希望人早死。这些并非表明造车人仁义而工匠狠毒，而是因为人不富贵，车就卖不出去；人不死，棺材就卖不出去。不是工匠憎恶谁，而是他的利益就在于人的死亡。可见人类共有的天性就是趋利避害。自由主义思想家以赛亚·柏林说：“人之所以为人，在于他们有选择能力，不论是选择好的或坏的东西，要点在人可以自行选择。”人为什么有选择的能力呢？这是由一切生物趋利避害的天性决定的。

资料来源：根据相关资料整理。

稀缺性是人类面临的永恒问题，稀缺性是绝对的，它存在于人类历史的各个时期和一切社会，无论是古代还是现代，无论是贫穷的非洲还是富裕发达的欧美，其资源都存在稀缺性。资源稀缺性与人们需求无限性的矛盾是人类社会最基本的矛盾。

专栏

中国的资源概况

水资源。2015 年中国淡水资源总量约 28 306 亿立方米，居世界第 6 位，但我国人口多，年人均量只有 2 545 立方米，只相当于世界人均量的 1/4、美国的 1/5、加拿大的 1/50，居世界第 88 位，可见我国是个贫水国家。除去洪水期间放掉的径流量和边远地区不便大量开发利用的水资源外，实际能够发挥作用的水资源量也就在 10 000 亿立方米左右。

土地资源。中国的内陆土地面积为 960 万平方公里，占全球陆地总面积的 6.5%，位居世界第三。2016 年全国共有耕地面积为 13 495.66 万公顷，约合 20.24 亿亩，占国土面积的 13.8%，现有耕地比重小于美国和印度，林地占 23.9%，牧草地占 28%。中国国土面积的 66%是山地、丘陵和高原，平地面积约为 326.3 万平方公里，约占土地总面积的 34%。由于前者大都不适宜于农业利用，因而我国可供农业开发的土地资源并不充裕。我国人均耕地面积不足 0.001 平方公里，只占世界平均水平的 1/3 弱，即使是与人口众多的印度相比，也相差一半。

矿产、能源资源。我国是世界上矿产资源较为丰富的国家之一，经过几十年的普查和勘探，截至 2017 年，我国发现矿产 173 种，探明储量的 162 种，亚矿种 230 个，发现矿床、矿点 20 多万处，是世界上矿产种类齐全、储量丰富的少数几个国家之一，有 40 多种主要矿产探明储量的潜在价值居世界第 3 位，仅次于俄罗斯和美国。但是，我国有 13 亿多人口，按人均拥有矿产资源量计算，只有世界人均占有量的 40%，居世界第 81 位，因而按人均占有量计算又是资源小国。而且，我国储量丰富的矿产主要是一些用量不多的矿种，而国民经济和人民生活需要的大宗消耗性矿种，如石油、天然气、铁、铜、钾盐、天然碱等却储量不足，一些重要矿产如铬、铂、金刚石、硼等严重短缺。铜矿只能满足生产需要的一半，铁矿由于贫矿多而长期依赖进口。老矿山可采资源日益衰竭，后备资源基地短缺，石油、天然气、铜、金等可供规划开发的储量缺口很大。

我国长期沿用以追求增长速度、大量消耗资源为特征的粗放型发展模式，在由贫穷落后逐渐走向繁荣富强的同时，自然资源的消耗也在大幅度上升，致使非再生资源呈绝对减少趋势，可再生资源也显出明显的衰弱态势。

资料来源：根据相关资料整理。

2.1.3 经济学指导资源优化配置

人们对于经济学有着不同理解。有人认为经济学是经邦济世之学；有人认为经济学是专门研究生产关系的学问；有人认为经济学就是研究发家致富的学问，甚至还有人认为经济学无非是一小批自命为经济学家的人所玩的自娱自乐的智力游戏。但无论如何定义或描述都必然涉及稀缺性。因为资源稀缺，所以对资源的配置就显得非常重要。资源有限而欲望无限，正如一个家庭不能给每个成员提供所想要的每一件东西一样，一个社会也不能给每个人创造他们向往的最高生活水平。经济学就是研究如何配置稀缺资源，使其最大限度地满足人们无限欲望的科学。

任何一个经济社会，无论是发达工业化国家，还是一个孤立的部落社会都面临着如何利用稀缺资源来最大化地满足无限需求的问题，或者说都必须面对和解决三个基本经济问题，即都必须通过某种方式决定生产什么、如何生产以及为谁生产。事实上，经济组织的这三个基本问题，即生产什么、如何生产和为谁生产，在人类文明的昨天、今天和明天，一样的重要而且是永恒的问题。

生产什么、生产多少？由于资源有限，用于生产某种产品和服务的资源多一些，用于生产其他产品和服务的资源就会少一些。人们必须做出选择，在诸多可能的物品和劳务之中，每一种应该生产多少以及何时生产。应当利用有限的资源生产更多的消费品还是应当生产较少的消费品和较多的投资品，从而让未来有更多产出？在现代市场经济中，生产什么、生产多少主要是由市场决定，有时政府也起一定作用。价格是决定生产什么的关键因素。

如何生产？一个社会必须决定谁来生产、使用何种资源，以及采用何种生产技术。用水能发电，还是用太阳能发电？或用石油、煤炭发电，还是用核能发电？允许较多的污染，还是允许较少的污染？

为谁生产？谁来享受经济活动的成果？或者生产出来的社会产品如何在不同的居民之间进行分配？一旦产品被生产出来就遇到分配问题。哪些群体收入应当得到最多、社会应该如何给穷人提供最低消费等都涉及分配问题。更进一步讲，是什么因素决定收入与工资高低，是运气、教育、遗产、储蓄、经验或是勤奋？这类问题是经济学研究的重要领域。

一个社会稀缺资源的使用，无论是生产什么、如何生产，还是为谁生产都取决于成千上万的消费者、工人、发明家、管理者和政府官员的共同作用，只是在不同的经济制度下，各方所发挥的作用大小有别而已。

专栏

“智者”与市场——司马迁与自由市场

司马迁是中国最伟大的历史学家，他的历史理念，是中国历史学、政治学传统中的一个异数。他以“无为”的概念突出自发秩序理论，为自由市场辩护，反对政府随意干预。他的政治、经济思想，可以说是亚当·斯密、哈耶克若干关键性概念在两千年前的预演。他关于自由放任政治的思想分散体现在几篇人物传记中，而他关于自由市场自发秩序的思想，则主要体现在《货殖列传》和《平准书》两篇中。

在历史书中专门辟出章节记载工商业，司马迁可能是第一人。他曾解释自己为什么要写作《货殖列传》：“布衣匹夫之人，不害于政，不妨百姓，取与以时而息财富，智者有采焉。”古今中外，常有人将工商业、市场视为洪水猛兽。从正统的儒家，到最时髦的反全球化分子，他们都痛心疾首地认为，市场让人心不古。而司马迁却清楚地认识到，这些商人、企业家，在自己发财致富的时候，既不会使政治腐败，也不会使他人变穷，而是依靠自己的企业家的机敏，知道何时买进何时卖出，知道消费者需要什么，准确地把握利润机会。他们通过服务于他人让自己致富，何罪之有？

照司马迁的看法，那些认识不到这一点的人，只能归结为不“智”。而这样的人还真不少。中国古代文人总喜欢说上古时代先王圣明，民风淳朴。有趣的是，当今时代的无数反市场、反全球化人士，也都把原初部落社会描述为一个和睦的社会，他们也把资本主义之前的英国手工作坊描写成一幅田园牧歌的美景。然后，他们就慨叹说，自由市场制度的出现打破了这幅美丽图像，资本主义简直就是一片黑暗。今天的中国某些知识分子也在重复这样的谎言。在他们看来，那些被卷入自由市场、通过辛勤劳动改善自己的农民，是受骗上当了。而司马迁在《货殖列传》起首却说：“夫神农以前，吾不知已。”当人类已经进入必须靠交换才能维持生存的“大社会”之后，谈论那种部落社会有何意义呢？当然，知识分子谈论那个虚构的理想社会，为的就是反对自由市场。

司马迁说：“至若《诗》、《书》所述虞、夏以来，耳目欲极声色之好，口欲穷刍豢之味，身安逸乐，而心夸矜势能之荣。使俗之渐民久矣，虽户说以眇论，终不能化。”人总是追求不断地改进自己的境遇，通过努力、通过交换，从不适的状态变得舒适一些。然而，这并不是“自私”一词所能概括的。我看见有人遭受困苦，帮他一把，也同样增进了我的满足感，这是自私吗？

司马迁冷静地对他们说：面对现实吧。“故善者因之，其次利道之，其次教诲之，其次整齐之，最下者与之争。”最愚蠢的政策就是试图用天使的标准来要求凡人，要在人间建设天堂。在这样的希望破灭之后，有些人仍然充满哈耶克所说的“致命的自负”，试图由政府通过管制、通过再分配取代市场，以实现他们所谓的公正。结果，政府蜕变为某些特殊利益的维护者，不过是与民争利而已。在司马迁看来，好的社会秩序，就是顺应人的本性，利用利润机制，令每个人在一套公正的法律规则框架下，利用自己的知识，通过服务于他人追求自己的利益。而最不好的制度，就是政府以种种借口控制资源，与民争利，或将资源赋予某些垄断者。

资料来源：秋风．“智者”与市场——司马迁与自由市场．中国经营报，2003（1498）．

2.2　市场对资源配置起决定性作用

2.2.1　价格机制配置稀缺资源

资源是有限的、稀缺的，如何实现有限稀缺资源的合理配置和使用，如何将有限的资源投入效益最高的生产中获得最大的收益，解决好生产什么、生产多少、如何生产这样的问题，是经济学的核心问题。

资源的配置在不同的时候、不同的背景下有不同的方式。在自然经济条件下，资源是采取自然配置的方式，小农生产者和小手工业生产者以家庭为单位，为满足自身的需要，自己决定生产什么、生产多少、如何生产。而在现代经济社会的复杂经济条件下，资源的配置方式主要有计划方式和市场方式。

计划方式又可以称为计划经济，是由计划经济体制支撑的，指整个资源的配置和使用依靠政府的一系列计划来实现。生产什么、生产多少、如何生产主要由政府通过高度集中的、自上而下的、严格的指令性计划来决定。产品稀缺程度的显示信号是计划平衡决算的差额或缺口。如民航签约购买多少架飞机、每天飞行多少航班、飞哪条航线、机票价格多高、企业用多少员工、每个员工的工资多少都由政府决定，企业自身没有决定权。计划配置是计划经济体制中占主体地位的资源配置方式。

市场方式又可以称为市场经济，是由市场经济体制支撑的，指整个资源的配置和使用主要依靠市场机制来实现。市场机制作为价格、竞争、供求、利率、工资等诸市场要素构成的有机制约体系，主要包括价格机制、竞争机制、供求机制、利率机制和工资机制等，这些部分，在相互作用过程中具有关联性、制约性、客观性、内在性、动态性。市场机制主要有两个功能：一是作为指示器向企业反映市场供求状况，二是作为利益制约力量调节企业的生产和经营活动。市场的资源配置方式与计划的资源配置方式之根本区别在于生产什么、生产多少、如何生产等问题主要通过一种价格机制来决定，企业根据市场价格的变化来决定生产什么、生产多少、如何生产，消费者和生产者拥有充分的自由选择权。如民航签约购买多少架飞机、票价多高、经理的工资多少、员工的奖金如何发放等企业自己说了算。

计划和市场两种资源配置方式各有优劣，它们的差别主要表现在三个方面。第一，决策机制不同。市场经济条件下，选择的决策由参与经济的千千万万的个人和企业分散地自主独立做出；而计划经济条件下，选择的决策由中央计划机构集中做出。第二，协调机制不同。市场方式由价格来协调千百万人的决策，使这些决策一致；计划方式则是个金字塔式的等级体系，用自上而下的命令来贯彻决策，保证决策的协调。第三，激励机制不同。市场经济的激励以个人物质利益为中心，计划经济的激励则以集体主义精神为中心。

经济效率与经济增长的理论和长期的资源配置方式的实践证明，市场经济在资源配置效率上比计划经济更优越，经济上成功的国家大多采取了市场经济的资源配置方式。正是因为这样，20 世纪 80 年代以后，原来采取计划经济进行资源配置的国家，大都转向采用市场经济的资源配置方式。从一般意义上说，市场经济是指一种资源配置方式，或者说市场经济是一种以市场为导向，通过价格机制来配置资源的经济形式。

2.2.2 全面理解价格机制

在市场经济中，经济的运行由价格这只“看不见的手”调节，或者说资源的配置由价格决定。按照亚当·斯密的解释，每一个人在做事的时候，不会想到未来促进社会利益，而是从个人利益出发去做事，想着怎么实现自己利益最大化。但是当每个人真正这样做的时候，就像有一只“看不见的手”在牵引着他，促进社会利益最终最大化。亚当·斯密说的“看不见的手”指的是竞争性的市场存在着一种趋势，它能引导个人的利己行为与社会福利经济进步相一致。

在斯密看来，市场价格能够约束个人利益，并使之为社会利益服务。当你坐在饭店的桌边享受美味佳肴时，不妨想想那些帮助你成就这顿美味的人。从农民到杂货店的卡车司机，从杂货店主到饭店厨师，这其中的每个人都没有任何动力去关心你的这顿饭究竟吃得如何，但市场价格却使你和所有人的利益相一致。

关于市场价格这只“看不见的手”如何使个人利益和经济进步的社会利益一致，美国著名经济学家米尔顿·弗里德曼把价格在经济中的作用简要归纳为三种。第一，传递情报。信息传递是市场最重要的功能之一。市场上汇聚了各种信息，汇总的结果即各种产品、劳务和要素的市场价格。这些重要数字为各方面的决策者提供了通过别的手段无法得到的有用信息。第二，提供一种刺激。促使人们采用最节省成本的生产方法，把可得到的资源用于最有价值的目的。第三，决定谁可以得到多少产品——收入的分配。三种作用密切关联。弗里德曼认为价格实际上已经解决了资源配置所包括的三大问题，即生产什么、如何生产和为谁生产。

专栏

“看不见的手”的起源

“看不见的手”是18世纪英国经济学家亚当·斯密（1723—1790）于1776年在《国富论》中提出的命题。最初的意思是：个人在经济生活中只考虑自己利益，受“看不见的手”驱使，即通过分工和市场的作用，可以达到国家富裕的目的。后来，“看不见的手”便成为表示资本主义完全竞争模式的形象用语，这种模式的主要特征是私有制，人人为自己，都有获得市场信息的自由，自由竞争，无须政府干预经济活动。看不见的手，揭示自由放任的市场经济中所存在的一个悖论，即在每个参与者追求他或她的私利的过程中，市场体系会给所有参与者带来利益，就好像有一只吉祥、慈善的“看不见的手”，在指导着整个经济过程。“看不见的手”源自以下著作。

在《道德情操论》中，在解释追求财富和奢侈的欲望怎样促使人们去从事巨大的工业和生产时，斯密指出，通过所有这种努力而变富有的人们，在真正重要的尘世物品的享受方面，并不比为生产这些物品而劳动的穷人处境更好。地主“……尽管生性自私和贪婪，虽然他们只图自己的方便，虽然他们从其所有雇用的千百万人的劳动中所要达到的唯一目的就是满足自己的无聊的和无厌的欲望，他们却同穷人分享他们所获得的全部改进的产品。他们被一只看不见的手引导着去进行生活必需品的分配，这种分配差不多同假设土地在其所有居民中分割成相等的部分时所能有的分配一样；这样，没有打算去做，没有真正去做，却促进了社会的利益，为人类的繁衍提供了生活资料”。

在《国富论》中，斯密在说明为什么对进口或对使用自己的资本进行限制是不必要的时，使用了“看不见的手”一词。“因此，当每一个人企图尽可能地使用他的资本去支持本国工业，从而引导那种工业使它的产品可能有最大的价值时，每一个人必然要为使社会的每年收入尽可能大而劳动。的确，他一般既无心去促进公共利益，也不知道他对之正在促进多少。他宁愿支持本国工业而不支持外国工业，只是想要确保他自己的安全；他指导这种工业去使其产品能具有最大的价值，他这样做只是为了他自己的利益，也像在许多其他场合一样，他这样做只是被一只看不见的手引导着，去促进一个并不是出自他本心的目的。”

资料来源：根据相关资料整理。

从消费的角度而言，市场价格提供了重要信息。比如，哥伦比亚的一场洪水大大减少了咖啡供给。为了应对这种减少了的供给，人们就必须减少咖啡消费。有种可能的选择就是在电台和电视上广播，告诉人们减少咖啡消费的必要；即使人们并不知道哥伦比亚的情况，市场价格也可以自发地起到传递信息的作用。因为消费者会看到咖啡价格上涨，即使他们不知道价格为什么变动，也会减少咖啡消费来应对这种变化。

从生产的角度说，市场价格提供了消费者对每种商品评价的最新信息。高价格信号告诉生产者商品受到较高评价，从而鼓励生产者扩大生产。低价格预示着对该商品需求的降低，从而鼓励生产者从生产这种商品转向生产那些相对于成本而言评价更高的东西。一个考虑把土地用于种植玉米或绿豆的农民会根据消费者对哪种产品需求更强烈来做出决策。市场价格引导农民做得最好。如果玉米的需求大，市场价格就高，农民就会多种玉米，少种绿豆；相反，如果有什么事情发生使玉米需求减少，价格下跌，农民就会减少玉米的播种面积，而在更多的土地上改种绿豆。农民根本就不需要知道消费者为何或者是如何决定买什么。市场价格为农民（和其他卖者）提供了明智决策所需要的信息。

市场价格也为生产过程中资源或要素的使用提供重要信息。生产成本是由各种资源的机会成本决定的，它告诉企业经营管理者生产要素的相对重要性。

从协调人们的行为上分析。市场价格还可以协调买卖双方的选择，使他们的决策相互一致。如果出现超额供给，必然引起价格下跌，从而就会抑制生产，鼓励消费，直到超额供给消失。相反，若出现超额需求，必然引起价格上涨，从而就会鼓励消费者节约使用物品，并鼓励生产者多生产，这样超额需求也就随之消失。如果相对于消费者的欲望而言，农民生产的土豆太少了，那么这会引起土豆价格上升。土豆的高价暂时会使消费者少买些土豆，这有助于消费与生产水平一致。就供给而言，土豆的高价使土豆有利可图，未来就会让农民种植、收获大量土豆。总之，市场价格使买卖双方以适当方法做出反应，有助于纠正供需不平衡的状态。产品和资源的价格组合决定着不同项目的利润率，从而引导企业家生产什么。如果消费者确实想要一种物品，例如豪华公寓，强大的需求会使公寓的市场价格超出建造的机会成本。企业家会迅速发现这种获利机会，增加可提供的公寓数量。相反，如果消费者不想要某种物品，如大型汽车，供给这种车的机会成本就会超出生产的销售收益，以此惩罚那些从事这种无利可图的生产的人。

由于未来是不可完全预期的，信息是不完善的，市场向均衡的移动通常是摸索前进的。但是随着时间流逝，成功的企业家的行为更为明确，其他生产者会模仿成功的办法。

边干边学和试错法有助于生产者从“失败者”那里找出有吸引力的项目。但是，这个过程永无止境。

提供有效激励。市场价格建立了一种奖励-惩罚（利润-损失）结构来引导各方面的决策者最大限度地努力工作，并与他人合作，使用最有效的生产方法，提供其他人最想要的物品，并为将来投资。这其中并不需要政府机构告诉企业决策者明智地（以每单位最低成本）使用资源或者生产消费者最想要的东西，利己的动机和对利润的追求就足够了。追逐个人利益的企业家会生产这些东西，也只有这些消费者评价高的东西，其价格才足以弥补成本。

个人利益同样会鼓励生产者采用有效生产方式，采用节约成本的技术，因为降低成本意味着增加利润。不这样做的公司便无法在市场上成功地竞争。同样也不需要任何人告诉资源（要素）所有者如何投资。为什么很多年轻人愿意从事必要的工作，承受压力，加班学习，花费巨资去念医学、法学学位，或者经济学、物理或工商管理的高级学位？为什么有人愿意通过当学徒精通一门技能？为什么有人愿意存钱购买企业、设备和其他资本资产？对金钱回报的预期不是唯一的因素，但的确是重要的刺激，这会鼓励人们工作、创造、开发技能、提供资本资产以从事其他人最想要的生产活动。实际上，当你在市场上销售任何东西时，无论是一件产品、一幢房子还是一种服务，你得到的价格都取决于别人对你所出售东西的评价。要卖个好价钱，你必须有好办法能为潜在的购买者提供最大的价值。出售房子的人在卖出之前有动力把房子整理好，工人也有同样的动力投资于教育，学习那些被认为有价值的知识和技能。

保证良好的市场秩序。在你经常光顾的超市里，每天都有数量恰好合适的牛奶、面包、蔬菜和其他商品摆在货架上，从而保证永远有东西在卖，但是又不至于多到产生太多浪费，你也许会认为是因为超市的经营者经营有方，进货计划合理。但是世界各地生产的服装、鞋帽、玩具、计算机、冰箱、汽车和录像机等很多商品似乎也能以大致的数量满足世界各地的消费者的需求，这就是一件令人惊奇的事。这是如何做到的呢？经济学给出的答案是：价格这只“看不见的手”引导利己的个人参与合作并使人们的选择一致。

市场过程如此自发地运行，以至于人们很少想到它。人们理所当然地认为，大多数人认为有价值的商品会以消费者想要购买的数量生产出来。参与市场就像是在高速公路上开车，成功取决于个人根据机会行事的能力。利润和亏损就像车道上的交通量一样为市场参与者提供有关不同经济活动优势和劣势的信息。亏损说明某种经济活动过挤，所以生产者无法弥补其成本。成功的市场参与者会把资源从这样的经济活动中抽出，转入其他更有价值的用途。与此相反，利润如同开阔的车道，只要你转移到相对价格高于成本的生产上来，就能带来赢利机会。生产者和资源提供者从拥挤的活动转移到有获利机会的活动中来，疏通了经济活动，加强了流动，即使没有中央计划也能产生秩序。市场价格带来的协调完全如同亚当·斯密两百多年前讲到“看不见的手”时所指出的那样。

总之，价格可以使资源配置达到最优状态。价格通过对需求与供给的调节，最终会使需求与供给相等。当需求等于供给时，消费者的欲望得到了满足，生产者的资源得到了充分利用。社会资源通过价格分配于各种用途上，这种分配使消费者的效用最大化和生产者的利润最大化得以实现——这种配置就是最优状态。

专栏

“看不见的手”可能被误读

1776年3月，亚当·斯密出版《国富论》。亚当·斯密认为，人们会有利他主义行为，但就其本性而言，则是利己的，即每个人在做事时，不会想到社会利益，都从自己的个人利益出发决定其经济行为，没人指挥，没人干预，当每一个人都这样想、这样做的时候，整个社会将会和谐而有效率地正常运行，社会利益也就最大化了。亚当·斯密提出了价格像“看不见的手”自发调节经济会导致私人利益与社会利益一致的思想。他指出：人类几乎随时随地都需要同胞的协助，要想仅仅依赖他人的恩惠，那是一定不行的。他如果能够刺激他们的利己心，便有利于他，并告诉他们，给他做事，是对他们自己有利的，他要达到目的就容易得多了。我们每天所需的食物和饮料，不是出自屠户、酿酒师或面包师傅的恩惠，而是由于他们自利的打算。斯密揭示了市场经济最基本的思想，他的“看不见的手”的论述被认为是“经济学皇冠上的宝石”，至今仍是至理名言。诺贝尔经济学奖获得者、美国经济学家弗里德曼在评价“看不见的手”时说：市场经济超越所有君王和政府，如同上帝一般无法管制和驾驭，故地球上最强大的“有形之手”也对其退避三舍。

在书中，斯密主张国家不要干预经济，要让经济自由发展，让价格机制自发地起作用。每个人都会自觉地按照价格机制、根据自己的利益去做事，这样社会就会发展。因此，他在书的扉页上写着：献给女王陛下的一本书！他说：女王陛下，请您不要干预国家经济，回家去吧！国家做什么呢？就做一个守夜人，当夜晚来临的时候就去敲钟，入夜了看看有没有偷盗行为，这就是国家的任务。只要国家不干预经济，经济自然就会发展起来。

随后一些学者认为上述思想可能被误读。19世纪一些法国经济学家秉承斯密思想，但远远超过了斯密的原意，他们认为政府承担的职能应该更少。在斯密的著作中，“看不见的手”只是一个比较小的论点。在斯密的作品中，“看不见的手”只出现了三次。实际上，直到斯密去世一百年后，几乎不曾有人察觉斯密曾使用过“看不见的手”这一词语。在20世纪之前，有关斯密思想的评论，很少引用“看不见的手”这个概念。20世纪初，学者和公众对“看不见的手”仍十分陌生。直到20世纪中后期，经济学家才把“看不见的手”确立为斯密整个经济思想体系的象征。然而，“看不见的手”的意义被许多学者放大了。不能单纯地把“看不见的手”和自由市场经济理论当成斯密整个经济思想体系的代表。斯密对自由市场经济的倡导并非绝对，他相信在一定形式上需要政府调控。另外，斯密的经济思想，除了著名的自由市场经济、完全市场竞争等，也包括非完全市场竞争。而后者才是斯密真正感兴趣的领域，尤其是《国富论》中提到的商人如何借用政治影响力来追逐个人利益的经济现象。

萨缪尔森认为：“在市场完全竞争的情况下，追求个人利益可以促进社会的高效生产。”他在其著作《经济学》(*Economics*) 中写道：“单从‘看不见的手’学说，无法推导出自由放任政策最优性。”在萨缪尔森笔下，“看不见的手”已上升为一门重要学说，这与斯密原作中作为文化信息的"看不见的手"也有一定差距。经济史学家要非常仔细地研读斯密作品中具体词语的用法，研究他笔下"看不见的手"的原始含义。经济学家将其提升为理论，有他们的考虑，这一理论在当今无疑也具有重要意义，对人类思想史的贡献不容轻视，也不能抹杀。从经济史的角度来看，我们应当回归到"看不见的手"所在的特定历史时代，从客观的角度去还原其原始含义，并辩证地看待后世经济学家对斯密"看不见的手"的阐发。这是尊重历史真相的体现，也是严谨治学的要求。

资料来源：艾玛·罗斯柴尔德. 把亚当·斯密的理论简化为"看不见的手"是误读. 中国社会科学报，2013-11-24.

2.2.3　发挥价格机制作用的条件

价格机制作为"看不见的手"来调节经济时，需要一些条件。换言之市场经济中价格的调节作用有前提条件，斯密在开始分析时，假设这些条件在现实生活中都是存在的。

第一，交易者是完全理性的。每个消费者和生产者的行为都是最优的。交易者考虑问题、做事都是以利己为目的的，总是从自身的最大利益出发，自觉地按利益最大化的原则行事，既能把最大化作为目标，又知道如何实现最大化。这就是说，他们具有完全的理性。只有在这一假设下，价格调节实现资源配置最优化才是可能的。

第二，市场是充分竞争的。这就是说，市场上的任何一方都没有垄断力量，无法控制市场。每一个买者或每一个卖者都不能通过改变需求量或供给量来影响价格，从而价格完全由市场供求决定。竞争是保护买卖双方最伟大的管理者。其他独立供给者的存在（或可以进入）保证消费者不会因卖者要价太高而受损。不同资源供给者的存在保护生产者免于遭受资源所有者的盘剥。不同就业机会的存在保护雇员免于受制于任何一个雇主。总之，竞争使得买者和卖者之间的讨价还价能力达到均衡。

第三，信息是完全的。这就是说，消费者和生产者都可以免费而迅速地获得做出决策所需要的各种市场信息，任何一方都无法利用信息优势欺骗对方。每个人都可以在完全信息的基础上对价格信号做出反应，根据价格指引做出正确决策，以实现其行为的最优化。在具备这些条件的情况下，价格的自发调节使市场实现供求相等，从而实现市场出清。

第四，产权是明晰的。市场交易的实质，其实是明晰的产权交易。所谓产权明晰，就是资源使用者（有的资源使用者同时也是资源所有者）完全承担其行为的所有机会成本，且禁止毁灭性竞争。当产权是明晰的、有保障的且可交易时，物品和劳务的供给者需要向资源的所有者支付所使用的任何一种资源的机会成本。如果不付出相应的代价，就不得使用稀缺资源。

在现实生活中，以上条件并非完全具备，价格机制作用要受到不同程度的限制，制约价格机制发挥作用的这些情况称为市场失灵。

2.3 正确认识市场效率与市场失灵

2.3.1 资源优化配置与市场效率

市场经济是使资源配置最有效率的方式。狭义的资源配置问题主要是指经济学的三个基本问题：土地和自然资源、劳动、资本等要素应用来生产什么，如何生产，为谁生产。也就是说，怎样用有限的要素生产出尽可能多的产品，生产什么样的产品更符合人们的偏好，在消费者的收入一定的情况下这些产品应在消费者之间怎样交换才能使他们获得最大限度的满足。这三个基本问题事实上是通常所说的“效率”问题，它并不考虑初始的要素如何在人们之间分配以及生产成果（收入）如何在人们之间分配的问题。

当然，在一个连续运转的经济体系中，收入分配反过来决定着要素的分配，收入应如何在社会成员之间“公平”分配在很大程度上取决于一个社会的价值判断，但它却是经济学无法回避的。此外，一个经济体系的正常运行不仅涉及微观领域的效率和公平，宏观经济的“稳定”也是至关重要的。因此，广义的资源最优配置要解决的问题包括效率、公平和稳定三方面的内容，这也是评价社会经济活动效率的三条基本原则。

专栏

市场效率改变了中国

2010年，中国国内生产总值（GDP）超过日本，成为仅次于美国的世界第二大经济体；同时，制造业超过美国，成为全球制造业第一大国。如果单从产品产量来看，中国200多种产品产量位列世界第一，成为世界上唯一一个具有39个大类、191个中类、525个小类的全部工业门类的国家。现从一些主要产品产量来观察中国，40年改革开放和中国特色社会主义市场经济发展证明了市场经济取向的改革之路完全正确，市场效率发展了中国。

1. 生铁产量世界第一。2016年中国的生铁产量为7.007亿吨，排名世界第一，比世界其他国家总和都多。

2. 煤炭产量世界第一。2016年中国煤炭产量为34.1亿吨，为全球最大产煤国，相当于世界其他国家煤炭产量总和。

3. 粗钢产量世界第一。2016年中国的粗钢产量为8.08亿吨，排名世界第一，相当于世界其他国家产量总和。

4. 造船产量世界第一。2016年中国的造船完工量9 997万吨，排名世界第一，占世界总造船量的35.9%。

5. 水泥产量世界第一。2016年中国水泥产量为24.03亿吨，排名世界第一，产量占世界总产量的60%以上，比世界其他国家总和还多。

6. 电解铝产量世界第一。中国的电解铝产量为3 187万吨，排名世界第一，比世界其他国家总和都多。

7. 化肥产量世界第一。2016年中国化肥产量7 004万吨，是世界最大化肥生产国。

8. 化纤产量世界第一。2016年中国化纤产量4 944万吨，比世界其他国家总和还多。

9. 2016年中国平板玻璃产量7.14亿重量箱，世界第一，超过世界总产量的50%。

10. 2016年中国工程机械销售总额达590亿美元，占世界总量的43%。

11. 汽车制造产量世界第一。2017年全年共产销汽车2 901.54万辆和2 887.89万辆，连续8年排名世界第一，中国汽车产量相当于全球汽车产量的1/3。

12. 彩电产量世界第一。2017年中国彩色电视机产量为17 233.1万台，出口8 151万台，出口金额为138.674 57亿美元，全球市场占有率达到35%。

13. 手机产量世界第一。2017年生产手机19亿部，其中智能手机14亿部，占全部手机产量70%以上。

14. 工业机器人产销量世界第一。2017年工业机器人产量13万台（套），民用无人机产量290万架，均居世界第一。

15. 集成电路产量世界第一。2016年中国的集成电路产品销售额达到4 300亿人民币。

16. 2017年中国黄金产量426.142吨，连续11年排名世界第一。

17. 进出口贸易总额世界第一。2017年贸易进出口总额41 045.04亿美元，其中出口额为22 635.22亿美元，进口额为18 409.82亿美元。

18. 互联网用户世界第一。2018年中国宽带及移动互联网用户居世界第一位，网民数量超过8亿。

19. 中国鞋产量世界第一。2016年中国生产各类鞋113亿双。

20. 中国电冰箱产量世界第一。2016年中国全年生产电冰箱9 238.33万台。

21. 中国空调产量世界第一。2016年，中国生产了1.3亿台空调，占全球的80%以上。

22. 中国摩托车产量占世界摩托车总产量的50%，成为世界摩托车第一生产大国。

23. 世界第一消费国。位于华盛顿的地球政策研究所在一份报告中指出，中国已取代美国成为全球第一消费大国。在五大基本商品中，除了石油以外，中国的粮食、肉类、煤和钢铁的消费量均超过美国。

24. 世界第一铜消费国。据国际铜业协会的统计，2015年全球的铜消费量为2 158万吨，其中中国的铜消费量达到了990万吨，约占全球铜消费量的一半。

25. 世界第一大家具出口国。2016中国在世界家具市场上所占的份额已经达到24%。

26. 世界第一产磷国。2016年，中国产磷1 391万吨，世界第一。

27. 世界第一大钢琴产销国。2016年中国钢琴产量约36万架，全球产量约50万架。

28. 中国粮食产量世界第一，2016年中国的粮食总产量6.162 4亿吨。

29. 中国肉类、淡水鱼类产量世界第一，食用油产量世界第一。

30. 中国中小学生数量世界第一；中国大学生数量世界第一，2016年中国在校大学生数量约3 700万人。

资料来源：根据相关资料整理。

2.3.2 市场效率的衡量方式

在市场体系中，消费者可以购买到尽可能多的以最低成本生产的商品，竞争力量迫使市场价格降低到代表性厂商的平均成本最低点。生产效率指的就是产品或者服务以其可能的最低成本进行生产。正如我们看到的，完全竞争会提高生产效率。每一个企业家都会想尽办法降低成本以获取利润，但是在完全竞争市场中，其他企业可以很快学习到新的降低成本的方法，所以在长时段中，只有消费者能够从成本降低中获益。

效率的表现形式包括消费者剩余、生产者剩余及福利变动。市场经济配置资源效率的衡量方式是效率原则以及帕累托最优。帕累托最优即资源配置已达到这样一种境地——无论做任何改变都不可能使一部分人受益而没有其他的人受损，当经济运行达到了高效率时，一部分人改善处境必须以另一些人的处境恶化为代价。这种状态被称为帕累托最优或称帕累托有效。这一概念以19世纪末20世纪初意大利经济学家帕累托的名字命名，它在《政治经济学讲义》一书中首先提出了生产资源的最适度配置问题。

经济效率的定义比较抽象，可以借助图2-1来进一步说明帕累托最优的含义。假定社会中只有A、B两个人，横轴代表A的福利水平，纵轴代表B的福利水平，A和B的经济福利取决于他们各自消费多少产品和劳务。由于社会总的资源是有限的，他们消费的总量也是有限的。图中WW'就表示总量有限的产品和劳务分配于A和B，两人可能达到的福利水平。WW'曲线被称为福利边界，也可以说，福利边界代表当A（或B）的福利水平既定时，B（或A）能够达到的最高的福利水平。WW'曲线以外区域的点，如C点，是任何资源配置方式都不可能达到的，只有WW'曲线上及曲线内的各点才是可能的福利水平组合。

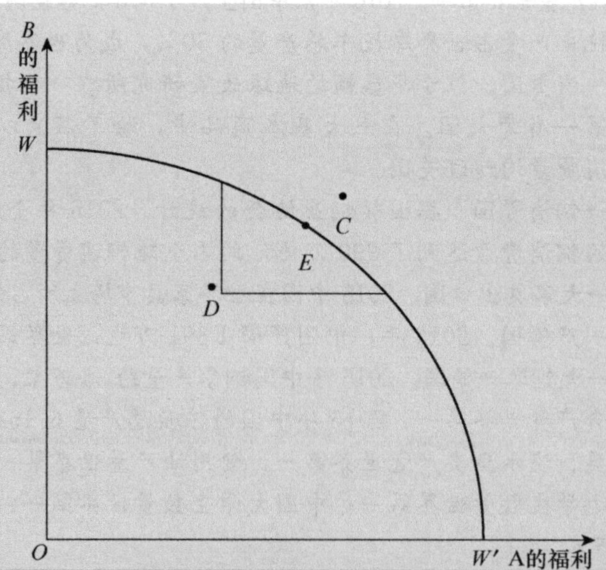

图2-1 福利边界与帕累托最优

如果某一种资源配置使 A 和 B 的福利水平处于 D 点，那么 D 点是低效率的，因为从 D 点到曲线上的 E 点，A 和 B 的福利水平可以同时提高，而 E 点也是可以达到的。但是，到达 E 点以后，无论从 E 移到 WW' 围成区域内的哪一点，一个人福利水平的提高必然伴随着另一个人福利水平的下降或者两个人的福利水平同时下降，这可以说明 WW' 曲线上的任何一点都满足效率的定义。

要达到某种产品的有效生产，必须符合下面两个条件：一是产品总的净社会收益非负；二是总社会收益与总社会成本的差异最大化，即净社会收益最大化。一种产品的社会总收益（total social revenue，TSR）是指人们从消费一定量的该种产品中所得到的总的满足程度。一种产品的社会总成本（total social cost，TSC）指的是为生产一定量的该产品所需要消耗的全部资源的价值。这里第一个条件保证某项目能够实现帕累托改善，是最基本的要求；但要达到帕累托最优，还必须满足第二个条件。当配置在每一种产品或劳务上的资源的社会边际收益等于其社会边际成本时，可实现总的社会净效益的最大化，用公式表示就是 $MSR=MSC$。MSR（marginal social revenue）是指一种产品的社会边际收益，表示人们对该种产品的消费量每增加一个单位所增加的满足程度。MSC（marginal social cost）是指一种产品的社会边际成本，表示该种产品每增加一个单位的生产量所需增加的资源消耗的价值。社会边际收益可以通过人们为增加一个单位的某种产品的消费量而愿付出的货币最高额来测定。由于存在着产品的边际效用递减规律，所以一种产品的社会边际收益随其数量的增加而倾向于减少。社会边际成本可以通过为补偿因增加某种产品一个单位的生产量所消耗的要素价值而需付出的货币最高额来测定。由于要素的边际产量递减规律决定了产品的边际成本在短期内是递增的，所以产品的社会边际成本随其数量的增加而倾向于增加。

图 2-2，其中图（a）表明该产品的社会总收益（TSR）和社会总成本（TSC），图（b）表明该产品的社会边际收益（MSR）和社会边际成本（MSC）。由于 $MSR=\triangle TSR/\triangle Q$，社会边际收益曲线上每一点的值等于社会总收益曲线上同一产量所对应的点处切线的斜率；同样道理，社会边际成本曲线上每一点的值等于社会总成本曲线上同一产量所对应的点处切线的斜率。

可以通过比较某种产品在不同产量水平上的社会边际收益和社会边际成本来说明这种产品的最佳产量的决定条件。如图 2-2 所示，在 MSR 和 MSC 的交点 E 达到了该种产品的有效产量 Q_*。如果产量处在 E 点的左边，即 $MSR>MSC$，每多生产一个单位这种产品所增加的效益大于所消耗的成本，这时将更多的资源配置在这种产品上可以获得追加的效益，ABE 的面积即为产量由 Q_1 增加到 Q_* 可能带来的追加的净效益；如果产量处在 E 点的右边，即 $MSR<MSC$，表明每多生产一个单位这种产品所增加的效益小于所消耗的成本，这时将更多的资源配置在这种产品上必然会遭受亏损，CDE 的面积即为产量由 Q_* 增加到 Q_2 可能带来的损失；只有在 $MSR=MSC$ 即产量为 Q_* 时，配置在该种产品生产上的资源的总的净效益才实现了最大化。如图 2-2 所示，在产量为 Q_* 时，此时两条曲线的垂直距离也最长。

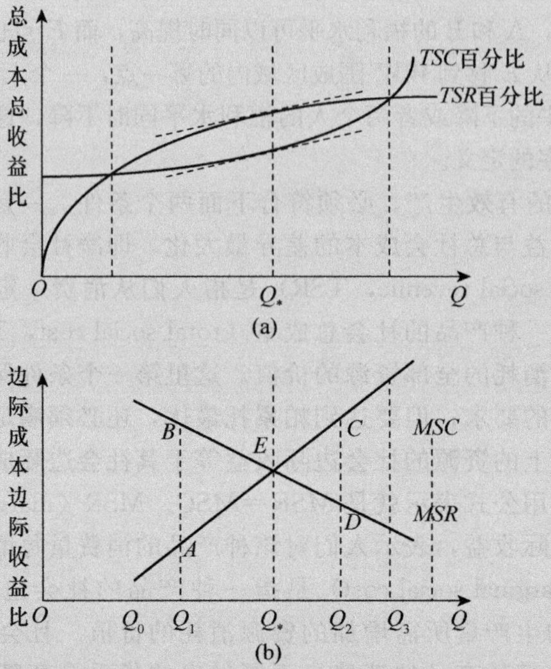

图 2－2 经济效率实现的条件

专栏

传统文化与中国的帕累托最优

提到经济学中的博弈论，很多人会觉得艰涩难懂；提到弘扬传统文化，有些人又会觉得流于表面。本文将从博弈论中的“帕累托最优”概念出发，解释传统文化在提高社会效用方面的重要作用，希望能够带给读者一些启迪。

帕累托最优也称为帕累托效率、帕累托改善、帕累托最佳配置，是博弈论中的重要概念。具体来说，是指资源分配的一种理想状态，即假定固有的一群人和可分配的资源，从一种分配状态到另一种状态的变化中，在没有使任何人境况变坏的前提下，也不可能再使某些人的处境变好。换句话说，就是不可能再改善某些人的境况，而不使任何其他人受损。

从经济学的角度来讲，是期望社会达到帕累托最优的。但在实际操作过程中，我们看到没有哪个社会完全达到帕累托最优的状态。不同社会、不同文化常导致在博弈过程中的行为不同，从而博弈的结果也不同，最终整个社会的效用也会不同。而在这里面，团体内部的“共识”起着决定性的作用。

如果两名面临“囚徒困境”的罪犯同时信奉“关二哥”，都相信这种时候应该讲义气，否则会遭到“关二哥”的惩罚。在这种情况下，两人很可能都选择不出卖兄弟，保持沉默，最终获刑1年。对于两人作为一种团体的利益而言，这样有“共识”的合作，促成了团体利益的最大化。从实现一个社会的整体利益最大化来考虑，应该提倡有“共识”的博弈，在有“共识”的博弈下，促成整个社会的帕累托最优。

这种“共识”具体指的是什么呢？在贺岁片《非诚勿扰2》中，有一个经典的桥段，片中离婚双方举行“离婚庆典”，这对夫妇在需要发誓的时候，指着一堆钱，“对钱发誓”。这里的钱就是一种社会的“共识”。在中国，听到最多的是“对天发誓”，“天理”是一种“共识”；对于佛教徒来说，“不杀，不盗，不邪淫，不妄语，不饮酒”是一种“共识”；在一个儒生看来，“孝、悌、忠、恕、礼、智、勇、恭、宽、信、敏、惠”等是“共识”；信奉道教的人则以老君五戒、正一宗的三皈九戒等为“共识”。

随着市场经济的发展，金钱逐渐成为一种巨大的力量，“利益驱动”成为某些人的行为共识，电影中的“对钱发誓”竟在很多场合演变为现实，在只以“利益驱动”为“共识”进行博弈之下，社会绝无达到帕累托最优状况的可能。单纯以“钱”为共识进行博弈，相当于人人以私利为先，仍然会坚持自己的利益最大化，最终整体社会效用比较低，整体社会难以达到帕累托最优。

就中国传统社会而言，儒释道三家一直扎根于中国社会，相互影响、融合、发展，形成一种中国社会所特有的文化传统，现代中国社会多少还按照一些传统的“共识”运作，比如孝顺父母、重视后代教育、商业行为中注重信用等等。儒释道在中国源远流长，历经多个朝代，形成了民族的社会记忆。“共识”在博弈过程中的重要性不言而喻，保护传统文化，不只是一个简单的增强民族自豪感的问题，而是一个重要的经济学、社会学问题，关乎一个国家、一个民族的兴衰。大力弘扬传统文化，对于整个社会接近或者达到帕累托最优的状态将大有益处。

资料来源：柳钧腾. 传统文化与中国的帕累托最优. 环球财经，2011-05-09.

从某种意义上说，帕累托最优确实是资源配置的一种理想状态，然而许多人不同意将效率作为评价经济运行的唯一标准和社会发展的唯一目标，认为必须引入判定社会福利水平的另一个标准，即公平。

怎样鉴别公平与否，在不同的社会制度下依照不同的道德规范会有不同的解释，因此很难有一个客观统一的标准。从“规则公平”的角度看，效率准则也有它公平的一面，然而在大部分时候如果没有特别说明，讨论公平时主要关心的是收入分配结果的公平。

2.3.3 市场效率与运行特点

在市场经济中，资源配置的基本问题主要是由一种竞争的价格制度来决定的。消费者、生产者和要素所有者拥有充分的自由选择权，他们从各自的经济利益出发，分散地、个别地进行经济决策，并通过市场交换和竞争达到自己的目的，调整自己的行为。

市场机制在提高资源配置效率方面显示出了巨大的优越性，以至于当今世界越来越多的国家承认市场机制在资源配置中应发挥基础性作用。现在世界上95%以上的国家都采取市场经济形式来进行资源配置，就是因为市场经济配置资源的有效性。

市场机制运行的基本点是主要的价格和分配决策都是在市场上做出的。而市场是一种产品（或要素）的买方和卖方互相竞争，以决定其价格和数量的过程。在市场制度中，每种产品和每种劳务都具有价格，如果任何一种产品的需求增加，卖方为了分配有限的供给就会提高这种产品的价格，而较高的价格将导致更多的供给。另外，如果任何产品的数量超过了人们在最新的市场价格下所愿意购买的数量，急于将库存产品出手的卖方就会压低价格。在较低的价格下，人们的需求将会增加，同时未来的供给也将减少。于是买方和卖方的均衡将会恢复。

同样的道理也适用于生产要素——劳动、土地和资本的市场。例如，如果计算机行业需要更多的劳动者，该行业劳动者的价格，即他们的每小时工资，将趋于增长，这就会使更多的劳动者进入这一行业，从而使劳动力市场的供求恢复均衡。

在市场经济社会中，价格机制不仅是基本的资源配置机制，还是主要的分配机制。价格引导消费者挑选可彼此取代的商品以及资源在不同行业之间的分配。在需求方面，均衡价格反映了消费者对多购买一个单位商品所做的估价；在生产方面，它反映了生产者多生产一个单位商品所产生的边际成本。当竞争市场能发挥调节作用时，均衡价格不但使需求量等于供给量，而且使一件商品的边际估价等于边际成本。在完全正常的情况下，可实现资源的最佳配置。因为这时所有市场的边际成本等于边际收益。如果某种商品再多生产一些，那么经济效益会减少，因为这时商品的边际成本超过边际估价，在资源和技术既定的情况下，会使其他商品产量下降。

概括地说，经济学的三个基本问题在市场机制下是这样解决的：生产什么取决于消费者的货币选票，即他们每天做出的购买这种东西而不是那种东西的决策。企业受到追求利润的欲望的驱使，被引向生产需求和利润高的产品，离开那些利润较低的产品。如何生产取决于不同生产者之间的竞争。为了应付价格竞争和获取最大利润，生产者的唯一办法便是采用效率最高的生产方法，以把成本压缩到最低点。为谁生产取决于生产要素（土地、劳动和资本）市场的供给与需求。这些市场决定工资率、地租和利润，它们又构成人们的收入。收入在居民之间的分配取决于他们拥有的生产要素的数量和价格。

在图2-3中，一切需求关系用实线表示，一切供给关系用虚线表示。在图上部的商品、劳务市场，消费者的需求的货币投票和企业的供给决策发生联合的作用，决定生产什么产品的问题。在图下部的生产要素市场，企业对生产要素的需求和公众对劳动和其他要素的供给决定工资、地租和利润等收入。企业为了购买生产要素和以最低价格出售产品而进行的竞争决定如何生产的问题。

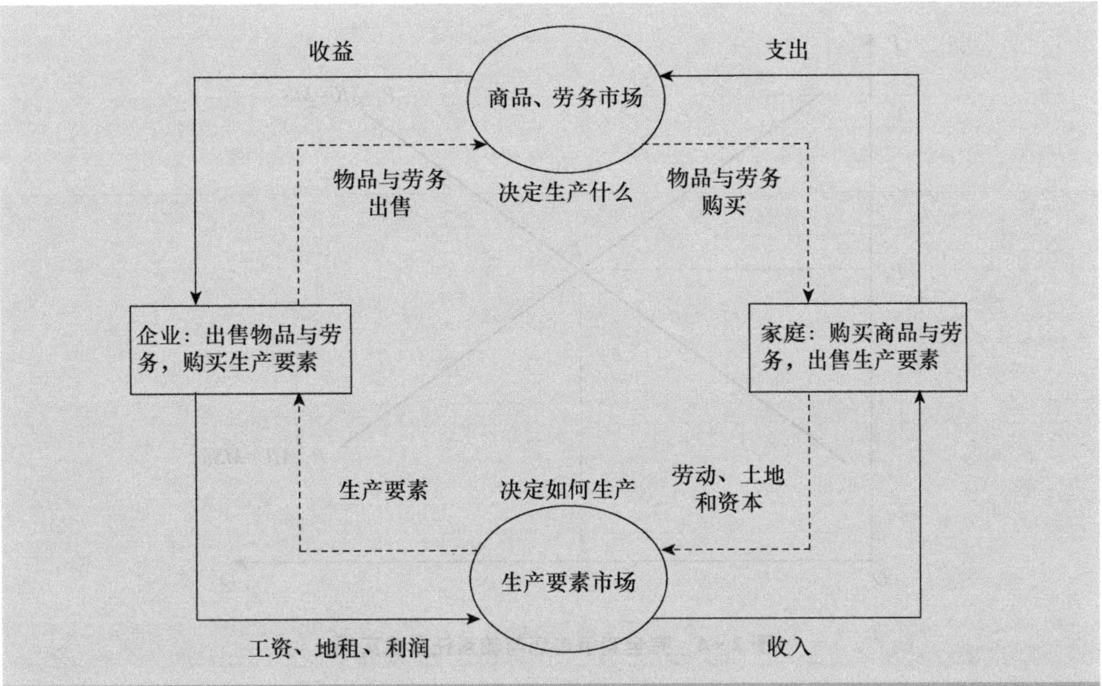

图 2-3　价格机制通过市场的作用

如果市场是一个完全竞争市场这样一种理想的市场结构的话，只要消费者和生产者行为具有一致性，即作为消费者或生产要素所有者的个人都一致地追求效用最大化，同样，生产者也一致地追求利润的最大化，也就是说所有的经济行为的主体都是理性的，经济利益具有可分性与所有权具有确定性，即产品可以被分割成许多能够购买的单位，从而使物品的所有权具有确定性，以保证产品的经济利益和成本能以价格来计量，所有的生产资源都为私人所有，生产和消费都不存在外部经济，也不存在规模报酬递增的情况，也就是生产规模越大，成本越低、收益越大的情形，那么，帕累托最优状态就会实现。

在完全竞争市场，一种产品的需求曲线上的任一点表示消费者买进该产品一定数量时所愿付出的价格（P_d），这个价格反映了该产品之一定数量的最后一个单位的效用，即该产品的边际效用（MU）。因为某产品的价格就相当于增加购买一个单位该产品所需付出的代价，理性的消费者将使它与自己从增加消费一个单位的该产品中所能获得的收益相等，而后者就是该产品的边际效用。也就是说，消费者均衡所需的条件是：$P_d=MU$ 。因此，一个消费者对某种商品的需求曲线与他的边际效用曲线是一致的，将若干单个消费者的需求量进行加总即可得到市场需求曲线。如图 2-4 所示 ，由于边际效用递减规律的存在，需求曲线是一条向下倾斜的曲线。

从供给方面看，一种商品的供给曲线上的任一点表示生产者提供该产品一定量时所要收取的价格（P_s）。在完全竞争市场，某产品的价格就相当于生产者每多卖出一个单位该产品所获得的收益，即边际收益（MR），为了达到利润最大化，理性的生产者将使它与自

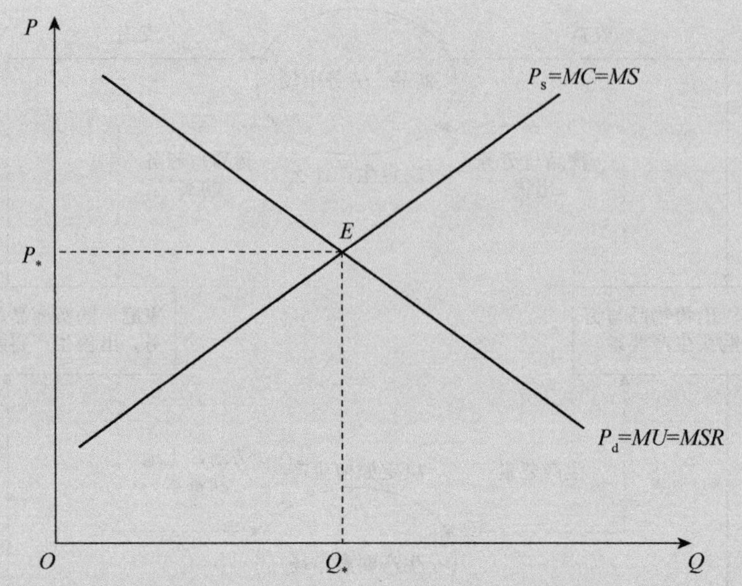

图 2-4 完全竞争市场与帕累托最优实现

己每增加生产一个单位的该产品所付出的成本即该产品的边际成本相等。也就是说，生产者均衡所需的条件是：$P_s=MC$。一个生产者对某种产品的供给曲线与他的边际成本曲线是一致的，将若干单个生产者的供给量进行加总即可得到市场供给曲线。

当供给曲线和需求曲线相交时市场达到均衡，这时供给量等于需求量，消费者所愿付出的价格和生产者所要求的价格一致，即 $P_s=P_d$，于是 $MU=MC$。由于不存在外部化现象，私人的边际效用就是社会边际收益，私人的边际成本就是社会边际成本，所以 $MSR=MSC$ 成立，即社会从某种产品消费中得到的边际收益与产出这种产品所付出的边际成本相等，因此满足了帕累托最优实现的条件。

在亚当·斯密“看不见的手”的自由市场经济思想指引下，英国的经济首先得到了发展，“看不见的手”的思想长期统治了资本主义世界，在这段时间里，政府不干预经济，而只做个守夜人，经济完全由价格机制调节，自由运行。

2.3.4 市场失灵与表现形式

市场失灵是指市场无法有效率地配置资源。市场失灵也通常被用于描述市场力量无法满足公共利益的状况。按照经济学主流的看法。市场机制这只“看不见的手”，可以使资源的配置达到最优状态，以亚当·斯密为代表的诸多优秀的古典经济学家对这一点深信不疑。但是，随着市场经济从古典自由竞争向现代市场经济的发展，当进入市场的卖者和买者不是非常多即存在垄断时，当进入或退出市场存在障碍时，当经济活动产生外部效应时，当存在公共物品时，当市场参与者存在不完全信息时，都会导致市场失灵，出现资源配置缺乏效率的状态。

引起市场失灵的原因，主要包括以下重要方面。在每一种情况下，要么导致生产的低效率或无效率，要么导致消费的低效率或无效率。它主要产生于四种情况，即以垄断为代表的市场势力、外部效应、公共物品与不完全信息。

1. 市场势力

微观经济学的一个基本假设是，市场是完全竞争的。但现实世界中的竞争并不完全。在一些市场上，只有一个卖者或买者（或一小群卖者或买者）可以控制市场价格。这种影响价格的能力被称为市场势力。根据市场势力的大小，可以将其划分为完全垄断、寡头垄断、垄断竞争三种。市场势力可以使市场无效率，因为它会使价格和数量背离完全竞争的供求均衡。当生产者或要素供应者拥有市场势力时，资源配置的无效率就会产生。生产者或要素供应者所拥有市场势力的情况又被称为不完全竞争。在完全竞争的市场条件下，任何企业或个人都无法影响价格。而当卖者或买者能够拥有一定的市场势力并能够左右某种商品的价格时，就出现了不完全竞争。比如，当产品的卖者拥有市场势力时，他就可以索取高于边际成本的价格。不完全竞争导致价格高于边际成本，消费者购买量低于效率水平。过高的价格和过低的产出，是伴随不完全竞争而来的非效率的标志。

2. 外部效应

市场价格能够将信息正确地传递给生产者和消费者，从而使得价格机制有效运行。但这是以假设消费者或生产者的行为对他人的经济福利不发生影响为前提的，而这种假设往往与经济现实背离。经济现实是：消费者和生产者是相互联系、相互作用的经济单位，一个消费者的行为会影响到其他消费者的经济福利；一个生产者的行为会影响到其他生产者和消费者的经济福利。当这些生产或消费的某些外在影响未能反映在市场价格中时，就会产生外部效应问题，或称外部效应。例如造纸厂在生产过程中产生了作为副产品的化学物质而影响人们的生存环境，并引发其他健康问题，而造纸厂并没有因此而对遭受影响的居民进行赔偿，这显然是对社会不合理的行为。在相互作用的经济单位中，如果一个经济单位对其他经济单位产生影响，而该经济单位没有根据这种影响对其他单位进行赔偿，或从其他单位获得报酬，那么这种影响就被称作外部效应。换言之，外部效应指的是企业或个人向市场之外的其他人所强加的成本或利益。

当外部效应存在时，社会对市场结果的评价扩大到市场中买者与卖者的社会福利之外，包括受影响的第三者的福利。而买者与卖者在决定需求或供给多少时并不考虑他们行为的外部效应。在此情况下，私人成本同社会成本、私人收益同社会收益不相一致，价格机制被扭曲，价格机制不再传递获得效率所必需的正确信息，结果市场均衡并不能使资源达到有效率的配置，市场均衡并不能使整个社会的总利益最大化。

3. 公共物品

在提供人们所需的物品方面，市场能否完美地发挥作用，完全取决于所涉及物品的性质。如果所涉及的是私人物品，则市场可以完美地发挥作用，因为私人物品既有排他性又有竞争性。公共物品通常指具有非排他性和非竞争性的物品。非排他性是指，只要某一社会存在公共物品，就不能排除该社会任何人消费该物品，因为在技术上无法排除，或者虽然在技术上可以排除，但排除的成本太高。公共物品的非排他性意味着消费者可以“搭便车”。非竞争性是指，消费者的增加不会引起生产成本的增加，即增加的消费引起的社会边际成本为零，或者说一个人使用这种物品并不减少其他人使用该物品的机会。一个典型的例子是灯塔。多一条船在灯塔附近航行并不增加额外的成本，即灯塔具有非竞争性；当一条船刚好经过灯塔时，为了不让它从灯塔得到好处而将灯塔关掉也是很困难的，即灯塔具有非排他性。同时具有非排他性和非竞争性这两种特性的公共物品，是严格意义上的公共物品，又被称作纯公共物品，例如国防、基础研究等。另一些公共物品只具备这两个特性中的一个，例如公有资源、消防、不拥挤的收费道路等。正因为公共物品具有上述特性，所以市场本身提供的公共物品数量将低于最优数量。这就需要政府自己来提供或为私人企业提供生产公共物品的激励。

4. 不完全信息

完全竞争的一个重要假设是完全信息：买者和卖者双方对交易的商品和服务有充分的信息，企业了解其产业经营范围内的各种因素并能预见发展前景，消费者非常清楚商品的质量和价格。但是，现实状况与以上假设相去甚远。在现实的经济活动中，参与经济活动的当事人往往具有不完全信息，其中不同的当事人拥有不同信息的情况（这种情况被称为信息不对称）尤为突出。如果消费者对于市场价格或产品质量没有正确的信息，则市场机制就不会有效地运行；如果生产者缺乏信息可能导致向市场提供的某些商品过多，而另一些物品又过少；如果消费者缺乏信息可能导致没有购买可以使自己获益的商品，而购买了对自己无益的商品；由于信息的不对称还可能产生逆向选择，阻滞一些市场的正常发育，如保险市场。总之，信息不完全会导致市场配置资源的无效率。

具体来说，市场机制配置资源的缺陷表现在下列方面：

（1）收入与财富分配不公。这是因为市场机制遵循的是资本与效率的原则。资本与效率的原则又存在着“马太效应”。从市场机制自身作用看，这是正常的经济现象，资本拥有越多，在竞争中越有利，效率提高的可能性也越大，收入与财富也就越集中；另外，资本家对其雇员的剥夺，使一些人更趋于贫困，造成了收入与财富差距的进一步扩大。这种扩大又会因为影响到消费水平而使市场相对缩小，进而影响到生产，制约社会经济资源的充分利用，使社会经济资源不能实现最大效用。

（2）竞争失败和市场垄断的形成。竞争是市场经济中的动力机制。竞争是有条件的，一般来说，竞争是在同一市场中的同类产品或可替代产品之间展开的。但一方面，分工的发展使产品之间的差异不断增大，资本规模扩大和交易成本的增加阻碍了资本的自由转移和自由竞争。另一方面，市场垄断的出现，减弱了竞争的程度，使竞争的作用下降。造成市场垄断的主要因素包括技术进步、市场扩大以及企业为获得规模效应而进行的兼并。当企业获利依赖于垄断地位时，竞争与技术进步就会受到抑制。

（3）失业问题。失业是市场机制作用的主要后果。从微观方面看，当资本追求规模经营、提高生产效率时，劳动力被机器排斥。从宏观方面看，由于市场经济运行的周期变化、对劳动力需求的不稳定性，也需要有产业后备军的存在，以满足生产高涨时对新增劳动力的需要。劳动者的失业从宏观与微观两个方面满足了市场机制运行的需要，但失业的存在不仅对社会与经济的稳定不利，而且不符合资本追求日益扩张的市场与消费的需要。

（4）区域经济不协调问题。市场机制的作用只会扩大地区之间的不平衡现象，一些经济条件优越、发展起点较高的地区，发展也越有利。随着这些地区经济的发展，劳动力素质、管理水平等也会相对较高，可以支付给被利用的资源要素的价格也高，也就越能吸引各种优质的资源，以发展当地经济。那些落后地区也会因经济发展所必需的优质要素资源的流失而越发落后，区域经济差距会拉大。

（5）公共产品供给不足。公共产品是指消费过程中具有非排他性和非竞争性的产品。所谓非排他性也就是当这类产品被生产出来时，生产者不能排除别人不支付价格的消费。因为这种排他在技术上做不到，即使在技术上能做到，但排他成本高于排他收益。所谓非竞争性是指，对生产者来说，多一个消费者、少一个消费者不会影响生产成本，即边际消费成本为零。而对正在消费的消费者来说，只要不产生拥挤也就不会影响自己的消费水平。这类产品如国防、公安、航标灯、路灯、电视信号等。从本质上讲，生产公共产品与市场机制的作用是矛盾的，生产者是不会主动生产公共产品的。而公共产品是全社会成员所必须消费的产品，它的满足状况也反映了一个国家的福利水平。公共产品生产的滞后与社会成员与经济发展需要之间的矛盾突出。

（6）公共资源的过度使用。生产者受市场机制追求最大化利润的驱使，往往会对这些公共资源进行掠夺式使用。有时尽管使用者明白长远利益的保障需要公共资源的合理使用，但因市场机制自身不能提供制度规范，又担心其他使用者的过度使用，从而出现使用上的盲目竞争。

总之，市场失灵的表现还有许多，它要求人们科学地认识市场机制的作用，并发挥其积极作用，避免消极之处。

关键术语

市场效率　　经济资源　　资源配置　　稀缺性　　价格机制　　计划经济　　市场经济　　看不见的手　　市场失灵　　帕累托最优　　完全竞争市场

复习思考题

（一）简答题

1. 人类社会的基本矛盾是什么？如何利用可能的组织方式去解决上述基本矛盾？
2. 市场经济是怎样配置资源的？为什么说价格机制像一只“看不见的手”？
3. 价格机制调节经济的前提条件是什么？
4. 怎样衡量市场经济配置资源的效率？
5. 市场失灵的原因和表现是什么？

（二）讨论题

1. 为什么说市场经济是资源配置的一种有效方式？请从理论和实践的层面进行分析。
2. 结合中国市场经济改革以来发生的变化，谈谈你对市场经济效率的感受。

第3章

政府干预与政府失灵

学习意义与作用

理解“市场不是万能”的，了解政府介入某些市场失灵领域的重要性和必要性，认识政府的职能和作用。

教学要求

了解为了解决市场失灵，政府参与经济、干预经济的方式；了解什么是“看得见的手”，政府参与经济的意义和原因；理解政府干预经济的理论基础、政府与市场的边界等；理解政府转变职能是处理政府与市场关系的关键；了解政府失灵的表现和解决方法；理解政府在市场中管理经济的主要职能。

学习重点

- 政府与市场的边界
- 政府参与经济的必要性及其职能
- 效率与公平的权衡选择是政府参与经济的动因

3.1 政府干预经济的内在要求与边界

3.1.1 市场失灵要求政府干预经济

历次世界经济大危机是市场失灵的集中体现。正当资本主义世界按照亚当·斯密“看不见的手”的思想指引经济社会蓬勃发展时，一场空前的世界性的经济危机爆发了。危机首先从美国开始，商品积压卖不出去，销售停滞，股市崩盘，企业破产，银行倒闭，信用关系破坏，工人失业，经济陷入大萧条之中，然后波及整个资本主义世界，资本主义各国陷入萧条的恐慌之中。从 1929 年到 1933 年，资本主义世界的工业产值下降 44%，大约倒退到 1908—1909 年的水平，造成了 4 000 万失业人口，工人生活水平大幅度下降，广大农民和手工业者纷纷破产。

专栏

20 世纪 30 年代大萧条记忆

20 世纪 20 年代被称为“新时代”，财富和机会似乎向刚在第一次世界大战中获胜的美国人敞开了自己吝啬的大门。整个社会对新技术和新生活方式趋之若鹜，“炫耀性消费”成为时代潮流。1929 年 10 月 24 日，美国迎来了它的“黑色星期四”（美国华尔街股市突然暴跌）。这一天，美国金融界崩溃了，股票一夜之间从顶巅跌入深渊，价格下跌十分迅速，连股票行情自动显示器都跟不上。1929 年 10 月 29 日，纽约证券交易所里的所有人都陷入了抛售股票的旋涡之中。股指从之前的 363 最高点骤然下跌了平均 40 个百分点，成千上万的美国人眼睁睁看着他们一生的积蓄在几天内烟消云散。这是美国证券史上最黑暗的一天，是美国历史上影响最大、危害最深的经济事件，影响波及西方国家乃至整个世界。此后，美国和全球进入了长达 10 年的经济大萧条时期。这一天被视作大萧条时期的开始，由于正值星期二，被称为“黑色星期二”。从 1929 年 10 月 29 日到 11 月 13 日短短的两个星期内，共有 300 亿美元的财富消失，相当于美国在第一次世界大战中的总开支。但美国股票市场崩溃不过是一场灾难深重的经济危机爆发的火山口。

当时纽约流行一首儿歌：“梅隆拉响汽笛，胡佛敲起钟。华尔街发出信号，美国往地狱里冲！”随着股票市场的崩溃，美国经济随即全面陷入毁灭性的灾难之中，可怕的连锁反应很快发生：疯狂挤兑、银行倒闭、工厂关门、工人失业、贫困来临、有组织的抵抗、内战边缘。农业资本家和大农场主大量销毁“过剩”的产品，用小麦和玉米代替煤炭做燃料，把牛奶倒进密西西比河，使这条河变成“银河”。城市中的无家可归者用木板、旧铁皮、油布甚至牛皮纸搭起了简陋的栖身之所，这些小屋聚集的村落被称为“胡佛村”。流浪汉的要饭袋被叫作“胡佛袋”，由于无力购买燃油而改由畜力拉动的汽车叫作“胡佛车”，甚至露宿街头的流浪汉上盖着的报纸也被叫作“胡佛毯”。而街头上的苹果小贩则成了大萧条时期最为人熟知的象征之一。在那些被迫以经营流动水果摊讨生活的人中，有许多在从前是成功的商人和银行家。

这次经济危机很快从美国蔓延到其他工业国家。对千百万人而言，生活成为吃、穿、住的挣扎。各国为维护本国利益，加强了贸易保护的措施和手段，这进一步恶化世界经济形势，也是第二次世界大战爆发的一个重要根源。大萧条也造成了严重的社会问题：其间有 200 万～400 万中学生辍学，许多人忍受不了生理和心理的痛苦而自杀，社会治安日益恶化。其中最重要的问题是失业。在美国，失业人口总数达到了 830 万，在美国各城市，领救济食品的穷人队伍长达几个街区。英国则有500万～700万人失业，这些人不得不排着更长的队伍等候在劳务交易市场外。

经历了大萧条的人们在思想上发生了转变。工人从20年代的麻木状态中清醒过来，发动了富有战斗性的罢工。自由主义者被苏联的繁荣吸引而成为马克思主义者。而保守主义者由于惧怕布尔什维克主义，日益转向法西斯主义。

穷人家为了省钱度日想出种种妙法，男人的刮胡子刀片磨了再用；自己动手卷纸烟，要不就抽"翅膀"牌（一角钱一包）；为了省电，改用25瓦灯泡。孩子们捡汽水瓶到铺子里退钱，一个两分；上面包店排队买隔宿的面包。妇女们把旧被单剪开再把两边缝接起来，这样就把中间磨损的地方分移到两边去了；把自己的衣服改一改给女儿穿，这样在邻居太太面前就不显得寒碜了。许多人家把收到的祝贺圣诞的卡片保存起来，来年好改寄给别的朋友。

在农村，特别是中西部的农民们，生活极其惨淡。由于农产品价格惨跌，大量农场主破产。千百万人只有像牲畜那样生活，才能免于死亡。宾夕法尼亚州的乡下人吃野草根、蒲公英，肯塔基州的人吃紫罗兰叶、野葱、勿忘我草、野莴苣以及一向专给牲口吃的野草。城里的孩子妈妈在码头上徘徊等待，一有腐烂的水果蔬菜扔出来，就上去同野狗争夺。蔬菜从码头装上卡车，她们就跟在后边跑，有什么掉下来就马上捡起。中西部地区一所旅馆的厨师把一桶残菜剩羹放在厨房外的小巷里，立即有十来个人从黑暗中冲出来抢。人们还看到，有人全家走进垃圾堆捡骨头和西瓜皮来啃。因为蛆虫多，人们在捡东西吃时总是先把眼镜摘掉，眼不见为净。

资料来源：根据相关资料整理。

这种被称为生产过剩的经济危机，给社会生产力造成了极大的破坏。所谓生产过剩，并不是说生产出来的东西真的多得超过了劳动人民的实际需要，而恰恰是由于劳动人民购买力不足，因而出现了过剩。所以，资本主义的生产过剩不是绝对的过剩，而是相对的过剩。这种相对过剩的经济危机席卷了整个资本主义世界，以至没有哪个资本主义国家可以幸免。

很显然，市场并不是完美无缺的，"看不见的手"并不是万能的、无所不包的，市场在一些方面还存在着缺陷，也就是说单纯地依靠价格机制、依靠市场还不能完全有效地配置资源，还存在着"市场失灵"或"市场失败"。

正当世界经济危机震荡整个资本主义世界时，英国又出现了一个伟大的经济学家，即约翰·梅纳德·凯恩斯。在《就业、利息和货币通论》中，凯恩斯指出市场不是万能的，供给不会自动创造需求，必须要用新的办法，政府必须参与经济，这就是"看得见的手"。

所谓"看得见的手"，是指国家干预经济生活，或者称为国家调控经济。当出现经济危机、经济萧条的时候，政府可以加大财政赤字，发行国债，把经济刺激起来；当经济过热的时候，政府可以通过宏观调控措施，使经济降温，避免出现通货膨胀。从凯恩斯开始，人们观察经济从单纯的微观转向了宏观，从个量转向了总量，国家大规模干预经济的历史从他开始。美国、英国等国家按照凯恩斯的方法治理经济危机，政府加大干预经济的力度，很快从经济衰退中走了出来。第二次世界大战以后，西方各国都开始对经济进行宏观调控，凯恩斯的“看得见的手”的思想，给资本主义经济带来了又一次繁荣。

专栏

凯恩斯逸事

像许多伟大的金融家一样，凯恩斯在大事上十分大胆，敢于冒险使用大量资金以支持一个论点。但在小事上，他非常保守。一次，凯恩斯和一个朋友在阿尔及利亚首都阿尔及尔度假，他们让一群当地小孩为他们擦皮鞋。凯恩斯付的钱太少，气得小孩们向他们扔石头。他的朋友建议他多给点钱了事，而这个世界上最伟大的经济学家之一的凯恩斯回答道：“我不会贬抑货币的价值。”

凯恩斯把资本资产的未来收入看作是这项投资预期的一系列年收入，把资本资产的供给价格看作是预期的资产的重置成本。他认为，资本边际效率是递减的，他在《就业、利息和货币通论》中用相当多的篇幅讨论投资引诱。投资引诱理论是他的就业通论的最重要部分。按照凯恩斯的看法，只有资本资产的预期收益超过资本资产的供给价格或重置成本，继续投资才是有利可图的，才能对资本家产生投资引诱。

面对大萧条时需求不足和严重的失业现象，凯恩斯在《就业、利息和货币通论》中提出了政府干预的必要性和重要性。他认为，政府可以通过建设桥梁、大坝等公共项目，雇用失业人员。这批人就业后用领取的工资购买食品等货物，从而刺激了对这些货物的需求，生产这些货物的厂家又会雇用更多的人。这些就业人员又刺激了另一轮的需求，增加了另一些人的就业。

凯恩斯是20世纪西方世界应付内外危机、实现国家和社会治理政策和思想传统根本转换的枢纽型人物。在30年代，凯恩斯发起了一场导致经济学研究范式和研究领域根本转变的革命（著名的“凯恩斯革命”）；在40年代的第二次世界大战后期及战后初期，凯恩斯参与了国际货币基金组织、国际复兴开发银行（世界银行）和关贸总协定（世贸组织之前身）等机构（它们构成了所谓的“华盛顿体系”）的组建工作，是当今世界经济秩序的主要奠基人之一。1998年的美国经济学会年会上，在150名经济学家的投票中，凯恩斯被评为20世纪“最有影响力”的经济学家（弗里德曼排名第二）。

1936年2月4日，凯恩斯的代表作《就业、利息和货币通论》作为“凯恩斯革命”的核心文献出版后，立即在大危机后惊魂未定的西方世界引起轰动。西方学者对此评论道：“凯恩斯是在致命危机威胁资本主义世界时挽救和巩固了这个社会。”有的学者把凯恩斯的理论比作“与哥白尼在天文学上、达尔文在生物学上、爱因斯坦在物理学上一样的革命”。

凯恩斯的成就与他的背景和个性有关。凯恩斯的父亲是剑桥大学的经济学家和逻辑学家，母亲也是剑桥大学的毕业生，曾任剑桥市长。凯恩斯在青少年时代就有机会同一些经济学家和哲学家接触，并结识一些有文艺才能和创新精神的朋友。后进入剑桥大学专攻数学，以优异成绩毕业，然后到剑桥大学国王学院任经济学教师。第一次世界大战爆发后被征召进财政部工作，曾以英国财政部首席代表身份参加巴黎和会并因对德国赔款问题的意见未被接受而愤然辞职。凯恩斯出版过几本名著，从事证券投资获利数十万英镑，兼任不少公司的顾问或董事，开办过艺术剧院，担任过皇家学院总务长。第二次世界大战期间凯恩斯担任了英国财政部顾问，是英国战时经济政策的主要制定者。战争结束前后，又忙于英美贷款谈判和布雷顿森林会议等一系列活动。

资料来源：根据相关资料整理。

3.1.2 政府介入市场失灵领域

既然市场机制这只“看不见的手”能够很好地完成社会资源的配置，为什么还要政府来干预经济呢？市场经济体制虽然是一种运行成本较低的制度，可以较好地完成大部分社会资源的配置。但市场不是万能的，在有些情况下，它也会出现“市场失灵”或“市场失败”，丧失其社会资源的配置功能。在以下一些领域，政府需要对市场进行适当的干预。

（1）垄断领域。作为产品供给者的企业以及作为劳动力供给者的工会组织等都可能取得垄断地位，成为对价格有较大控制力的垄断者，这时候价格信号就会失真，市场机制遭到破坏，从而发生市场失灵现象。供求双方掌握的信息不对称，也会带来市场失灵。比如，你去市场买东西，卖方可能明明卖的是假冒伪劣产品，可是由于造假手段高明，你购买时分辨不出真伪，他知道是假货，而你不知道，这时候价格信号就会发生失真，你花了真品的价钱结果买回来的是假冒伪劣产品。而当消费者知道产品有假，他以后就不会再花真品的价钱来购买这样的产品了。所以，假冒伪劣产品的长期存在会将高品质产品最终驱逐出市场。在这些领域，政府就有必要运用自身的权威进行干预，矫正价格信号。

（2）存在外部经济效应而导致市场失灵的领域。比如，化工厂向小河里倾倒了废物污染了水源，靠着小河生存的农民遭殃了，用水浇地庄稼不活，用水做饭食后浑身发痒，而化工厂只交了排污费，社会却为此付出了巨大成本。化工厂生产并没有承担倾倒废物的真实成本，其产品价格会远远低于考虑废物成本时的价格。产品生产了出来，但污染也在源源不断地产生，这时，生产该产品所占用的资源和社会代价与其价格不相称，造成市场失灵。政府通过经济、行政、法律手段，矫正市场失灵。

（3）公共物品的存在导致市场失灵的领域。所谓公共物品主要是相对私人物品而言的一种物品，当这种产品生产出来以后，单个消费者的消费量对其他人的消费不影响，而且不管人们是否付费都可以享受，比如防洪大堤、城市中的道路、城市的路灯等等。关于街道的路灯，由于企业不可能对路灯普照下的消费者进行收费，所以企业不愿意向社会提供这样的产品。由此可见，以上种种情况都可能导致市场的无能为力，而使市场失去资源的配置功能，这时就需要政府干预以完善资源配置。

市场失灵的存在引出了政府干预的必要性。但是政府的作用并不是代替市场机制，而是补充市场调节的不足，解决市场机制解决不了的问题。公共物品和外部效应是典型的市场失灵情形。有些公共物品和外部效应是可以通过市场调节来解决的，其关键在于明晰产权。

就公共物品而言，有些公共物品在一定条件下可以成为准公共物品或私人物品，通过市场机制来提供。例如灯塔是一种公共物品，它收费困难，而且不具有竞争性。但在历史上曾经有私人建立的灯塔，因为灯塔的所有者与所在港口的所有者合作（或由港口所有者建立灯塔）。这时凡进入这一港口的船只都要收取灯塔使用费。一旦实现这种收费办法，私人灯塔就可以实现边际成本与边际收益相等，从而成为私人物品。但是并非所有公共物品都可以变为私人物品。例如，国防不可能收费也不能排除任何人的"搭便车"行为，这时市场无法解决纯公共物品问题，必须求助于政府。

在产权明晰的情况下，有些外部效应问题也可以通过市场机制来解决。例如，一个造纸厂建在一条由私人钓鱼俱乐部拥有的小河边。造纸厂与小河都由私人拥有，产权明晰。这时，造纸厂给小河带来的污染（负外部效应）就可以通过双方的谈判来解决。小河所有者的产权受到侵犯（无法钓鱼，产权的使用与受益权被破坏）就可以提出赔偿要求。如果赔偿小于造纸厂的收益，造纸厂愿意赔偿；钓鱼俱乐部得到的赔偿足以补偿污染带来的损失，也愿意接受，负外部效应就不存在。如果赔偿金额太高，造纸厂无法接受，就要治理污染或关门，负外部效应也消除了。在这种情况下，双方的交易可以消除污染的负外部效应。但是，并非所有负外部效应都可以用这种方法消除。空气、河流一般是公有产权，无法实现私有。或者所有者人数太多，这些所有者如果自己先达成协议再与污染者谈判，交易成本太高，无法进行，这时就需要政府出面消除负外部效应。

专栏

雾霾——经济发展的负外部效应

雾霾天气是一种大气污染状态，雾霾是对大气中各种悬浮颗粒物含量超标的笼统表述，尤其是PM2.5（空气动力学当量直径小于等于2.5微米的颗粒物）被认为是造成雾霾天气的"元凶"。雾霾也是特定气候条件与人类活动相互作用的结果。高密度人口的经济及社会活动必然会排放大量细颗粒物（PM2.5），一旦排放超过大气循环能力和承载度，细颗粒物浓度将持续积聚，此时如果受静稳天气等影响，极易出现大范围的雾霾。随着空气质量的恶化，阴霾天气现象增多，危害加重。中国不少地区把阴霾天气现象并入雾中，一起作为灾害性天气预警预报，统称为"雾霾天气"。

2013年的1月，4次雾霾过程笼罩30个省（区、市），在北京，仅有5天不是雾霾天。有报告显示，中国最大的500个城市中，只有不到1%的城市达到世界卫生组织推荐的空气质量标准。与此同时，世界上污染最严重的10个城市有7个在中国。

雾霾天气自古有之，刀耕火种和火山喷发等人类活动或自然现象都可能导致雾霾天气，不过在人类进入化石燃料时代后，雾霾天气才真正威胁到人类的生存环境和身体健康，急剧的工业化和城市化导致能源迅猛消耗、人口高度聚集、生态环境破坏，为雾霾天气的形成埋下伏笔。

雾霾的源头多种多样，比如汽车尾气、工业排放、建筑扬尘、垃圾焚烧，甚至火山喷发等等，雾霾天气通常是多种污染源混合作用形成的，雾霾的主要来源有两种：人为因素和气候因素。人为因素包括汽车尾气，使用柴油的大型车是排放PM10的"重犯"，如大公交、各单位的班车，以及大型运输卡车等；北方到了冬季烧煤供暖所产生的废气；工业生产排放的废气，比如冶金、窑炉与锅炉、机电制造业，还有大量汽修喷漆、建材生产窑炉燃烧排放的废气；建筑工地和道路交通产生的扬尘；家庭装修中也会产生粉尘；等等。气候因素包括在水平方向静风现象增多，城市里大楼越建越高，阻挡和摩擦作用使风流经城区时明显减弱，静风现象增多，不利于大气中悬浮微粒的扩散稀释；垂直方向上出现逆温，逆温层好比一个锅盖覆盖在城市上空，这种高空的气温比低空气温更高的逆温现象，使得大气层低空的空气垂直运动受到限制，空气中悬浮微粒难以向高空飘散而被阻滞在低空和近地面；随着城市人口的增长和工业发展，机动车辆猛增，污染物排放和悬浮物大量增加。

资料来源：根据相关资料整理。

3.1.3 政府和市场的边界划分

政府和市场是两种配置资源和协调社会经济活动的主要机制或制度安排。人们对政府和市场关系的认识处于不断的衍变过程中。1776 年，英国古典政治经济学创始人亚当·斯密出版《国富论》，提倡自由竞争，主张政府不干预主义。1936 年，英国经济学家凯恩斯出版《就业、利息和货币通论》，掀起了一场凯恩斯革命，主张政府干预，政府干预主义逐渐成为主流经济学普遍接受的观点。

从实践来看，时间上是先有自由竞争，后有宏观调控，但在政府和市场的选择中没有一个固定模式，有的国家更倾向于自由竞争，有的国家更倾向于政府干预。有一点值得肯定，就是无论哪一个国家都没有所谓的离开政府干预的完全竞争。无非是有的国家政府干预多一点，有的干预少一点；有的干预程度深一点，有的干预程度浅一点。

要处理好政府和市场的关系，先要弄清楚什么是市场、政府，弄清楚什么叫市场规律、什么是政府作用，并由此厘清市场和政府之间的边界。市场机制在充分调动生产要素积极性、提高资源配置效率的同时，也存在着市场缺陷，即市场失灵，所以市场经济条件下离不开政府干预。弥补市场缺陷需要政府干预，但是政府也存在失灵的问题。如果政府作用的扩张超过限度就会破坏市场机制，限制资源合理流动，削弱资源的有效利用，阻碍经济发展；政府工作人员也会因为主客观原因，做出错误决策或错误地执行任务。

市场不是万能的，政府也不是万能的，那么政府和市场究竟是什么关系？一般认为，政府和市场的边界是：凡是市场机制能够充分发挥作用，资源能够实现有效配置的就不需要政府干预；凡是存在市场失灵，市场机制不能有效发挥作用的地方，就需要政府干预。也就是说，资源配置要以充分发挥市场机制为基础，不能脱离开市场机制过度强调政府干预，也不能离开政府实行无政府主义。而判断的基本标志，就是凡是激发市场活力、促进经济发展的模式都是好的；凡是窒息市场活力、不利于经济发展甚至阻碍经济发展的干预模式都是不好的。政府和市场功能的发挥都离不开市场主体，主要的市场主体是企业，要在三者之间形成政府调控市场、市场引导企业的宏观调控模式。

中国处理政府和市场的关系主要体现在政府干预较多，习惯于用计划经济思维解决市场经济中的问题，如政府直接干预企业行为；也存在着政府职能缺位，需要政府管的没有管好等，如公共产品供给不足、收入差距拉大、环境恶化等。而政府越位和缺位都有可能破坏市场规律，扭曲市场机制。

政府与市场并不永远是一种“此消彼长”的博弈关系，在许多情况下政府与市场是相互补充的，呈现出一种“你中有我，我中有你”的相互融合关系，这就是政府与市场的互补关系。在政府与市场的互补关系中，不存在政府一定要排斥市场或者市场一定要排斥政府的问题。从整个社会经济体来讲，政府与市场的互补关系，是市场经济条件下的基本关系。更严格地讲，市场经济体制下的政府与市场互补关系是政府对市场的补充关系，因为市场在资源配置中发挥着基础性作用。但就某个具体领域而言，政府与市场的互补关系会表现出一些不同特征。

尊重市场就是要尊重市场规律。市场规律包括价值规律、价格规律、供求规律、竞争规律等。尊重市场规律，就是要用市场经济的思维，用市场经济的办法解决市场经济中的问题；就是要培育市场体系，让市场机制能够充分发挥作用；就是要制定公平竞争的市场规则，让市场主体依法平等地使用生产要素，平等竞争；要培育有形和无形市场，为市场主体参与竞争提供平台。而政府的作用则主要体现在五个方面：经济调节，主要指实现社会总供给与社会总需求的平衡，保持国民经济平稳健康发展，避免大起大落；市场监管，主要指政府要制定规则，监督和管理市场，维护市场秩序，保护平等竞争，打破垄断，维护商品和服务信誉，打击假冒伪劣商品；社会管理，就是要创造一个和谐有序的社会环境，及时处置社会问题；公共服务，就是要提供更多高质量的公共产品，为广大民众和市场主体提供及时到位的公共服务；环境保护，就是强化政府在生态环境保护方面的功能，因为生态环境是人类最重要、最基本的公共产品，保护好生态环境，才能保障好民生。

3.2　公共财政的基本职能

政府在市场经济中有什么作用，它有哪些基本经济职能，这是一个在经济学界长期引起争论的问题。从古典的国家干预、自由放任、全面干预到新自由主义的一轮轮变迁，政府的经济作用成为人们议论的重要话题，影响着一个国家经济政策的制定。无论争论的情况如何，迄今西方国家也并没有完全放弃政府的干预，只是干预的程度、内容和方式有所不同而已。国家通过公共财政集中部分社会资源，用于为市场提供公共物品和服务、满足社会公共需要的经济行为。以满足社会的公共需要为口径界定财政职能范围，并以此构建政府的财政收支体系。这种为满足社会公共需要而构建的政府收支活动模式或财政运行机制模式，称为公共财政。公共财政的职能内容主要是资源配置、收入分配、经济稳定，它成为与政府职能之经济调节、市场监管、社会管理、公共服务定位相联系的重要经济职能。

3.2.1　公共资源配置

公共财政资源配置职能，即政府提供无法通过市场机制提供的公共产品，纠正市场机制造成的公共产品和服务不足。其必要性在于：（1）通常市场能有效配置资源，但完全通过市场则无法使社会资源配置最优。（2）财政配置资源可以弥补市场机制缺陷，实现社会资源的有效配置。通过税收、补贴等克服市场难以对公共资源进行有效配置问题。对垄断、外部效应、偏好不合理、信息不对称等领域，政府以财政手段解决市场失灵问题。公共财政以提供公共产品和服务为内容，围绕以下内容展开：资源在公共部门与私人部门之间的配置、资源在地区之间的配置、资源在产业之间的配置、资源在消费和投资之间的配置。

经济学意义的资源通常指用来生产商品和劳务的投入物，有时也称生产要素。资源的基本特征是稀缺，即在任一时间内，资源的数量是有限的，在数量上不能满足同一时期内的全部需求，因此，客观上要求人类必须有效地确定这些资源的各种用途。至于为什么需要财政对社会资源进行配置，可以分两个层次理解。

第一个层次，由于公共物品的客观存在，任何社会都不可能仅仅通过分散的个人或其他社会单位对资源进行有效配置。因为某些公共物品是任何个人或单个集团都无力提供的；对于另一些公共物品来说，尽管个人或单个集团有能力提供，但或者因为其消费的不可分割性而不愿意提供，或者由个人或单个集团分散提供而不可能获得最佳社会经济效率。所以，就其一般意义而言，任何社会都需要财政进行资源配置。

第二个层次，在市场经济条件下，财政可以作为弥补市场缺陷的主要手段。一般而言，在市场经济条件下，资源配置被认为是市场所固有的功能，但是在市场存在缺陷、市场机制不健全的情况下，市场本身是难以独立实现对资源的最佳配置的。客观上要求政府必须担负起相应的配置资源的责任，通过财政分配以及其他各种财政政策措施直接分配或引导资源投向，从而实现对资源的最佳配置。

中国地区之间经济发展不平衡是客观现实。从整体上看，这样的现状不利于中国经济长期均衡稳定发展。财政资源配置职能的一个重要内容，就是通过财政分配，即财政补贴、税收、财政政策与财政体制等手段，实现资源在各个不同地区之间的合理配置。

财政的资源配置职能包括了对用于满足社会公共需要的资源的直接分配以及对全社会资源配置的宏观调节这两个方面的内容，具体表现在以下几个方面：

（1）调节资源在产业部门之间的配置。资源在部门之间的配置状态如何，直接关系到产业结构的合理化程度。部门之间的资源配置及其调整，主要通过两个途径：一是调整投资结构，二是调整资产存量结构及资源使用结构。财政对资源在产业部门之间的配置和调节，也是通过两个相应途径，采取两种相应的手段实现的。

一方面是通过调整国家预算支出中的投资结构，达到合理配置资源的目的；另一方面则是通过制定、调整财政、税收政策和投资政策，来引导和协调社会资源流动与分配，进而达到调节现行资源配置结构的目的。

（2）调节资源在政府部门与非政府部门之间的配置。财政在这方面的职能，主要表现在调整财政收入在国民收入或国民生产总值（GNP）中所占的比重，而这个比重又取决于必须由政府通过财政提供的社会公共物品规模的大小。调整资源在政府部门与非政府部门之间的配置使之符合优化资源配置的要求，便是财政资源配置职能的一项重要内容。

（3）调节资源在政府部门内部的分配。在政府部门内部的资源配置，主要是通过各级政府的预算及执行工作实现的。合理配置资源作为一种经济规律，不仅要求在各地区之间、社会经济各部门之间、各产业之间合理配置资源，而且也要求在政府部门内部各领域之间合理配置资源。

由于市场失灵使得市场运行机制遭到破坏，影响了市场资源配置的效率，政府首要的经济职能就是通过一系列措施来促进市场资源效率的改善。为此，政府应做好以下几项工作：

维护市场秩序。市场机制的运行是以一定的规则和契约关系为前提的，一旦这些规则和关系遭到破坏，就会出现市场失灵现象。所以，建立健全市场的行为规则，规范市场中各参与者的行为，加大监督执法力度，净化市场环境，是维护市场秩序的第一步。自由竞争会导致垄断，取得垄断地位的企业会利用手中的定价权，抬高价格，降低产量，谋取暴利，从而导致市场资源配置的低效率和无效率，所以，制定和实施反垄断和反不正当竞争的法律，保护公平竞争环境，是维护市场秩序的第二步。缺乏统一完善的市场体系也是影响市场资源配置效率的重要因素，只有商品市场是远远不够的，劳动力、资本、土地、企业家等生产要素以及产权等综合要素如果不能在相应的市场中得以自由交易，不能在价格信号的引导下发生转移，市场的资源配置功能显然就是不完善的，所以，培育和完善市场体系也是维护市场秩序的重要步骤。最后，为了减少和消除由于信息不对称而引发的市场失灵问题，政府应该制定相应的商品和交易的信息披露制度，增强交易的透明度，以保护消费者的合法权益，这也是维护市场秩序必不可少的步骤。

消除外部不良经济效应。外部不良经济效应主要是指一方对另一方的非市场性影响，使得一种商品的价格不一定能反映其社会价值，降低了市场的资源配置效率。比如污染问题、外部经济效应问题，靠市场机制是难以解决的（著名的经济学家科斯教授曾提出市场机制的解决方案，实行起来有难度），这方面政府通常需要积极介入，通过补贴或直接生产来促进好的外部经济效应的产生，通过严格限制和管制来制止坏的外部经济效应的蔓延，使污染问题、安全问题得到有效控制。

加强公共物品的供给。在公共物品面前，市场是无能为力的，此时，政府要通过国家预算开支，担负起公共物品的生产和供给的责任，在基础设施和公共设施方面直接投资，来保证全社会公共物品的供给。当然，政府也不是万能的，在强调政府经济作用的同时，也不能不提防可能出现的政府失灵现象，政府失灵的代价会更高。为此，政府在进行干预时，必须有明确的自我定位，并不断进行自我约束，干预的作用不是取代市场，而是对市场的辅助。

3.2.2 改善收入分配

运用市场机制解决基本经济问题时，生产什么和如何生产的问题是与效率有关的问题。尽管在部分领域存在市场失灵现象，但在外在力量的干预作用下，市场机制仍然可以较好地发挥作用。为谁生产的问题则是与公平相关的问题。尽管市场机制可以有效地发挥作用，但仍然会产生极大的不公平，这不是市场失灵和失效，也不是市场的过错，而是收入分配的缺陷。市场机制运行遵循的是供求规律，物品跟随的是消费者的货币选票，而不是消费者的最大需要，就是说，市场是不相信眼泪的，没有货币的支持，民众的迫切需要和美好愿望永远都只能是空中楼阁。收入分配不公平现象的产生，可能有很多原因，比如个人能力、受教育程度、财产的继承等等。另外，市场机制也不可能解决诸如失业、养老、医疗保健、扶贫等社会性问题。怎么办？当然只有靠政府，通过政府的收入再分配政策和社会保障制度来协助解决这些问题。

政府一方面要向全社会提供公共物品，另一方面要执行收入的再分配计划和建立社会保障制度，这些任务的完成都要有强大的财力为后盾，而财力的支持和来源是税收，税收使政府解决社会公平问题成为可能。政府的财政收支活动客观上对社会收入与财富的分配产生直接与间接的影响。一般把财政所具有的这种能够影响社会收入与财富分配的功能叫作财政的收入分配职能，简称收入分配职能。不仅财政活动本身实际上就是对国民收入的一种初次分配和再分配，而且这种分配本身，也必然会直接或间接地对国民收入其他部分的分配以及财政以外各层次国民收入的分配产生重大影响。

政府运用收入分配职能的主要目的，就是调节社会收入与财富的分配，使之达成公平合理的分布状态。政府必须运用收入分配职能的主要原因，就是考虑到现代市场经济在没有政府参与的情况下，不能实现收入与财富的公平合理分配。

（1）按劳分配并不能保证实现收入与财富的公平分配。中国以按劳分配为分配制度的主体，但是，与其他分配方式相比，按劳分配也只是一种相对公平的分配，在现实经济生活中，仍然存在着事实上的不平等。

（2）市场机制缺陷造成收入和财富分配的不公平。这种现象主要是因为市场机制给予人们的报酬是以人的生产能力（挣钱的本领和所拥有的财产）和贡献为标准的。生产能力不同，贡献不同，收入也就不同。此外，市场机制对无生产能力者不给予照顾。市场机制所存在的这种缺陷是市场经济机制本身所无法克服的。收入分配职能的主要内容是通过调节企业的收入水平（利润水平）和居民个人收入水平实现收入与财富的公平分配。

财政的收入分配职能的内容主要有两个方面：一是调节企业利润水平，通过调节使企业在条件大体相同的情况下获得大体相同的利润；二是调节居民个人收入水平，即在坚持现行分配制度的条件下，贯彻执行现行收入分配政策，既要合理拉开收入差距，又要防止两极分化，逐步实现共同富裕。

3.2.3 促进经济稳定发展

市场机制用来解决微观经济问题大有用武之地，可是对于自发地解决宏观经济问题来说却束手无策。一个行业的产品前景看好，价格信号自然会引导社会资源投向该领域，使得该产品从供给不足、饱和走向过剩，在这一点上，市场是盲目的，这也意味着运用市场机制来解决资源的充分利用问题是力不从心的。不仅如此，市场的盲目性加上市场失灵还会导致一系列的宏观经济问题，比如，经济总量的供需失衡、经济周期性的剧烈波动、失业问题和通货膨胀等。运用一系列经济政策（财政政策和货币政策）来调节社会总需求，进而减缓经济的周期性波动，解决失业问题，抑制通货膨胀，实现经济总量的平衡就成为政府保持经济稳定的重要任务。

市场机制虽然可以暂时调节需求，但其本身不能预测未来经济的发展变化，所以也就无法解决经济的长期可持续发展问题。市场机制无法解决经济结构的调整问题，由于市场缺陷带来的行业垄断给生产要素的自由流动设置了很高的门槛，产业结构的优化升级单靠市场机制也是难以完成的。这样，正确分析和预测经济发展趋势，把握未来的经济变化，制定经济的长期发展战略、措施和产业发展政策来刺激和引导经济增长，保持经济的长期、健康和可持续发展，就成为政府保持经济增长的重要任务。

通过财政政策的制定、实施与调整，使整个社会保持较高的就业率，以至于达到充分就业，并实现物价稳定、经济稳定增长以及国际收支平衡等政策目标。一般将财政所具有的这种功能称为经济稳定职能，或者叫作稳定经济职能，简称稳定职能。

财政的经济稳定职能在市场经济体制下具有其客观必要性。财政经济政策一个极为重要的目标，就是保持或达到充分就业或高就业率、适度稳定的物价水平、国际收支的平衡、合理的经济增长率。概括地说，就是经济稳定目标。这个目标，主要是通过财政的稳定职能实现的。财政稳定职能的客观必要性主要来自市场机制的缺陷。在市场经济中，充分就业和物价稳定不会自动出现，因为在市场经济中，就业和物价的整个水平是由总需求水平确定的，并与当时的生产能力有关。社会总需求是难以控制的，或者具有不可控性。

总需求水平是由无数个消费者、企业厂长、经理人员、金融投资者以及其他社会成员、单位的开支所决定的，上述开支决策又依赖于许多难以预测的因素，如过去与现在收入、财富、地位、信用的可用程度，对前景的估计等。所以，客观上需要政府通过运用财政手段调节社会需求水平，以实现经济稳定增长的目标。

财政经济稳定职能的主要内容有以下两个方面：

(1) 调节社会总需求，实现供求总量的大体平衡。财政对社会总需求的调节主要是通过国家预算进行的。一般而言，从理论上看，如果社会总需求大于社会总供给，则可采取使财政收入大于财政支出的办法，即相对减少财政支出，增加财政收入。从政策的角度看，这种做法通常被称为紧缩性财政政策。如果社会上总需求小于总供给，即需求不足，则可以采取使财政收入小于财政支出的办法，即相对增加财政支出，减少财政收入。在政策上，这种做法通常被称为扩张性财政政策。如果社会总需求与总供给大体平衡，则应实行预算收支平衡政策，即所谓的中性财政政策。

(2) 调节社会供求结构平衡。从客观上看，社会总供求结构包括供求的地区间结构、部门结构、产业结构（第一产业、第二产业、第三产业等结构）。通过财政收支调节社会总供求结构使之大体平衡，是财政稳定职能的另一个重要内容。

3.3　效率-公平权衡与政府失灵

3.3.1　政府对效率与公平的权衡

企业作为市场经济的主体，是社会财富的创造者，企业总体水平决定国家经济水平，企业的总体效率决定国家竞争力。企业要提高效率，就必须按要素的贡献大小来分配。因为要提高劳动者的劳动积极性，就要给予他们的劳动应得的报酬，多劳多得，少劳少得。按劳取酬的分配方式，正是公平分配的基本含义。在中国现阶段，由个人的自身素质、能力、机遇以及其他方面因素所造成的收入分配上的差距是不可避免的。同时这种合理的收入分配差距也是社会经济发展的必然和动力。

中国初次分配产生不公平，引起群众不满情绪的主要原因在于不合理、不平等的竞争条件和机会造成大量的非正常收入。例如：劳动的买方垄断产生的不合理的劳动力价格，导致劳动收入分配不公；技术等生产要素的卖方垄断，导致了要素所有者之间收入分配的不公平；银行的歧视政策导致了贫困人口借贷的困难，使他们失去了致富的机会；还有一些人破坏市场规则违法聚敛钱财，利用工作和职务之便获取灰色收入，以权钱交易获得非法收入，造成了财富占有的悬殊。这些是在初次分配问题上矛盾最为突出、最为尖锐的方面。

在社会主义市场经济体制不断完善的过程中，这些问题的产生正是由于市场在资源配置中的基础性作用没有得到很好的发挥。因此，解决在初次分配中产生的问题，必须在社会主义市场经济条件下，以效率为前提，贯彻按贡献分配原则，确保激励性收入到位，控制垄断收入，取缔非法收入，完善市场在分配中的基础性作用，以此实现合理的初次分配。

经济学意义上的公平有两个层次。第一个层次是经济公平，它是市场机制的内在要求，强调的是要素投入与要素收入相对称。第二个层次是社会公平，它要求在经济公平的基础上，让所有公民都能获得维持一定生活水平的物质条件，消除贫富悬殊和两极分化。当然，这里所关心的是社会公平问题，在市场经济条件下，由于各经济主体提供的生产要素不同导致了收入差别，从这个角度来考察，市场经济天然地产生社会不公平，这种不公平是不能在这个层面上消除的，否则市场经济的价值规律就会遭到扭曲。因此，在市场经济按客观规律运行的基础上，为了实现社会公平，政府有责任通过政策机制在保证起点公平的基础上，对不同的收入群体进行再分配调节，从社会宏观层面实现效率与公平的统一。

1. 切实保证起点公平

没有起点公平，就无法实现过程公平和结果公平。广大群众呼唤社会公平，实质上也是希望获得平等竞争的权利和公正的竞争环境。因此，要解决目前群众反响较大的社会不公平问题，政府必须首先保证在教育、迁移、就业等群众重点关注方面的起点公平。现阶段，中国教育经费占 GDP 比重虽然有了较大的提高，但在世界上排名仍然靠后，尤其是优质的教育供应不足，相当多的老百姓没有能力进入劳动市场，被排斥在现代化进程之外。同时，中国目前有近 7 亿农民，而农业在经济总量中所占的比重却不到 15%。据估计，目前中国农村剩余劳动力多达 3 亿～4 亿。不加快农村劳动力转移的进程，中国的农民就很难富裕起来。由于受教育不足和缺乏专门的培训，广大农村劳动力进城之后也很难享有平等的就业机会。因此，为了解决目前的社会矛盾，还给广大群众一个公平的起点，政府必须确保九年义务教育，积极推进 12 年义务教育，打破区域界限、城乡界限，实施农民和城市失业人员免费技能培训，为一切社会成员提供平等的竞争平台和就业机会，这是解决社会公平问题的先决条件。

2. 切实用好二次分配

在初次分配中，市场根据“效率原则”将社会财富以工资、利润和利息的形式按贡献大小分配给生产要素的所有者，但是，初次分配不可避免地形成收入差距，为了缓和这种社会矛盾，需要政府运用各种财政和预算政策，通过二次分配对收入进行调节，以保证社会的和谐健康发展。中国二次分配体制不健全，保障性分配不到位，低收入层与高收入层的差距日益拉大。为了真正实现二次分配调节收入的作用，政府应该加大转移支付力度，改善包括教育、社会保障等在内的社会福利措施；以公平为原则，保证保障性收入分配到位；增加公共服务，解决城乡贫困居民的生活困难。只有这样才能发挥政府二次分配的作用，有效解决收入差距过大的问题。

3. 兼顾公平与发展

在经济和社会发展进程中，每个国家都需要面对两大根本性问题：一是如何把蛋糕做大，即经济增长问题；二是如何把蛋糕分得更加公平一些，也就是如何避免和调节分配差距过大的问题。中国现在还是个中等收入水平的国家，一些人的基本生计难以得到切实保障，在这个背景下，政府要增加公共服务，改善包括教育、社会保障等在内的社会福利，就需要大量的投入，而这些投入的基本来源是税收。当然，税收越多，用于解决城乡贫困居民生活困难和分配差距过大问题的能力就越强。但若税种过多，税率过大，又将影响人们投资、消费的积极性，降低劳动生产率。如果蛋糕做不大，即使再平均也是人人都吃不饱。因此，政府在注重公平的基础上，必须抓住一切机遇加快发展，通过更加合理有效地配置和利用社会资源，提高经济效率，不断地增加社会财富，这是实现社会福利最大化、解决各种社会问题的关键和物质基础。

综上所述，导致现阶段收入差距过大、社会分配不公的原因虽然是多方面的，但最重要的原因在于计划经济向市场经济转轨的过程中政府与市场功能的错位和不对称。因此，当前的收入差距不应该归咎于“效率优先、兼顾公平”的收入分配政策，也没必要坚持对效率与公平孰轻孰重给出一个说法。企业和政府要找准自己在市场经济中的定位，企业作为社会财富的创造者要讲求效率，而政府作为经济活动的服务者要保证公平。在建立与完善社会主义市场经济体制过程中，尽早建立起一套适合现代市场经济发展要求和中国国情特点的市场与政府行为机制，才是实现效率与公平和谐统一的根本。

3.3.2　政府干预经济有效的前提

政府干预经济需要一定的前提条件。一般情况下，政府干预经济都是存在一定的前提假设的，但在实际工作中，政府并不能一一满足这些条件，这就使政府干预经济的效果大打折扣。这些前提包括以下几种：

（1）政府部门之间充分竞争。政府对经济领域的干预行为与市场中的经济行为之间有一个本质的区别，即利润概念在政府部门中是不存在的。市场中的企业在提供某项产品或服务时存在激烈的竞争，为了在竞争中求生存，它必须关注其本身的利润水平，将生产成本压缩到最低限度。这一点是企业的行为法则和约束机制。与此相对照，政府部门是一个独占性的主体，在社会中不存在竞争对象，政府为弥补市场经济不足而采取的行动也就没有必要用利润标准来衡量。其结果是施加于企业经理身上的利润约束机制对政府活动不起作用，政府没有降低活动成本的压力，从而使社会支付的成本超出了社会原本应支付的成本。而且，政府中的官僚与市场中的经济人一样是个人效用最大化者，在缺乏如利润约束之类机制的限制下，政府公职人员最有可能追求个人利益最大化。因此，政府虽抱着弥补市场缺陷的初衷，而实际上往往做了很多更糟糕的事，从而导致政府失灵。

(2) 政府拥有完全准确的信息。政府干预的合理性与正确性必须以信息的完备性与准确性为前提。然而，在以社会化大生产为基础的现代经济中，政府不可能充分了解经常变化的经济生活，也不可能对要调控的行业以及自己做出的调控决策进行充分的经济分析与论证。因此，政府任何干预经济的良好愿望都具有一定的盲目性，政府做出的调控决策难免出现失效。此外，即便政府获得了信息，也未必就是真实有用的。在约束机制失衡的情况下，基层单位就会根据其需要任意地修改这些数字，给政府决策带来困难。经济发达的企业和地区隐瞒经济数字可以把经济效益留给自己，经济落后的企业和地区隐瞒经济数字则可以获得更多的国家补助。

(3) 政府干预活动的及时性。政府对经济活动的干预，取决于所要干预的客观经济形势，当客观经济形势发生急剧变化后，政府的干预行为乃至政府自身的组织结构和权力结构势必也要发生相应的变化，更新和转换职能。但是，政府机构的自我扩张行为只能使机构扩大和人员增加，其结构变化对经济结构的变化敏感性差，缺乏弹性，往往滞后于现实经济的变化。由此可见，政府干预过程中种种非线性、多变量的经济社会变化和各种突发事件的出现，会阻碍政府贯彻既定政策，使政府干预滞后或出现政策的时滞效应，这同样会导致政府失灵。

(4) 对政府行为存在合理的规则约束和有效的监督。政府决策者是人而不是神。既然是人，他们与企业决策者就没有本质区别，同样要追求个人利益的最大化。中国正处于社会主义初级阶段，制定政策的决策权过于集中且无规则可循，决策往往取决于决策者对经济的主观评价，难以切合实际，而且现行政治规则难以约束少数当权者的利己主义，进而导致了不同程度的“政府失败”。

在一个民主社会中，政府必须服从选民及其代表的政治监督，包括立法机关等对政府的监督。从理论上讲，监督的效力取决于监督者对被监督者的独立性和监督者获取有关被监督对象的信息的能力。撇开前者不谈，在现实的监督过程中，监督者所得到的信息往往由被监督部门——政府提供和发布。在公共产品生产缺乏竞争的情况下，将没有客观的标准来检验监督部门所获信息的可靠性。因此，政府在缺乏有力监督的前提下，其政策和行为或直接或间接地有利于自身的利益，而不是体现真正的公共利益，进而导致“政府失败”。

3.3.3 政府失灵表现与避免方式

政府失灵，指政府为弥补市场失灵而对经济、社会生活进行干预的过程中，由于政府行为自身的局限性和其他客观因素的制约而产生的新缺陷，进而无法使社会资源配置效率达到最佳的情景。关于政府失灵，萨缪尔森将其定义为："当政府政策或集体行动所采取的手段不能改善经济效率或道德上可接受的收入分配时，政府失灵便产生了。"查尔斯·沃尔夫从非市场缺陷的角度分析了政府失灵，他认为由政府组织的内在缺陷及政府供给与需要的特点所决定的政府活动的高成本、低效率和分配不公平，就是政府失灵。

1. 政府失灵的主要表现

(1) 政府决策失效。政府主要是通过政府决策（制定和实施公共政策）的方式去弥补市场的缺陷，因此，政府失灵通常表现为政府决策的失效。它包含以下三个方面：第一，政府决策没有达到预期的社会公共目标；第二，政府决策虽然达到了预期的社会公共目标，但成本（包括直接成本和机会成本）大于收益；第三，政府决策虽然达到了预期的社会公共目标，而且收益也大于成本，但带来了严重的负面效应。

(2) 政府机构和公共预算的扩张。公共选择学派的尼斯卡宁认为官僚主义导致政府扩张，他把薪水、公务津贴、权力、声誉、机构的收益以及管理的便利性看作官僚效用函数中的几个重要变量，从而得出政府机构不断扩张的结论。布坎南也指出，由于政府官员也是个人利益最大化者，他们总是希望不断扩大机构规模，增加其层次，以相应地提高其机构的级别和个人待遇，结果导致资源配置效率低下、社会福利减少。

在管理社会公共事务的过程中，由于特殊利益集团以及"财政幻觉"的存在，政府中的官僚机构、立法机构和特殊利益集团形成"铁三角"的关系，公共物品评估困难。由于存在不同的利益结构和经济行为，必然会呈现公共行动费用的分散性、利益分配的集中性以及政府机构的扩张性。英国学者帕金森在《帕金森定律》中早就指出，官僚主义者有喜欢无事忙和扩大下属机构，从而抬高自己身份的毛病，致使行政机构总是按照一定的速度增长。这样就会造成预算约束的软化，使公共预算呈现增长的趋势，而忽视社会公共价值的存在。

(3) 公共物品供给的低效率。由于缺乏竞争和追求利润的动机，利润的作用变得非常虚幻，以至于在公共机构就会产生低效率。垄断使得公众的群体效应失去作用，公共机构在低效率操作下也能生存下去，因为政府垄断公共物品的供应，消费者就不可能通过选择另外的供应者以表示不满，只能预期一种新制度的安排与供给。

(4) 政府的寻租活动。公共选择理论认为，一切由于行政权力干预市场经济活动造成不平等竞争环境而产生的收入都称为"租金"，而对这部分利益的寻求与窃取行为则称为寻租活动。如果政府行为主要限于保护个人权利、人身与财产安全以及确保自愿签订的私人合同的实施，市场这只"看不见的手"将能保证市场中所出现的任何租金随着各类企业的竞争性加入而消失。

2. 政府失灵的治理对策

(1) 确立政府干预原则。为了减轻或避免政府失灵，必须确定政府干预或调控经济的宗旨。对此，可以借鉴世界银行在1991年以政府和市场关系为主题的世界发展报告中提出的所谓"友善于市场的发展战略"。这一战略提出："经济理论和实际经济都表明，干预只有在对市场能产生'友善'作用的情况下才可能是有益的。"而对市场"友善"的干预应遵循三个原则：不主动干预，除非干预能产生更明显的良好效果，否则就让市场自行运转；把干预持续地置于国际和国内市场的制约之下，确保干预不会造成相关价格的过度扭曲，如果市场显示出干预有误，则应取消干预；公开干预，使干预简单明了，把干预置于制度的规范约束下，而不是由某些个人、官员的好恶或判断来左右。

(2) 大力推行电子政府。中国正在大力推行的电子政府是一项克服公共决策失误、实现政府决策优化的重大举措。电子政府是指运用信息及通信技术打破行政机关的组织界限，建构一个面向政府机构、企业及社会公众的电子化的虚拟机关。它借助信息技术改变了政府决策的条件和状态，深刻影响着政府决策的过程，对政府决策理念、程序、机构和范围等产生了重大的冲击，在提高决策质量和水平方面显示了其比较优势，是对传统政府决策模式的再造，是政府决策优化的理想选择。具体来说，它有以下几个方面：

a. 政府决策系统信息化。信息技术是电子政府运行的基础，是政府决策优化的保证，为克服政府决策失效提供了技术上的支持。电子政府可以使政府决策系统在决策信息的输入、传递、加工、反馈方面实现信息化。

b. 政府决策观念转向服务型。电子政府的实施，必然使政府决策观念发生重大变化，服务观念将是政府决策观的必然选择。电子政府将使为公民服务、为社会服务、为国家服务成为政府决策的主要目标，而效率与效益将是政府决策的价值取向。

c. 电子政府的实施使大量共享信息流通于互联网，并且信息不会因为传播渠道障碍而失真，使信息占有方面的不对称现象大量减少，由此决定了政府职能范围要适当收缩，即政府因信息不对称而具有的协调作用要减小，某些职权要归还于社会。这种行政权向社会的回归集中表现为政府决策权的回归，即某些原本由政府决策的领域或事项交由社会、公众自己管理、自己决策。政府决策范围的缩小使政府决策机构的有限资源得到更加合理的配置，政府可以更有效率地行使对社会的宏观决策管理，从而使政府决策得到优化。

d. 政府决策组织网络化。信息技术的发展使政府决策机构完成与过去同样的工作量所需人员大为减少，组织更加精干高效，从而限制了政府决策机构的膨胀，提高了决策质量，减少了决策失效现象的发生。

e. 政府决策过程公开化、民主化。电子政府最大限度地完善了监督机制，限制了暗箱操作带来寻租的可能，减少了权力滥用的现象，使政府决策的透明度得以提高、决策的民主化得以实现。

(3) 在公共机构中引入竞争机制，打破垄断的非理性。公共选择理论认为，"没有任何逻辑理由证明公共服务必须由政府官僚机构来替代"。在政府各个官僚部门之间引入竞争，这样既可以提高政府提供物品和服务的效率和质量，又可以控制政府机构和预算规模的扩大。20 世纪 90 年代以来，美国陆续将一部分政府内部的环保、卫生、保安等工种出租给私人部门，英国甚至设立了一座私人监狱来承担犯人的监管和改造工作。

中国经过改革开放的积累，从根本上结束了短缺经济时代，在中国目前公共服务需求增加而政府资源投入有限的矛盾状态下，国家不应该再像过去那样把各行政部门的活动范围规定得死死的，只要打破公共物品生产的垄断，在政府机构内部建立起竞争机制，就可以消除政府低效率的最大障碍。例如，可以设置两个或两个以上的机构来提供相同的公共物品或服务，使这些机构之间展开竞争而增进效率（城市供水系统、公交系统就可以采用这种办法）。又如，可以把某些公共物品的生产（如政府投资的高速公路）承包给私人生产者，可以在不同地区设立相同的机构展开竞争，加强地方政府之间的竞争。

（4）加强政府法治、规则及监督制度建设，使政府行为法治化。公共选择理论强调立宪改革，注重宪法、法律、规则的建设尤其是公共决策规则的改革。为此，布坎南指出："要改进政治，有必要改进或改革规则，改进或改革做政治游戏的构架，一场游戏由它的规则限定，而一场较佳的游戏只产生于改变规则。"过去的着重点是放在道德高尚的领导者的培养和选择上，出了问题就把责任推给当事人，完全忽略当事人所接受的规则是否有效。现在的着眼点应放在规则上，放在各种法律规范的制定和完善上。在全面依法治国、大力加强社会主义法制建设的过程中，尤其要注意把行政决策行为、执行行为、监督行为纳入法制化的轨道中去，并通过制定各种科学严密的行政规则、市场规则、社会规则来保证政府行为的合法化和高效率。

关键术语

经济危机　政府干预　看得见的手　垄断者　外部经济　公共财政　效率-公平权衡　政府失灵　电子政府

复习思考题

（一）简答题

1. 什么是市场失灵？为什么产生市场失灵？
2. 如何理解"看得见的手"，它与"看不见的手"存在什么关系？
3. 政府为什么要干预经济？
4. 政府干预经济的主要职能有哪些？政府与市场的界限如何划分？
5. 什么是政府失灵？如何解决政府失灵？

（二）讨论题

1. 既然市场是资源配置的最有效的方式，为什么又需要政府干预经济？
2. 根据自己的亲身体会，谈谈中国改革开放以来，政府如何巧妙地发挥"看不见的手"和"看得见的手"的作用，促进中国经济增长。

第4章

公共物品理论

学习意义与作用

公共物品理论是公共经济学最重要的内容之一，本章重点讨论公共物品供给的效率问题。公共物品供给是政府的主要责任，如何有效供给公共物品，是现代政府重点关注的难题。

教学要求

了解物品的类型、标准、特点及供给方式，理解私人产品主要由市场供给，理解公共物品的内涵及特征，公共物品供给主要是政府的责任，掌握纯公共物品、准公共物品的有效供给，理解公共物品供给的“搭便车”，理解公有资源产生的“公地悲剧”现象，威克塞尔-林达尔模型、俱乐部模型等，理解消除“搭便车”和“公地悲剧”等现象的意义。

学习重点

- 公共物品的最优供给与“搭便车”“公地悲剧”
- 公共物品供给的威克塞尔-林达尔模型、布坎南俱乐部模型
- 公共物品有效供给分析

4.1 公共物品类型

生活中最美好的东西似乎都是免费的，如大自然向人们无偿提供的名山大川、江河湖海等美丽风景，和煦的阳光，新鲜的空气，洁净的饮用水，绿油油的草地，莺歌燕舞的公园等。当人们尽情享用这些物品的好处时，他们的确用不着付费。但是，这些免费物品进

入人们的日常生活的时候，却对传统经济理论提出了巨大挑战。

4.1.1　公共物品的分类

“公共物品”的正式定义是 1954 年保罗·萨缪尔森首次提出的。他称公共物品为“公共消费产品”（collective consumption goods），指增加一个人对该产品的消费，并不同时减少其他人对该产品消费的那类产品，具有“消费的非竞争性”特征。后来马斯格雷夫在萨缪尔森定义的基础上，又加上了“消费的非排他性”特征，并将公共物品称为“社会产品”（social goods）。由萨缪尔森和马斯格雷夫共同丰富的公共物品定义，成为西方主流教科书关于公共物品的经典定义，消费上的非竞争性和非排他性，则成为判断公共物品的经典标准，有人称之为“萨缪尔森-马斯格雷夫传统”。后来，新制度经济学的代表人物布坎南，则从制度层面进一步完善了“公共物品”的定义，认为通过市场制度来实现需求与供给的，是私人物品，而通过政治制度实现需求与供给的，则是公共物品，需要由政府来供给。奥尔森和奥斯特罗姆等人也对公共物品提出过相类似的观点，但都没有脱离萨缪尔森、马斯格雷夫以及布坎南定义的范畴。

在考虑对物品进行分类时，首先要确定分类的标准，即按照什么样的标准对物品进行分类。对物品进行分类的基本标准是萨缪尔森和马斯格雷夫提出的消费的排他性和竞争性。排他性就是排除他人使用和消费的特性，竞争性就是某人使用和消费某种物品减少其他人对该物品的享用的特性。

根据排他性和竞争性的标准，物品可以分成四类，即私人物品、公共物品、共有资源和自然垄断。私人物品和公共物品是两种极端的物品，介于二者之间的是自然垄断和共有资源。公共物品、自然垄断和共有资源都属于非私人物品（见图 4－1）。

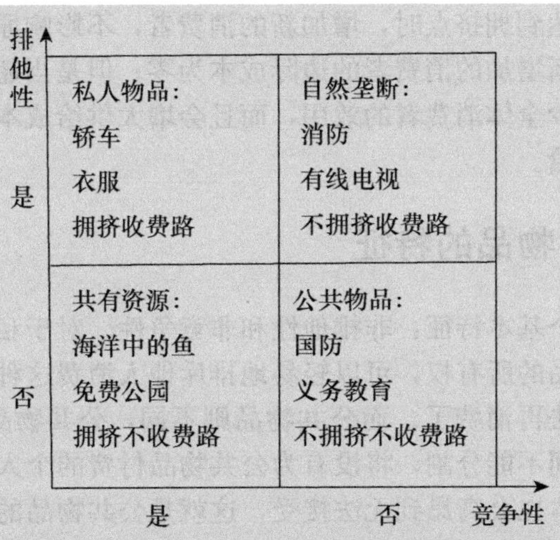

图 4－1　物品分类图

私人物品是既有竞争性又有排他性的物品。例如：你买了一辆汽车，你不让别人开很容易，因为你有车钥匙，别人开不了，这就是排他性；你买了这辆车，别人就不能买这辆车了，这就是竞争性。这两大特性决定了每个人只有通过购买才能消费某种物品。

公共物品与私人物品是相对立的，既有非竞争性，又有非排他性。按照公共物品所具有的非竞争性和非排他性的程度不同，公共物品又可以分为纯公共物品和准公共物品。下面要专门讲解这个问题。

共有资源是有竞争性但没有排他性的物品，例如，近海的鱼就是一种共有资源，它具有竞争性但不具有排他性，人人都可以去捕捞，但一个人捕捞得多了，留给其他人捕捞的鱼就少了，减少了别人捕捞的数量。

自然垄断是具有排他性但不具有竞争性的物品，如消防，一家房子着火了，拨打119，消防队就来了，但要付费，不付费是得不到这种服务的。但消防队多保护一所房子，并不妨碍其他人的房子得到保护。

4.1.2 公共物品的内涵

按照公共物品所具有的非竞争性和非排他性程度的不同，公共物品可以分为纯公共物品和准公共物品。纯公共物品是指具有完全的非竞争性和完全的非排他性的物品，比较典型的纯公共物品如国防、基础教育、外交、法律法规的供给等。

准公共物品是指具有有限的非竞争性和非排他性的物品，它又可以分成两类：自然垄断型公共物品和称为共有资源的优效型公共物品。自然垄断型公共物品是指与规模经济有密切联系的公共物品，一般属于社会基础设施，如排水系统、供水系统、铁路运输系统、公路交通系统、天然气煤气系统、电力输送系统、信息通信系统、消防系统等。共有资源这种优效型公共物品是指人们都应该消费或得到的公共物品，如社会卫生保健、传染病免疫措施、社会保障体系、必要的娱乐设施、免费公园、美术馆、博物馆等。

准公共物品具有拥挤性，在准公共物品的消费中，当消费者的数目增加到一定程度时就达到了拥挤点。在未达到拥挤点时，增加新的消费者，不影响原有消费者的效用，也不增加供给成本，也就是新增加的消费者的边际成本为零；但是当超过了拥挤点以后，增加更多的消费者不仅会减少全体消费者的效用，而且会增大供给成本。准公共物品要通过收取一定的费用来进行供给。

4.1.3 纯公共物品的特征

纯公共物品具有两个基本特征：非排他性和非竞争性。对于私人物品来说，购买者支付了价格就取得了该物品的所有权，可以轻易地排斥他人消费这种物品，并且购买者消费了该物品，别人也就无法再消费了。而公共物品则不同，公共物品的消费是集体进行的，其效用在不同消费者之间不能分割，将没有为公共物品付费的个人排除在外，不但技术上不可能，即使可能，成本也会高昂到无法接受，这就是公共物品的非排他性。公共物品一旦被提供出来，任何消费者对公共物品的消费都不影响其他消费者的利益，也不会影响整个社会的利益。这就是公共物品的非竞争性。

纯公共物品的非竞争性包含三个方面的含义：

第一，边际生产成本为零。即增加一个消费者给供给者带来的边际成本为零。作为典型公共物品的海上灯塔，增加一艘船经过临近海域得到指引并不需要追加任何生产成本。

第二，边际拥挤成本为零。即每个消费者的消费都不影响其他消费者的消费数量和质量，这种物品不但是共同消费的，也不存在消费中的拥挤现象。国防就是这种典型的公共物品，只要建立了防务体系，就不可能排除任何居住在国境内的人不受该体系的保护。即使是罪犯也是如此，多增加一个婴儿或多一个移民也不会增加一国的国防费用或妨碍他人享用该体系的保护。

第三，具有非拒绝性。纯公共物品只要被提供出来，居住在这个国家的居民，不管愿意不愿意都得接受。国家防务体系只要建立起来，人人都得接受国防保护，而不能把自己所得的那一份国防保护出售或转赠给别人。

要辨别一种物品是不是公共物品，可以通过以下几个步骤：

首先看该物品在消费中是否具有非竞争性，如有竞争性，那么该物品肯定不是纯公共物品。再进一步分析，如果该物品具有非排他性，则该物品可能是一种需要限制使用的共有资源。如果该物品具有非竞争性，且具有非排他性，则该物品必然为公共物品。如果从技术上看它具有排他性，这时就要进一步分析，该物品在排他时成本是否高昂，如果排他成本很高，则该物品为公共物品；如果排他成本较低，则该物品属于排他性-非竞争性物品。

如果该物品既没有非竞争性，又没有非排他性，则该物品必为纯私人物品。如果一种物品是纯公共物品，则它应由政府部门来提供，市场机制在这类物品的提供上是要失灵的。如果一种物品是纯私人物品，则它有可能由市场机制来实现供求平衡。

判别公共物品的步骤如图 4－2 所示：

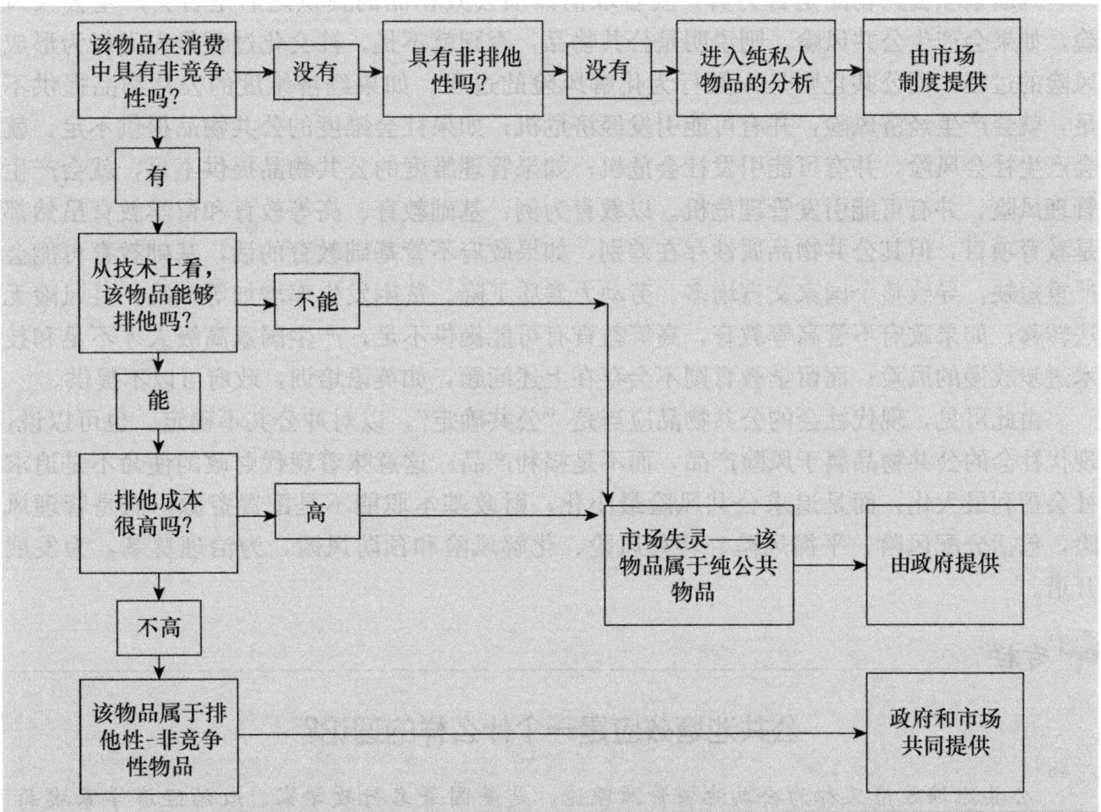

图 4－2　判别公共物品的步骤

人类既以个体方式存在，又以集体方式存在。以个体方式存在的人类遵循社会化的演进逻辑，社会化描述的是由分工带来的个体行为之间日趋紧密的联结过程；以集体方式存在的人类遵循公共化的演进逻辑，公共化是一种集体行为逻辑。公共化与社会化虽然有各自的逻辑，但两者是密切关联的。社会化的程度越高，公共化的外延就越大，因为在现代社会，社会化是公共风险扩张的主要原因，而公共风险源于个体和集体行为，是公共化的动力。因此，公共物品也可以从行为与公共风险的关联角度进行分类。

人类的社会化是由人的分工所引起的，人的分工包括经济维度的分工和社会维度的分工，同时在经济维度和社会维度分工的基础上又派生出管理维度的分工。相应地，个体和集体的行为可以分为经济行为、社会行为和管理行为，由经济行为导致的公共风险为经济风险，由社会行为导致的公共风险为社会风险，由管理行为导致的公共风险为管理风险。以此类推，公共产品可以分为经济维度的公共产品、社会维度的公共产品和管理维度的公共产品，分别对应防范和化解经济维度的公共风险、社会维度的公共风险和管理维度的公共风险。

由于公共风险存在内在关联性、不可分割性和隐蔽性三个特征，因此，从公共风险角度判断公共物品需要反向思维，通过反向假设分析法来确定：公共物品→能化解公共风险，不能化解公共风险→非公共物品；不是公共物品→不能化解公共风险，能化解公共风险→是公共物品。

判断某项公共物品是否为真，要看取消该项公共物品的提供之后是否会产生公共风险，如果会产生公共风险，则说明是公共物品，否则就不是。社会化过程是人类行为形成风险的过程，而公共化则是人类行为化解风险的过程。如果经济维度的公共物品提供不足，就会产生经济风险，并有可能引发经济危机；如果社会维度的公共物品提供不足，就会产生社会风险，并有可能引发社会危机；如果管理维度的公共物品提供不足，就会产生管理风险，并有可能引发管理危机。以教育为例：基础教育、高等教育和留学教育虽然都是教育项目，但其公共物品属性存在差别，如果政府不管基础教育的话，基础教育可能会严重短缺，导致整个国家文盲增多、劳动力素质下降、贫困发生率增加等风险，且风险无法转移；如果政府不管高等教育，高等教育有可能提供不足，产生国家高级人才不足和技术进步放慢的风险；而留学教育则不会存在上述问题，如英语培训，政府可以不提供。

由此可见，现代社会的公共物品应当是“公共确定”，以对冲公共不确定。也可以说，现代社会的公共物品属于风险产品，而不是福利产品。这意味着现代财政的使命不是追求社会福利最大化，而是追求公共风险最小化；财政基本职能不是配置资源，而是管理风险，包括分配风险、平衡风险、转移风险、化解风险和预防风险，为治理奠基，为发展开道。

专栏

公共池塘效应是一个什么样的理论?

公共池塘效应又称为公共池塘资源理论，是美国著名行政学家、政治经济学家埃莉诺·奥斯特罗姆针对“公共事物的治理”这个世界性难题提出的理论模式。她认为，公共池塘资源是可再生的而非不可再生的资源，这种资源同时又是相当稀缺的，而不是充足的。“公共池塘资源是一种人们共同使用整个资源系统但分别享用资源单位的公共资源。在这种资源环境中，理性的个人可能导致资源使用拥挤或者资源退化的问题。”诸如渔场、地下水流域、牧区、灌溉渠道等均属此类。一个资源系统可以由多于一个的人或企业联合提供或生产，占用公共池塘资源单位的实际过程可以由多个占用者同时进行或依次进行，然而，资源单位却不能共同使用或占用。使用者依赖于某一公共池塘资源进行经济活动时，所做的每一件事几乎都会对他们产生共同影响，每一个人在评价个人选择时，必须考虑其他人的选择。在处理与产生稀缺资源单位的公共池塘资源的关系时，如果占用者独立行动，他获得的净收益总和通常会低于以某种方式协调其策略所获得的收益，独立决策进行的资源占用活动甚至可能摧毁公共池塘资源本身。

对于公共事物的治理，有三种富有影响的模型为人们所熟识，即哈丁的“公地悲剧”模型、囚犯困境模型以及奥尔森的集体行动逻辑。这三大模型都揭示了在公共事物治理过程中个人理性的结果却是集体选择的非理性，导致了公共事物的恶化和非可持续发展，最终丧失集体利益和个人的长远利益。许多理论家和分析家都认为，要改变这种状况，除非实行强权控制或者彻底的私有化，否则只能导致“公地悲剧”。

如何实现公共池塘资源占用者有效的、成功的自组织行动？奥斯特罗姆教授认为需要解决三大问题，即“新制度的供给问题”、“可信承诺问题”和“相互监督问题”。她认为制度可以扩大理性人的福利，这个制度能使人们不再单独行动，而是为达到一个均衡的结局协调他们的活动。奥斯特罗姆打破了前人在这个问题上的国家理论和企业家理论模式，认为人类可以通过自组织的行为有效解决这个困境。这种理论模式给了我们思考“公地悲剧”问题提供了一种新的视野和理论的替代解决方案。

资料来源：根据相关资料整理。

4.2　公共物品有效供给

4.2.1　公共物品供给与私人物品供给的区别

由于纯公共物品具有非排他性和非竞争性的特征，存在着纯公共物品供给上的市场失灵，即市场价格机制难以调节公共物品的供给，纯公共物品供给必须要靠市场之外的政府部门来完成。政府如何有效率地提供公共物品呢？下面将集中来讨论这个问题。

任何一种商品的市场均衡产量和均衡价格都是由其供给曲线和需求曲线的交点决定的，需求曲线应与该商品消费方的边际效用曲线相一致，供给曲线应与该商品生产方的边际成本曲线相一致，社会边际收益等于社会边际成本，达到帕累托最优。

先看一看私人物品的帕累托最优供给量是如何实现的。假定社会上只有A、B两个人，如图4-3所示，D_a线与D_b线分别代表个人A与个人B对某私人物品的需求，二者需求曲线的差异主要是由两人收入水平的不同造成的。对该商品在不同价格下的市场需求量，可以通过加总在各个价格水平下A、B两人各自的需求量得到，这样市场需求曲线DD就是A、B两人需求曲线的水平相加，即$DD=D_a+D_b$。DD线之所以会在G点出现拐折，是因为当价格上升为P_1时，A的需求将为零，这时只有B有需求，在P_1价格以上，$DD=D_b$。

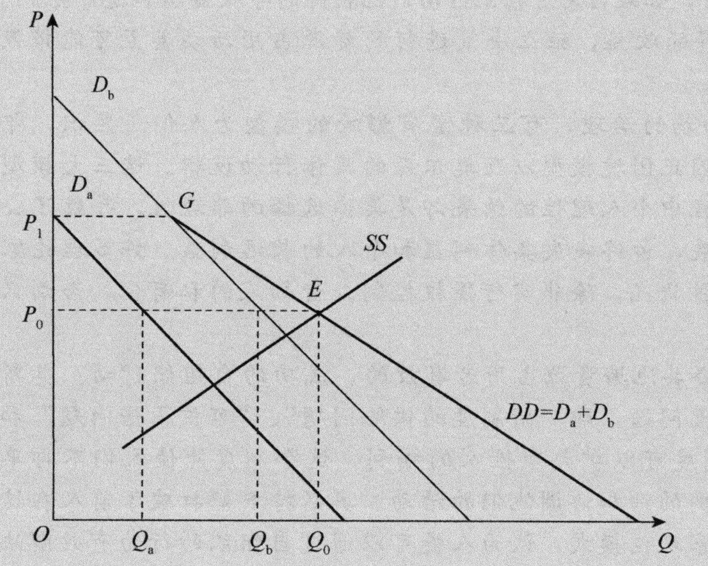

图4-3 私人物品的最有效供给

如果生产者边际成本决定的该产品的供给曲线为SS，则市场均衡点为DD线与SS线的交点E，均衡价格为P_0，均衡产量为Q_0（所有消费者消费量的总和），其中Q_a为A的消费量，Q_b为B的消费量，$Q_a+Q_b=Q_0$。在P_0这一价格下两个消费者的最终消费量由于收入水平的不同而有所差别，但他们的边际收益相同，都等于市场价格。在私人物品的条件下，由于没有外溢现象，消费者个人从某一物品的消费中获得的边际收益也就是这一物品的社会边际收益。在E点社会边际成本等于社会边际收益，实现了帕累托最优。私人物品帕累托最优的实现条件可以写成：

$$MSR=MR_i=MSC(i=1,2,\cdots,n)$$

公共物品的有效供给与私人物品的供给有很大的区别。图4-4中D_a线和D_b线分别是A和B两个人对某公共物品的需求曲线，这是与他们消费公共物品所得到的满足，即边际效用相一致的，萨缪尔森称其为“虚假的需求曲线”，因为在实际生活中，人们一般不会明确表示出他们消费一定量的公共物品的边际效用是多少，愿意出多少价格。

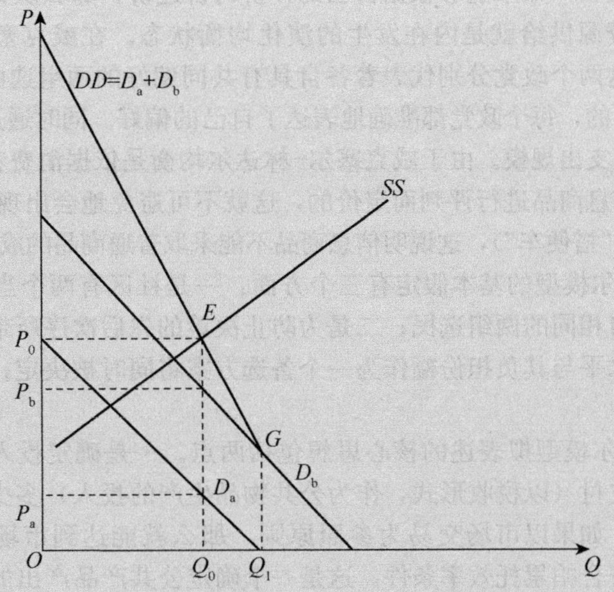

图 4-4 公共物品的有效供给

消费者对公共物品和私人物品的消费欲是不同的。消费者对私人物品的消费面对的是相同的价格，消费者可以调整自己的消费量来使自己的边际效用等于既定的市场价格，但公共物品一旦被提供出来，任何人都可以消费它，且每个人的消费量都是相同的，但不同的人从等量的公共物品中获得的满意度即边际效用却不相同，因此愿意支付的价格也是不同的。一般来说，收入较高的人对公共物品有高的评价从而愿意支付较高的价格。这样公共物品的市场需求曲线 DD 就应是每个人的需求曲线的垂直相加，即 $DD=D_a+D_b$。DD 线之所以会在 G 点出现拐折，是因为当公共物品的供给量在 Q_1 以上时，A 不愿意付出任何价钱，只有 B 愿意出价，在 Q_1 供给量以上，$DD=D_b$。

因为消费者的出价是与其消费公共物品所获得的边际效用相一致的，所以所有消费者出价的总和就是其边际效用的总和，即社会边际效用。在 E 点社会边际成本等于社会边际收益，实现了帕累托最优。

很显然，私人物品和公共物品最优数量的确定，都是遵照 $MR=MC$，即边际收益等于边际成本的原则。但是它们之间还存在着很大区别，对于私人物品最优供给数量的决定，最优标准是每个消费者的边际收益等于边际成本；而对于公共物品最优供给数量的决定，最优标准则是所有消费者的边际收益之和等于边际成本。

公共物品的价格实际上就是税收，公共物品的有效供给的分析基本上是假定以个人缴纳的税金来负担公共物品的生产成本，税收应由个人的收益程度决定，这被称为税收的受益原则。

4.2.2 公共物品供给与威克塞尔-林达尔模型

威克塞尔-林达尔模型是指如果个体为政府供给的产品和服务所支付的税价和这些个

体对它们的评价相关联，如果能够根据自己的评价讨价还价，那么从直接讨价还价过程中产生的税价和共享资源供给就是内在发生的演化均衡状态。在威克塞尔-林达尔模型中，假定有两个政党，这两个政党分别代表着各自具有共同偏好的两组选民。这两个政党所拥有的政治权力是相同的，每个政党都准确地表达了自己的偏好。同时通过竞争程序来得出不同的税收份额和预算支出规模。由于威克塞尔-林达尔均衡是依据消费者个人对公共物品或作为准公共物品的信息商品进行评判而定价的，这就不可避免地会出现有的消费者少付费，甚至不付费的情况（“搭便车”），这说明信息商品不能采取普通商品的成本和效用定价方式。

威克塞尔-林达尔模型的基本假定有三个方面：一是社区有两个当事人 A 和 B，分别代表收入和偏好各自相同的两组选民；二是为防止决策的先后次序所带来的投机行为，假定公共物品的产出水平与其负担份额作为一个备选方案将同时被决定；三是每个人都能准确说出自己的偏好。

威克塞尔-林达尔模型拟表述的核心思想包括两点。一是确定投入产出量的原则——个体对共享资源要支付（以税收形式，作为公共物品生产的投入）多少、公共物品生产出来给大家享用多少，如果以市场交易为参照原则，那么就能达到市场交易的“效率”状态——体现的效率符合帕累托效率条件。这是一个确定公共产品产出的合理水平和与此相应的人们之间税负合理分布匹配的原则。该数量状态（公共投入和公共产出量）被称为威克塞尔-林达尔均衡，这个符合帕累托效率的均衡条件也称作威克塞尔效率。

二是建议实现威克塞尔效率的程序——让个体直接参与讨价还价，将其作为公共决策程序和组织设计的原则。静态表达的林达尔均衡状态是指，在该状态下的每个人共同面对的公共物品产出量和每个人付出的税额满足这样一些条件，此时每一个体消费公共物品获得的边际效用恰好等于他对这一增量单位公共物品所花的金额——纳税额的边际评价（个体这时从增加一个单位公共物品消费获得的效用恰好等于对相应货币支付额的效用评价，这一单位公共物品的出资额又称为边际税率）；每个人的出资额总和必须等于生产公共物品的边际成本。或者说，集团内每名成员为单位公共物品增量自愿出的钱数之和恰好等于这一单位公共物品增量所需要的投入成本。这时单位公共物品的均衡出资额就称为林达尔价格。威克塞尔-林达尔模型强调一个人消费一单位公共物品获得的边际效用，恰好等于他对这一增量单位公共物品所缴纳税额的边际评价。或者说，每一增量单位公共物品消费与为这一单位公共物品缴纳的税的边际效用一样。实际上这是延续了利益赋税学说的等价交换思想，包含每个个体都接受的假设（或者说规范性建议）。既然是自愿交换，这个公共物品的均衡量同私人物品在市场中达到的均衡就一样了，完全竞争市场如果能够达到帕累托效率条件的话，这个符合社会成员自愿的林达尔价格及相应物品量也就符合帕累托效率条件，称作威克塞尔效率。

威克塞尔-林达尔模型的理论意义。林达尔均衡模型尽管没能给出公共物品供给的最优条件（萨缪尔森在一般均衡的分析框架下给出证明，即 $\sum MRSgx = MRTgx$），但其通过局部均衡分析将公共物品供给的政治决策过程与公共物品成本的负担份额巧妙地结合起来，在个人偏好既定的情况下，通过对备选方案的投票，确定公共物品的供给水平以及个人对公共物品成本的分摊份额。在这一过程中，对备选方案的不断投票，就是个人偏好的持续表露，而最终达成“一致”，个人偏好也即汇总为“群体偏好”。林达尔均衡既是一种需求偏好表露机制，又是公共物品的合意供给模型，同时还是一种理想的政治决策程序。但在现实的政治运作过程中，威克塞尔-林达尔均衡由于对备选方案要求“一致同意”，所以极难实现，而其理论意义在于它为进一步分析确立了一个良好的参照对象。

威克塞尔-林达尔模型继承了边沁效用评价分析方法，即利益赋税原则的效用评价及边际比较方法，威克塞尔-林达尔均衡的研究突出了公共物品的决策程序，关注“讨价还价”过程中个体间的互动。通过多边谈判的动态过程可以发现这实际上是一种信息传播、个体互动、知识扩散并积累的过程。

威克塞尔-林达尔模型说明税收水平的确定与本人享受公共产品的意愿是相联系的，但是没有人愿意如实说出自己的实际受益情况和愿意分担的成本水平。在由千千万万个人组成的社会中，无法对每个人的偏好及真实经济状况做出准确的判断和了解。

4.2.3 混合产品与布坎南俱乐部模型

俱乐部理论是研究非纯公共物品的供给、需求与均衡数量的理论。俱乐部经济理论最早可追溯到 20 世纪 20 年代初期 A.C. 庇古与 F. 奈特有关对拥挤的道路征收通行费的论述。现代俱乐部经济理论的真正奠基人是布坎南与蒂布特。俱乐部经济理论的基本目的是研究非纯公共物品的配置效率问题。

1. 俱乐部产品的影响因素

一般俱乐部理论从整个社会的角度分析俱乐部均衡，分析时既考虑俱乐部也考虑非成员，把两者联系在一起。在一个社会中，俱乐部成员的效用受到三个因素影响：私人物品消费量、俱乐部物品消费量、俱乐部的拥挤程度。任何一个社会成员都力求个人效用最大，为此他首先需要决定是否加入俱乐部。而一旦加入俱乐部后，他还得决定对俱乐部的利用率。至于如何利用俱乐部，又取决于俱乐部的物品数量、成员人数和会费。这些都是俱乐部一般理论要解决的问题。当每个社会成员实现最大个人效用时，也即实现了俱乐部内外同时均衡。

2. 俱乐部理论的布坎南模型

桑德拉和谢哈特在考察俱乐部理论的文章里，是这样给俱乐部下定义的：“一个群体自愿共享或共担以下一种或多种因素以取得共同利益：生产成本、成员特点或具有排他利益的产品。”詹姆斯·布坎南第一次使用模型研究了自愿俱乐部的效率性质，在他的模型中包含着这样的假设：一家俱乐部排除非会员不需要成本，俱乐部里的会员不会受到其他会员的歧视，会员分摊相同的成本和收益。其分析是通过考察俱乐部会员代表（用 I 表示）的行为来进行的。假设个人效用函数为：$\max U_i(Y_i, X, S)$。其中，Y_i 是第 i 个人对私人产品的消费，X 是公共产品，S 是群体规模。这便产生了如下分析性问题：(1) 决定应当供应的公共产品的产量；(2) 决定俱乐部成员数的最佳规模。

首先，公共产品的最优供给量的确定。公共产品 X 最优供给的条件，称为“萨缪尔森条件”，它说明在最优点上，生产最后单位的 X 所消耗的以 Y 计算的边际成本刚好等于所有使用者同时消费时所获得的以 Y 计算的边际收益。

其次，俱乐部最优成员数的确定。假如俱乐部的产品规模及成本已定，对于某一成员

P 而言，随着成员数的增加，给他带来的边际成本为负值，因为成员数增加减少了分摊成本。另外，随着成员数的递增，带给某一成员的边际效用最初为正值或为零，然后逐渐为负值。所以，每一成员为了获得最大收益，必须保证总成员数带给自己的边际收益与边际成本相等。由于每一成员都是同质的，某一位成员得到的最大效用也就意味着所有成员都得到最大效用，所以能满足上述条件的成员数就是俱乐部在产出既定情况下的最佳人数。

布坎南模型后来进行了扩展，过程表现如下：布坎南的俱乐部理论解释了非纯公共物品的配置，如果对于提供排他性公共物品的技术和偏好的聚类，使得在一个既定规模的社会中形成了很多最优构成的俱乐部，那么通过个人的自愿结社而形成的俱乐部是这些排他性公共物品的一种最优配置。但是还应考虑同时存在许多俱乐部的动态状况或多产品的俱乐部。假设人口的规模是 N，一个典型的俱乐部有 n 个成员，因此有 N/n 个俱乐部。如果 N/n 是整数，那么所有的人口都可以加入俱乐部。但如果 N/n 不是整数，那么就有一些人不属于任何俱乐部，他们可能成立自己的俱乐部，现存的俱乐部结构将不稳定。因为俱乐部的外围人员总会积极鼓动某俱乐部成员退出来加入新的俱乐部，以保证新俱乐部规模适度。这种过程会不断循环下去，所以这种均衡是不稳定的。在俱乐部理论中这被称为整数问题。

从单纯经济效率来讲，直觉上看确实由偏好相同的成员组成的俱乐部更有效率。例如向所有成员收取相同的会费。一旦利用水平差异不容易被确定，将成员费设计为利用水平的函数就要复杂得多。此时，混合型俱乐部可以实现效率，但单一型的俱乐部却不能。比如，当个人差异不是体现在利用程度上，而是体现在何时使用时，为了实现效率，采取非高峰定价和高峰定价是必要的。而且只有混合型俱乐部才能更有效地在全部时间里利用集体物品。

3. 俱乐部理论的蒂布特模型

蒂布特模型即用脚投票理论，用以说明选民基于对公共产品和服务的评价与地方政府供给之间的反馈比较和决策的行为。

个人在提供地方公共物品的社区之间移居具有许多重要的含义。个人选择居住地的过程把人口从空间上划分为相同爱好的“俱乐部”这种情况不需要投票，所有偏好都通过人们无声息地用脚投票，退出或进入某个社区来进行显示。如果存在足够多的社区，那么每个人都能满足自己对地方公共物品的真实偏好，并且不存在对相冲突的偏好进行协调的问题。因此，可以断定这样一种地方公共物品的均衡将会是帕累托有效的。关于地方公共物品的用脚投票的理论是查尔斯·蒂布特首先提出的。蒂布特认为以下几个条件可以使其机制完美运作：第一，迁移无成本；第二，居民们拥有关于社区间税收/服务组合的差异的完全信息；第三，有足够的社区供不同偏好的成员选择；第四，没有生产公共物品方面的规模经济；第五，社区成员收入不存在地理性约束；第六，不存在辖区间的外部性。

由于在现实的经济生活中，满足上述六个条件的情况并不存在，因此蒂布特模型存在明显的局限性：首先，现实中可能不存在足够的社区来允许居民们对自己进行完全分类。也就是说，如果社区的数量是固定的，就可能不存在足够多的社区来满足每一种偏好。其次，有效率还要求公共服务以最小平均成本来生产。然而，可能不存在足够多的各种类型的居民，使得生产处于以最小成本进行的适当规模。蒂布特模型依赖于这一假设：居民们能够形成最优规模的社区。最优是指社区规模足够大，从而公共物品能够以最小平均成本进行生产。最后，社会成员的流动性是不完全的，迁移肯定存在着成本，而且还有一个适应的问题；人们不可能掌握完全信息；另外，不存在规模经济，这意味着地方公共物品的平均成本是不变的，社区成员的迁入迁出不会影响该社区生产地方公共物品的平均成本。而实际上社区成员的迁移对社区福利存在外部性，一个人的迁移流动影响着他人。

通过对公共服务的需求进行分类，蒂布特过程可能减少对多数投票均衡下提供的公共服务水平的内在不满。事实上，一些研究表明，该模型并没有很好地接近现实。

4. 布坎南模型与蒂布特模型的比较分析

首先观察两种理论的共性。布坎南俱乐部的形成同样是一种用脚投票，而蒂布特用脚投票形成的均衡社区，也可看成是一种俱乐部。二者的区别在于：(1) 蒂布特的用脚投票显示的是对地方公共物品的偏好，这一地方公共物品具有非排他性，更接近于纯公共物品；布坎南的俱乐部显示了对非纯公共物品的偏好，这里的非纯公共物品具有排他性。(2) 蒂布特的用脚投票假定不存在规模经济，地方公共物品的生产使规模收益始终不变，布坎南的俱乐部正好相反。(3) 蒂布特社区要有效率地提供多种产品，布坎南社区只提供一种产品，如图书馆等。(4) 蒂布特社区中的公共物品是固定的，由外生因素决定，可供居民们自由选择，而布坎南的俱乐部物品是不固定的，俱乐部规模的确定包括物品量与成员数的同时决策。(5) 蒂布特社区中人口是无限的，居民们可以通过自由迁移找到自己偏好的社区。布坎南俱乐部的人口是有限的。成员数不能无限扩大，否则俱乐部成员的效用会达到最低。

二者有联系之处，可以把蒂布特的地方政府模型看作是布坎南“俱乐部理论”的原初范例。它们的共同之处在于：(1) 蒂布特的社区与布坎南的俱乐部都假定同质的成员同等分摊成本。(2) 社区与俱乐部是否最优取决于其成员的观点。社区居民通过用脚投票来寻找令自己满意的社区，这里个人偏好是占主导地位的，其他因素是既定的。同样俱乐部假如过于拥挤，效用降低，也会引起成员不满，导致他们选择其他俱乐部。

与多数通过规则的不足、一致性原则的乌托邦本质相比，布坎南的俱乐部和蒂布特的用脚投票认为，将人们分成有相同志趣的群体，就能完成显示个人偏好的任务。由于公共选择的任务是显示对公共物品的个人偏好，俱乐部的形成和用脚投票部分地解决了公共选择的问题，其方法是限制其选择范围。

布坎南的俱乐部理论是论证地方分权合理性的基础，他的俱乐部为国家理论的形成提供了另一个解释。俱乐部理论在许多方面得到应用，包括分析拥挤问题、设置拥挤税、建立联盟、选定社区和城市最佳群体规模等。蒂布特提供了一个分析地方公共物品的资源配置的独特视角。从理论上说，蒂布特模型首次提出了这些问题：“搭便车”、分权化、财政竞争、分区制、发言和退出等。其次，蒂布特模型在公共选择理论中的地位是很重要的，因为在约束政府机制中，不仅包括“选举”，而且还包括退出。在退出的威胁下，如果政府的行为违背了居民的利益，居民们将迁移到别的地方去。

首先，会引起再分配的问题。即使每个人以其对公共物品的边际评价，即林达尔价格纳税，富者和贫者共同消费公共物品的平均主义分配仍会有效地形成从富者向贫者的再分配。但是，如果人们根据不同爱好和收入分别形成了爱好和收入相同的地方政体，就会破坏这种再分配的可能性。至少在美国，地方社区的组成方式在很大程度上与富人试图将自己与穷人隔离开来有关，这部分地是因为在教育和地方社区提供的其他服务中具有很大的再分配因素。富人通过迁移来避免这种再分配。

其次，会引发公平和平等的问题。人们可通过自愿结社的方法解决公共物品问题，但是因此也将认识到，在显示公共物品的偏好时，自愿结社的方法可能影响收入的分配。当人们身居不同的收入层的社区时，相对贫困的人能够从相对富裕的人对公共物品的较大需求中获得利益。如果人们被分配到具有类似收入的各种社区里，相对贫困者只能消费那些他们自己支付得起的公共物品。后者是一个用脚投票的逻辑结果，并且是一个会发生的结果。

4.3 公共物品供给与市场失灵

由于公共物品具有非排他性和非竞争性的特征，公共领域缺乏价格机制，即使生产公共物品的利益大于成本，私人也不愿意提供这种物品，因此就容易造成供给上的市场失灵，所以公共物品的供给无法由市场价格来调节。公共物品存在的逻辑前提就是市场失灵。

4.3.1 “搭便车”理论

“搭便车”这种现象古已有之。古希腊哲学家亚里士多德就曾指出，“凡是属于最多数人的公共事务常常是最少受人照顾的事务，人们关怀着自己的所有，而忽视公共的事务，对于公共的一切，他至多只留心到其中对他个人多少有些相关的事情”。当然亚里士多德并没有具体解释人们为什么不关心公共事务。1739 年，休谟借助排除草地中积水的例子，指出“他们对于那样一个复杂的计划难以同心一致，至于执行那个计划就更加困难了，因为每个人都在找寻借口，要想使自己省却麻烦和开支，而把全部负担加在他人身上”。显然，亚里士多德和休谟提出的问题就是后来西方公共物品理论中的“搭便车”问题。

明确提出“搭便车”或“免费搭车”一词的，最初是由美国经济学家曼瑟尔·奥尔森在 1965 年出版的《集体行动的逻辑：公共利益和团体理论》一书，其基本含义是指不承担任何成本而消费或使用某种物品、得到某种好处的行为。有这种行为的人或具有让别人付钱而自己享受收益动机的人称为免费搭车者。有学者也称这种人为“企业的白吃者”。

公共物品具有非排他性，只要生产出来，如国防、公安、水坝、灯塔等，不管人们是否付费都能得到保护、免受洪水冲击和得到灯塔的指引与服务，不能把不付费的人排除在消费者之外，供给者很难甚至不可能向消费者收费。消费者在自利行为的支配下，当然也就不愿意付费。但是，如果每个人都想成为免费搭车者，坐享其成，私人企业提供这样的公共物品时就很难收回成本，这种公共物品也就无人提供。现实生活中这样的“搭便车”、白吃者的现象很多，如商标和品牌是企业的知识产权，创造这种商标和品牌的企业投入了很多的钱、很多的资源，最终才形成了企业的品牌形象。但一些人想不劳而获，仿冒这种商标和品牌以获取暴利，诸如盗版光盘、仿冒名牌等，就是一种“搭便车”行为，最终导致市场上假冒伪劣产品泛滥，严重损害了企业和消费者的福利。在有公共物品存在的经济社会中，“搭便车”现象不可避免，但如果所有的社会成员都成为“搭便车”者，结果将是所有社会成员都无法享受到公共物品的福利。

专栏

公园拍婚纱照到底要不要收费？

在北京，公园的确是户外拍摄的好去处。不过，一些公园可不是买了票就能进去拍的。位于北京天安门东侧的太庙是明清两代皇帝祭奠祖先的家庙，不少建筑制作精细、装饰豪华，是拍各类婚纱照、写真的理想去处。虽然这里的门票价格只有 2 块钱，但这里拍艺术照的场地费用却要 800 元。太庙管理部门的工作人员表示，太庙一直以来都是收取 800 元的场地费，而作为回报，消费者和店家可以使用公园提供的化妆间和饮用水。一位常来公园拍照的摄影师告诉记者，在春夏季节，每天在太庙拍婚纱照、艺术照的估计有八九家。算下来，太庙每天仅这一项的收入就能达到 6 000～7 000 元，一个月就能达到 20 万左右。然而，北京公园拍照收费的并非太庙一家。在大观园，一位管理人员告诉记者，场地费要交 400 元。当记者问价格为什么这么高，他表示，各家都是自己定价，而园方也不会为商家提供除场地外的其他服务。

对这种公园“漫天要价”的行为，最近正准备结婚的市民王小姐提出质疑：“没理由新娘穿的衣服与其他游客不一样就多收钱。”同时她也提出要求，希望管理方公示管理成本，让市民知道这些钱都花到哪里了。北京一家摄影工作室的马小姐也表示，公园的这种行为确实会让很多询问拍照的客人望而却步，“费用最终还是得加到用户上，这也着实给创业者增加不少成本，希望政府能够规范”。

记者在其他城市调查发现，公园、景区对于“婚纱照”的态度并不一致。在福建，多地公园要收取一定的费用，一些景区甚至被某几家影楼公司买断。南平婚纱摄影师小胡告诉记者：“这样的情况在业界可以说是一个不成文的规定了，一些有实力的摄影机构和景点签订合同，每年缴纳一定的费用，对其他摄影机构进行排挤。”在青岛，八大关等知名景区都可免费拍摄婚纱照，但在奥帆基地等景点，新人上船拍摄费用却比普通游客多十倍以上。据了解，这种形式也属于影楼与旅游公司签约合作的一种。

对于国内其他地区一些景点和公园收取婚纱摄影场地服务费的情况，不少市民表示并不赞同：“免费开放的公园不应该存在收费项目，景区内也不应该额外收取服务费。”但也有市民表示类似拍摄确实一定程度上影响了自己的游玩，泉州张小姐就说道：“有些不文明的习惯是需要注意一下，有些人乱扔垃圾，踩踏花草，而且视线好一点的地方肯定会被他们占去，好像我们不是去看景的而是去看人的。”

对于公民的质疑，北京市园林绿化局工作人员表示，公园的景观维护需要一定成本，拍摄婚纱照经常会践踏到草坪，对公园环境造成影响，如果是影楼拍摄，涉及经营行为，公园收取一定场地费、资源管理费是正当的，至于收多少钱合适，这主要由公园根据实际情况自行决定。

在解决上述公园不正规收费问题时，政府应该积极主动解决，一方面要举惠于民，真正将免费开放实施到底；另一方面，更要加大宣传力度，在公园周围挂上宣传条幅，提高游客素质；同时，也要加大对破坏公共物品行为的惩处力度。

资料来源：公园拍婚纱照该不该被收费?. 央广网，2015-04-10；专家称在公园拍婚照不应收费. 法制网，2015-04-12.

4.3.2 “公地悲剧”现象

共有资源作为一种准公共物品，有竞争性而没有排他性，就是想要使用共有资源的任何人都可以免费使用。当然，一些人使用多了，就必然减少了别人对共有资源的享用。这样就产生了一个新的问题：在集体中，对于那些开放式资源，由于不需要付费就能使用，因而会降低资源的边际生产率，人们就会毫不客气地增加对这种资源的使用，直至资源的平均生产率为零。

英国经济学家哈丁（Garrett Hardin）曾经在其著名的论文《公地的悲剧》中提出了一个经典的分析模型，他认为，在一块共有的牧场上，所有的牧民都可以在牧场中自由地放牧，而每个牧民所放牧的牲畜为自己所有，那么，某个牧民增加其所放牧的牲畜，所产生的草场退化成本由所有牧民共同承担，而所收获的牲畜则归其私人所有，这样，他受极大的鼓励一再增加牲畜，公地上的其他牧民也会这样做。这样，公地就会由于过度放牧、缺乏保护和水土流失被毁掉。哈丁在这里分析了由于外部不经济的存在所导致的个人理性与集体理性的背离，而存在外部效应的原因就在于牧地是非排他性的“公地”。

这样的可以免费使用的“公地”不但包括公共牧场，还包括共有的其他所有可利用资源，如池塘、海洋、森林、草地等。为什么牧场退化日趋严重，近海的鱼资源日渐枯竭，国道的路面损毁日益严重，野生动物越来越少，就是因为这些物品都是“共有资源”，具有非排他性。于是自利的人们总是过度使用而不加保护，直至枯竭。经济学家提醒：周围有许多“公地”，道路、矿藏、野生动物、水和空气等等，甚至包括南极、北极乃至整个地球，都是“公地”，如果不有节制地使用，忽视保护，都存在着悲剧的危险和威胁。无怪乎古希腊哲学家亚里士多德几千年前就曾指出：许多人共有的东西总是被关心最少的，因为所有人对自己东西的关心都大于与其他人共同拥有的东西。

专栏

“公地悲剧”

对这个问题的关注起源于英国。当初，王室和教会为了公平起见，在自己的领地之外划出一大片优质草地，称为公地，意思是牧民可以在公地上自由放牧，以此体现王室的仁政。其实除了公地之外，每个牧民都有自己的私地，王室只对私地征缴税收。私地需要自己护理，公地则无人护理。因此，当羊群在私地放牧，个人需要支付成本，而在公地放牧，私人则无须支付成本。由此出现了问题，公地的资源其实是有限的，草地的再生能力所能负担的羊群数量是有限的，超过这个限度，草地的再生能力就被破坏了。这时候，如果牧人自觉，每户都按照公平合理的数量在公地上放牧，公地制度就是可持续的，每户牧民都会从中受益。

但是，由于某个人在公地上多放一只羊，这只羊产生的效益就归这户人家，而对草地造成的损害，却由全体承担，损害是看不见的，但效益却是明显的。因此，就有人开始尽可能多地把自己的羊赶到公地放牧，结果是公地的草源枯绝，成了不毛之地，制造出“公地悲剧”的问题。

能否解决这个问题？哈佛大学的人文工作者因此设计了一个实验，规则是这样的：给考察对象每人发十美元，然后要求他们自由捐出一部分。作为回报，捐出的钱会被翻倍重新平均分配给捐钱的每一个人。这样，如果大家平均都捐同样的钱，每个人手中的钱很快就会翻番。但是，主持者发现，这个活动很快停止了，因为收到的捐款为零。大家一开始都加入捐款行列中，而且收到了比自己捐出的还要多的钱，但渐渐地，就算是不捐款也会因为其他人的捐款而收到更多的钱。由于是匿名捐款，所以没人知道谁没捐，由此最后大家都不捐了，造成了“公地悲剧”。

于是，实验重新开始，这次规则改变了，没有捐款的人也可以参加分配，但是名单会被公布，于是游戏变得有持续性了，最终大家都拿到翻番的钱。为什么会这样？哈佛大学的结论是：人都有自尊，因此会羞耻，因为害怕被公布，就没有人去做不捐白拿的事。

公地问题其实是个非常普遍的问题，所有的社会公共资源，其实都是公地，包括国家的货币政策、土地政策、教育、就业等等，都可以归结到公地问题。如今，几乎所有牵涉公众利益的问题，都存在公地问题。因此，如何防止“公地悲剧”的出现，就成为学界和公众关注的焦点。

资料来源：根据相关资料整理。

4.3.3　公共物品的有效提供

1. *解决公共物品供给市场失灵的方式*

由于公共物品的非排他性和非竞争性，市场机制在公共物品供给方面一定程度上存在失灵。公共物品供给一般要由政府来提供。但“政府提供”并不是“政府生产”。政府生产是指由政府建立企业来直接生产公共物品；政府提供则是指政府通过预算安排或政策安排等某种适当方式，将公共物品委托给私人企业进行间接生产。在发达的市场经济国家，公共物品除了国营或公营以外，还大量地选择了私营的方式，以避免“搭便车”现象。如警察治安服务通常由政府提供，但很多私人企业雇用保安来为它们看家护院，由私人企业经营的保安公司就应运而生。许多经济学家认为，除了那些诸如国防、法律与秩序这样的纯公共物品由政府提供外，诸如供水、供电、广播电视等准公共物品可以由政府参与或由私人供给来解决。

对于那些容易产生“公地悲剧”的共有资源，为了避免私人决策者过分地使用，政府一方面可以通过明晰产权的方式，把这些共有资源变成私人物品。另一方面，政府可以采取管制或者收费的方式，如对矿产资源开发实行严格的审批制度，对污染排放实行严格的管制以保护环境，对近海捕捞实行许可证制度等。

运用技术进步，也可以解决“搭便车”问题。新加坡在解决道路拥挤问题上的做法，为人们提供了一种有效的解决方法。新加坡运用精确的道路收费系统和道路定价法对使用道路的人收费以解决道路拥挤问题，收到很好的效果。

专栏

公共品免费告别“公地悲剧”

每年中秋、国庆长假“高速公路免费”的头尾几天，一些高速路段一度出现长时间拥堵。四川成都配合其二、三环路之间区域小汽车尾号限行的管控措施，推出多条免费公交线路，既未出现客流量激增，更未因免费而导致乘车秩序混乱、服务质量下降等问题。

“公地悲剧”被打破的秘诀何在？回过头看，长假回程免费高速拥堵的化解，主要源于交通信息的预警和及时发布、各高速路段简化通行手续和实时疏导管理、驾车族的理性选择等几个方面。一言以蔽之，做到了免费后管理的到位和科学。相比较而言，推行“免费公交”遭遇的问题更复杂一些，但其走出“公地悲剧”的秘诀仍然在于管理的科学。

从成都免费公交情况看，其运力储备充足，中心城区公交车万人拥有量超过 20 台，而小汽车尾号限行后，公交运营效率提高 10%以上，释放运力近 900 辆，本身即能满足免费公交的运营需求。公交线网的优化，智能调度系统的应用，也进一步提升了公交运行的效率。同时，从 2008 年以来建立的一系列便民乘车制度，促使市民养成了理性乘车的习惯，令他们对公交价格不再敏感、自觉排队刷卡……正是一系列科学的管理举措，使“公地悲剧”现象消于无形。

近年来，图书馆、文化馆、博物馆等公共品逐步实现完全免费；部分景区景点、名胜古迹等的门票也开始降价，个别地方如西湖迄今已免费 10 年；一些城市的公交、地铁也推出低价甚至免费路线……在一定意义上说，我们正迈入一个公共资源、产品、服务等逐渐降价甚至免费的时代。

免费并不等于免于管理，没有收费的利益驱动，不等于可以降低管理和服务的品质。管理缺位，或管理不科学，免费的结果往往不是惠民利民而是伤民。在这样的背景下，只有潜下心来认真研究免费后的可能变化，分析不同群体的选择意向，预测可能出现的不利情况，从科学的角度提升管理和服务的品质，才能避免“公地悲剧”的发生，使“发展成果由人民共享”的理念更好地化为现实。

资料来源：陈蛇. 公共品免费如何告别“公地悲剧”. 人民日报，2012-10-19.

2. 政府提供公共物品的形式

市场经济国家中，政府直接提供公共物品的形式主要有三种。

中央政府直接经营。中央政府兴办国有企业直接进行经营，如造币厂、国防、法律、警察、公安、中央银行等。中国与西方国家在有些物品的供给方面有较大的差距，如医院、学校、军工等，美国更多地由私人企业来供给，政府采取管制的方式；而中国则更多地由国有企业供给。

地方政府直接经营。欧洲大多数国家，地方政府直接经营一些优效物品的供给，如保健事业、医院、自然资源保护、实践法律条款的司法工作、街道、住宅、警察、防火、供水、下水道、煤气、供电、图书馆等。美国较多地通过私人企业间接经营。

公共团体供给。随着公共物品供给的社会化，公共团体在公共物品供给中的作用越来越大，如红十字会、环保组织、动物保护组织、海洋保护组织等公共团体，在一些特殊的领域向公众提供公共物品，以满足居民对公共物品的需求。

专栏

灯塔：私人提供还是政府提供

在经济学家的圈子里，“科斯的灯塔”或者“灯塔经济学”可谓无人不知、无人不晓。“灯塔”在经济学里是公共物品的代名词，关于灯塔的故事也就成为公共经济学的经典故事。灯塔是船只安全航行的一种必要设施。作为早期的海上强国之一，英国的灯塔制度是发展最早、最完善的。早期的英国，灯塔设施的建造和灯塔服务，与别的产品一样，也是由私人提供的。

为了满足航海者对灯塔服务的需要，一些临海人家出钱建设了灯塔，然后根据过往船只的大小和次数向船只收费，以此获取维护灯塔设施的费用（维护灯塔的费用和人员费用)，并获取投资收益。后来建造灯塔的人发现，有些船只总是想方设法逃避缴纳灯塔使用费。它们或者绕过收费站逃避付费，或者干脆就宣称没有享用灯塔的服务，拒绝缴费。这种现象扩散开来，自觉缴费的船只越来越少，进而导致灯塔经营者入不敷出。于是，灯塔经营者专门建立了一支队伍，配备了专门的装备来监督和核查过往船只的缴费情况。这样一来，虽然灯塔的收入有所增加，但支出也增加了，灯塔经营还是入不敷出。经营者被迫再次提高收费，然而收费的提高促使更多船只试图逃避付费，而雇用更多人员监督收费又会使成本进一步上升。如此这般。私人灯塔制度终于维持不下去了，没人愿意再出钱建造灯塔。但是灯塔对于船只安全航行的必要性并未改变，航海者还是需要灯塔这种服务。最后，只能由英国临海的各个地方政府出资兴建和维护灯塔的运营。

灯塔这种物品最后必须由政府来提供，而大多数一般的物品和服务，譬如汽车这种产品或者搬运服务，为何都可以由私人企业提供呢？原因就在于，灯塔是公共物品，而汽车或者搬运服务都是私人物品。政府经营的灯塔起初一切如常，但时间一长，人们发现，作为公共物品的灯塔总是维护不善、管理不良，没人去及时维护，设备损坏的频率比私人经营时高得多，有些灯塔常年失修，有些只是勉强使用。虽然不用再专门雇人来维持收费，过往船只也不用再额外缴费，似乎是节约了社会资源，但是，由于经常损坏，实际上政府花在灯塔上的钱比私人经营时的成本（包括雇人的费用）还要多。建造灯塔的费用来自税收。这些资源的使用，从社会角度来讲，是低效率的。由此看来，由政府来提供灯塔这种公共物品并不一定就是有效率的。因为政府提供公共物品的低效率，科斯特意从美国跑到英国，实地考察英国灯塔制度的历史演变，看看在政府经营之前英国的灯塔制度是如何运转的。他了解到英国早期实行的都是私人灯塔制度，只是由于收费困难才被公共灯塔制度取代。

在分析了私人灯塔制度和公共灯塔制度的利弊得失之后，科斯提出了一个新观点，即公共灯塔制度对资源使用的浪费和低效率表明，由政府代替私人生产公共物品并不一定是最好的解决方案。实际上，英国早期的私人灯塔之所以演变为公共灯塔，原因就在于制度的缺失。只要有关制度足够完善，私人灯塔的效率是很高的。譬如，政府应该制定有关对灯塔使用强制收费的制度，对逃避付费的行为予以严厉惩罚以保证制度的顺利执行。

在由哪家私人企业提供灯塔服务这一问题上引入竞争机制，对私人经营灯塔的收费水平予以监督和核查，使其不至于利用垄断地位牟取垄断超额利润，侵害船运公司的利益。这样，通过完善制度，政府监管下的私人经营就可以既解决私人经营交易成本过高的问题，又解决政府经营效率低下、浪费资源的问题，即政府要做的不是代替私人经营灯塔，而是提供制度，对制度的实施予以监督。

资料来源：王跃生．没有规矩不成方圆：新制度经济学漫话．上海：上海三联书店，2000.

3. 私人提供公共物品的形式

市场经济国家在公共物品的生产和经销方面可以有以下形式：

签订合同。发达国家通常采用与私人公司签订合同的方式来生产公共物品。这类公共物品主要是具有规模经济性的自然垄断性物品，大部分为基础设施，还包括一些公共服务行业。

授予经营权。在发达国家，诸如自来水、电话、供电、电视台、广播电台、报纸、杂志等公共领域的物品供给，大都是以委托私人公司经营的方式来生产和经营的。我国对这类公共物品大都采取由国有企业经营的方式，并实行许可证制度，尤其是对广播电台、电视台、报纸、杂志等物品的管制性措施非常严格。

经济资助。欧美国家对私营公共物品进行经济资助的途径和方法很多，包括补助津贴、优惠贷款、无偿赠款、减免税收等。财政补贴的主要公共领域是科学技术、住宅、教育、卫生、保健、图书馆、博物馆等。

政府参股。政府参股私人供给公共物品的方式包括：收益分享债券、收购股权、国有企业经营权转让、公共参与基金等。政府参股的领域主要有桥梁、水坝、发电站、高速公路、铁路、电信系统、港口、飞机场等。

法律保护私人进入。运用法律手段允许、促进并保护私人进入公共物品的生产经营领域，不但减轻了国家在公共物品领域的财政负担，而且能够提高服务质量和消费效率。

社会服务。允许社会团体和个人持合法执照经营，只要遵守宪法和各种法律，个人、团体、宗教、慈善事业单位、基金会等，均可参与经营。随着中国经济体制改革的进一步深入，公共事业进一步社会化，营利性和非营利性的机构都将可以核准经营。

关键术语

排他性　竞争性　自然垄断　共有资源　纯公共物品　准公共物品　优效型公共物品　公共池塘效应　威克塞尔-林达尔模型　布坎南模型　俱乐部理论　搭便车　公地悲剧

复习思考题

(一) 简答题

1. 根据“排他性”和“竞争性”标准，物品可以分成哪些类型？

2. 公共物品有哪些类型？它们各自有什么特征？

3. 政府如何有效率地提供公共物品？

4. 为什么会产生“搭便车”现象和“公地悲剧”？怎样有效地解决？

5. 解决公共物品供给市场失灵的方式有哪些？如何理解和运用公共物品供给的威克塞尔-林达尔模型与非纯公共产品和俱乐部模型？

(二) 讨论题

根据下列材料，讨论产权在解决市场失灵中的作用，并分析我国环境恶化，华南虎等珍稀动物濒临灭绝的原因。

著名的改革家商鞅在《商君书·定分》中说：“一兔走，百人逐之，非以兔为可分以为百，由名之未定也。夫卖兔者满市，而盗不敢取，由名分已定也。故名分未定，尧、舜、禹、汤且皆如鹜焉而逐之；名分已定，贪盗不取。”大意是一只跑着的（野）兔百人追之，并非这只兔可分为百份，而是每个人都想捕为己有，因为这只兔“名分未定”；而到了卖兔子的市场上，谁也不能随便拿，就连小偷也不敢轻易下手，因为这些兔子名分已经确定，权属是清晰的。这里所谓的“名分”，就是指“权利归属”，即所有权属于谁。山里的野兔属于无主物，所有权归属未定，谁抓住就是谁的，因此一只野兔出现，百人竞逐；而街市上卖兔子的很多，却连小偷也不敢取，因为那些兔子的所有权归属已定，谁要擅自拿取，就会触犯法律。

第5章

外部效应理论

学习意义与作用

外部效应理论与公共产品理论一道，是公共经济学的支柱理论，它们既是市场失灵的主要原因，也是政府配置资源的主要方面，是公共经济学的重要内容，在公共经济学的教学中占有重要地位。

教学要求

了解外部效应的类型、普遍性及生产的外部效应和消费的外部效应，外部效应的市场效率，外部效应的私人解决方案；掌握解决外部效应的策略和措施、科斯定理；理解中国全面深化改革，尤其是产权改革的重要性。

学习重点

- 外部效应类型
- 外部效应与市场效率
- 纠正外部效应策略

5.1 外部效应概述

市场这只“看不见的手”引导市场上利己的买者和卖者，使社会效用最大化。市场通常是一种组织经济活动的好方法，但外部效应的存在导致市场不能有效地配置资源，往往出现市场失灵，本部分将对此从理论和实践上进行分析。

5.1.1 外部效应的内涵

外部性又称外部效应，是人们的经济活动对他人的福利造成影响却得不到报酬或不支付成本。经济活动有生产性的，也有消费性的，在一些场合，某种产品的生产或消费会使生产者或消费者以外的社会成员遭受损失，而遭受损失的人却无法得到补偿，这实际上是成本的外部化；在一些场合，某种产品的生产或消费会使生产者或消费者以外的社会成员受益，而受益的人却不支付成本，这实际上是收益的外部化。

从事经济活动必然对旁观者发生影响，也就必然要计入市场交易的成本与价格之中。但具有外部效应的经济活动却不将这些对旁观者福利产生影响的活动计入交易的成本和价格之中，从而产生市场失灵。因此，经济学中所说的外部效应，是指企业或个人向市场之外的其他人所强加的成本或利益。

5.1.2 外部效应的分类

按照不同的标准，外部效应有不同的分类。根据外部效应的效果，外部效应有积极影响和消极影响之分。积极影响被称作正外部效应，又叫正外部经济或正的外部效应，如新发明、接种疫苗、教育投资、国防建设；消极影响被称作负外部效应，又叫外部不经济或负的外部效应，如生态失衡、环境污染、噪声释放、公共场合吸烟、汽车排放废气。

根据经济活动的主体分类，外部效应又可分为生产的正外部效应（生产的外部经济）和消费的正外部效应（消费的外部经济）、生产的负外部效应（生产的外部不经济）和消费的负外部效应（消费的外部不经济）（见表5-1）。

表5-1 外部效应的类型

外部效应	正外部效应	生产的正外部效应	机器人生产、科学普及、义务教育、植树造林等
		消费的正外部效应	参加培训、乘公交出行、参观博物馆、用餐打包
	负外部效应	生产的负外部效应	排放污水、砍伐森林、野蛮施工
		消费的负外部效应	吸烟、暴饮暴食、乱扔垃圾、大声喧哗

1. 正外部效应

正外部效应包括了生产的正外部效应和消费的正外部效应。生产的正外部效应是指生产者的经济行为产生了有利于他人的影响，而生产者却不能从中取得报酬。例如，蜂蜜的生产者和苹果的生产者相互提供正外部效应：蜂蜜生产者养的蜜蜂为苹果生产者种植的苹果树传播花粉，提高苹果产量；同时，苹果生产者扩大苹果树的种植面积，苹果花为蜂蜜生产者提供蜜源，增加蜂蜜产量，使得养蜂人受益，但养蜂人无须向苹果园主付费，苹果园主也无法从养蜂人处取得什么补偿或报酬。知识传播活动带来正外部效应，多切斯特·

多尔森发明复印技术后，他自己成了一个富翁。随着复印技术的推广，当今世界许多从事文字工作的人从几十亿小时的工作苦差中解脱出来。与整个世界的收益相比，他本人的所得只不过是全部收益的极小部分，即私人利益小于社会利益。

消费的正外部效应是指消费者采取的行动对他人产生有利的影响，而消费者却不能从中得到报酬。例如一个人养花用以观赏，给邻近的养蜂人带来了好处，并使周围的环境得到净化，邻居也可以免费观赏，但邻居并不会因此向养花人付费，养花人也得不到报酬。

2. 负外部效应

负外部效应也包括了生产的负外部效应和消费的负外部效应。生产的负外部效应是指生产者的行为给他人造成了损害，但未给他人补偿。造纸厂排放二噁英就属于生产的负外部效应，位于河流上游的钢铁厂排放的废水污染了下游的养鱼场，使鱼的数量减少，但钢铁厂并没有给养鱼场赔偿。又如，铝厂生产铝使得一定量烟尘进入大气，这种烟尘对呼吸空气的人造成健康危害，但铝厂并没有因此向呼吸空气的人支付补偿。

消费的负外部效应是指消费者的行为使他人付出代价，但未给他人补偿。如吸烟者在公共场所吸烟，危害了被动吸烟者的身体健康，但并未支付赔偿。

5.1.3 外部效应的普遍性

外部效应是指未能适当地反映在市场中的经济活动主体间的相互影响，是没有在正常的价格体系运行中得到反映的一个经济活动者对其他活动者福利的影响，简单地说，就是一方对另一方的非市场影响。

最早研究外部效应的是20世纪英国经济学家庇古。他指出，如果没有外部效应问题，市场上的生产与消费是均衡的；如果存在外部经济的话，完全竞争的市场将不存在帕累托最优。外部效应实质上表现为个人成本与社会成本、个人收益与社会收益之间的差异。

外部效应是普遍存在于人们的生产、生活中的，比如，乱丢垃圾、工厂的废物排放、人群中的吸烟者、随地吐痰、公共场所大声喧哗等等，都会带来负的外部效应，而新技术的开发研究、文物古迹的修复、生态环境的保护、志愿者行动等，均会带来正的外部效应。由于买方和卖方在决定需求和供给的时候，并没有考虑外部效应，存在外部效应的市场均衡是无效率的，均衡没有使社会福利最大化。外部效应的存在，还会引起许多公共政策问题。

外部效应可以在生产者之间、消费者之间或消费者与生产者之间产生。根据外部效应的性质，当一方行动使另一方受益时，就是正的外部效应，当一方行动使另一方付出代价时，就是负的外部效应。比如，在一条河的下游，渔民们每天靠捕鱼为生，当一家化工厂向河中倾倒废水时，负的外部效应就产生了。倾倒的废水越多，河中可生存的鱼就越少，然而，化工厂在做出生产决策时并没有动力来补偿它使渔民们付出的外在成本。当一个企业完成了一项发明创造，对发明者来说当然会有一定的效益；如果这项发明创造向全社会推广，就会得到更大的社会效益，产生正的外部效应。

5.2　外部效应与市场效率

5.2.1　正外部效应与市场效率

正外部效应可以分成两种，即私人效益和社会效益。前者是指从企业角度看所得到的效益，后者则是从整个社会角度看得到的效益。在有正外部效应的情况下，产品的社会效益要大于私人效益。但在市场经济中，企业的产量决策只根据私人效益，不根据社会效益做出。这样企业就会过少地生产对社会有益的产品。如图 5－1 所示，假定该产品规模不变，边际成本 MC 为常数。根据私人效益决策 $MR=MC$ 的规则，企业就会把产量定在 Q_1 上。但如果按社会效益来做决策，企业就会把产量定在 Q_2 上。Q_2 和 Q_1 之间的差额说明从资源配置的角度看，本来应该多生产对社会有益的产品，现在却生产得太少了，价格太高了。

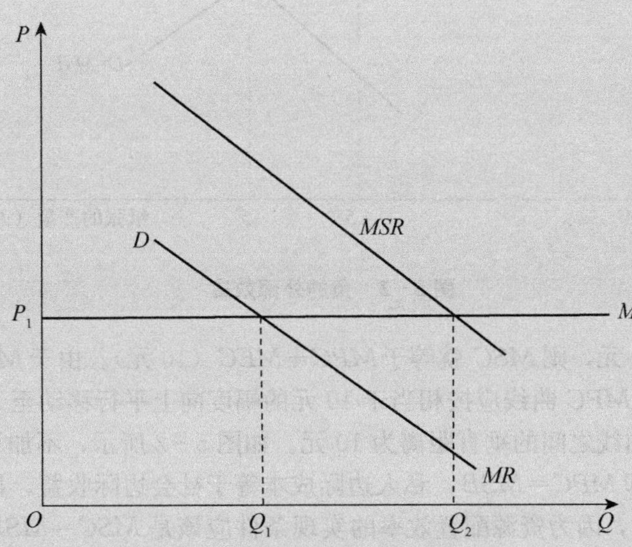

图 5－1　正外部效应

5.2.2　负外部效应与市场效率

工厂在生产产品时向厂外排废气、废水影响居民健康是负外部效应的典型例子。这里有两种不同的成本：一是只从企业的角度看产生的成本，称为私人成本，它只包括企业的支出；另一个是从整个社会的角度看产生的成本，即把社会上受到的损失也包括在内，称为社会成本。在有负外部效应的情况下，社会成本大于私人成本，但企业的产量决策只根据私人成本，不根据社会成本做出，这样就会过多地生产社会成本较高的产品。

例如，假如造纸工业处于完全竞争的市场条件下，也就是说任何卖者和买者都不可能操纵价格，需求曲线 D 和供给曲线 S 在 A 点相交，这一点决定的均衡价格和均衡产量分别为 100 元和 5 万吨。从图 5-2 中可以看出，需求曲线 D 代表着购买者可以从纸张的消费中所得到的边际收益。假定这条曲线代表的就是社会边际收益，即 $D=MSB$。供给曲线 S 代表着厂商为生产每一追加单位的纸张所付出的边际成本，但这条曲线所代表的边际成本仅是私人边际成本，即 $S=MPC$，而未将生产每一追加单位纸张所发生的全部成本包括在内，也就是未计入外部边际成本（MEC）。社会边际成本（MSC）是私人边际成本（MPC）加上外部边际成本（MEC），即 $MPC+MEC=MSC$。这表明，在存在负外部效应的情况下，物品或服务的私人边际成本小于其社会边际成本。

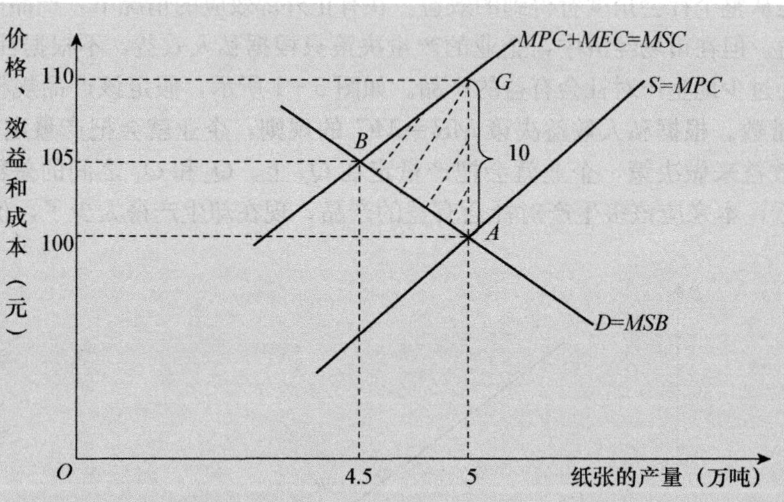

图 5-2 负的外部效应

假设 MEC 为 10 元，则 MSC 就等于 $MPC+MEC$（10 元）。由于 MEC 固定不变，不随产量变动而变动，MPC 曲线应按相当于 10 元的幅度向上平行移动至 MSC，也就是说，MSC 曲线与 MPC 曲线之间的垂直距离为 10 元。如图 5-2 所示，不加干预的纸张市场的均衡在 A 点实现，即 $MPC=MSB$，私人边际成本等于社会边际收益。显然，A 点实现的产量水平不是最佳的，因为资源配置效率的实现条件应该是 $MSC=MSB$，即社会边际成本等于社会边际收益，而不是私人边际成本等于社会边际收益，即 $MPC=MSB$。这就意味着，有效的均衡应当在 B 点实现，在这一点上，包括了私人边际成本和外部边际成本在内的社会边际成本恰好等于社会边际收益，即

$$MSC=MPC+MEC=MSB$$

图 5-2 中 A 点所决定的 5 万吨的年产量是缺乏效率的，因为在这一产量水平上，G 点表示的社会边际成本为每吨 110 元，而其社会边际收益只有 A 点表示的每吨 100 元。纸张生产的社会边际成本大于其社会边际收益，其结果必然是纸张以高于最佳产量的水平在市场上销售。随着纸张年产量由 5 万吨减少至 4.5 万吨，即降至 B 所决定的年产量水平，将会获得相当于 ABG 面积大小的社会净效益，这时纸张的价格也将由每吨 100 元升至 105 元，促使消费者将年消费量从 5 万吨减少至 4.5 万吨。4.5 万吨即纸张的最佳年产量，因

为在这一产量水平上，纸张生产的社会边际成本恰好等于社会边际收益。

专栏

“高频喇叭”对抗“广场舞音乐”

有段时间，温州有一则新闻很火，因为不满小区对面松台广场上跳广场舞发出的噪声，温州新国光商住广场的业主不惜花费 26 万元重金购置了一套高频喇叭，与广场噪声进行对轰。这场闹剧最终在相关部门的紧急协调后落下帷幕。

文明公约没有约束效果，业主无奈买来喇叭以噪制噪。新国光商住广场一共有 6 幢楼，600 多户常住居民。近几年来，与小区仅一路之隔的松台广场兴起了各类广场舞，每天从早上 6 点到晚上 10 点，“你方唱罢我登场”，对居民生活造成了很大的困扰。出于无奈，小区业主委员会垫资 26 万元买来了一套“远程定向强声扩音系统”试图还击，它可以把声音集中到某个方向远距离传播，并保持足够的声压强度，主要应用于强声驱暴和警示性信息传播。小区业主邹先生说：“这也是不得已，我们向很多部门投诉过，但广场噪声还是愈演愈烈。”新国光的业主们说，温州鹿城区委宣传部、区文明办等单位曾在松台广场联合举行“鹿城区广场文明守约倡议活动启动仪式”，还成立了联合执法组来监控管理广场噪声问题。但业主们认为活动并没有真正起效果，噪声仍在继续。最终，这套设备第一次发出了警告：“请遵守《中华人民共和国环境噪声污染防治法》，立即停止违法行为！”从当天下午 2 点开始，“警告声”一直播放到傍晚 5 点多。

“圆桌会诊”商讨治噪，屡教不改将列入“黑名单”。26 万高频喇叭对抗广场噪声的事件在网络上一曝光就火了，新国光业主们迟迟没有得到解决的广场噪声问题短短几天内就有了转机。鹿城区相关部门主动上门沟通，业主们表示，“以噪制噪”是无奈之举，愿意暂停播放。第二天下午，鹿城区针对广场噪声召开了一次“圆桌会诊”，确立成立联合执法行动小组，派专人在广场内巡查，一旦发现分贝超标，随即予以教育制止和超标取证，对屡教不改者予以查处。第三天下午，鹿城区又召开了专题会议，区广场文化活动综合治理协调领导小组办公室负责人说，将在问题和矛盾比较集中的重点区域派驻人员全天候监测。“一旦发现‘超分贝’，我们会立即取证并制止。”屡教不改者还将列入“黑名单”。当天下午，3 名新国光业委会代表来到平台，拆卸了整组高音设备。

由管理部门安装音响或为出路，制度约束之外仍需加大监管。广场噪声到底该怎么治，鹿城区召开了一场广场治噪征询会。鹿城区有关部门、业委会代表、文艺团体代表、市民代表和记者齐聚一堂。文艺团体代表现场表态：“我们一定按规定控制音量和时间。”业主代表、新国光业委会主任则表示，光靠制度约束来解决广场舞噪声扰民的问题不太现实。他认为，除了要按照“广场文明公约”的内容严格执行以外，还需要加大监管力度。你一言我一语，矛盾双方最终达成协议，在法律法规允许的范围内开展文艺活动和表达诉求，不会让“噪声扰民、以噪治噪”的闹剧再次发生。随后，双方就如何有效治理广场噪声展开了讨论，其中由市民代表提供的“由公园管理部门安装音响，根据国家噪声污染法规标准控制音量”等建议得到了多数人的赞同。鹿城区委相关负责人表示，将以松台广场的这次噪声治理为契机，专题研究广场文明管理长效机制，并逐步向其他广场、公园、住宅区等公共场所进行推广，从而全面提升城市管理水平和效能。

资料来源：苗丽娜．"高音喇叭"对抗"广场舞音乐"，广场噪声该怎么治．浙江在线，2014-04-03.

5.3 政府行为与外部效应

由于存在外部效应，市场机制遭到扭曲，资源达不到有效配置。经济学家提出两种解决方案：一是政府采取反外部效应计划，或通过直接管制，或采取以市场为基础的政策，以引导私人决策者自己解决问题；二是私人主体对外部效应做出反应，并采取办法解决。

5.3.1 政府规制与计划

对于外部效应问题，政府可以采取直接的行政干预措施，其中包括直接管制、强制性的企业合并、指导与劝告、国家计划、强制性标准等措施和政策。

几乎对所有的污染和其他影响健康及安全的负外部效应，政府均可以依靠直接管制加以控制，这种管制被称为社会管制。以环境管制为例，环境管制部门可以发布控污法令，规定工厂排放的最高污染水平，还可以要求企业采取某项排污技术，对一些高污染企业实行强制性关、停、并、转；为保护环境，对一些地方的林木实行强制性的禁伐禁采，对汽车实行强制性的报废标准，对学校和居民区周围实行强制性的噪声限制等；对一些涉及范围大、时间长的外部效应问题，可以采取国家计划的方式，如强行建立自然保护区，制定和实施保护计划；制定禁渔期以保护资源的恢复和再生；对石油和稀有金属等战略物资实行计划开采、国家储备制度等。

直接管制在具体实施中也有许多问题。有效率的控污水平要在比较边际成本和边际收益的基础上才能确定，但许多污染管制却在比较边际成本和边际收益之前就完成了。为了设计良好的规则，政府管制者需要了解行业和它们所采取的各种技术的细节，但通常他们却缺乏信息，这些决定了政府直接管制不是非常有效。

5.3.2 征税和补贴

外部效应的存在主要是因为私人成本与社会成本的不一致，政府直接管制有缺陷，外部效应问题尤其是环境政策应更多地依靠经济激励。征税和给予津贴的方式是政府矫正外部效应造成的市场失灵的一种传统而有效的方案。庇古在《福利经济学》（1920）中提出了著名的庇古税，即采用税收或补贴的方式来修正私人成本，使其与社会成本相一致。其设计的基本原理即导致市场资源配置失灵的原因是经济当事人的私人成本和私人利益与相应的社会成本和社会利益不相一致，从而私人的最优并未导致社会的最优，但政府可以通过征税或给予补贴来使外部效应内在化，以矫正市场失灵。这种方法被称作“庇古税”方案。具体说，对于造成负外部效应的企业，政府要通过征税来提高私人成本，税款大小应该等于该企业对社会其他社会成员造成的损失，使私人成本等于社会成本，从而减少其所提供产品的数量。对于带来正外部效应的企业，政府要给予一定的补贴，使得私人利益等于社会利益，从而增加所提供产品的数量。经济学家认为，政府通过征税和给予补贴方案，使得私人成本和私人利益与相应的社会成本和社会利益相等，就是通过以市场为基础的政策向私人提供符合社会效率的激励，使得追求利润最大化的企业重新被一只“看不见的手”引导至效率水平，矫正之后的产品市场量将等于社会的最适量。

庇古税的原则实际上是“污染者付费原则”，这是国际公认和倡导实行的原则。征收污染税是当今世界各国政府普遍采用的一种控制污染的方法，但也有人指责这是一种花钱买污染权利的原则。

专栏

庇古与庇古税

阿瑟·庇古是英国著名经济学家、剑桥学派的主要代表之一，被称为“福利经济学之父”。他出生在英国一个军人家庭，是家中的长子。青年时代进入剑桥大学学习。最初的专业是历史，后来受当时英国著名经济学家马歇尔的影响，并在其鼓励下转学经济学。毕业后投身于教师生涯，成为宣传他的老师马歇尔的经济学说的一位学者。他先后担任过英国伦敦大学杰文斯纪念讲座讲师和剑桥大学经济学讲座教授，被认为是剑桥学派领袖马歇尔的继承人。当时他年仅31岁，是剑桥大学历来担任这个职务最年轻的人。他任期长达35年，一直到1943年退休为止。退休后，他仍留剑桥大学从事著述研究工作。另外他还是英国皇家科学院院士、国际经济学会名誉会长、英国通货外汇委员会委员和所得税委员会委员等。

庇古以个性古怪被称为这一学科中最奇怪的人之一。早年他是一个快乐的、爱开玩笑的、爱社交的、好客的单身汉，后来他变成了一个相当怪僻的隐士。他的一个学生将他在20世纪40年代中期的形象描绘为高而挺拔，着装怪异，偶尔会在乡间漫步，或者斜靠在剑桥大学国王学院草地上的帆布椅上。他终其一生的朋友和同事C.R.费伊解释他的转变时说：“第一次世界大战对他是一个很大的冲击，战后他就不再是原来那样了。”他将自己在剑桥的大部分假期用于到法国、比利时和意大利的战争前线参加志愿急救工作。在他职业生涯的早期，他就认识到社会和经济问题之间的密切关系，这反映了他对人性和科学问题的热情。作为一名学生，庇古显示了在人类知识方面罕见的才能。在他24岁的时候，他有两篇文章获奖，它们的题目充分显示了这个年轻学者知识涉猎之广。其中一篇叫《过去50年中英联邦农业生产相关价值变化的原因和影响》，另一篇叫《罗伯特·布朗宁，一个神学教师》。在此之前两年，他已经因为一篇英文诗获得金质奖章，他还创作了一首名叫*Alfredthe Great*的歌曲。从剑桥大学国王学院毕业后，他将时间主要用于演讲、出版，并致力于关税改革的争论，直到晚年，他对这个问题一直保持着浓厚的兴趣。

"庇古税"属于直接环境税，它按照污染物的排放量或经济活动的危害来确定纳税义务，所以是一种从量税。庇古税的单位税额，应该根据一项经济活动的社会边际成本等于社会边际收益的均衡点来确定，这时对污染排放的税率就处于最佳水平。按照庇古的观点，导致市场配置资源失效的原因是经济当事人的私人成本与社会成本不相一致，从而使私人的最优导致社会的非最优。因此，纠正外部效应的方案是政府通过征税或者补贴来矫正经济当事人的私人成本。只要政府采取措施使得私人成本和私人利益与相应的社会成本和社会利益相等，资源配置就可以达到帕累托最优。这种纠正外部效应的方法也被称为"庇古税"方案。

资料来源：根据相关资料整理。

5.3.3 排污许可证交易市场

发放排污许可证是矫正排污这种外部效应的一种新办法。政府确定污染水平，并将排放额度适当地在厂商中间分配，无须告诉厂商必须为每吨污染缴纳多少费用，并允许厂商自己选择污染水平。许可证的价格由许可证市场的供给和需求来决定，数额等于排放费。这种政策与"庇古税"看起来不同，但实际上有许多共通之处。在这两种政策下，企业都要为污染埋单。在使用"庇古税"时，排污企业必须向政府缴税。在使用排污许可证时，排污企业必须为购买许可证进行支付（即使已经拥有自己许可证的企业也必须为排污进行支付：排污的机会成本是它们在公开市场上出卖许可证能得到的收入）。"庇古税"和排污许可证都通过使企业排污要付成本而将污染的负外部效应内在化。

专栏

嘉兴市出台多项政策活跃排污权交易市场

从嘉兴市环保局了解到，《嘉兴市氨氮、氮氧化物初始排污权核定与征收标准定价技术办法（试行）》、《嘉兴市排污权储备与回购管理办法（试行）》和《关于加强建设项目主要污染物总量准入和事中事后监管的实施意见》三个文件近日出台并实施，分别从增加排污权约束性指标、鼓励企业减排、盘活现有排污权存量、规范排污权市场交易、加强排污权管理等角度，对新一年的排污权进行了规范，标志着嘉兴市排污权交易将步入一个新的阶段。

核定氨氮和氮氧化物，部分企业需增加"入门费"。2007年，嘉兴市在国内率先实施排污权交易制度，八年来在市排污权交易中心落实的交易种类只有二氧化硫和化学需氧量。2015年1月15日起，嘉兴市正式实行《嘉兴市氨氮、氮氧化物初始排污权核定与征收标准定价技术办法（试行）》。根据该办法，对全市现有企业的氨氮、氮氧化物两个指标的初始排污量进行核定，同时对于新（改、扩）企业，涉及氨氮、氮氧化物两个指标时也要求其购买排污权指标以后，才投入建设。氨氮属于水污染物，主要来源于化学化工等行业的工业废水、城镇生活废水和农业面源污染，氨氮污染可致水体富营养化，破坏水体生态平衡，它是嘉兴市水环境整治工作中的重点；氮氧化物属于大气污染物，汽车尾气中的氮氧化物与氮氢化合物经紫外线照射发生反应形成的有毒烟雾，被称为“光化学污染”，氮氧化物的重点排放企业主要存在于电力、非金属矿物制品、纺织、造纸、化工等行业。这意味着从 2015 年起，氨氮和氮氧化物正式作为约束性指标纳入排污权交易范畴，涉及上述四个污染物排放的企业需要缴纳的“入门费”更多了。

激发二级市场活跃度，保证一级市场储备量。排污权交易市场分为一级市场和二级市场。一级市场指的是企业与政府之间的交易，即政府对企业排污权的回收和回购；二级市场指的是企业与企业之间的交易，即企业之间的排污权协议转让。嘉兴市实施排污权储备与回购管理办法，目的在于加强一级市场的排污权储备，鼓励企业排污权出让，盘活二级市场的排污权交易。排污权储备是指市、县（市、区）政府通过预留、无偿收回、回购等形式，将排污权纳入政府储备量的行为，其来源包括国家分配、企业破产回收、企业闲置回购、企业主动减排等；而排污权回购是指市、县（市、区）环境保护行政主管部门组织实施，由财政出资购买排污单位通过有偿使用和交易获取的排污权的行为，其来源包括排污单位在完成减排任务的前提下，通过排污权有偿使用和交易取得的富余排污权，由排污单位主动提出出让的；排污单位破产、关停或迁出其所在行政区域的，其有偿取得排污权的；闲置排污权、被取缔的排污单位所腾出的排污权，且有偿取得的；工业企业闲置期超过三年的排污权指标，将被强制回收或回购。排污权储备量还将优先保障重大项目建设，包括重大环境基础设施项目、民生工程、省级以上重点工程和其他政府需要优先保障的项目，而限制使用于印染、化工、制革、造纸、电镀等重污染行业。

健全排污权指标出让制度，重污染行业排污权“只出不进”。为进一步健全排污权指标出让制度，控制重污染行业污染物排放总量，实施排污权使用绩效激励制度，推动重点监控企业排污总量信息公开化，嘉兴市还出台了《关于加强建设项目主要污染物总量准入和事中事后监管的实施意见》，严格控制重污染行业排污权总量，重污染行业排污权“只出不进”，不断优化环境资源要素的行业结构分布。也就是说，重污染行业新增建设项目所需排污权指标实行同行业内部平衡替代制度，原则上需通过交易方式从本行业内部获取，不得占用其他行业的排污权指标。需要集中供热的新增建设项目在环评审批之前，供热企业应有富余排污权指标或通过交易方式获取新增排污权指标，引导和鼓励重污染行业内鼓励类企业对低效企业进行以排污权指标为纽带的兼并重组，扶持行业龙头企业提升工艺水平和生产规模，做大做强。同时，2015 年起嘉兴市全面实行排污权基本账户动态管理，全面推进刷卡排污系统的建设和应用。

资料来源：陆成钢，等. 嘉兴市出台多项政策活跃排污权交易市场. 嘉兴在线，2015-01-30.

5.4 市场行为与外部效应

5.4.1 谈判协商与企业合并

并不是所有外部效应问题的解决方案都与政府的直接行动有关。在现实中，私人主体有时也以各种方式对外部效应做出反应。如果产权划分清晰，并且交易成本为零或很低，则有关当事人通过相互协商和谈判，达成和实施协议，有时也能有效解决外部效应问题，并有效地配置资源。在前面所举的蜂蜜的生产者和苹果的生产者相互提供正外部效应的例子中，蜂蜜生产者养的蜜蜂为苹果生产者种植的苹果树传播花粉，提高苹果产量；同时，苹果生产者的苹果花为蜂蜜生产者提供蜜源，增加蜂蜜产量。当苹果园主在决定种多少果树和养蜂人决定养多少蜜蜂时，他们都没有考虑到正外部效应。结果苹果园主种的树太少，而养蜂人养的蜜蜂也太少。如何解决这个问题？可以通过企业合并，也可以由苹果园主和养蜂人通过协商、谈判、签署协议来解决。这个协议可以规定树和蜜蜂的数量，也许还包括一方对另一方的支付。这样外部效应导致的无效率问题就可以得到解决，并使双方状况都变好。在实际生活中，协商并不是很有效，特别是在牵涉的利益方太多时更是如此。究其原因，主要是交易成本（各方在协商、谈判中所发生的成本）太高。

企业合并，将不同类型经营结合在一起，在一定程度上也可以解决外部效应问题。在前面所举的钢铁厂与养鱼场的例子中，可以把两个企业合并成一家企业。合并之后的企业，为了自己的利益，会把钢铁产量推进到使上游钢铁厂的边际收益等于下游养鱼场的边际损失为止。这样外部效应就内在化，经济社会就可以处于有效率的状态。外部效应内在化是某些企业开展混业经营的一个原因。

5.4.2 科斯定理解决方案

20世纪60年代，美国经济学家科斯对外部效应问题提出了新的见解。科斯认为，政府通过税收或补贴的方法来解决生产和消费的外部效应问题，会导致成本增加、社会福利减少。如果在不存在交易成本和谈判成本，或者说交易成本为零的时候，无论权利如何界定，都可以通过市场的交易活动及当事人的契约行为达到资源的最优配置。这就是科斯定理。

专栏

科斯的中国影响力

科斯不懂中文，也从来没有到过中国。他还像苏格兰的伟大学者休谟（David Hume）一样，天生具有“人贵述己而不自诩”的格调，既不容他人吹捧，更不会自吹自擂。正因为这样，“科斯的中国影响力”就成为一个在庆贺科斯教授百岁生日时，值得我们大家来加以讨论的问题。科斯的影响力，首先来自科斯经济学（Coasean economics）的内容。大家知道，科斯对经济学的主要贡献，是将交易费用引入了经济学分析。诚如他本人所言，这固然算不上经济学高深理论方面的“创新”，却“引起经济学理论——至少是价格理论或微观经济学结构的彻底变革”（科斯：《论经济学和经济学家》，1994）。自科斯在他 27 岁发表的论文里引进了“几乎可以归入不证自明的真理之列”的交易费用概念以来，已经没有一门经济学可以完全不理会交易费用却还能够阐释经济行为的逻辑。

毫无疑问，科斯的上述贡献有着普遍意义。在科学上，从完全无意识交易费用的存在，到可以清楚地假定交易费用为零，再到进入对“正交易费用世界”的研究和分析，意味着完全不同的认识层面。对此，我们不妨以其他科学为参照来加以理解。例如，没有人会否认在摩擦力为零的假设下，物理学研究取得的重大进展。正是站在这个台阶上，物理学家才可能进一步展开对正摩擦力世界的更深入研究。这里的关键是，要假设摩擦力为零，首先要有清清楚楚的摩擦力概念。类似的，经济学倘若对交易费用没有清楚的意识和概念，就不具备假设交易费用为零的能力，也更不可能走向对正交易费用世界的分析。

正是交易费用的存在，才使得形形色色的交易规则、合约及其履行、组织、制度安排——或者如科斯在诺奖典礼讲演的题目所统称的“生产的制度结构”——成为经济活动不可或缺的组成部分。科斯把交易费用引入经济学分析，也就要求正统经济学理论分析制度的构成与运行，发现作为限制条件的制度在整个经济体系中的地位和作用。这样一来，经济学在亚当·斯密等古典经济学家之后逐渐被收窄的视野——核心部分甚至是只关注价格决定的价格理论——就得以重新扩展，成为包括分析产业、市场、企业和其他组织、政府与国家，以及一般地在制度约束下所有人类行为的经济学。这样的经济学，如科斯本人所言，才是“本来就应该是的那种经济学”。

科斯经济学首先在西方学术界产生了影响力。这或许是因为，他提出交易费用概念的论文，研究的是企业的性质，经验基础是西方发达国家市场里的公司；他把交易费用假设为零并以此为台阶走向正交易费用的世界，经验基础则是西方国家法治下侵权判案的司法实践。无论是市场里的公司，还是侵权判案的司法传统，对西方读者来说总是不难感知的。因此，只要突破既定经济学思维的束缚，换一个视角——科斯的视角——看世界，这个真实世界就在那里了。

当科斯的名字刚刚为中国人所知的时候，中国的实际世界里既没有发达的公司，也缺乏法治传统（第一本在中国大陆公开出版介绍到科斯的书，是亨利·勒帕日写的《美国新自由主义经济学》，北京大学出版社于 1985 年出版）。就是说，在我们这里尚没有深入理解科斯经济学的经验基础。所以毫不奇怪，科斯开始是作为西方经济学流行的一个学派被介绍到中国来的。但是，科斯很快就有了中国影响力，后来人们甚至可以说，科斯的中国影响力比他在欧美的影响力还要广泛、深刻和持久。

资料来源：周其仁. 科斯的中国影响力. 金融时报，2013-09-03.

1. 科斯定理的内容

科斯定理的基本含义是科斯在1960年发表的《社会成本问题》一文中表达的，而“科斯定理”这个术语是乔治·斯蒂格勒（George Stigler）1966年首次使用的，它由三组定理构成。

科斯第一定理是：如果交易费用为零，不管产权初始如何安排，当事人之间的谈判都会导致那些财富最大化的安排，即市场机制会自动达到帕累托最优。

如果科斯第一定理成立，那么它所揭示的经济现象就是任何经济活动的效益总是最好的，任何工作的效率都是最高的，任何原始形成的产权制度安排总是最有效的，因为任何交易的费用都是零，人们自然会在内在利益的驱动下，自动实现经济资源的最优配置，产权制度没有必要存在，更谈不上优劣。这种情况在现实生活中几乎是不存在的，在经济社会一切领域和一切活动中，交易费用总是存在的，科斯第一定理是建立在绝对虚构的世界中，但它的出现为科斯第二定理做了一个重要的铺垫。

科斯第二定理通常被称为科斯定理的反定理。其基本含义是：在交易费用大于零的世界里，不同的权利界定会带来不同效率的资源配置。交易是有成本的，在不同的产权制度下，交易的成本可能是不同的，资源配置的效率可能也不同。为了优化资源配置，产权制度的选择是必要的。科斯第二定理中的交易成本就是指在不同的产权制度下的交易费用。在交易费用至上的科斯定理中，它必然成为选择或衡量产权制度效率高低的唯一标准。

科斯第三定理描述了这种产权制度的选择方法。第三定理主要包括四个方面：第一，如果不同产权制度下的交易成本相等，产权制度的选择就取决于制度本身成本的高低；第二，某一种产权制度如果非建不可，而这种制度不同的设计和实施方式及方法有着不同的成本，则这种成本也应该纳入考虑；第三，如果设计和实施某项制度所花费的成本比实施该制度所获得的收益还大，则这项制度没有必要建立；第四，即便现存的制度不合理，如果建立一项新制度的成本无穷大，或新制度的建立所带来的收益小于其成本，则一项制度的变革是没有必要的。

2. 私人通过市场交易的方式解决外部效应问题的两个条件

科斯定理的精华在于发现了交易费用及其与产权安排的关系，提出了交易费用对制度安排的影响，为人们在经济生活中做出关于产权安排的决策提供了有效的方法。

科斯认为，人们之所以不能或不愿意通过市场交易的方式来解决外部效应问题，首先是因为交易费用过高。交易费用又称交易成本，是指为实现市场交易而支付的费用，包括搜寻买者和卖者、谈判、签订和履行合同、监督等所做的努力和花费的时间与精力。根据交易费用理论的观点，市场机制的运行是有成本的，制度的使用是有成本的，制度安排是有成本的，制度安排的变更也是有成本的，一切制度安排的产生及其变更都离不开交易费用的影响。交易费用理论不仅是研究经济学的有效工具，也可以解释其他领域很多经济现象，甚至解释人们日常生活中的许多现象。比如当人们处理一件事情时，如果交易中需要付出的代价（不一定是货币性的）太多，人们可能要考虑采用交易费用较低的替代方法甚至是放弃原有的想法；而当一件事情的结果大致相同或基本确定时，人们一定会选择付出较小的一种方式。

科斯认为，人们之所以不能或不愿意通过市场交易的方式来解决外部效应问题的另一个原因是产权没有准确界定。譬如，造纸厂排放废水，影响到农业灌溉，毁坏了农民的庄稼，损害了农民的利益。这种生产的负外部效应可以通过明确产权来解决。如果河流的产权属于农民，农民可以向造纸厂索取费用以补偿损失。如果这笔收费太高，造纸厂可以自行建造治理污水的设施，以使排出的废水达到标准，对农民的灌溉不造成损害。如果产权属于造纸厂，造纸厂就有权排放未经处理的废水，农民可以向造纸厂缴费请求造纸厂治理污水。总之，不管产权归谁，只要能够清晰界定，都可以通过私人交易行为来解决外部效应问题。

5.4.3 道德规范和社会约束

道德对于社会和个人，是从内心起到约束作用。有些外部效应问题，可以通过道德规范和舆论的监督、公众的谴责等社会约束来解决。道德规范和社会约束告诉人们要考虑自己的行为对别人产生的影响。例如大多数人不乱扔垃圾，只是因为这些人知道这样做是错误的，坚持这样做会受到惩罚。还有些外部效应问题可以由慈善行为来解决。例如：大学接受校友、公司和基金会的捐赠，部分是因为教育对社会有正外部效应；人们自觉地保护环境，是因为环境好了生活更舒适。

关键术语

外部效应　正外部效应　负外部效应　公共资源问题　一体化措施　科斯定理　交易成本　矫正性税收　矫正性财政补贴　外部效应内在化

复习思考题

（一）简答题

1. 什么是外部效应？外部效应可以分成哪些类型？
2. 正的外部效应和负的外部效应的市场效率怎样，有什么后果？
3. 政府可以采取哪些措施解决外部效应？
4. 私人解决外部效应问题是否有效？排污交易市场能否有效解决污染问题？
5. 科斯定理的基本内容是什么？私人通过市场交易的方式解决外部效应问题需要哪些条件？

（二）讨论题

1. 解决外部效应问题时，产权制度选择的必要性是什么？
2. 中国制度变迁对解决外部效应问题的意义。

第6章

公共选择理论

学习意义与作用

公共选择理论研究的是公共产品的资源配置机制。公共选择理论在公共经济学的理论框架中占有重要地位，它有助于为制定公共政策提供理论依据。公共选择理论是在研究现实经济问题推动下，运用经济学分析方法，坚持经济人假设，采用个人主义的方法论，用交易的观点来看待政治过程。

教学要求

了解公共利益法、自我利益法、公共选择理论的方法论及公共选择规则的标准等，掌握多数票原则、阿罗不可能定理、单峰偏好、中间投票人定理等，理解公共选择过程中各利益主体的目标、行为特征及利益集团寻租。

学习重点

- 阿罗原则与阿罗不可能定理
- 中间投票人定理
- 单峰偏好与多峰偏好

6.1 公共选择理论概述

公共选择理论产生于20世纪40年代末期，形成和发展于50年代。该理论在西方国家有着重要影响。公共选择理论从现代经济学理性经济人假设出发，基于市场中的自由交换能使交易双方都获利的原理来分析政府的决策行为、民众的公共选择行为以及两者关系。

公共选择理论的突出特点在于运用经济学的研究框架来分析政治问题，认为政治选择的过程类似于一种特殊的经济活动。在这个特殊的市场中，政府是提供政治秩序的生产者，而选民是在不同政治秩序之间进行选择的消费者，选民手中的选票即货币，选举制度则是市场制度。在该框架中，政治学问题被纳入经济学视角，探讨国家理论、投票规则、投票者行为以及政党政治等也有了新的视角。它改变了传统政治研究的理论范式，扩展了经济学研究领域。

6.1.1 公共选择理论的产生背景

公共选择理论的产生离不开当时学术界主流观念以及政治影响。20 世纪 30 年代后期，经济大萧条对资本主义社会造成巨大冲击，新古典经济学对此束手无策。供给自动创造需求、市场机制会自动调节资源配置从而使得社会处于充分就业水平、主张政府采取自由放任的经济政策被现实情况否定。

凯恩斯主义经济学大行其道，撼动了新古典经济学的主流地位。美国罗斯福新政通过对财政、货币、金融、产业等部门的调控，缓解了经济危机对经济的打击，促进了社会生产恢复，为政府干预经济理论提供了实践支持。

随着凯恩斯主义政策不断深入，一些缺陷暴露出来。凯恩斯政策并未彻底地解决政府为应对失业和经济危机而扩大支出、刺激经济所造成的持续通货膨胀。财政恶化、特殊利益集团自利行为、政府社会福利计划落空也逐渐让学界加深了对凯恩斯主义的质疑，非市场的集体决策即国家干预的失败促使人们把用以研究市场经济失灵和缺陷的经济学方法应用于国家和公共经济部门，探讨国家干预失败的原因。

传统市场经济理论认为政府为了公共利益而存在，政策制定过程遵循着公共利益最大化原则。当市场失灵时，政府作为弥补市场失灵的有效手段被引入了经济分析。但随着探讨国家干预失败原因的深入，经济学家发觉政策制定过程没有得到充分重视，即作为政策制定者的国家和政府一直被视为决定经济活动的外生变量，这种分析忽视了政策制定过程中的利益权衡与政策博弈，因此导致国家干预失败。公共选择学派认为，经济政策制定过程是经济活动的内在因素，政府可以被视为理性人，也在追求自己利益最大化。

公共选择学派还受到福利经济学和新制度经济学影响。社会福利函数所探讨的将个人偏好次序加总并实现福利最大化，激起了人们研究在不同投票规则下集体选择将导致什么结果的兴趣。新制度经济学研究解释和解决了存在公共产品和外部效应条件下的资源配置问题。公共选择理论从独特的经济分析角度切入政治议题进行理论创新。布坎南因其对经济学和政治学的卓越贡献而被授予 1986 年诺贝尔经济学奖。公共选择理论已经成为分析市场失灵、政府失灵和政府经济决策等问题的理论方法。

公共选择学派强调应该把政治领域中的个人与市场中的个人同等理解为具有自利性和理性行为特征的经济人，把政府的行为视为政治领域中众多经济人行为选择的结果，同时强调方法论个人主义和制度规则理性选择问题。布坎南等人对于制度规则理性选择问题的关注以及他们相关的研究成果又被称为宪政经济学。

6.1.2 公共利益法与自我利益法

公共利益法指与个人选择相区别的集体选择，即通过集体行动和政治过程来决定资源在公共产品之间如何分配。在民主政治体制下，人们通过投票来决定公共产品的需求、供给与产量，从而把个人选择转化为集体选择，它是对资源配置的非市场决策。自我利益法指的是个人在市场上按照效用最大化的原则，通过理性决策和个人选择来自由地决定各种经济行为过程。

非市场决策是相对于市场决策而言的。大多数情况下经济活动通过市场手段来进行，市场机制的内在力量使经济体系中的供给和需求达到平衡。有效的市场需要能够完全反映消费者偏好，企业能够提供消费者所需。在考察非市场决策时，上述条件不能得到满足。例如，城市建设与改造、税收、改变福利或社会保障政策等，这些决策都难以用价格来反映其需求和供给水平，因而将其归结为非市场决策。

公共选择影响大多数民众的生活。在如何决策的问题上，公共选择理论研究了决策机制。对于公共选择来说，政府拥有更多的左右非市场行为的影响力。政府的决策实施后，即使民众对其并不满意，但是要求政府做出及时的改变也是困难的，非市场行为调整缓慢。

6.1.3 公共选择理论的方法论

公共选择理论的方法论主要由以下三个主要因素构成：

(1) 政治学和经济学的交易性质。制度经济学家将研究重点放在了制度而不是技术上，把分析的单位落实在交易而不是生产上，并把制度作为经济研究的内生变量。这种研究角度得到了公共选择学派的认可。公共选择学派认为，经济学中的基本命题不再是选择而是交换，即不同经济个体之间的交换。

从交易角度看，经济学和政治学并没有不同，在政治活动领域里，重要的命题不再是社团、党派和国家等基本行为主体，而是这些行为主体之间及内部各成员间出于自利动机而进行的交易过程。在政治市场上，投票人和政治家都是理性经济人，行为本质是一种交易。而政治实质上是人们相互之间的一种复杂交易结构，他们想通过这个结构达到个人目标。在理性经济人本性驱使下，人们在经济市场和政治市场上行为的区别仅仅在于他们追逐个人利益时所选择的方法不同。

(2) 经济人假定。经济干预主义和经济自由主义都继承了亚当·斯密的经济人假设，随后的经济学家都将这一假设作为分析经济问题的起点。经济人假设也被公共选择学派所接受，公共选择经济学力求采用经济学方法分析政治领域中的诸多现象。这种经济学方法假定：无论是在市场活动中还是在政治活动中，人都是追求效用最大化的，符合经济人假设。

参与政治生活的投票者、选民代表以及政治家都是从自身利益出发的理性经济人。作为投票者，其个人决策是在给定的选举规则和程序下，依据自己利益最大化的追求，从多种候选方案或候选人中，选出能给自己带来最大满足预期的对象。作为政治家的经济人并不是传统政治理论所认为的那样代表公共利益，几乎没有自我利益的追求，政治家身上依然有利己主义的行为模式。

(3) 方法论上的个人主义。传统经济学理论在研究经济问题时所坚持的是亚当·斯密以来的个人主义方法，认为个人是市场经济活动的主体，个人的利己主义本性决定着生产、交换、消费等一系列经济活动。传统的政治理论认为，政治现象的研究单位应该是集体，个人的行动目的和选择行为都是受着集体的制约，个人只不过是集体中的一个组成部分。而公共选择理论则认为应当把经济学的个人主义研究方法应用到政治学研究中来，于是采用了基于“谋求最大发展自我利益”的个人逻辑演绎方法。

虽然公共选择是一种集体决策，但在政治分析的过程中，它所分析的仍然是个人的偏好、决策、选择行为在一个既定的组织群体或制度结构中是怎样产生某种复杂的政治结果的。社会被看作一种个人追求其自身利益的总量效果，国家被当作个人得以通过它寻求自身利益的一种机构。集体行动是一些人为了各自利益而共同行动，并承诺遵守相应规则的活动。个人选择行为会随着制度环境的不同而有所不同。个人主义不一定等同于利己主义，个人主义的目标取向也可以是利他主义的。个人选择方案与结果不要求一致，个人参与集体选择时的方法与选择的集体结果是两回事。

6.2　公共选择规则的标准

公共选择学派的经济学家认为，人们在政治领域中的行为选择总是要接受一定的制度规则，通常是某种投票规则的约束。因为对公共产品的需求虽然是社会上各个人的总和，但是不同的人对同一产品的需求又互不相同。在最终的公共产品需求被决定出来之前，需要经历一个投票过程。在民主政治体制下，公共产品的需求决定及其他一切公共选择，都要通过投票才能得到最终结果。如果某一集体选择过程中采取不同的投票规则，对于参与其中的投票者个人会产生不同影响。由于民主体制存在直接和间接两种形式，投票规则也存在差别。

6.2.1　全体一致原则

全体一致原则是直接民主制下的投票规则。当采用一致性规则组织投票过程时，某一项备选议案只有得到全体投票人一致同意才能够成为获胜议案。在一致性规则的约束下，每一位投票人都有权提交备选议案，并且每一位投票人都有一票否决权。假如某项备选议案存在反对票，那么就对该议案进行重新修订，直到该项备选议案得到所有投票人赞成，或者人们决定不再继续讨论它为止。一致性规则隐含的政治过程是一个妥协和修订过程，直到达成各方接受的方案为止。

一致性规则存在着一些缺陷，首先是成本问题。不应该忽略为搜寻能够得到全体一致同意的议案所花费的成本，尤其在存在多种偏好类型的大型社会中，一些社会成员为搜寻最优议案所付出的时间损失可能超过所得。一致性规则采用鼓励投票人的策略性行为，拥有一票否决权后，投票人不得不在相互之间展开讨价还价并且试探对方有无让步的可能性，这会进一步拖延时间。其次，该规则忽视了投票人偏好显示。因为投票人不一定是诚实的，当他意识到他为所享受的公共服务所支出的费用与他的偏好有关时，他会尽量隐瞒真实偏好，从而花费较少的成本享受到与别人相同的公共服务。

从规范的意义上看，一致性原则存在一些优点。一方面它可以保护每一个成员免遭社会上其他成员的强制，他们的利益不会因集体的行动而遭受损失；另一方面它可以有效地平衡各成员的博弈冲突，即使是某些成员个人利益受损，为了大家的共同利益，那些受益较多的成员也会主动进行让步和弥补，最终使总收益超过总成本的决策得到通过。

6.2.2 多数同意规则

全体一致原则尽管有诸多的优点，但其高昂的交易成本却使得其在现实中很难实施。人们转而求其次，降低同意的百分比，把一致同意降低产生了多数同意规则。多数同意规则规定，只要一项方案获得约定多数票的赞同，就能通过，而无须获得全体投票人的一致同意。根据约定的多数票不同，又可以将多数同意规则分为简单多数和比例多数。对一项方案而言，简单多数是指赞成该方案的人数超过投票人的半数，比例多数要求赞成方案的人数比例必须超过一个相当大的比例，根据方案的重要性要求，这个比例可以是 2/3、3/4、4/5、5/6 等。

多数同意规则具有一些缺陷。首先，根据多数同意规则投票决定的方案，其决策结果往往只体现多数同意者的利益，而不同意的少数派的福利则被忽略甚至被损害，投票结果是一种非帕累托最优。在针对多个方案（候选人）选一个的过程中，甚至可能出现多数人不喜欢的方案（候选人）当选。

其次，容易导致多数人的专政。由于多数同意规则基于少数服从多数的理念，最终的投票结果对全体成员均有约束力。但是多数决定并不能确保意志的合法性与正义性，有可能会产生多数人暴政问题。

最后，多数同意规则容易导致参与人轻视投票权。由于单个参与人的选择行为在多数投票规则下显得可有可无，这就促使投票人不重视自己的选举权，从而在相当多的选举中导致投票率偏低。多数同意规则容易出现投票悖论。在有三个或三个以上的投票者对三个或三个以上的方案根据多数同意规则进行表决时，可能出现循环悖论，导致投票结果完全取决于投票顺序。

6.2.3 投票悖论问题

在投票规则中，多数同意规则有一个不可忽视的缺陷，它具有导致议案相互循环，最终结果不存在的可能性。这种现象在公共选择理论中被称为“投票悖论”或“多数周期现象”。它是指在运用简单多数规则进行集体选择时，如果议题能够在投票成员中做出修改，将会出现投票的结果随投票次序的不同而变化，导致这些选择方案在部分分步骤方案的比较过程中都有机会当选。具体分析如下（见表 6－1）：

表 6－1　　投票悖论

参与人＼方案	第一选择	第二选择	第三选择
甲	A	B	C
乙	C	A	B
丙	B	C	A

假设现在某小区内甲、乙和丙三人就小区内的小学建设方案进行表决，共有三个备选方案：方案 A——普通小学，方案 B——区重点小学，方案 C——市重点小学。首先，参与人要在方案 A 和方案 B 之间选择，甲和乙支持方案 A，丙支持方案 B，因此方案 A 胜出；接着参与人在 A 和 C 之间选择，乙和丙支持方案 C，甲支持方案 A，因此方案 C 胜出；最后参与人在 B 和 C 之间选择，甲和丙支持方案 B，乙支持方案 C，因此方案 B 胜出。

在上述情形中，由于三种方案都有胜出可能，不存在稳定投票结果。投票程序决定了投票结果。如果甲洞悉程序在此情况下的重要性，就可能提出第一轮先就 B 和 C 方案进行表决，然后就第一轮胜出的方案（B 方案）与余下的 A 方案进行第二轮表决，从而保证自己最偏好的方案 A 最终胜出。甲就通过操纵投票程序而实现自己的利益最大化。如果所有投票人都清楚投票程序将决定投票结果，那么关于投票程序的投票又会成为一个新的循环，此时抓阄成为人们最常用的选择。

为了解决投票悖论，人们提出了一系列的改善投票规则的方案，例如实行排序投票，即所有投票人根据自己对候选方案的偏好顺序对方案进行排序，对排在第一的方案计 1 分，对排第二的方案计 2 分，将所有投票人排序后的方案得分进行加总，总分最低的方案当选。排序投票的方式能够通过一次投票解决对所有方案的比较问题，节约了投票成本，但不能从根本上解决投票悖论问题，例如，上述三人对 A、B、C 三个方案排序投票的结果如表 6－2 所示，所有的方案得分均为 6 分，无法得出哪个方案最优。

表 6－2　　排序投票不能完全解决投票悖论

参与人＼方案	A	B	C
甲	1	2	3
乙	2	3	1
丙	3	1	2
方案总得分	6	6	6

人们将排序投票下无法解决投票悖论的问题，部分归咎于排序投票只能表明投票人对候选方案的偏好顺序，却无法说明其偏好差异的强度。这种方法模拟了市场经济中人们使用货币对产品的投票，解决了偏好显示问题，降低了出现投票悖论的可能性，但也未能从根本上解决投票悖论问题。为保证自己最偏好的方案胜出，投票人可能将自己手中的全部分值投给自己最偏好的方案。在本例中，如果甲、乙和丙都分别把自己分配到的 100 分投

给自己最偏好的方案，结果就会出现 A、B、C 三个方案均得 100 分的情况。

6.3 阿罗不可能定理

学界对投票机制中循环悖论的关注由来已久。对于该问题的研究具有代表性的学者是肯尼斯·约瑟夫·阿罗，他在 1951 年的相关论文中对该问题的论述引起了众多经济学流派的广泛关注，并使得循环问题成为公共选择经济学研究领域中一个无法绕开的重要问题。阿罗在《社会选择与个人价值》（1951）一书中提出投票悖论的分析理论，这一理论被称为阿罗不可能定理。

6.3.1 阿罗不可能定理与理想投票程序

阿罗对投票悖论问题进行研究得出结论：如果排除效用人际比较的可能性，各种各样的个人次序偏好都有定义，那么把个人偏好总和作为表达社会偏好的最理想的方法，要么是强加的，要么是独裁性的。不可能存在一种社会选择机制——所产生的结果不受投票次序的影响，同时又尊重每一个人的偏好，能将所有个人的偏好次序转换成社会偏好次序，并且准确表达社会全体成员各种各样的个人偏好。阿罗的研究结论被称为阿罗不可能定理。

在讨论集体决策和公共选择问题时，习惯上将个人投票视为每个独立个体根据自己的偏好程度给各种备选方案从大到小排序，而个体的偏好排序需要具备以下条件：

（1）完备性：对任何两个可供选择的方案 X、Y，任何一个参与人要么认为 X 比 Y 好，要么认为 Y 比 X 好，要么认为 X 与 Y 是同等合意或无差异的，三者必居其一。

（2）反身性：从同样的偏好标准出发，一个社会成员不能既喜欢一个备选方案又不喜欢这个备选方案。

（3）传递性：如果某个社会成员喜欢 X 胜于喜欢 Y，喜欢 Y 胜于喜欢 Z，那么他应该喜欢 X 胜于喜欢 Z。当且仅当他对 X、Y 的喜欢程度相同，对 Y、Z 的喜欢程度也相同时，他才能同等程度地喜欢 X 和 Z。

阿罗在关于如何实现社会最大化问题的论述中，讨论了他所遵从的若干假设条件。他认为从所有个人的偏好次序出发所得出的“社会序关系”都只有“满足一定的自然条件”才会有意义。如果将选举视为一种规则，它能够将每个个体表达的偏好次序综合成整个群体的偏好次序。理想的投票程序必须满足以下五个假设：

（1）个人理性原则。所有投票人就备选方案所想到的任何一种排序都是实际可能的。选民对候选人的任何一种排序都是允许的，也就是说每一位选民可以完全按照自己的意愿挑选自己中意的候选人。

（2）无关方案的独立性原则。独立性原则是指方案之间互不干扰，如 X、Y 是任意两个选择方案，如果每个人关于 X、Y 的相对偏好没有改变，那么不论他们关于 X、Y 以外的其他选择方案的偏好是否发生了变化，投票结果中关于X、Y的相对偏好也不应改变。

（3）帕累托准则。帕累托准则是指如果一个社会中的每个人都认为X只要和Y一样好，即没有什么差别，但哪怕是有一人认为X比Y好，则社会必须认为X比Y好。如果一个社会中所有的人都认为X比Y好，则社会也应该认为X比Y好。

（4）非独裁原则。阿罗认为，一个好的投票规则应该保证不存在一个将自身的偏好凌驾于其他人之上的个人，任何人都不是其他个人偏好的规定者。

（5）偏好的非限制性原则。非限制性原则是指对一个社会可能存在的所有状态，个人都可以按照自己的意愿进行自由选择，任何逻辑上可能的个人偏好都不应当先验地被排除，也不能对个人偏好的选择顺序进行限制。

在以上五个假设条件下，阿罗承认当社会所有成员的偏好为已知时，不可能通过一定的方法从个人的偏好次序得出社会的偏好次序，不可能通过一定的程序准确地表达社会全体成员的个人偏好或者达到合意的公共政策。当至少有三种备选方案和存在两位投票人时，不存在满足阿罗假设条件的选举规则。在现实生活中，根本不存在一种能同时保证效率、尊重个人偏好并且不依赖程序的多数规则的投票方案；符合前面五个假设条件的公平、合理选举不可能存在，而且其原因在于选举本身，与具体社会政治生活中可能存在的消极因素无关，并且随着候选人和选民的增加，程序民主越来越远离实质民主。

6.3.2 阿罗不可能定理的政策含义

阿罗不可能定理虽然提出不存在一种理想的投票程序来反映每个人偏好的同时又反映社会总偏好，但他并不否定多数投票机制仍然是一种相对有效的投票制度，也没有否定投票制度是现代民主政体的重要实现手段。在公共政策的形成过程中，虽然理想的投票程序难以实现，但是仍有一些途径在一定程度上影响着阿罗不可能定理下的投票机制。

1. *投票交易*

在公共政策投票过程中，实际投票行为往往偏离个人的真实偏好，这其实是投票者的策略性行为。投票交易又称为互投赞成票，是指在多数同意规则下，当投票者就两个或两个以上的问题进行投票时，其中既有投赞成票的，也有投反对票的，部分投票者（尤其是少数派投票者）会愿意就那些与其关系重大的问题进行投票交易，即互投对方所支持的提案的票，以期自己所赞成的提案能够获得通过。在投票交易时，获胜的多数人之受益价值总和可能低于少数人的成本价值，一般少数派会倾向于在投票中使用这种策略。

在现实的政治生活中，互投赞成票是一种常见的行为。通过不同选民之间的投票交易，可以使得原本在多数规则下无法通过的提案获得通过。但无法确定这种交易对全部投票者的整体福利是有利还是有弊。因为一方面少数派投票者可以通过互投赞成票最终使其总福利得到改善，如果其他投票者的福利并未受损，或者其他投票者的福利损失小于少数派获得的收益，则投票交易可以增加社会总福利；而另一方面，这种投票交易会改变社会资源的配置状况，可能会降低资源配置效率，使得一部分人受益而另一部分人受损，如果后者的损失超过了前者的收益，则交易会降低社会净福利。投票交易是一种非生产性行为，其产生的社会成本必将给社会带来一定影响。

一些经济学家认为，由于交易总是局限于一定规模的投票人，对没有参与交易的投票人而言，他们的个人收益很可能由于这些交易而受到严重损害，因而认为投票交易不利于社会总福利的提高。参与投票的投票人可能隐瞒或者故意公开错误的偏好信息，以此骗取交易机会，并得到最大的个人收益。这种隐瞒或者故意公开错误信息情况的存在，使互投赞成票的社会福利后果变得更加不确定。

2. 投票操纵

投票操纵指的是在面临多个备选方案时，由于投票悖论无法产生均衡的投票结果，产生了可以影响最终投票结果的操纵空间。投票操纵就是当存在两种备选方案时，如果某个投票人在详细了解了其他所有投票者的偏好之后，发现在排除自己的情况下，两种备选方案的支持者一样多，这样的话最终投票结果将取决于自己的选票投向何种方案。该投票者将拥有决定投票结果的权力，他将根据利益最大化原则决定支持哪种备选方案。

每个非独裁的投票过程都是可以操纵的，除非选择只限制在两个选项内做出，或者严格限制了个人偏好的范围，个人偏好是单峰。当面临多个备选方案，或者投票人的偏好存在多峰偏好时，投票人可以通过改变自己的偏好显示来操纵投票。投票规则的制定者如果要降低投票人对投票结果的影响，也可以操纵投票过程。具体的操纵过程可以通过表 6-3 来说明：

表 6-3　投票悖论下的偏好组合

方案 参与人	第一选择	第二选择	第三选择
甲	Y	Z	X
乙	Z	X	Y
丙	X	Y	Z

甲、乙、丙三个投票人对 X、Y、Z 三项备选方案的偏好顺序如表 6-3 所示，在这样的情况下，投票将不会出现一个均衡的结果。三个备选方案中，任何一个备选方案胜出的概率都是一样的，这时候假设 Y 方案对乙最为不利，在了解了其他人的偏好之后，乙通过虚报自己的偏好从而使整个偏好组合结果变为表 6-4 所示，这样的话投票的结果就是 X 方案胜出。投票人乙操纵投票的结果是改变了胜出的方案。如果投票规则制定者要限制投票人乙的这种操作行为，可以通过调整投票前的议事日程来禁止投票人之间相互打探对方的投票偏好。

表 6-4　投票悖论下的偏好组合

方案 参与人	第一选择	第二选择	第三选择
甲	Y	Z	X
乙	X	Y	Z
丙	X	Y	Z

3. 用脚投票理论

该理论指出，在某种假设条件下，由于各辖区政府提供的公共产品和税负组合不尽相同，所以各辖区居民可以根据各地方政府提供的公共产品和税负的组合，来自由选择那些最能满足自己偏好的地方定居。居民们可以从不能满足其偏好的地区迁出，迁入可以满足其偏好的地区居住。该理论可以作为阿罗不可能定理的外延，在理想的投票程序不存在而不能满足社会总偏好时，选民可以放弃选票而迁入其他地区以满足其偏好。

用脚投票理论的假设条件有以下几个：双重身份者能够充分流动，可以进入那些能够更好地满足他们既定偏好模式的社区；双重身份者掌握收入-支出模式差异的完全信息，并能够对这些差异做出反应；有许多社区可供双重身份者选择居住；不考虑对就业机会的限制，假定所有人都靠股息来维持生活；在各个社区之间，所提供的公共服务存在外部经济或者外部不经济；每一种社区服务模式都是由城市管理者根据该社区原有住房的偏好来设定的；还没有达到最优规模的社区试图吸引新的居民，以此来降低平均成本，那些超过了最优规模的社区的做法则与此相反，而最优规模的社区则力图保持其人口总数量的不变。

虽然用脚投票理论十分合乎逻辑，但其限制条件在现实中仍然十分苛刻。当不存在规模经济时，相对于人口规模而言，公共产品数量越少，对公共产品组合的偏好就越相同，用脚投票理论就越接近于实现帕累托最优。而当存在供给具有联合特性的规模经济时，用脚投票理论就不再成立。规模经济意味着财政支出的人均成本与收益都是可变的，从而社区存在着一个最优规模，此时人们的净收益最大，而社区成员的迁入迁出必将打破这样一种规模，降低人均净收益，从而给他人造成外部效应。

6.3.3　单峰偏好与中间投票人定理

单峰偏好理论指个体对多个选择方案的偏好排列顺序就如同只有一个顶峰的高山，具有同质特性。投票人在一组按某种标准排列的备选方案中，有一个最为偏好的选择，而从这个方案向任何方面的偏离，投票人的偏好程度或效用都是递减的。该理论认为，如果每个参与投票的人的偏好排列都呈单峰状态，循环周期现象就不会存在。

多峰偏好是指人们理想的结果不止一个，如在偏离了最理想的结果后，其偏好程度或效用会出现先降后升，当某人具有两个偏好峰时，就称其为双峰偏好（见图 6－1）。

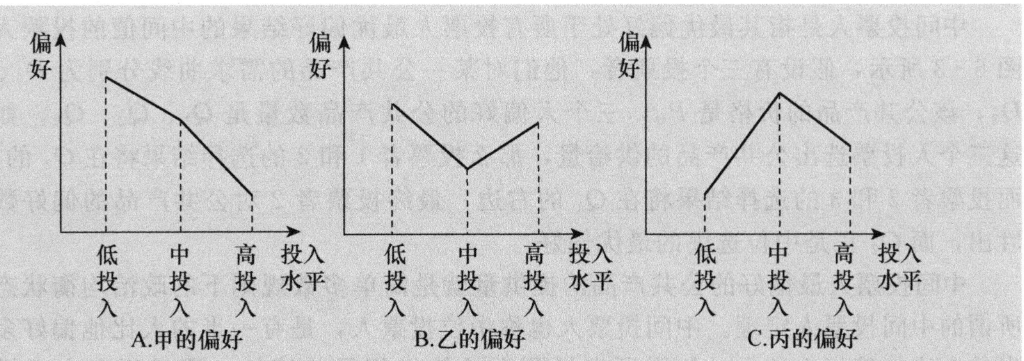

图 6－1　单峰偏好和多峰偏好

正是由于多峰偏好的存在，才导致了前述的投票悖论，如果所有投票人的偏好都是单峰的，那么投票悖论就不会出现，这就是所谓的单峰定理。

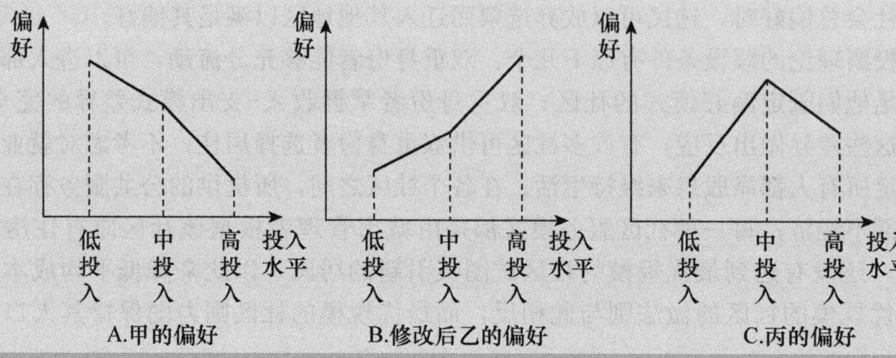

图 6-2　修改后的单峰偏好

根据表 6-1，如果限制乙的选择域，例如将乙的偏好改变为最偏好市重点小学，其次是区重点小学，最不偏好普通小学，则乙的偏好变为表 6-5 所示。此时无论如何配对投票，如先就方案 A 和方案 B 投票，由于乙和丙都选择方案 B，甲选择方案 A，则方案 B 胜出；再就方案 B 和方案 C 进行投票，甲和丙选择方案 B，而乙选择方案 C，仍然是方案 B 胜出，最后选择方案 B，不再存在投票循环问题。

表 6-5　　限制选择域之后的偏好选择

参与人＼方案	第一选择	第二选择	第三选择
甲	A	B	C
乙	C	A	B
修改后的乙选择	C	B	A
丙	B	C	A

中间投票人是指其最优偏好处于所有投票人最优偏好结果的中间值的投票人。如图 6-3 所示，假设有三个投票者，他们对某一公共产品的需求曲线分别为 D_1、D_2、D_3，该公共产品的价格是 P_0，三个人偏好的公共产品数量是 Q_1、Q_2、Q_3。如果让这三个人投票选出公共产品的供给量，那么投票者 1 和 2 的选择结果将在 Q_3 的左边，而投票者 2 和 3 的选择结果将在 Q_1 的右边，最终投票者 2 对公共产品的偏好数量将胜出，而 Q_2 正是中位选民的最优偏好。

中间投票人最偏好的公共产品的提供量就是简单多数规则下的政治均衡状态，即所谓的中间投票人定理。中间投票人也称中位投票人，是有一半的人比他偏好多、一半的人比他偏好少的人。如果所有投票人的偏好都是单峰的，那就不会出现投票悖论，而一定能产生一个均衡的投票结果，并且这个结果就是中间投票人偏好的结果。

中间投票人定理意味着，在简单多数规则下民主制度并不能保证 51%的投票人实现他们的最优偏好。实际上只有中间投票人能够实现他的最优偏好。简单多数规则只能保证使所有投票人最优偏好与最终达成的政治均衡的离差最小。在直接民主制度下，中间选民的意见具有很大的作用。

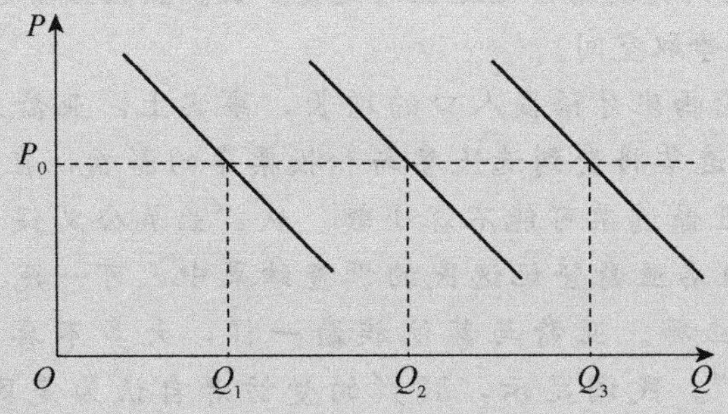

图 6-3　中位选民定理

在代议制民主制度下，中位选民的表现形式要复杂得多。美国经济学家安东尼·唐斯对这类问题进行了研究，他在 1957 年出版的《民主的经济理论》一书中提出了一种政治竞争模型——唐斯模型，用来解释两个党派的政治竞争格局。唐斯模型的基本假设是：在代议制民主制度下，各个党派是为了赢得选举而制定政策的，而不是为了制定政策而去赢得选举。政客作为理性的经济人，其目标函数通常是选票而不是社会福利。选民选举代表是为了追求效用最大化，即社会福利的最大化。

中间投票人的偏好在党派的竞争格局中是一个至关重要的变量。在只有两个党派竞争的情况下，符合中间投票人最优偏好的政策将胜出。这一结论暗示每个希望获胜的党派都应将政策取向向中位选民倾斜，以寻求最多的选票。如果两个参与政治角逐的党派原本的政治信仰分别是极左和极右的，考虑到大量中间投票人的政治决策力，两党将不得不承诺采取一些中间化的政策，以此来争取更多的中位选民。

在这种情况下，中间投票人定理所产生的作用会使得社会福利的损失减少到最低程度，候选人将被引导到选择最大化社会福利的政策上。这在西方国家的政治角逐中有着很大的体现。在多党制代议制民主制度下，选民不是直接选举某一个党派的政策或者选取某个党派的承诺，而是选取某个党派或者党派的代表，选民相信这个代表在政策制定过程中会像选民本人投票那样去投票，因此中位选民的规模和他们的偏好难以测定，在这种情况下，中间投票人定理就不能完全发挥作用。

中间投票人定理所揭示的内涵是对于政党而言的，它们必须寻找中位选民的偏好以获得更多的选票，从而在政治选举中胜出，这样各个政党的竞争会导致一个代表大多数人意见的政治纲要。而对于社会福利而言，中间投票人定理能够将社会福利的损失降到最低点。如果一个社会里的中产阶层处于多数地位，那么整个社会就越不可能出现极端的选择，政治就越稳定，社会经济生活也就越理性化，而不是走向极端。中产阶层与民主的稳定性有着非常密切的关系。

专栏

关键的少数

据美国《世界日报》编译报道，研究显示，美国亚裔选票已日趋重要，并可能在2014年中期选举时成为两党选情紧绷地区的关键少数。虽然亚裔选民对民主党认同度较高，但共和党仍有许多争取空间。

历次选举最常讨论西班牙语裔人口的增长，事实上，亚裔才是美国增长最快速的人口。2014年中期选举将受到选民参与和投票率的影响，在有些州可能仅以极小差距即决定胜负，而亚裔选票可能不容小觑。从“亚美公义促进中心”和“亚太裔投票”组织针对1 300名亚裔登记选民的调查结果中，可一窥亚裔对各党派的支持程度以及不同议题的立场。亚裔与其他族裔一样，大多不喜欢被贴上党派标签，并自认为是“独立派”。民调显示，37%的受访者自认为是民主党，17%自认为是共和党，但亦有高达48%的亚裔认为自己没有政党认同。不过，共和党并非都处于不利地位。亚裔对共和党的看法，基本上是呈现两极化。亚裔选民支持与反对共和党的比例，均为39%，另有22%没有意见。尽管亚裔对民主党的认同度比对共和党高出20%，但在中期选举中将支持民主党的比例，却大为降低。

让选民投票首要应当接触选民，但两党显然均未接触许多亚裔选民。调查显示，有关亚裔选民是否获得来自民主党、共和党和小区组织与选举有关的接触，将近七成亚裔选民表示“完全没有”或“不知道”。两党若要争取亚裔选民的支持，可能要强调国家安全的诉求，因为亚裔远比其他族裔更重视该议题。亚裔登记选民“极度”关切的议题是“国家安全”，其次依序是“就业和经济”、“枪支管制”和“健保”。共和党可在这方面多加争取亚裔选民的支持。

如果有人说亚裔今年或许将决定谁入主白宫，这话听起来似乎耸人听闻，哗众取宠。但奥巴马竞选阵营亚裔全国委员会委员薛海培却认为，这并非没有可能，特别是在关键州弗吉尼亚，亚裔的力量不容小觑。弗吉尼亚有投票资格的亚裔近30万，实际登记投票人数应在20多万，占弗吉尼亚注册选民人数的4%。由于美国亚裔投票倾向于民主党，弗吉尼亚亚裔票的实际影响力大大超过了4%。在两党之争不相上下的弗吉尼亚，假如今年选举输赢在1%到2%之间，亚裔选票理所当然将成为关键少数票。

此外，亚裔普遍温和实用的政治哲学正是今天美国日益走向极端的两党政治的一贴“解毒剂”。比如，亚裔既赞成公立学校应引进竞争机制和高标准，又赞同对公立学校加大投入；既支持一些典型的“大政府”的全民健保计划，又不认同政府的不断扩张；既支持美国要有充分的国防，又反对美国在全球独断专行。今后，亚裔应以其“关键少数”的地位不仅影响美国选举政治，更影响美国公共政策。

资料来源：根据相关资料整理。

6.4　利益集团及寻租理论

6.4.1　利益集团的内涵与分类

在投票过程中，除了作为个体的选民进行选择外，还大量存在着利益集团的选择行为，观点相同的选民会组成利益集团，对政府的公共决策和公共选择活动施加影响，以利于本集团利益的政策获得通过。从 18 世纪开始，美国一些政治学家首先注意到美国有组织集团的倾向性以及这些利益集团在美国政治和社会中的作用，并开始相关的研究工作。利益集团就是具有特定共同利益要求的人们构成的试图通过影响政府的政策和行为来实现和维护自己利益的社会群体，它既包括具有一定规则和组织结构的利益集团，也包括大量松散的、缺少组织形态的利益集团形态，如建立在种族、语言、宗教、地区和职业利益基础上，或可能建立在家族关系和血统基础上的利益集团。

利益集团有以下特征：首先是一个有组织的集团，一个宣称自己代表着具有共同利益或理想的人们的组织。它是由众多当事者组成的一个群体，是具有一定相同属性或相似的人们的集合体，对其成员具有一定的吸引力。

其次，集团成员具有共同的利益或目标，战略明确。促使利益集团形成的基础有：共同的收入来源、相同的收入水平、相同的行业、同一地区以及相同的人口统计学特征等。在这些基础上划分的选民，也具有共同的经济利益。

最后，它为了共同利益向政府机构提出要求或施加压力，使政策符合它的需要。它具有影响政府决策的能力，并为影响政府内外政策不遗余力地采取各种方式进行活动。利益集团可以由普通公民、非营利性组织、公共部门组成，也可以由寻租的厂商组成。不同的利益集团之间在规模、资源、权力和政治倾向等方面存在着明显的差别。

虽然利益集团有着上述种种特征，但是在实际政治中并非所有宣称代表某些人群的利益集团都被看成是真正代表了那一群体的利益，利益集团所宣称和追求的利益是很难界定和预测的，甚至一些利益集团追求的政策目标似乎与其成员的明显利益背道而驰。

利益集团可分为特权集团、中级集团和潜在集团。在特权集团中，至少某些成员甚至每一个成员都有动机保证集体物品得到提供，即使自己承受全部成本也在所不惜。在中级集团中，没有一个成员能从集团公共物品中获得足够多的收益以刺激自己单独提供公共物品，而且每个成员都能相互注意到对方的行为，能够识别他人是否为公共物品的提供尽力。在这种集团中，公共物品能否提供视情况而定，合作生产或集体生产可以提供公共物品，且需要每一位成员间的互相监督，有时甚至通过威胁与承诺才能达成合作意向。潜在集团的规模较大，因为不能提供任何刺激以促使个人参与生产公共物品或承担公共物品生产的成本。在这种集团中由于成员众多，个体所做的贡献不会引起其他人的注意，因而“搭便车”的行为很容易出现。

6.4.2 利益集团的行为与影响

利益集团是政治主体或政治共同体的一个重要因素，在西方国家的立法行政过程中扮演着重要的角色，其目的是向国家公共权力机构施加影响以维护自己团体的利益。当一个集团确定了自己的要求后，就要把这种特殊的要求传达到政策中心，对公共政策的立法过程施加影响。利益集团利用各种有效方式影响立法行政，在发达资本主义国家，利益集团影响立法过程活动的主要对象是议会。为实现其目的，特殊利益集团会采用诸如为缺乏信息的选民免费提供信息，竭力鼓励他们支持自己，与其他特殊利益集团互相捧场、互投赞成票等方式，还会通过下面一些途径来达到它们的政治目的。

(1) 游说。利益集团向立法机构的人员进言，通过详细说明某一项法案的优缺点以及产生的影响来试图左右立法人员的观点，从而使得某项有利或不利于自己所在利益集团的法案出台或不出台。利益集团的活动主要就是进行政治游说，促使政府通过实施有利于它们的政策或者法律，在立法机构有独立立法权的国家，游说是一种被广泛使用的手段。

(2) 公开运动。公开运动的形式包括在电台、报纸散布某些言论，公开演讲，张贴标语和举行记者招待会。采取这种手段试图影响立法过程的利益集团，其主要目的是制造公共舆论，获取广泛支持，从而对立法机构形成压力。

(3) 和平示威。利益集团经常采用一些非暴力的手段如和平示威来向立法机构等请愿以表达自己对某项法案的见解。当一个利益集团的人数形成一定规模后，大范围的和平示威往往能够形成压力，促使立法机构让步和妥协。

(4) 威胁等极端行为。利益集团通过罢工或停止提供某方面已经存在的合作来向立法机构施加压力从而影响立法进程。当合法途径对利益诉求已经没有帮助时，极少数利益集团为了自己所在集团特别重要的利益，甚至会采取违法或极端的行动，比如行贿、绑架和恐怖活动。

利益集团的存在一定程度上可以弥补政策制定和立法方面的不足之处，其与政党之间的相互制衡起到了纠偏的作用。此外利益集团的发展也是民主意识进步的体现，在利益集团为了自身利益而努力做出改变的过程中也使不同阶级、派别加大了对某些阶层的关注。但是利益集团的发展也存在着诸多的弊端。

利益集团会阻碍正常的立法活动，有时会因为追逐自身的利益而推动损害其他集团利益的法案出台，并在拖延、抵制某项法案出台的过程中造成了政府效率的低下。少数利益集团由于其成员规模庞大、资金实力强，或者是与立法者关系密切，从而在利益集团的竞争中总是处于优势地位，因而使得平等竞争无法实现，甚至会损害到公共利益。利益集团有时通过行贿等手段与政客勾结，损害政治民主，使利益集团蜕化为仅为了少数既得利益分子向政府人员表达意见的工具。利益集团会造成社会的不平等。富裕的群体往往有强大的利益集团维护其行业内或集团内部的成员利益，而低收入群体往往很少有这样的机会，因此利益集团的行为会加剧富人和穷人之间的不平等。

专栏

海淀区公共设施建设中的公共选择

2007 年 1 月北京市海淀区政府宣布，为缓解环境污染问题，花巨资在六里屯新建一个现代化的垃圾焚烧发电厂。六里屯垃圾焚烧发电厂是海淀区“十一五”期间的重大基础设施建设项目，将耗资 7.5 亿元，全部由政府出资。该项目可望在 2008 年建成并投入运行，预计发电厂年处理生活垃圾 40 万吨，年发电约 1.3 亿千瓦时。六里屯垃圾焚烧发电厂的地质灾害评估、环境影响评价、规划选址、水资源评估、可行性研究报告、规划意见书等均得到有关部门批准。

但是这个方案自公布以来争议不断，当地居民强烈反对，他们担心焚烧垃圾产生的二噁英会让他们的生活环境恶化。国内的一些环保专家对该项目的环境影响报告书表示了质疑，认为就目前的技术水平，根本无法实现二噁英的在线检测，更难做到超标后的及时治理；同时对报告中的民意调查表示质疑。

在该案例中有两个截然相反的利益集团：以环保局为代表的主建方和以当地居民为代表的反对方。按照奥尔森的理论，主建方拥有更强的势力，不仅地位特殊，是行政机关，掌握行政资源，拥有信息优势和专业人员，而且能够很好地聚合本集团的利益诉求，对公共政策的选择有较大的影响力。反对方虽然在人数上占优，实际上是“人多力量小”，在整个博弈过程中始终处于被动地位。

中国利益集团发育相当不均衡，市场博弈几乎是一边倒。因此，政府需鼓励弱势利益集团的发展，使利益集团显性化，鼓励 NGO、竞争性行业商会和同业公会、行业协会以及社会公益团体的发展，形成对强势集团的制衡。

资料来源：罗昌财. 公共选择理论与公共投资项目决策：一个案例的启示. 地方财政研究，2009 (2).

6.4.3　寻租行为与寻租理论

寻租活动指人类社会中非生产性地追求经济利益的活动，或者是指那种能够维护既得经济利益的非生产性活动。狭义的寻租指现代社会中最多见的非生产性地追求利益行为以及利用行政法律手段阻碍生产要素在不同产业之间的自由竞争，以维护和攫取既得利益的行为。

寻租来源主要有三个方面。一是政府的“无意设租”。例如政府为弥补市场缺陷，对市场失灵领域进行管制，从而干预经济活动，产生了租金。二是政府“被动设租”，指政府由于各种原因受到特殊利益集团影响而设租。三是政府“主动设租”，指政府官员利用行政手段增进某些行业或企业的利润，人为设置租金，引诱企业或利益集团进行赞助。

寻租活动的目的大多在于寻求经济利益。在寻租成本方面，寻租活动所花费的不仅是利益集团为了达成某种目的而花费的时间和金钱，更存在一些社会成本。一类是寻租活动中花费的资源。寻租活动是非生产性的，并不创造任何价值，也不带来任何的经济收益，寻租活动所花费的资源便造成了严重的浪费。另一类是经济寻租带来的政治寻租从而浪费掉的资源。比如寻租活动会形成特殊利益集团，导致收入分配不公的刚性化，而且利益集团一旦形成，就会进行更多的寻租以维持其既得利益。寻租会破坏制度和规则，摧毁作为制度发展基础的信任。还有一类是寻租成功后所损失掉的经济效率。寻租盛行的地区往往生产率低，大量的社会资源被用在了非生产领域。

在政治领域，寻租的活动经常会引发政府失灵。在寻租社会中，政治家不仅是对私人竞争性的需求进行财富再分配的经济人，他们通常也有自己的需求。政治家自己积极地寻求选票、竞选捐款和其他形式的报酬，并通过协议从私人那里获得商品或服务的供给，这些供给是根据政治家的需求来提供的，创租和抽租的行为便由此产生。

专栏

坚决打掉寻租空间

党的十八大以来，各级政府和各部门深入推进党风廉政建设和反腐败工作，转政风，改机制，强监管，严政纪，取得明显成效。但一些领域腐败问题易发多发，权力寻租空间仍然存在。有的干部为官不为，对改革发展重大决策部署落实不到位。因此，切实增强忧患意识和责任感、使命感，坚持一手抓改革发展，一手抓反腐倡廉，以更坚定的决心和更有力的举措，毫不松懈地把政府系统党风廉政建设和反腐败工作推向深入，势在必行。

一是放权限权，坚决打掉寻租空间。取消和下放一批行政审批事项，大幅减少投资项目前置审批，全部取消非行政许可审批，以权力“瘦身”为廉政“强身”。要对中介服务进行清理，破除垄断、规范收费、加强监管，坚决消除审批的“灰色地带”。中央和地方各级政府要积极推进制定权力清单及责任清单工作，探索建立和完善负面清单，扎紧管权限权的制度“围栏”。

二是严管公款，确保资金安全运行。政府收支一律纳入预算并公开，向老百姓交出一本能看得懂的“明白账”。所有公共资金一律接受审计监督，牢牢守住资金安全的“底线”和防腐败的“红线”。长期趴窝的沉淀资金一律调整回收，尽快把沉淀的资金调整用到保民生、补短板、增后劲的“刀刃”上。加强对国有资产和国有企业的监管，决不能让全民资产变成少数腐败分子的“私人钱袋”。

三是勤政有为，推动重大决策落实。领导干部要敢于担当，主动作为，善谋善为，干事创业谋发展。重大任务要明确分工，逐级签订目标任务责任书，立下“军令状”。重点工作要严格时限，确保完成，说到做到，不放空炮。决策部署要督查落实，认真开展督查落实专项行动，确保政策落地生根。对懒政庸政怠政、不作为的要严肃问责，对不敢抓不敢管、尸位素餐、碌碌无为的干部，坚决采取组织措施。重实绩、讲实效，让大批有能有为的“千里马”竞相驰骋。

四是标本兼治，坚定不移惩治腐败。要遵章守纪纠“四风”，大力倡俭治奢，持续推进政风作风转变。惩防并举肃贪腐，始终保持高压态势，对腐败分子零容忍、严惩戒，猛药去疴，重典治乱。依法治腐建机制，用法治思维和法治方式推进工作，努力铲除滋生腐败的土壤，把权力关进制度的“笼子”。

五是坚持“一岗双责”，认真落实党风廉政建设责任制。各级政府及部门党组要切实履行主体责任，主要领导是第一责任人，对本部门本单位党风廉政建设负总责；各级监察机关要履行监督责任，确保经济社会发展和廉政建设各项任务落实。

资料来源：李克强．坚决打掉寻租空间　确保资金安全运行．中财网，2015-02-09.

6.5　官僚理论与政治经济周期

“官僚”一词在公共选择理论中不是贬义词，而是中性词，仅指行政官员和官员群体。官僚是公共选择和政治行为的执行主体而不是决策主体，官僚行为以及官僚机构会对公共选择过程产生重要影响。

6.5.1　官僚理论

官僚集团成员的产生大多实行任命制，只对任命他们的政府机关和政治家负责，不直接对选民负责，不会受选民的制约。不过选民可以通过“软约束”来影响官僚的行为，比如通过舆论带给官僚压力。官僚机构的成员相对来说比较稳定，由于严格的等级制度和晋升规则，组织成员的变化缓慢。

按照公共选择学派的观点，分析官员行为要把官员作为追求自身利益最大化的理性经济人。官僚的利益最大化包括直接经济利益最大化和非直接经济利益最大化。前者主要是指个人收入和享受的最大化，后者主要是指权力、晋升机会、名誉和社会地位等方面的最大化。官僚还具有以下理性经济人特征：

(1) 追求预算最大化。由于官僚的薪金和晋升都有着明确的规定和规则，官僚工作效率与其晋升之间的关联不大，即官僚缺乏工作激励。虽然不像企业中的员工具有明确的薪酬激励，但官僚们还是具备薪酬之外的激励机制，预算最大化就是一个方面，预算扩大标志着官员具有更大的行政权力和所属机构的膨胀规模。

(2) 逃避错误与短视。官僚与选民一样，在处理公共产品的问题上都具有短视的缺陷。选民在决定投票对象的时候往往只考虑眼前的利益，出于对未来政策可能变化的担心，他们往往避开某些为长远利益考虑的代表或法案。官僚从自身利益出发，对远期可能有利于增加社会福利但难以增加当前政绩的行为不感兴趣，由于短视和避免风险而忽略选民的长远利益。

(3) 缺乏灵活性与敏感度。市场下的经济活动往往受到价格信号的指引，决策主体通常可以迅速获得供求等方面的信息。而在相对封闭的官僚机构中，官僚对自身以及市场信息不敏感，难以根据市场需要迅速调整自己的某些行为。

政府失灵很大程度上是由于官僚机构自身固有的缺陷，比如效率问题、寻租腐败以及委托代理难题等。与市场经济中的行为主体不同，政府官僚机构的产出具有非市场性，即政府提供的某些产品难以用市场价格来衡量。为了提供某些公共物品，不得不对一些具有自然垄断性质的企业实行管制，在管制的过程中便会出现定价不合理等问题。在官僚机构中，激励机制往往难以建立，官员只有争取职位和权力的动力而没有提高工作效率、改进工作质量的压力。

6.5.2 政治经济周期理论

西方主流的经济周期理论中很少涉及政治冲击，通常只在一个不受政治因素影响的环境下分析具体宏观经济变量的协同变化和相互影响，论述宏观经济现象的波动。在20世纪70年代以前，众多经济学家已经对政治经济周期给予了关注并进行了大量描述，但对政治经济周期系统的理论研究是随着公共选择理论的发展而迅速发展起来的。在公共选择理论中，经济学家将政府行为视为宏观经济的内生变量，同样考虑到政治家的目标函数。而这种方法在经济周期理论研究中的应用直接产生了政治经济周期理论。

政治经济周期是指周期性的政策变化使经济发展处于经济扩张期与经济紧缩期的交替变换中，使经济发展随着周期性的政策变化呈现出不同的发展周期。在政治经济周期模型中，有两个非常重要的微观行为主体，一是选民，二是政党。对于选民的行为有两种假设，如果选民的投票行为是回顾性的，即选民对政党的评价依据的是其过去的成绩，同时选民对通货膨胀的预期是适应性预期，那么选民的行为就是非理性的。如果选民的投票行为是前瞻性的，即选民对政党的评价依据的不仅仅是政党过去的成绩，主要是政党现在的能力和其将来的政策取向，那么选民的行为就是理性的。对于政党而言，如果参选政党在竞选中的唯一目标是竞选获胜，为获取最大量的选票而采取迎合选民的经济政策，其目的为机会主义的。如果参选政党主要为了实现某种经济目标或者是某些集团的利益，有一定的意识形态纲领，而并不仅仅是为了获取尽可能多的选票，则其目的是党派主义的。根据选民和政党的不同行为特征，经济学家们发展了四种主要的政治经济周期模型：诺德豪斯的机会主义模型、希布斯的党派模型、罗格夫和赛伯特的理性机会主义模型和阿莱西纳的理性党派模型。

1. 诺德豪斯的机会主义模型

诺德豪斯建立的机会主义模型中，假设政治体制中有两个政党，其目标都是最大化其选票而不是贯彻其意识形态纲领；它们的行为是机会主义的，政策具有趋同性；还假设选民投票行为是回顾性的，是基于政治家过去的成绩做出的投票选择；同时选民是短视的，相较于过去的经济状况，现在的经济状况对其投票选择影响更大；选举时间是外生因素给定的；宏观经济可以用一条附加预期的菲利普斯曲线来描述，政策制定者可以通过财政货币政策操纵总需求来控制失业和通货膨胀水平。

根据这些假设，诺德豪斯在宏观经济约束下构造了一个汉密尔顿函数，求解实现政党动态选票函数极大化的条件，得到满足条件的最优动态失业率，他发现这个最优失业率是随着选举的来临而不断下降的。根据模型结果，诺德豪斯得到如下结论：随着选举期的临近，失业率不断下降，产出增加；到选举前夕，失业率下降到最低；随着选举的结束，失业率又开始上升，产出下降。政治家谋求当选的机会主义行为导致经济周期的出现。

2. 希布斯的党派模型

希布斯把政治家视为意识形态至上的党徒，他们只是把赢得选举视为政治纲领付诸实施的手段。他对于选民的假设与诺德豪斯模型一致。希布斯对第二次世界大战后 12 个西欧国家和美国的经济政策预期结果的模型进行了检验，他认为失业和通货膨胀的数据说明，在左翼政党执政时会出现低失业和高通货膨胀，而在中右翼政党执政时，则会出现高失业和低通货膨胀。希布斯用战后英美的数据进行时间序列分析，认为失业率在民主党和工党执政时会下降，在共和党和保守党执政时会上升。希布斯得出的一般结论是：政府追求与其经济利益和不同阶层核心政治选民的主观偏好相符合的宏观经济政策。当政党进行轮换时会造成经济周期性波动；当政党之间的偏好差距很大时，造成的经济波动也会很大。

3. 罗格夫和赛伯特的理性机会主义模型

由于理性预期革命的广泛影响，以理性投票人为基础的政治经济周期模型得到了迅速的发展。政党仍然是机会主义的，目标是赢得尽可能多的选票。但对选民的行为假设有了很大变化，选民的投票行为不再是回顾性的，而是前瞻性的。选民对政党的评价依据的不仅仅是政党过去的成绩，主要是政党现在的能力和其将来的政策取向。选民对通货膨胀的预期是理性的。

在罗格夫和赛伯特的理性机会主义模型中，选举周期是由诸如政府支出、税收及货币增长等造成的。虽然经济主体是理性的，但是暂时的信息不对称成为导致这类周期的根源。虽然理性投票人的目的在于选择他们认为能提供最大效用的政治家，但是他们对不同政治家的能力缺乏信息。在选举之前，当政者操纵信号传递过程，诱使投票人认为他们是有能力的。当政者有制造暂时的财政收入增长的潜力，投票人将持欢迎态度。

罗格夫和赛伯特的研究表明，并不是只有在投票人是短视的、非理性的情况下，政治家才能制造经济周期。最优政策只有在经济主体、投票人和政治家之间信息对称的政治环境中才可能存在。由于这一条件不可能得到满足，政治家就有实施非最优政策的机会。由于存在信息不对称因素，具有前瞻性的选民不能获得关于政治经济环境和政治家能力的某些信息，因而当政者就有机会为赢得连任而制造经济繁荣的假象。

4. 阿莱西纳的理性党派模型

阿莱西纳的政治经济周期模型拒绝采用关于追求选票最大化的各党派政治家将选择趋同性政策的观点。他认为政治家有不同的意识形态，并在当政时采取不同政策。他还假设选民对通货膨胀进行理性预期，能够完全意识到政党间的意识形态差异。该模型假设在选举前签订的工资合同在选举结果宣布之后继续得到履行。

理性党派模型表明，虽然选民对通货膨胀的预期是理性的，能够完全意识到政党间意识形态的差异。但是投票人对选举结果的信息并不确定。选举前签订的工资合同的预期通货膨胀率是在考虑了欧洲左翼政党和右翼政党当选概率的基础上形成的，这个通货膨胀率必然大于右翼政党的目标通货膨胀率而小于左翼政党的目标通货膨胀率。

当右翼政党赢得选举时，实际工资率上升，就业下降，经济产出低于自然率水平；当左翼政党赢得选举时，实际工资率下降，就业上升，经济产出高于自然率水平。政党轮换造成了经济周期性波动。但是从选举结束的第二年起，由于选举结果是确定的，理性的选民把签订的工资合同的预期通货膨胀率调整至实际通货膨胀率的水平，产出固定在其自然率水平上。与传统的党派模型不同的是，理性党派模型中的波动持续时间较短。

6.5.3 官僚与政治经济周期

政治家是由选民经过选举产生的，选民的行为选择在一定程度上决定了某位候选人的选举结果，同时意味着选择了今后政治家所采取的经济政策；反过来，政治家的政策执行也会作用于选民的自身利益。公共经济学家注意到这样一种现象，执政党往往能够认识到宏观经济政策对于选民的私人利益与其投票行为的影响，最明显的宏观经济指标就是失业率和通货膨胀率。基于这两个指标，一些经济学家发展出了相应的政治经济周期理论。

这种理论认为，选民对执政党的评价往往会直接影响到执政党所推举的候选人在下一轮选举中的得票情况，在下一轮选举之前宏观经济的状况会直接影响到选民对执政党的评价。高失业率和通货膨胀率会使选民对执政党的政绩产生很大的质疑并且影响到其竞选胜出的概率。即使在选举来临之前的很长一段时间国家的宏观经济并不景气，或者在选举之后国家的宏观经济形势恶化，但在选举来临时，如果该国的宏观经济向好的话，选民仍会认为该执政党的政绩是优良的，仍会倾向于在选举中选择该党派的候选人。

执政党在意识到选民的这种短视倾向后，往往有针对性地制定一些宏观经济政策，特别是进行短期的政策调整，使宏观经济在选举来临时呈现出较好的态势，以便影响选民们对该执政党的评价，借此帮助本党候选人在下一轮竞选中胜出。执政党需要了解哪些宏观经济政策能够提高选民的效用水平，即便政策的作用效果只能持续一个较短的时期。正是由于执政党针对选举周期做出不同的政策决定，宏观经济形势呈现某种政治商业循环的特征。

除了上述强调宏观经济指标的政治经济周期外，学者们还基于一些其他的指标探讨了执政党的相关政策伴随着选举周期出现调整的可能性，类似的调整也会使得宏观经济形势呈现出某种政治周期的特性。

关键术语

公共选择　公共利益　集体行动　个人选择　理性经济人　全体一致原则　多数同意规则　简单多数　比例多数　非帕累托改进　投票悖论　阿罗不可能定理　用脚投票　单峰偏好　多峰偏好　中间投票人定理　利益集团　寻租理论　官僚理论　政治经济周期　机会主义模型

复习思考题

（一）简答题

1. 公共选择与公共利益之间的关系是什么？

2. 直接民主制下公共选择规则的标准是什么？
3. 简论投票悖论内涵和克服思路。
4. 什么是阿罗原则与阿罗不可能定理？

（二）讨论题

1. 运用公共选择理论讨论中国全面深化改革特别是财政体制改革的推进路径。
2. 运用相关理论，分析西方民主制下投票选举的本质。

第7章 财政支出理论与实践

学习意义与作用

财政支出是政府干预经济、纠正市场失灵的主要工具。财政支出理论是以市场失灵为分析问题起点的，它为正确处理政府与市场关系奠定了理论基础，为正确界定财政职能范围和活动空间提供了理论依据。财政支出理论经历了不同的发展阶段，为政府适时进行财政改革提供了理论根据。

教学要求

了解财政支出的类型、原则和瓦格纳法则，掌握财政支出的不同类型对经济增长的影响，理解政府在纠正市场失灵、调控经济、社会发展的过程中运用公共财政支出实现经济社会发展的目标。

学习重点

- 支出增长规律
- 财政支出竞争
- 支出与地方公共服务改善

7.1 财政支出分类与原则

财政支出通常是指国家为实现其职能，由各级财政部门按照财政预算，将国家通过税收等形式集中起来的财政收入向各个部门和领域进行分配支付的活动。

7.1.1 财政支出的分类

1. 按照费用类别分类

费用类别指国家职能分别，按费用类别所进行的分类又可称按国家职能所做的分类。中国依据国家职能的分别，将财政支出区分为经济建设费、社会文教费、国防费、行政管理费和其他支出五大类。

(1) 经济建设费。包括基本建设拨款支出、国有企业挖潜改造资金、科学技术三项费用（新产品试制费、中间试验费、重要科学研究补助费）、简易建筑费支出、地质勘探费、增拨国有企业流动资金、支援农村生产支出、工业事业费支出、交通事业费支出、商业部门的事业费支出、城市维护费支出、国家物资储备支出、城镇青年就业经费支出、抚恤和社会福利救济费支出等。

(2) 社会文教费。包括用于文化、教育、科学、卫生、出版、通信、广播、文物、体育、地震、海洋、计划生育等方面的经费、研究费和补助费等。

(3) 国防费。包括各种武器和军事设备支出、军事人员给养支出、有关军事科研支出、对外军事援助支出、民兵建设事业费支出、用于实行兵役制的部队等经费、防空经费等。

(4) 行政管理费。包括用于国家行政机关、事业单位、公安机关、司法机关、检察机关、驻外机构的各种经费、干部培训费等。

(5) 其他支出。

2. 按经济性质分类

在各种名目下安排的财政支出，虽然无一例外地表现为资金从政府手中流出，但是不同的财政支出对国民经济的影响却存在着差异。以财政支出是否与商品和服务相交换为标准，可将全部财政支出分为购买性支出和转移性支出两类。

(1) 购买性支出。购买性支出直接表现为政府购买商品和服务的活动，包括购买进行日常政务活动所需的或国家投资所需的商品和服务的支出。前者如政府各部门的事业费，后者如政府各部门的投资拨款。这些支出的目的和用途虽然有所不同，但却具有一个共同点，即财政一手付出了资金，另一手相应地购得了商品和服务，并运用这些商品和服务实现国家的职能。在一些支出安排中，政府如同其他经济主体一样在从事等价交换的活动。此类支出为购买性支出，它所体现的是政府的市场性再分配活动。

(2) 转移性支出。转移性支出与购买性支出不同，它们直接表现为资金无偿的、单方面的转移，这类支出主要有补助支出、捐赠支出和债务利息支出。这些支出的目的和用途不同，但却有一个共同点，即财政付出了资金却无任何所得，在这里不存在交换的问题。此类支出为转移性支出，它所体现的是政府的非市场性再分配活动。

3. 国际分类方法

为了便于经济分析以及国际比较，有必要借鉴国际先进经验并结合中国的实际建立新的分类方法。现有国际分类方法大体上可以归为两类：一类是用于理论和经验分析的理论分类，另一类是用于编制国家预算的统计分类。

（1）理论分类法。从理论分类来看，根据分析的目的不同，可按政府职能、支出目的、组织单位、支出利益等标准分类。例如，以财政支出的用途和去向为标准，财政支出可分为防务支出和民用支出两大类：前者包括国防、公安、司法等与防务有关的支出，后者包括除防务支出以外所有的其他各项支出。这种分类方法的目的在于分析一国财政支出的军事化程度或民用化程度。上面讲过的按经济性质分类，也是一种理论分类。

（2）统计分类法。从统计分类来看，按照国际货币基金组织的分类方法，有职能分类法和经济分类法（见表 7-1）。

按职能分类，财政支出包括一般公共服务支出、国防支出、教育支出、保健支出、社会保障和福利支出、住房和社区生活设施支出、其他社区和社会服务支出、经济服务支出以及无法归类的其他支出。按经济分类，财政支出包括经常性支出、资本性支出和净贷款。中国通常使用的费用类别分类法同国际货币基金组织的职能分类法比较接近。

表 7-1　国际货币基金组织统计分类标准的财政支出分类

职能分类	经济分类
1. 一般公共服务 2. 国防 3. 教育 4. 保健 5. 社会保障和福利 6. 住房和社区生活设施 7. 其他社区和社会服务 8. 经济服务 （1）农业 （2）采矿业 （3）制造业 （4）电业 （5）道路 （6）水输送 （7）铁路 （8）通信 （9）其他经济服务 9. 无法归类的其他支出 （1）公债利息 （2）其他	1. 经常性支出 （1）商品和服务支出 1）工资、薪金以及其他有关项目 2）商品和服务的其他购买 （2）利息支付 （3）补贴和其他经常性转让 1）对公共企业 2）对下级政府 3）对家庭 4）对其他居民 5）国外转让 2. 资本性支出 （1）现存的和新的固定资产的购置 （2）存货购买 （3）土地和无形资产购买 （4）资本转让 3. 净贷款

7.1.2 财政支出的演进

公共财政支出原则不是绝对的，不同国家在不同的历史发展阶段，由于财政支出的重点和目标不同，所遵循的财政支出原则也是不同的。公共财政产生的前提是市场经济，它产生与发展的过程事实上也就是市场经济产生与发展的过程，也就是人们对于政府在市场中作用的认识的发展过程。

西欧从封建社会末期过渡到自由资本主义初期，经历了一个从自然经济向自由市场经济转化的过程。亚当·斯密崇尚经济自由主义，把市场经济描述为由“看不见的手”调节的经济，他认为市场能够有效配置资源，供求双方在市场竞争的环境中理性地追求自身的利益，可以带来整个经济的高效率，他反对国家干预，主张自由竞争，极力要求缩小国家活动的范围，提出守夜人和廉价政府的口号以及最好的财政计划是节支、最好的赋税制度是税额最小等观点。这个时期公共财政主要是为了保证政府作为守夜人角色能够正常运转。约翰·穆勒、威克塞尔、林达尔都进一步发展了他的理论，公共产品理论的创立和福利经济学的兴起使得公共财政理论越来越丰富，公共财政的职能范围也有所拓宽。这一时期经济学家所探究的公共财政问题，只限于税收等有限问题，对公共财政支出原则的探讨甚少。但是从西方经济学家对当时税收问题的讨论不难看出，公共财政量入为出原则贯彻始终。

19 世纪中叶之后，随着自由资本主义向垄断资本主义的过渡，一些资本主义国家进行殖民扩张，军费支出急剧增加。新兴的资本主义国家为了加速经济发展并赶超老牌资本主义强国，开始举办国营企业，并扶植私人资本的发展，导致资本主义国家财政支出不断攀升。在这个过程中，劳资矛盾愈演愈烈，为了缓和日益激化的劳资矛盾，资本主义国家不断改善工人的福利待遇，而这使得财政支出进一步增加，财政支出对经济社会的影响越来越大。

20 世纪 30 年代初，西方资本主义爆发了空前严重的经济危机，宣告了自由放任的古典经济理论的破产，从罗斯福新政和随后应运而生的凯恩斯主义经济学开始，政府必须干预经济逐步成为共识，各国政府和财政开始对经济进行大规模干预，以便弥补市场缺陷，促进经济资源的合理配置、收入和财富的合理分配以及经济的稳定运行。这个时候的经济学家认识到，不能只是关注以税收为主要研究内容的财政收入，财政支出同样需要被关注，财政收入和财政支出是一个不可分裂的共同体，需要进行综合研究才能把握公共财政问题的实质。这个时候不同的经济学家提出了不同的财政原则，财政原则研究出现了繁荣的景象。

随着经济的发展，政府干预经济在实践中开始暴露出自身的缺陷，滞胀使得人们重新认识市场失灵和政府干预的关系，以理性预期学派和供给学派为代表的新自由主义对国家干预提出了责难和质疑，开始主张减少国家干预，恢复自由经济。90 年代以来，又重新重视国家干预政策，财政职能相应调整。从大趋势来看，在市场经济的不断发展和完善过程中，政府干预经济的职能呈现出不断增强的趋势。与传统经济学相比，随着经济学新领域的开拓，公共经济学更注重财政收支对整个经济的影响。

7.1.3 财政支出的原则

公共财政的基本职能表现在三个方面，即通过资源的有效配置促进生产的发展，通过对社会收入和财富的分配促进社会分配的公平，通过对社会产品供需关系的调节使得社会经济保持稳定均衡的发展。与这三个基本职能相对应，公共财政支出应该坚持效益原则、公平原则和稳定与发展原则。

1. *效益原则*

财政支出效益原则，是以市场机制发挥基础性作用为基点的，依据市场效率准则来安排财政支出，优化资源配置，以最小的社会成本取得最大的社会效益。这个原则包括宏观和微观两层含义。从宏观上看，要实现社会均衡。达到这一均衡的标准是政府支出给社会带来的利益应大于由政府课税或用其他方式取得收入所付出的代价。从微观上看，要进行成本-效益分析。

（1）财政支出的宏观效益。财政支出的宏观效益主要包括以下三个方面，即确定社会公共需求的基本内容，确定财政支出占 GDP 的比例和优化财政支出结构。

第一，确定社会公共需求的基本内容。社会公共需求是指向社会提供安全、秩序、公民基本权利和经济发展的社会条件等方面的需要，它区别于微观经济主体的个别需要。社会公共需求包括政府执行其职能以及执行某些社会职能的需求，如国防、文教、卫生、生态环境保护的需求以及基础设施、基础产业和支柱产业、风险产业的投资。广义上还包括为调解市场经济运行而采取的各种措施等等。

社会公共需求区别于私人需求有非加总性、无差异性（集中性）、代价的非对称性、外部效应、社会剩余产品性、整体性和强制性等特征。只有很好地把握社会公共需求的内容，财政支出才能有的放矢，使有限的财政资源配置到社会需要的地方，提升公共资源的使用效率和公民的满意度。

第二，确定财政支出占 GDP 的比例。GDP 是衡量一个国家国民经济核算的核心指标，是衡量一个国家或地区总体经济状况的重要指标。财政支出占 GDP 的比重是很重要的指标，这个指标可以说明经济发展满足大众需求的情况。

第三，优化财政支出结构。财政支出结构是指财政支出总额中各类支出的组合以及各类支出在支出总额中所占的比重，也称财政支出构成。优化财政支出结构，生产性支出需要改善投资规模结构，保证国家重点建设与非生产性支出，购买性支出和转移性支出要确定方向。

（2）财政支出的微观效益。财政收支过程就是将资源集中到政府手中并由政府支配使用。由于资源是有限的，国家在集中资源时，首先应当考虑将有限的资源集中由政府支配或交给微观经济主体支配时，哪种方式更能促进经济的发展和社会财富的增加，这就产生了一个效益评价问题。当资源集中在政府手中能够发挥更大效益时，政府占有资源才是对社会有益的。财政支出的规模应当适当，结构应当合理，根本的目标就是要提高财政支出的效益。提高财政支出的使用效益是财政支出的核心问题。

第一，成本-效益分析法。它适用于投资产生收益，并且收益可以用货币计量的项目。

成本大于效益的项目是不可行的，效益与成本的比率低于 1 的项目也是不可行的。净现值大于 0 的项目在经济上是可行的，但是不同的项目净现值是不可以直接比较的，还需要计算各个项目的净成本（*NPC*），然后利用（*NPV*）与（*NPC*）的比值就可以进行比较，数值较大的项目是可行的项目。

第二，最低费用选择法。最低费用选择法起源于美国，是对成本-效益分析法的补充。最低费用选择法是指对备选的各个财政支出方案进行经济分析时，只计算备选项目的有形成本，而不用通过货币计算备选项目支出的社会效益，并以成本最低为项目择优的标准。

第三，公共服务收费法或公共定价法。公共服务是政府为了行使职能而进行的各种工作，包括国防建设、行政工作、道路的建设与维护、城市供水与排水工作、住宅供应和公园的建设与维护等。公共服务收费法就是通过制定和调整公共服务的价格和收费标准来改进公共服务的使用状况，使之达到提高财政支出效益的目的。

对公共服务的定价一般有四种情况，即免费、低价、平价和高价。免费和低价政策可以促进社会成员最大限度地使用这些公共服务，使之获得极大的社会效益。但是免费和过低的价格，又会使享用者降低对该种公共服务的重视，从而产生浪费、不节约使用的现象。

平价政策可以用收取的费用弥补该项公共服务的人力、物力耗费。从消费方面来说可以促进社会成员节约使用该项公共服务，从供给方面来说政府有了进一步改进和提高公共服务水平的费用。平价政策一般适用于（从全社会的利益来看）无须特别鼓励使用，又无必要特别加以限制使用的公共服务，如公路、公园、铁路、医疗等。

2. 公平原则

财政支出坚持公平分配原则，就是通过再分配纠正市场机制导致的财富分配不公平状况，实现社会分配公平，缩小贫富差距。实质意义上的公平可能要求在某些情况下实行法律和财政支出分配上的不平等。

第一，公平的实质在于符合正义。在现实社会中，用以衡量财政支出分配是否公平的正义标准，是社会绝大多数成员认可的正义观念，是社会绝大多数成员认为合理的分配结果和分配程序。这种正义观念通常集中地以法律形式表现出来。从这个角度来看，公平符合正义观念，与合法或法治基本上是统一的。如果一个社会的财政法律制度不完备，就失去了判断财政支出是否公平的形式标准。如果一个社会的法律根本不能反映绝大多数社会成员的正义观念，在这个社会里也就不可能有真正的财政支出的公平。按照人民的意志完善相关的财政法律制度，是实现财政支出公平的重要一环。

第二，财政支出公平与平等。财政支出公平包含着平等的意思，但不限于平等。实质意义上的公平可能要求在某些情况下实行法律和财政支出分配上的不平等。财政支出公平是一般情况下财政支出分配平等与特殊情况下财政支出分配不平等的有机结合。

第三，财政支出纵向公平。财政支出公平既包括起点和过程的公平，也包括结果的公平。起点的公平主要是指机会的均等，包括参与财政支出决定的机会均等和法律适用的平等。过程的公平主要是指财政支出行政和财政支出执法的公平。结果的公平则是指财政支出分配结果的合理和公正。

第四，财政支出的横向公平。财政支出公平不仅仅指经济上的公平，还包括社会公平的含义。经济公平是指要素投入与要素收入相对称，是在平等竞争的市场经济环境中通过等价交换实现的。这既是效率原则，又是公平原则。社会公平是指财政支出将收入差距维持在社会各个阶层居民都能接受的合理范围之内。

3. 稳定与发展原则

财政支出的稳定与发展原则是指通过财政支出杠杆对生产、消费、投资和储蓄等施加影响，达到稳定和发展经济的目的。主要包括实现充分就业、促进经济增长、稳定物价水平和国际收支平衡。财政支出稳定职能的行使，其重点不是对社会资源在私人部门和政府部门之间的配置，而是维持社会资源在高水平利用状况下的稳定。财政支出发展职能的意义不仅仅是要促进经济增长，而且是要在促进经济增长的同时带来经济结构的改善、经济增长质量的提高和社会事业的进步。经济稳定和发展是相互统一的，经济发展要建立在经济稳定的基础上，经济稳定要以经济发展为前提。理解财政支出的经济的稳定与发展原则，必须了解财政支出稳定与发展经济的机制。

第一，调节总需求与总供给的平衡。通过财政支出手段来调节总需求与总供给的平衡，其实质就是通过有目的、有计划的政府集中支出活动来矫正众多微观经济主体的分散性投资活动所形成的种种弊端。这就需要政府在安排国家预算时摆脱就财政平衡而论平衡的单纯财政观点，应从全社会宏观经济的角度着眼于总需求与总供给的总量平衡。由于财政支出是将一部分社会产品集中于国家后再分配出去形成的社会需求，所以国家预算支出规模必然会直接或间接地影响国民经济产出水平和社会总需求与社会总供给的平衡关系。财政支出活动是维持总供求大体平衡的重要手段，在总需求超出总供给时，可以减少支出来压缩总需求；当总需求小于总供给时，可以增加支出来扩大总需求。

第二，运用财政支出手段促进经济稳定和发展。通过政府投资、财政补贴等手段，消除经济增长中的瓶颈，加快产业结构的转换。政府投资是国家集中运用社会资源对国民经济发展进行直接的资金投入，具有规模大、政策性强的特点，可以促进农业、能源、交通运输、邮电通信等产业的迅速发展，保持经济的持续稳定增长。财政补贴通常是国家为贯彻某种政策，将一部分财政资金无偿补助给企业和居民的一种国民收入再分配的形式，它的政策性、针对性强，对扶助新兴产业、稳定经济与社会生活也能起到积极作用。

第三，为经济发展提供必要条件。主要是指通过财政支出手段满足文教、卫生支出和治理污染、保护生态环境等社会公共需要。为了促进经济社会更好更快地发展，国家财政在事关可持续发展大局的领域大量投资，促进了基础设施建设，改善了投资环境，提高了劳动力素质。财政投入对国家软实力、硬实力的提升都有重要的作用。

7.2 财政支出发展趋势

财政支出就是公共财政的支出，是政府为市场提供公共服务所安排的支出。财政支出可以确保国家职能的履行和政府经济作用的发挥。在市场经济社会中，可以支持市场经济的形成和壮大。财政支出规模反映了政府经济活动的范围和对经济的干预程度。

财政支出规模的衡量分为两种。财政支出的绝对规模是指财政年度内购买性支出和转移性支出的总和。财政支出的绝对规模越大，表明政府的活动范围越大。购买性财政支出的绝对规模大体上反映了公共部门提供公共劳务的数量，转移性支出的绝对量反映了政府从事收入再分配活动的规模。财政支出的相对规模是指当年的财政支出量与当年 GNP 或当年 GDP 的比值。财政支出的相对规模只是近似反映政府在整个经济中的地位和作用，无法反映政府活动对经济的全部影响。

根据分析以及结合当今世界各国财政支出的实际情况，可以总结出以下影响财政支出规模的因素，即经济性因素、政治性因素、社会性因素、财政支出的向上刚性、公共产品的需求弹性、财政支出的环境因素和人口变化对财政支出的影响等。

从世界范围和各国不同发展阶段来看，财政支出一般是持续增长的趋势。为了理解这种现象，不同的经济学家提出了不同的解释。其中比较著名的有瓦格纳法则、皮考克和维斯曼提出的梯度渐进理论、罗斯托和马斯格雷夫的经济发展阶段理论、尼斯卡南等人提出的官僚预算最大化理论以及其他一些微观模型。

7.2.1　瓦格纳法则

19 世纪 80 年代德国著名经济学家瓦格纳在对许多国家财政支出资料进行实证分析基础上提出著名的瓦格纳法则。当国民收入增长时，财政支出会以更大比例增长。随着人均收入水平的提高，财政支出占 GNP 的比重将会提高（见图 7－1），这就是财政支出的相对增长。这一理论被后人归纳为瓦格纳法则，又称为政府活动扩张法则。

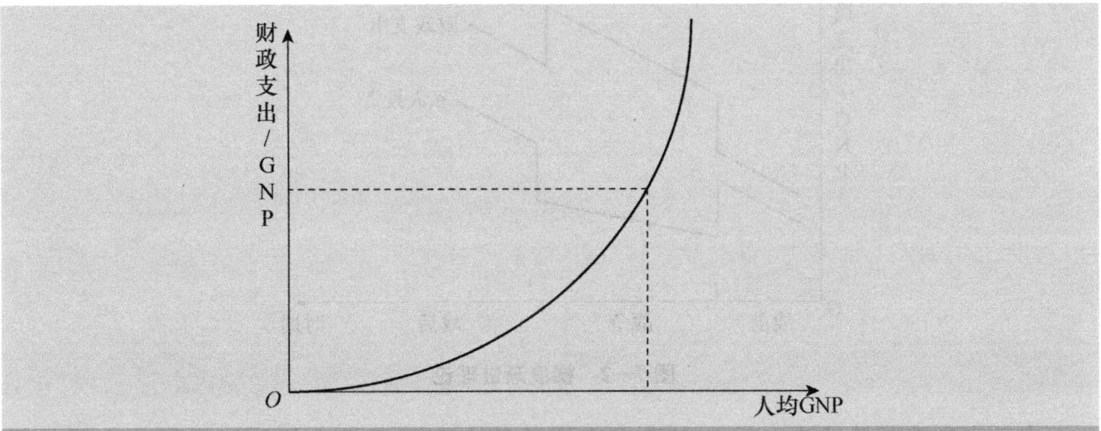

图 7－1　瓦格纳法则

瓦格纳对 19 世纪许多欧洲国家、日本、美国的财政支出的增长情况进行考察后，发现了政府职能不断扩大及政府活动增加的规律。他认为政府职能的扩大和经济的发展，要求保持行使这些职能的财政支出不断增加。政府职能的扩大有两方面的原因：一是政治因素，经济的工业化使市场关系的复杂化引起了对商业法律和契约的需要，并要求建立司法组织执行这些法律，因而使国家活动规模扩大；二是经济因素，即工业化的发展推动了都市化的进程，由此产生拥挤等外部效应的问题，需要公共部门来管理。此外他还把教育、娱乐、文化、保健、福利等方面政府支出的增长归于需求收入的弹性，也就是归于实际收入的上升。

瓦格纳对财政支出的增加做出了如下的解释：首先，市场失灵和外部效应的存在需要政府的活动增加。瓦格纳认识到，随着经济的工业化进程，不断扩张的市场与这些市场中的行为主体之间的关系更加复杂化，这需要建立司法体系和管理制度，以规范行为主体的社会经济活动。其次，政府对经济活动的干预以及从事的生产性活动，也会随着经济的工业化不断扩大。因为随着工业化经济的发展，不完全竞争的市场结构更加突出，市场机制不可能完全有效地配置整个社会资源，需要政府对资源进行再配置，实现资源配置的高效率。再次，城市化以及高居住密度会导致外部效应和拥挤现象，这些都需要政府出面进行干预和管制。最后，教育、娱乐、文化、保健以及福利服务的需求收入弹性较大，要求政府在这些方面增加支出。这就是说，随着人均收入的增加，人们对上述服务的需求增加得更快，政府要为此增加支出。

7.2.2 梯度渐进理论

英国经济学家皮考克和维斯曼在 20 世纪 60 年代初对英国财政支出的历史数据进行了经验分析，从而提出梯度渐进理论。梯度渐进理论认为，财政支出在正常年份呈现一种渐进的上升趋势，但当社会经历剧变（如战争、经济大危机或严重灾害）时，财政支出会急剧上升。当剧变期结束之后，财政支出水平会下降，但不会低于原来的水平（见图 7-2）。

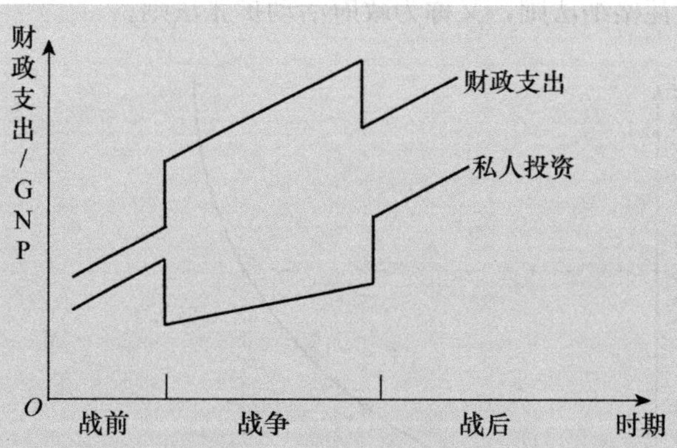

图 7-2 梯度渐进理论

皮考克和维斯曼认为，导致财政支出增长的内在因素是人们可容忍税收水平的提高。在正常年份人们可容忍税收水平比较稳定，财政支出不可能有较大幅度的上升，但随着经济的增长，即使税率不变，税收收入也会自动增加，相应的财政支出水平会大大提高，从而使财政支出大幅度地上升。当社会剧变时期结束之后，财政支出水平就会下降，但政府会设法维持可容忍的税收水平，结果财政支出水平虽有下降，但不会回复到原来的水平。

皮考克和维斯曼还认为，社会剧变会暴露出许多社会问题，使公众认识到有许多社会经济活动应被纳入政府的职责范围，财政支出的增长也会得到支持。他们把这种现象称为审视效应。另外在社会剧变时期，中央政府会集中较多的财力和较大的财权，即使剧变时期结束之后，中央政府仍然会维护其活动范围和支出规模。他们又把这种现象称为集中效应。无论是审视效应还是集中效应，都会使财政支出呈现出梯度渐进增长的态势。

7.2.3 经济发展阶段理论

马斯格雷夫提出了经济发展阶段理论，认为不同时期由于财政支出作用的不同，财政支出数量也会发生变化。马斯格雷夫和罗斯托从经济发展阶段的角度解释财政支出增长的原因。他们认为，在经济发展的早期阶段，政府须为经济发展提供社会基础设施，如公路、铁路、桥梁、电力、环境卫生、法律和秩序等，因而公共投资占社会总投资之比往往较高，这些公共投资会促使财政支出的增长；当经济发展进入中期阶段之后，公共投资会减少，但由于市场缺陷日益暴露，政府对经济的干预会加强，干预活动恰恰是以财政支出增加为前提的；随着经济发展由中期阶段进入成熟阶段，财政支出结构也发生变化，教育、保健、社会福利等支出逐渐增加，从而进一步推动财政支出增长。发展阶段理论实际上是关于财政支出结构长期变化趋势的理论。

7.2.4 官僚预算最大化理论

尼斯卡南对政府机构日益膨胀和预算规模扩大的原因进行了分析。他认为政府是一个由很多人组成的经济实体，这些人就是所谓的官僚。官僚在其任期内追求的目标就是预算收入的最大化。这样作为官僚集合体的政府也总想尽量多地筹集收入，尽量多地支出。政府课征税收和进行支出的欲望是无穷无尽的。

尼斯卡南认为，机构规模越大，官僚们的权力越大，因此官僚机构的目标是机构规模的最大化。这导致财政支出规模不断扩大，甚至使财政支出规模超出了公共物品最优产出水平所需的支出水平。此外，由于官僚机构通常拥有提供公共物品的垄断权，例如，环境保护、国防、社会保险等都是由专门机构提供的，多数情况下官僚独家掌握着特殊信息，这时他们能够让政治家们相信他们确定的产出水平的社会收益比较高，从而实现预算规模最大化的产出。

官僚机构通常以两种方式扩大其预算规模。一是千方百计让政府相信他们确定的产出水平是必要的。二是利用低效率的生产技术来增加生产既定产出量必需的投入量。官僚行为从产出和投入两个方面迫使财政支出规模不断膨胀。

7.3 公共消耗性支出与经济影响

公共消耗性支出又称购买性支出，指政府在商品和劳务市场上购买所需商品和劳务的支出，它的使用并不构成任何资产。公共消耗性支出满足的是纯公共需要。在国家行政支出项目中，属于社会消费性支出的有行政管理费、国防费、文教科学卫生事业费等。

公共消耗性支出既包括购买进行日常政务活动所需商品与劳务的支出，如行政管理费、国防费、社会文教费、各项事业费等，也包括购买兴办投资事业所需商品与劳务的支出，如基本建设拨款等。

公共消耗性支出基本上反映了社会资源和要素中由政府直接配置与消耗的份额，是公共财政履行效率、公平和稳定三大职能的直接体现。公共消耗性支出直接形成社会资源和要素的配置，因而其规模和结构等大致体现了政府直接介入资源配置的范围和力度，是公共财政对于效率职能的直接履行。公共消耗性支出能否符合市场效率准则的根本要求，是公共财政活动是否具有效率的直接标志。公共消耗性支出中的投资性支出，将对社会福利分布状态产生直接影响，是公共财政履行公平职能的一个重要内容。公共消耗性支出直接引起市场供需对比状态的变化，直接影响经济周期的运行状况，是政府财政政策相机抉择运作的基本手段之一，是公共财政履行稳定职能的直接表现。为此，必须正确把握财政的消耗性支出对市场均衡状态的影响，以确保政府正确实施财政政策。

7.3.1 国防支出

国防支出指国家预算用于国防建设和保卫国家安全的支出，包括国防费、国防科研事业费、民兵建设以及专项工程支出等。国防是一种纯公共物品，具有非竞争性和非排他性。

1. 国防支出规模的决定

可以用一个经典的经济学案例来说明国防支出的决定。任何一个国家都希望有无限多的大炮与黄油，这就是欲望的无限性。但任何一个社会用于生产大炮与黄油的总资源是有限的，这就是社会所面临的稀缺性。任何一个社会都要决定生产多少大炮与黄油，这就是社会所面临的选择问题。在资源既定的情况下，多生产一单位大炮就少生产若干单位黄油。为多生产一单位大炮所放弃的黄油数量就是生产大炮的机会成本（见图 7-3）。

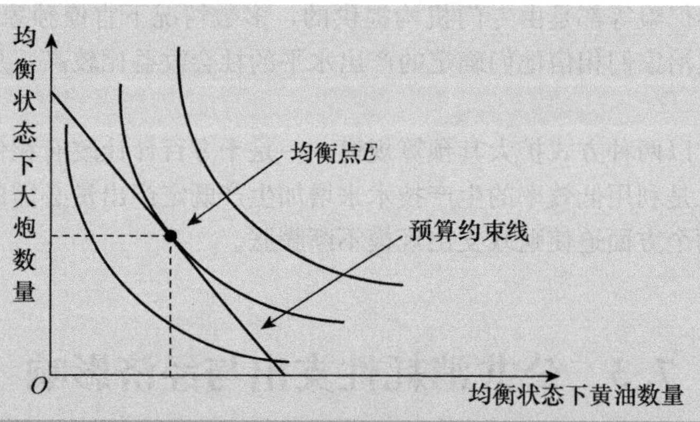

图 7-3 大炮和黄油的选择

国家必须在现有的资源和技术约束下能够生产的大炮和黄油的各种组合中做出选择。图 7-3 中的无差异曲线代表了能带来相同社会福利水平的大炮和黄油的各种组合。要达到国防支出的最有效状态，必须使得大炮和黄油消费的边际替代率与大炮和黄油生产的边际转换率相等，这就要求在最优状态下，社会无差异曲线和约束线是相切的。图 7-3 中的 E 点就是一个符合条件的点。对这个简化案例进行修正和深化可以得出基本国防费用的决定原理。

2. 国防支出对经济的正向效应

国防支出既可能产生正的外部效应，也可能产生负的外部效应，既可能促进国民经济发展，又可能对国民经济发展产生制约作用。从积极的一面来看，国防支出对经济发展有诸多积极效应。

（1）国防支出增加了社会总需求。在社会需求不足的情况下，作为政府积极财政政策的一部分，国防支出的提高会通过乘数作用增加社会总需求，并刺激经济增长。

（2）国防支出对经济增长发挥了正向溢出效应。国防支出对经济增长的影响可能是通过间接的溢出效应发挥作用的。从正向效应来看，国防支出对经济增长存在如下积极作用：

第一，技术溢出。国防研发活动在产生适合国防应用的新技术的同时，也大量地向民用部门溢出，这些新技术同样有利于民用部门的生产力提高，甚至对经济增长和发展产生革命性的影响。例如，民用部门采用国防研发活动所创新的核能、雷达、计算机技术、网络技术、空间技术和其他领域的军事创新技术，有力地推动了民用部门生产力的提高及经济的快速增长。20 世纪 90 年代引领世界新经济革命的重大技术创新，如计算处理技术、网络技术都源于军事部门的最初研究和技术向民间的扩散。

第二，人力资本的溢出。军事部门在进行军事训练的同时，在人力资本上会对民用经济，尤其是发展中国家的民用经济，产生多方面的正向溢出效应，这些溢出会促进经济的增长。首先，伴随着现代军事技术的迅猛发展，现代军事部门已是技术高度密集的部门，军人只有受到严格的军事训练和技术培训才能掌握现代军事技术。服役的军人在军事部门所受的技能教育和培训有利于军人退役后在民用部门的工作。例如，空军的飞行训练可使驾驶员在退役后将其掌握的技术及军事管理技能服务于民用部门。其次，军人在服役期间所受到的严格的纪律训练和身体素质训练，对社会来说不仅仅是有价值的人力资本资产，而且作为一种社会示范效应，会推动民用部门对生产纪律和员工身体素质的潜在要求。从这一角度来说，即使军人仍在部队服役，对提高整个社会人力资本也有益。最后，许多军事人员在服役期间就受到基本的学制教育，这一人力资本形式的作用对其他经济部门也同样是一种溢出。国防支出的人力资本溢出效应对发展中国家的经济发展和增长尤为重要。

第三，基础设施溢出。军事部门的资本形成中有许多是包括军港、码头、公路、机场等在内的基础设施的修筑和建造，而这些为军事用途而建的码头、公路、机场、通信网络，也同样被城镇居民所使用。对许多发展中国家来说，大量的公共基础设施由于资金的匮乏很难被建造，但由于军事需求的优先权，这些基础设施因军事需要而得到建设，军事部门基础设施的这种溢出可能对国民经济的其他部门产生一种重要的外在收益，并且帮助和巩固了国家经济基础。

第四，安全溢出。国防支出的最初产出是国家安全、祥和及稳定的社会环境，保证国内法律和秩序的维护以及经济发展的有序运转，这对经济增长有极大的促进作用。高速的经济增长是不可能在受到外敌入侵威胁或在不安全的环境中实现的，因国防支出而产生的这种更安全乃至有活力的社会环境也是难以用机会成本进行衡量的。

（3）军事部门也直接服务于民用经济。和平时期军事部门会为民用经济及社会大众提供大量的直接的服务，包括向社会大众开放原属于军事部门的医院、学校和科研机构与设施；在自然灾害和海事灾难中，直接动用军事人员和军事设施进行抢险救灾。

3. 国防支出对经济的负向效应

国防支出在增加社会总需求、产生正的外部效应之外，还对经济有一定的负面效应。

资源和投资都是稀缺的，国防支出会与民营经济抢夺资源，在创造需求的同时也在挤出私人投资。

(1) 国防支出转移了民用经济对稀缺资源的使用。传统的“黄油与大炮”理论认为，国防支出将大量用于炸弹、枪炮、军舰、导弹和坦克等非生产性产品的生产，这些产品既无助于消费也无助于投资，而且对经济增长也是有害的。在社会资源得到充分有效的利用时，国防支出与民用部门之间存在一种替代关系，国防支出的增加，会减少同等数额的民用支出，如教育、科技支出等；大炮生产得越多，必然会使黄油生产得越少，国防支出将稀缺资源从其他部门转移出来，导致了私人（民用）消费的减少和社会福利的降低。

(2) 国防支出对投资和储蓄具有挤出效应，会导致经济增长速度的下降。国防支出可能不利于经济增长中的投资和储蓄，国防支出对投资和储蓄具有挤出效应。国防支出对资源的使用会使投放于其他经济和社会目的的资源减少。通常政府支出是通过税收、预算赤字或发行新的货币实现的。由于国防支出是政府支出的重要组成部分，国防支出增加，一方面可能会促使政府增加税赋，另一方面政府可能扩大预算赤字来应付庞大的国防支出，或者两者兼而有之。如果政府增加了税收以支付国防支出，则私人只能有较少的资金进行储蓄，私营企业投资的资本也会减少。由于私人的储蓄和投资是经济增长的重要资源，私人储蓄和投资的下降，会导致经济增长放缓。国防支出除了上述可能的对经济增长的负面效应外，从社会、经济、政治的角度来考察，可能还会对环境产生负面影响。例如，核武器的试验、其他实验性爆破、有毒气体的流出和非再生资源的广泛使用，对环境造成的不良影响是难以估量的。

7.3.2 教育支出

教育支出是指中央和地方财政部门的财政预算中实际用于教育的费用。教育支出包括教育事业费（各级各类学校的人员经费和公用经费）和教育基本投资（建筑校舍和购置大型教学设备的费用）等。教育支出是以货币形式支付的教育费用，是办学必不可少的财力条件，教育支出包括筹措教育经费、如何分配教育支出以及如何使用支出等。

1. 教育的性质

一般用非排他性或者非竞争性来定义公共物品，但是仔细观察教育，可以发现教育是不完全满足这两个特性的。先看竞争性。学区房价格高涨是一个例子，大家争夺的是相对较好教育的机会。如果教育没有竞争性，这种争夺就不存在。再看排他性，一边强调教育机会均等，一边对重点中小学不断扶持，导致教学资源分配严重不公，但是所谓的重点学校又不能满足所有学生的需求，所以教育在部分意义上是具有排他性的。显然，作为纯公共物品的教育主要体现为国民基本素质要求层面的义务教育，是“有教无类”的。

2. 教育支出规模的决定

教育支出的决定基本类似于国防支出的决定，即理想的做法是在预算约束的条件下，决定教育支出和其他支出的数量。教育支出和其他支出此消彼长，必须选择一个点，使得这一点满足教育和其他产品的边际替代率等于二者生产边际转换率。

应该看到，在现实中，由于教育的特殊性，教育支出的决定是一个复杂过程。中国一直将教育尤其是基础教育作为公共物品，教育经费是国家预算中很重要的一项支出。教育经费的决定是不能简单地用经济学的基本原理来衡量的，更多应考虑社会政治等因素。

3. 公共教育支出的经济影响

教育支出可分为私人教育支出和公共教育支出，这里主要讨论公共教育支出对经济发展的影响。

(1) 公共教育支出的正向效应。加大教育投入，发展教育事业，保障了教育机会平等和教育产出的质量，促进教育大众化的进一步发展，不仅能提高中国居民的人口素质，与此同时，教育也通过拉动需求等方式刺激经济的增长。

教育支出拉动需求，刺激经济发展。投资教育可对经济增长产生积极的促进作用。一般而言，教育通过所培养的人才对经济增长产生影响。教育的目的在于培养各行各业的有用人才。当学生毕业进入社会后，将学校所学知识转化为工作能力，此时教育支出就发挥了促进经济增长的作用。人才优势的充分发挥依赖于教育的发展。因为只有高质量的教育才能培养出优秀出色的人才。公司企业的日常运营、各服务行业工作的正常进行等等，都对“人”有着极大依赖。只有从发展个人本身入手，才能产生经济社会发展的不竭动力。

教育对于经济增长构成了三种不同的效应。一是对于投资的结构产生了相应的效应。就教育支出本身而言，其具有一定的公共投资的属性，并且也是消费性投资的重要组成部分，能够对经济增长产生较为直接的影响。不少学者指出，教育支出的增加可以在一定程度上使相关教育机构的规模产生较大的扩张，从而使与教育相关的一系列产业获得发展，例如教学设备的制造、教学楼房的建造等能够促进机械加工业、建筑业等的发展。二是对人力资源的结构产生了一定的效应。经济社会对于技术创新的关注度越来越高，而这也使得人力资源的地位有了较大的提升。对人力资源机构的调整离不开教育，而这也不仅仅指学校类的教育，也包括社会所提供的其他方面的教育，因此，教育支出的增加能够保障人们通过多种途径来获取教育资源，从而提升自身的技术创新能力，最终对经济增长产生影响。三是教育自身具有较为显著的外部效应，大大提高了社会的文明程度，降低了社会治理成本，而这种外部效应也在潜移默化之中促进了经济社会的发展。产学研的理念在国内外获得了较大的推广，这一理念使得高校对于经济增长的参与度急剧提升，教育的外部效应进一步增强。

(2) 公共教育支出的负向效应。中国对基础教育实行免费教育的形式，这种制度在世界上大多数国家实行，但是，这种制度并非只有正面效应，从效率的角度来讲是不合理的。由于学生获得教育的私人收益，效率政策表明，他们需要支付一部分教育成本。现实中，逐步促进教育投资主体多元化，改变政府教育投资模式，提高投资效率抑或减少负面效应是值得研究的。

7.3.3 卫生支出

政府公共卫生支出是指各级政府用于卫生事业的财政拨款。

1. 公共卫生支出规模的确定

在市场经济条件下，公共卫生是一种公共物品，政府必须承担其供给责任。经济发达国家的经验表明，公共卫生支出要在财政总支出中占有一定的比例，才能保证适度的经济发展和国民福利的提高。一国（或地区）公共卫生支出的规模究竟应该为多少，这是政策制定者最为关心的问题之一，为此经济学家也一直试图从理论上寻找政府公共卫生支出的最优规模。

不同的经济学家提出了不同的公共卫生投资规模决定模型，但是其基本含义是一致的，就是使得公共卫生投资达到一种合理的标准。那么什么水平是合理的呢？假设一定时间跨度下，存在最优政府支出规模，那么如果该时期政府投入远远小于该规模，将导致全社会卫生资源的萎缩，或个人卫生费用的上涨，损害和降低公众的健康利益。相反如果政府投入远远超过该规模，一方面可能造成社会卫生资源的浪费，另一方面将减少和挤占其他公共投入，降低财政支出的整体效率。所以需要使用一些量化指标来衡量政府卫生支出规模的水平，把它们作为政府公共政策制定的标准。

一般来说，从卫生经济学角度评价政府卫生支出规模，主要使用三个指标。一是政府卫生支出占卫生总费用的比重，它说明一个国家（或地区）在一定时期内用于卫生医疗服务所消耗的公共资源与私人资源间的关系。二是政府卫生支出占 GDP 的比重，它说明一个国家（或地区）在一定时期内用于卫生医疗服务所消耗的公共资源与该国（或地区）社会经济产出间的关系。三是政府卫生支出占财政支出的比重。它说明一个国家（或地区）在一定时期内用于卫生医疗服务所消耗的公共资源和用于其他公共服务所消耗的公共资源之间的关系。

2. 公共卫生投资的直接产出

良好的居民健康状况是对经济增长和长远发展的关键投入，经济增长以健康状况的改善为重要前提。而居民健康状况不良会通过多种机制和途径影响经济增长。首先，健康不良会造成社会福利损失和劳动生产率降低。一方面，个人健康不良会致其收入下降、寿命缩短、心理负担加重等福利损失；另一方面，健康不良不仅会降低劳动者个体的生产力，同时也不利于他人维持较高的生产力水平，从而降低劳动者群体的生产力水平。其次，健康不良会妨碍居民受教育的程度，从而影响经济增长。最后，健康不良会造成生产性人口比例下降、劳动就业人口减少、消费性人口比例升高、社会总消费增加，从而降低社会总储蓄和资本投资比例，影响经济增长。影响健康的因素很多，一国经济发展水平、公共卫生支出水平、公共卫生政策、医学研究水平等都可以影响居民健康状况。

3. 公共卫生投资的外部效应

公共卫生支出存在正外部效应，即人们通过消费卫生服务和产品，不仅自身健康状况获得改善，而且有利于国民健康水平的提高、整体素质的增强，从而有利于生产力的提高和经济增长，这一点对低收入群体尤为明显。政府有义务提供特定类型的公共卫生服务，并在特定的收入群体中进行分配，改善卫生服务和卫生设施的可及性，提高劳动者素质，促进经济增长，从而获得正外部效应。

7.3.4 公共投资支出

公共财政投资支出又称为财政投资性支出，是指以政府为主体，将其从社会产品或国民收入中筹集起来的财政资金用于国民经济各部门的一种集中性、政策性投资，是财政支出中的重要部分。

由于各国社会经济制度和经济发展的阶段不同，在社会总投资中，财政投资支出所占的比重存在较大差异。影响财政投资规模的因素主要有社会经济制度、经济发展阶段和经济形势。非市场经济国家、经济欠发达国家和处于经济危机时期国家的财政投资占GDP的比重较高。公共财政投资是财政支出中不可或缺的一部分，事实上在不同国家、不同的经济发展阶段中，财政投资都在促进经济均衡、高速和持续发展方面发挥了重要作用。

在研究经济增长的过程中，一般将公共投资和私人投资合并在一起作为总投资看待，它与劳动力增长和技术进步被看作生产函数中决定产出增长的三大要素之一。公共资本和私人资本之间存在一定的互补关系，社会总资本积累则通过公共资本和私人资本的交替上升过程来实现。公共投资和私人投资分别在不同的时期成为推动社会总资本积累、促进经济增长的主要工具。

凯恩斯与新古典综合派以乘数理论为依据，对财政支出政策做出了不同的选择。凯恩斯强调资本积累的重要性并重视公共投资；新古典综合派则相反。凯恩斯强调资本形成的思路，即强调了经济增长理论对于资本投资的重要性和对资本投资内容认识的演变过程。但他们都没有为自己的选择找到充分的理论依据，这是由于投资乘数理论及其扩展形式——财政政策乘数理论模型在分析经济问题时有其局限性。乘数理论主要从总需求的角度分析财政政策的作用，一般认为，不能完全依据乘数模型对财政支出政策中的公共投资政策和消费性财政支出政策进行比较与选择。

1. 公共投资和基础产业的发展

政府的公共财政投资主要集中于基础产业领域、农业领域和高科技领域，由于基础产业投资有较多政策含义，这里主要分析公共投资基础产业。

基础产业主要是指社会经济活动中的基础设施和基础工业。其中基础设施主要包括交通运输、邮电通信、水利设施、城市的公用设施，基础工业主要指能源工业和基本原材料工业。基础产业是支撑一国经济运行和社会发展的基础部门，为企业生产经营和人民生活提供共同的生产生活条件，基础产业发展的情况直接决定着工业、农业、商业等直接生产活动的发展水平。一国的基础产业发达，不仅能使该国现阶段国民经济运行得更加顺畅、有效，人民的生活更便利，生活质量相对提高，而且也能为未来国民经济的发展奠定良好的基础，为国家经济和社会的发展增强潜力和后劲。

根据是否具有竞争性和排他性，基础产业可以分为四类。第一类，竞争性和排他性较强。这些产品大多属于私人物品，可以由私人企业进行投资。第二类，竞争性较弱，排他性较强。第三类，竞争性和排他性都弱。第四类，竞争性强，排他性弱。如城市的公共交通，虽然排他性较弱，但是具有较强的竞争性，特别是在使用的高峰时间。以上四类基础产业投资中，第二类、第三类和第四类作为公共物品或准公共物品，应由政府进行投资，而第一类由于具有较强的竞争性和排他性，可由政府和私人共同投资，以私人为主。

2. 公共投资与经济增长的关系

公共投资对于经济增长的意义，主要体现在三个方面。第一，作为总需求的一个重要组成部分，其扩张本身就意味着总需求的扩张，在总供给大于总需求的宏观经济态势下，按照凯恩斯的理论，其对经济增长具有积极的意义。第二，公共投资的主要领域往往具有典型的外部正效应，比如公共基础设施投资，它的发展直接为以此为发展基础的相关产业部门的扩张提供了支持，因此许多研究成果强调公共投资扩张对私人投资效率提高产生的积极意义。公共投资的先期扩张，往往带来私人投资的繁荣，从而为经济增长带来累积效应。第三，公共投资的一些特殊领域，比如教育与科技投资，本身就是技术进步的源泉，因此公共投资的意义可以有一部分通过技术进步的作用体现出来。

公共投资对总需求可以进行双向调节，同时公共投资将提高经济供给水平，对经济产生长期的促进作用。公共投资与经济增长在理论和实践上都存在重要的关联关系，通过国家政策来使这两方面结合尤其重要。政府从宏观层面上对经济运行过程的干预是必然的，然而采用怎样的政策工具才能取得积极的政策效果，必须有相应的理论指导。同时相应政策工具的最终效果也必须通过实证研究验证。

3. 公共投资的经济意义

公共投资政策在调节总需求和总供给方面起着重要的作用。政府的基础设施投资、教育投资和研究与发展投资在促进经济资源条件变化、提高经济潜在产出水平方面的作用同样不可忽视。公共投资对产出水平的最终影响，是推动总需求曲线和总供给曲线右移的结果，由于总供给曲线的右移是逐步进行的，公共投资实现乘数效应的时间跨度将比较长。

市场经济体制下政府公共投资的作用主要表现在：第一，政府进行公共投资是弥补市场失灵、有效配置资源的重要途径；第二，通过政府进行公共投资，有利于强化国有经济在关系到国家经济命脉的关键产业中的实力和地位；第三，政府公共投资是政府进行宏观调控的重要手段。

专栏

美国也有公共投资

美国经济复苏放缓，一系列的经济刺激计划随之而来。继美联储利用其持有的按揭支持证券的到期资金购入25.51亿美元美国国债之后，日前，奥巴马又祭出了为企业减税2 000亿美元以及500亿美元基础设施投资的利器，以期待对经济有相应的拉动作用。除此之外，延长针对中产阶级的减税期限、扩大对清洁能源的研发及投资、针对商业活动减税等政策都将陆续出台。

一位白宫官员表示，新减税措施将允许企业从现在起到2011年底，减记全部厂房和设备投资，为企业节省购置生产设备和厂房的资金。

奥巴马也于9月6日在威斯康星州密尔沃基市出席庆祝美国劳工节活动时公布了大规模交通基础设施更新及扩建计划，以在促进经济复苏的同时确保经济长期可持续增长。根据该计划，美国将在6年内重建15万英里公路，建设及维护4 000英里铁路，修复或重建150英里机场跑道，并安装下一代空中交通控制系统以缩短飞行时间，减少航班延误现象，这一计划预计耗资500亿美元。

针对美国拉动经济的大手笔，中南财经政法大学国际问题研究所刘建华教授对《中国产经新闻》记者表示，拉动经济复苏主要靠消费、投资以及外贸三驾马车。就消费而言，目前由于经济前景高度不确定，所以美国居民不敢像以往那样消费，宁可把钱存进银行，消费的低迷是经济增长下滑的重要原因。

从投资方面看，刘教授分析认为，经济前景不明朗同样让投资疲软，企业不愿增产扩产，从而使得本轮经济复苏成为“无就业复苏”。从外贸角度看，虽然出口在拉动美国经济增长中功不可没，但鉴于美国主要贸易伙伴经济增长放缓，美国出口仍难有很大起色。

基于此，美国新减税措施主要是鼓励企业扩大投资，而大规模的基础设施建设则是从消费和投资两个方面拉动经济的复苏，同时大规模的基础设施建设还将扩大就业岗位。虽然积极的声音一片，但也有泼冷水的。马萨诸塞州市场研究机构环球透视首席美国经济学家奈杰尔·高尔特表示，奥巴马政府最新推出的基础设施投资和企业税收减免计划无法快速降低失业率。他认为，这项计划无法立即起到刺激经济增长的作用。虽然基础设施投资计划在未来几年里对失业建筑工人起到帮助作用，但无法迅速创造就业岗位。

诺贝尔经济学奖获得者保罗·克鲁格曼发表文章指出，美国经济将重蹈1933年大萧条的覆辙。经济在金融危机中受到了严重打击，奥巴马的政策限制了损失范围，但由于谨慎过度，失业率仍面临灾难性风险。显然，需要采取更多的行动。不仅如此，奥巴马的经济刺激计划能否成为现实还需议会最终通过。许多人认为，时值中期选举，糟糕的经济、高失业率让民主党对选举并不乐观，所以，奥巴马在距选举不到两个月的时候提出新经济刺激措施，被普遍认为是为争取选票做出的最后一搏。

资料来源：钟慧文．2 000亿减税＋500亿基建：美经济上演“无就业复苏”?．中国产经新闻，2010-09-10.

7.4 转移性支出与经济影响

财政转移性支出指政府按照一定方式把一部分财政资金无偿地、单方面地转移给居民和其他受益者的支出。转移性支出主要由社会保障支出和财政补贴构成。支出分补助支出、捐赠支出和债务利息支出三类，它体现的是政府的非市场性再分配活动。在财政支出总额中，转移性支出所占的比重越大，财政活动对收入分配的直接影响就越大。转移性支出体现了公共财政的效率、公平和稳定三大职能。

7.4.1 社会保障支出

社会保障支出是指政府通过财政向由于各种原因而导致暂时或永久性丧失劳动能力、失去工作机会或生活面临困难的社会成员提供基本生活保障的支出。

1. 社会保障支出的内容

社会保障支出主要包括如下四个方面的内容：

（1）社会保险。社会保险是现代社会保障的核心内容，是一国居民的基本保障，即保障劳动者在失去劳动能力、失去工资收入之后仍然能够享有基本的生活保障。社会保险的项目在不同国家有所不同，在中国社会保险的主要项目有养老保险、失业保险（待业保险）、医疗保险、疾病保险、生育保险、工伤保险、伤残保险。实施社会保险的主要目的，一是防止个人在现在与将来的安排上因选择不当而造成贫困，如退休养老问题；二是防范某些不可预见的风险，如事故、疾病等；三是减少由于市场经济的不确定性而产生的风险和困难，如失业等。

（2）社会救济。社会救济是对贫困者和遭受不可抗拒的“自然”风险（如自然灾害、丧失劳动能力而又无人抚养、战争等）的不幸者所提供的无偿物质援助，主要包括贫困救济、灾害救济和特殊救济等。社会救济一般以保障救助对象的最低生活为标准。

（3）社会福利。社会福利是指国家和社会通过各种福利事业、福利设施、福利服务为社会成员提供基本生活保障，并使其基本生活状况不断得到改善的社会政策和制度的总称。它是社会保障的高级阶段。

（4）社会优抚。社会优抚是国家按规定对法定的优抚对象，如现役军人及其家属、烈属等，为保证其一定的生活水平而提供的资助和服务。

2. 社会保障支出的正面效应

由于劳动者个体之间的收入差别较大，而社会保障需要顾及众多群体的实际承受能力，不可能拉大其间的差距，一部分收入水平相对较高的人群，在拥有了社会保障的前提下可以根据自己的经济能力选择适度的商业保险来补充自己的保障，使自己的健康、养老、意外保障更加充分，有利于维护社会的稳定和促进经济的增长。具体来说，社会保障主要会产生以下正面效应：

（1）社会保障能发挥社会稳定器的作用。社会成员的老、弱、病、残、孕以及丧失劳动能力，在任何时代和任何社会制度下都是无法避免的客观现象。社会保障就是当社会成员遇到这种情况时给予适当的补偿以保障其基本生活水平，从而防止不安定因素的出现。

（2）社会保障有利于保证社会劳动力再生产顺利进行。劳动者在劳动过程中必然会遇到各种意外事件，造成劳动力再生产过程的停顿。而社会保障就是对劳动者在遇到上述风险事故时给予必要的经济补偿和生活保障，使劳动力得以恢复。

（3）社会保障有利于实现社会公平。人们在文化水平、劳动能力等方面的差异会造成收入上的差距。社会保障可以通过强制征收保险费，聚集成保险基金，对收入较低或失去收入来源的劳动者给予补助，提高其生活水平，在一定程度上实现社会的公平分配。

（4）社会保障有利于推动社会进步。保险具有互助性的特点，社会保障更能体现出互助合作、同舟共济的精神。

3. 社会保障支出的负面效应

社会保障支出增加对短期经济增长具有抑制作用但并不显著，对长期经济增长则具有显著的负向影响；对短期和长期物质资本积累具有负向影响但并不显著，对长期人力资本积累具有负向影响，但同样不具有统计显著性。

7.4.2 财政补贴

财政补贴是指国家财政为了实现特定的政治经济和社会目标，向企业或个人提供的一种补偿，主要是在一定时期内对生产或经营某些销售价格低于成本的企业或因提高商品销售价格而给予企业和消费者的经济补偿。

1. 财政补贴的不同类型

财政补贴以经济性质为标准，可分为价格补贴、财政贴息和企业亏损补贴等。价格补贴是指政府为了稳定人民生活，由财政向企业或居民支付的、与人民生活必需品和农业生产资料的市场价格政策有关的补贴。按产品类别不同划分，价格补贴具体包括粮油价格补贴、平抑物价补贴和其他价格补贴等。财政贴息是指政府财政对使用某些规定用途的银行贷款的企业，就其支付的贷款利息提供的补贴，即财政代企业向银行支付一部分利息。企业亏损补贴是指政府为使国有企业能按政府政策或计划生产经营一些社会需要的，但因客观原因导致产品亏损而拨付给企业的财政补贴。企业亏损补贴按企业经营性质不同划分，可分为国内企业亏损补贴和外贸企业亏损补贴。

财政补贴以再生产环节为标准，可分为生产补贴、流通补贴和消费补贴。生产补贴又称生产性补贴，是指对社会再生产的生产环节进行的补贴。其补贴的项目主要有粮、棉、油加价款补贴，农用生产资料价格补贴和工业生产企业亏损补贴等。流通补贴又称商业经营性补贴，是指对社会再生产的流通环节进行的补贴。其补贴项目主要有粮、棉、油价差补贴，平抑市场肉食、蔬菜价差补贴，民用煤销售价差补贴以及国家储备粮、棉、油等利息费用补贴。消费补贴又称消费性补贴，是指对社会再生产的消费环节进行的补贴。其补贴项目主要有房租补贴、副食品价格补贴、水电煤补贴和职工交通补贴等。

财政补贴以透明程度为标准，可分为明补和暗补。明补是指将财政补贴作为预算的支出项目，按照正常的支出程序直接支付给受补者。暗补是指财政补贴不构成预算支出项目，受补者也不直接获得补贴收入，只是从减少上缴和节约支出方面受益。

2. 财政补贴的特点

财政补贴的依据是政府在一定时期的政治、经济和社会等政策目标，并随着国家政治、经济形势的发展变化而进行修正、调整和更新，因而具有很强的政策性。财政补贴具有以下特征：

(1) 可控性。财政补贴具体补给谁、补贴多少、在哪个环节补贴、何时取消补贴等内容是由财政部门根据政策需要决定的，是政府可直接控制的经济杠杆，具有一定的可控性。

(2) 灵活性。财政补贴杠杆作用的对象、范围、效果和要达到的目标，由财政部门根据政策的要求适时地确定和调整，因此财政补贴在直接调节经济和协调各方面经济关系时，比价格、税收等经济杠杆的作用更为灵活、直接和迅速。

(3) 时效性。财政补贴是为实现国家政策目标服务的，当某项政策发生变化时，财政补贴也将做相应调整；当某项政策实施完结、失去效力时，某项特定财政补贴也将随之终止。

(4) 专项性。财政补贴只对政府政策规定和指定的项目或事项进行补贴，其他以外的项目均不给予补贴。

3. 财政补贴的正面效应

财政补贴的正面效应主要集中在以下几点：

(1) 在自然垄断的领域，如城市的公共交通、煤气和水电等，市场价格无法有效配置社会资源，因而政府必须对这类企业实行价格管制。政府往往对其实行低价政策，以向整个社会尤其是中低阶层提供福利。由于政府的低价政策会导致企业产生亏损，因而应由政府提供财政补贴，否则这类企业将无法生存。

(2) 市场价格是资源配置的有效机制，但市场价格机制并不能解决所有问题，有些领域并不能完全引入市场经济机制，如中国的农产品价格补贴就是一个例证。中国农业生产成本高，在人们收入水平普遍偏低的条件下很难再提高农产品价格，因此为维持农产品的非市场价格，维护农民和城镇居民的利益，就需要政府采取财政补贴形式予以支持。

(3) 上述企业亏损补贴维持了大批企业的存在和职工就业，避免了大规模破产和失业所导致的社会动荡；而价格补贴则在价格体系从计划价格向市场价格转化的过程中，大大减轻了物价大幅度上涨给居民生活带来的压力，从而有利于社会经济的稳定。这些都缓和了新旧体制转换过程中所产生的冲击力，有利于改革的顺利进行。

4. 财政补贴的负面效应

在一定的历史时期，财政补贴发挥了重要的作用，促进了经济发展和社会稳定，但是也要看到财政补贴的弊端。长期存在财政补贴项目，主要有以下的负面影响：

(1) 财政补贴改变相对价格体系，影响价格杠杆作用的发挥。财政补贴是政府对市场价格机制的一种干预，如果这种干预运用不当，很可能扭曲生产者和消费者的相对价格，由此造成对资源合理配置的错误引导，生产企业过多生产有补贴的产品而不愿生产无补贴的产品，会形成错误的消费组合。

(2) 财政补贴增加财政负担，助长财政赤字。在既定的财政收入总量的前提下，过多的财政补贴支出会影响其他财政支出，产生挤出效应，甚至影响财政收支平衡。

专栏

中国的贴补大王

中石化集团很可能已获得了政府给予炼油板块财政补贴的批文，但是补贴多少尚未透露。此次中石化获得巨额补贴已成定局，2007 年中石化炼油板块亏损比 2006 年更大，外界传闻补贴将在 100 亿元以上。据悉，2007 年底，中石化和中石油双双向国家申请财政补贴，但中石油尚未传出拿到补贴批文。

2005 年和 2006 年，中石化分别获得国家财政补贴 100 亿元和 50 亿元，如果此次补贴到位，将是中石化第三次获得国家财政补贴。“今年亏损比 2006 年更严重，国际原油价格一直疯长，第三季度炼一吨油就要亏损 600～700 元。”中石化广东一家公司的人士介绍：“亏损的关键是下半年，尤其是第四季度，一直都在 90 美元/桶，而 11 月成品油提价后，折算原油价格也仅仅是维持到 65 美元/桶的水平。可以这样说，中石化的整个炼油板块 2007 年是全面亏损，尽管年报上会有盈利，但那是靠中石化其他业务弥补亏损的。”2008 年 1 月，中石化炼油亏损更严重，因为雪灾期间要保证供应，高价采购了很多石油，使得整个炼油板块的上下游全线亏损，这在中石化是比较少见的。

中国成品油价格仅仅上调过一次，年底中石化和中石油双双向政府汇报政策性亏损，希望得到政府财政补贴。广东省石油学会储运销委员会秘书长范小平认为："这次补贴应该超过2006年，因为政策性亏损比2006年大，但实际能够补贴多少，尚很难定论。"而国家能够补贴多少给中石化，外界传闻相差巨大，有传补贴150亿元的，也有120亿元、100亿元的，还有50亿元的。不过，中石化上市公司的业绩依然是有巨额利润，并且年年递增，2006年赢利506亿元，而2007年有传闻赢利700亿元。范小平认为，整体赢利与补贴炼油是两回事，赢利不应该影响补贴。

尴尬应对外界非议。前两次补贴消息一出，中石化无一例外地遭遇外界的"非议"。不过，一位中石化的人士称，中石化是国有企业，即使是炼油亏损，也要开足马力生产，国际成品油价格比国内成品油价格每吨高1 000元，也要进口成品油保国内供应。但中石化同时也是上市公司，投资主体已经多元化，要对股东负责，如果炼油明明没有钱赚，还高价进口原油开足马力加工，这不符合股东利益，需要国家补贴。广东省石油学会储运销委员会秘书长范小平认为，国家的成品油定价机制没有执行，政府如果出台一套透明的能够兼顾国家、企业和消费者三者利益的动态机制，将有助于解决这种"既要对国家负责，又要对股东负责"的尴尬局面。

资料来源：根据相关资料整理。

7.4.3 税收支出

1. 税收支出的类型

税收支出从所发挥的作用来看，可分为照顾性税收支出和刺激性税收支出。从另一角度来说，可以认为这两种支出都具有财政补贴性质，但所发挥的作用有所不同。

照顾性税收支出主要是针对纳税人由于客观原因在生产经营上发生临时困难而无力纳税所采取的照顾性措施。这类税收支出带有明显的财政补贴性质，其目的在于扶植国家希望发展的亏损或微利企业以及外贸企业，使国民经济各部门的发展保持基本平衡。需要重视的是，在采取这种财政补贴性质的税收支出时，必须严格区分经营性亏损和政策性亏损，尽可能避免用税收支出的手段去支持因主观经营管理不善而造成的财务困难。

刺激性税收支出主要是指用来改善资源配置、提高经济效率的特殊减免规定。这类税收支出目的在于改善产业结构、产品结构、进出口结构以及刺激市场供求，促进纳税人开发新产品、新技术以及积极安排劳动就业等。这类税收支出是税收优惠政策的主要方面，税收的调节经济的杠杆作用也主要表现于此。刺激性税收支出又可分为针对特定纳税人的税收支出和针对特定课税对象的税收支出两大类。前者主要是那些享受税收支出的特定纳税人，不论其经营业务的性质如何，都可以依法得到优惠照顾，例如20世纪对城市知青或伤残人创办的集体企业以及所有的合资、合作经营企业，在开办初期政府会给予减免税照顾。针对特定课税对象的税收支出则主要是从行业产品的性质来考虑，不论经营者是什么性质的纳税人，都可以享受优惠待遇，如中国对农、牧、渔业等行业的用盐减征盐税等。

2. 税收支出的形式

尽管各国对税收支出已规定出明确的定义，但实践中真正把税收支出项目与正规的税制结构截然区别开来，并非易事。税收支出项目的具体确定虽然困难较大，但还是有一定规律可循。就刺激经济活动和调节社会生活的税收支出而言，其一般形式大致有税收豁免、纳税扣除、税收抵免、优惠税率、延期纳税、盈亏相抵、加速折旧等。

（1）税收豁免是指在一定时期内，对纳税人的某些所得项目或所得来源不予课税，或不将其某些活动列入课税范围等，以豁免其税收负担。至于豁免期和豁免税收项目，应视当时的经济环境和政策而定。

（2）纳税扣除是指准许企业把一些合乎规定的特殊支出，以一定的比例或全部从应课税所得中扣除，以减轻其税负。换言之纳税扣除是指在计算应课税所得时，从毛所得额中扣除一定数额或以一定比例扣除，以减少纳税人的应课税所得额。在累进税制下，纳税人的所得额越高，这种扣除的实际价值越大。

（3）税收抵免是指允许纳税人在其某种合乎奖励规定的支出中，以一定比例从其应纳税额中扣除，以减轻其税负。对于这种从应纳税额中扣除的数额，税务当局可能允许也可能不允许超过应纳税额。在西方国家，税收抵免的形式多种多样，其中最主要的有两种形式，即投资抵免和国外税收抵免。投资抵免的大概意义是指政府规定凡对可折旧性资产投资者，其可由当年应付企业所得税税额中，扣除相当于新投资设备某一比例的税额，以减轻其税负，借以促进资本形成并增强经济增长的潜力。国外税收抵免常见于国际税收业务中，指纳税人在居住国汇总计算国外的收入所得税时，准予扣除其在国外的已纳税款。

（4）优惠税率是对合乎规定的企业课以较一般为低的税率。其适用的范围可视实际需要而予以伸缩。这种方法既可以是有期限的限制，也可以是长期优待。一般来说长期优惠税率的鼓励程度大于有期限的优惠税率，尤其是那些需要巨额投资且获利较迟的企业，常可从长期优惠税率中得到较大的利益。

（5）延期纳税系允许纳税人对那些合乎规定的税收，延迟缴纳或分期缴纳其应负担的税额。这种方式一般可适用于各种税，且通常都应用于税额较大的税收上。在施以这种办法的场合，因可延期纳税，纳税人等于得到无息贷款，这在一定程度上帮助纳税人克服财务困难。

（6）盈亏相抵是指准许企业以某一年度的亏损，抵消以后年度的盈余，以减少其以后年度的应纳税款；或是冲抵以前年度的盈余，申请退还以前年度已纳的部分税款。一般而言，抵消或冲抵前后年度的盈余，都有一定的时间限制。这种方式对具有高度冒险性的投资有相当大的刺激效果。

（7）加速折旧是指在固定资产使用年限的初期提列较多的折旧。采用这种折旧方法，可以在固定资产的使用年限内早一些得到折旧费和减免税税款。加速折旧是一种特殊的税收支出形式。虽然它可在固定资产使用年限的初期提列较大的折旧，但由于折旧累计的总额不能超过固定资产的可折旧成本，所以其总折旧额并不会比一般折旧高。折旧是企业的一项费用，折旧额越大，企业的应课税所得越小，税负就越轻。从总数上看，加速折旧并不能减轻企业税负，政府在税收上没损失。企业但是由于后期所提的折旧额大大小于前期，税负较重。对企业来说，虽然总税负未变，但税负前轻后重，有税收递延缴纳的好处；对政府而言，在一定时期内虽然来自这方面的总税收收入未变，但税收收入前少后多，导致收入迟滞。

3. 税收支出的正面经济效应

首先，税收支出有利于鼓励微利有益产品的生产。在市场经济条件下，产品的生产者自主经营、自负盈亏。因此在利润最大化目标的驱动下，产品的生产者一般不愿意生产那些微利有益产品。如果政府实行适当的税收支出政策，使产品的外部效益转化为企业内在的经济利益，增加微利有益产品的税后盈利，就能很好地促进产品的生产者增加微利有益产品的供给。

其次，税收支出有利于增加低收入者的收入，提高整个社会的福利水平。政府可以通过免税、减税、应税所得扣除等特殊规定，减轻低收入者的纳税负担，提高低收入者的实际收入，从而使整个社会的福利水平提高。

再次，税收支出有利于吸引外资，引进先进技术，增加就业机会。尽管税收支出可能减少了政府当前的税收收入，但这种损失可以换来国外的资金、先进技术和管理经验，既能利用国外资源、开拓国际市场、增加出口换汇，又可以带动国内其他行业的发展、增加就业机会。

最后，有利于消除市场经济发展的盲目性。税收支出可从一定程度上规范纳税人的经济行为，对消除市场经济发展中的盲目性具有重要作用。

4. 税收支出的负面经济效应

首先，税收支出背离了市场经济所要求的税收公平原则。在市场经济体制下，微观主体主要通过价格、税收等信号做出资源配置的判断，而税收支出的运用会改变税收信号，诱导资源为寻求税收优惠而向低效率的部门流动，结果是扰乱市场秩序，成为保护落后的一种手段。

其次，税收支出的逆向效果和对非纳税人的排除增加了新的分配不公。税收支出的逆向效果即随着所得额的增大，受益程度提高，大部分税收支出流向拥有高收入的纳税人，这种逆向特征在累进税制中表现得尤为明显。

再次，税收支出导致税法复杂化，增加了税收征管的难度。税收支出作为一种特别措施，由于种类繁多、形式各异、效应不同，而且各种税收支出措施都有其特定的政策目标、实施范围和执行标准，因而大大增加了税法的复杂性和税收征管的难度。

最后，税收支出减少了国家的财政收入，造成了税收收入的流失。税收支出是以政府放弃一部分本应收取的税收收入为代价的。大量的税收支出使法定税率与实际税率严重背离，侵蚀了国家的财政收入，造成政策型税收收入的流失。税收支出为大多数纳税人的寻租行为提供了机会。

7.4.4 购买性支出与转移性支出的区别

在各种名目下安排的财政支出，虽然无一例外地表现为资金从政府手中流出，但是，不同的财政支出对国民经济的影响却存在着差异。以财政支出是否与商品和服务相交换为标准，可将全部财政支出分为购买性支出和转移性支出两类。

购买性支出和转移性支出对国民经济的影响是不同的。

（1）作用不同。购买性支出所起的作用，是通过支出使政府掌握的资金与微观经济主体提供的商品和服务相交换。在这里，政府直接以商品和服务的购买者身份出现在市场上，因而，对于社会的生产和就业有直接的影响。此类支出当然也影响分配，但这种影响是间接的。转移性支出所起的作用，是通过支出过程使政府所有的资金转移到领受者手中，是资金使用权的转移，微观经济主体获得这笔资金以后，究竟是否用于购买商品和服务以及购买哪些商品和服务，已脱离了政府的控制，因此，此类支出直接影响收入分配，而对生产和就业的影响是间接的。

（2）遵循的原则和对政府的效益约束不同。在安排购买性支出时，政府必须遵循等价交换的原则，因此，通过购买性支出体现出的财政活动对政府形成较强的效益约束。在安排转移性支出时，政府并没有十分明确和一以贯之的原则可以遵循，而且，财政支出的效益也极难换算。由于上述原因，转移性支出的规模及其结构在相当大的程度上只能根据政府同微观经济主体、中央政府与地方政府的谈判情况而定，显然，通过转移性支出体现出的财政活动对政府的效益约束是软性的。

（3）对微观经济主体的效益约束不同。微观经济主体在同政府的购买性支出发生联系时，也须遵循等价交换原则。对于向政府提供商品和服务的企业来说，它们收益的大小，取决于市场供求状况及其销售收入同生产成本的对比关系，所以，对微观经济主体的预算约束是硬性的。微观经济主体在同政府的转移性支出发生联系时，并无交换发生。因而，对于可以得到政府转移性支出的微观经济主体来说，它们收入的高低在很大程度上并不取决于自己的能力（对于个人）和生产能力（对于企业），而取决于同政府讨价还价的能力，显然，此时，对微观经济主体的预算约束是软性的。

7.5 中国财政支出规模与结构

财政是国家的一项重要职能，财政支出规模和结构反映一国政府活动的范围和方向。财政支出管理的目标就是要实现总量控制、资源分配与配置效率、运用管理和运作效率。

7.5.1 中国政府财政支出依据

改革开放之前，中国实行高度集中的计划经济，私营经济几乎被消灭。由于历史原因，国内长期被短缺经济所困扰。在这种大的历史背景下，再加上对财政支出认识不足等，形成了中国计划经济体制下的财政支出原则。改革开放之后，随着中国特色社会主义市场经济体制的逐步确立和对外开放程度的不断提高，短缺经济的现象获得了极大的改善，加之对财政支出的认识不断深化，中国财政支出原则实现大转变。

1. 计划经济时代的财政支出依据

中国计划经济体制下的财政支出依据主要包括量入为出、统筹兼顾和全面安排、厉行节约和讲求效益三个部分。

（1）量入为出。量入为出是指在合理组织财政收入的基础上，根据收入安排支出，支出总量不能超过收入总量。量入为出原则的确立是由物资供求总量平衡的客观要求决定的。财政收入代表着可供财政支配的商品物资量，财政支出则形成了对商品物资的需求和有效购买力。坚持量入为出原则可以使由财政支出形成的购买力同可供财政支配的商品物资量之间保持平衡。

（2）统筹兼顾、全面安排。统筹兼顾、全面安排是指政府财政支出结构的安排必须从全局出发，通盘规划，分清轻重缓急与主次先后，适当照顾各个方面的需要，按照既要吃饭又要建设的原则，妥善地分配财力，以保证政府各项职能的实现以及国民经济的协调发展。

（3）厉行节约、讲求效益。厉行节约、讲求效益是指厉行人力、物力、财力和时间的节省，以提高财政支出的使用效益，既开源，又节流。厉行节约、讲求效益是缓解财政收入的有限性与财政支出需要的无限性之间矛盾的有效手段。

2. 市场经济时代的财政支出依据

中国市场经济体制下的财政支出依据主要包括优化支出结构和公平与效益兼顾。

（1）优化支出结构。优化支出结构是指正确安排财政支出中的各种比例，使之实现结构的最优组合，以促进经济的持续、快速、健康发展。实现财政支出结构的优化，必须处理好积累与消费、国民经济各部门之间以及生产性支出与非生产性支出之间的关系。

（2）公平与效益兼顾。公平与效益兼顾是指在进行财政支出分配的时候既要做到公平，又要追求效益，实现财政资金的高效利用，避免浪费。

7.5.2　中国政府财政支出规模

改革开放以来，中国的财政支出（见表 7－2）总体上呈现持续增长的趋势，这种趋势在 21 世纪初期变得更为明显，这和中国财政指导思想转变有关，中国政府为了对抗经济危机不断推出财政刺激计划，财政支出扩大的同时财政赤字激增。随着经济新常态的出现，下一步财政支出规模的变化值得关注。

表 7－2　　改革开放以来中国历年财政支出（亿元）

年份	财政支出	年份	财政支出	年份	财政支出	年份	财政支出
1978	1 122.09	1987	2 262.18	1996	7 937.55	2005	33 930.28
1979	1 281.79	1988	2 491.21	1997	9 233.56	2006	40 422.73
1980	1 228.83	1989	2 823.78	1998	10 798.18	2007	49 781.35
1981	1 138.41	1990	3 083.59	1999	13 187.67	2008	62 592.66
1982	1 229.98	1991	3 386.62	2000	15 886.5	2009	76 299.93
1983	1 409.52	1992	3 742.20	2001	18 902.58	2010	89 874.16
1984	1 701.02	1993	4 642.30	2002	22 053.15	2011	109 247.70
1985	2 004.15	1994	5 792.62	2003	24 649.95	2012	125 952.90
1986	2 204.91	1995	6 823.72	2004	28 486.89	2013	140 212.10

从以上中国改革开放以来财政支出规模的变化来说，中国财政支出规模逐年扩大，基本满足瓦格纳法则的理论预测。虽然在绝对数上说中国财政支出规模不断扩大，但是在财

政支出规模不断扩大的同时，中国经济在不断增长。为了更好反映中国财政支出规模变化情况，需要观察财政支出增长速度变化趋势（见表7-3）和财政支出占GDP比重的变化趋势（见表7-4）。

表7-3　　改革开放以来中国财政支出的增长速度（%）

年份	支出增速	年份	支出增速	年份	支出增速	年份	支出增速
1978	33.02	1987	2.60	1996	16.32	2005	19.11
1979	14.23	1988	10.12	1997	16.33	2006	19.13
1980	−4.13	1989	13.35	1998	16.94	2007	23.15
1981	−7.36	1990	9.20	1999	22.13	2008	25.74
1982	8.04	1991	9.83	2000	20.46	2009	21.90
1983	14.60	1992	10.50	2001	18.99	2010	17.79
1984	20.68	1993	24.50	2002	16.67	2011	21.56
1985	17.82	1994	24.78	2003	11.78	2012	15.29
1986	10.02	1995	17.80	2004	15.57	2013	11.32

从表7-3中可以发现，改革开放以来中国财政支出增速是波浪式变化的，没有形成稳定的规律，既没有出现逐步上升的趋势，也没有逐步下降，不过可以发现，多数年份财政支出的增速都在10%到20%之间。中国财政支出确实是在逐年上升，但是没有出现加速上升的趋势。

表7-4　　改革开放以来中国财政支出占GDP的比重（%）

年份	比重	年份	比重	年份	比重	年份	比重
1978	30.78	1987	18.76	1996	11.15	2005	18.35
1979	31.55	1988	16.56	1997	11.69	2006	18.69
1980	27.03	1989	16.62	1998	12.79	2007	18.73
1981	23.27	1990	16.52	1999	14.71	2008	19.93
1982	23.11	1991	15.55	2000	16.01	2009	22.38
1983	23.64	1992	13.90	2001	17.24	2010	22.38
1984	23.60	1993	13.14	2002	18.33	2011	23.09
1985	22.23	1994	12.02	2003	18.15	2012	24.25
1986	21.46	1995	11.22	2004	17.82	2013	24.65

从表7-4中可以发现，中国财政支出占GDP的比重没有呈现显著上升的趋势，而是表现出一个凹形，财政支出占GDP的比重在20世纪90年代中期降到最低，以后则逐渐回升，目前财政支出占GDP的比重在25%左右。改革开放之初，中国主要是进行经济体制改革，行政体制改革相对滞后，计划经济时代的政府机构模式依然存在，机构分得过细，政府冗员现象严重，财政支出占比较高就不足为奇了。后来随着经济的不断发展，中国开始了“大部制”改革和政府职能的转变，政府机构逐步“瘦身”，财政支出占比逐渐下降。

中国财政指导思想发生转变。一改过去一味追求财政收支平衡的思路，政府更多地采用经济的财政政策调节宏观经济，财政赤字不断扩大。这就导致了财政占比在经历短暂低迷之后逐步回升。

通过分析可以发现，中国财政支出规模的变化基本符合瓦格纳法则的理论预测，但是也有不符合的地方。现阶段中国财政支出规模存在的主要问题是占 GDP 的比重过低，政府应该逐步提高财政支出占比。另外一个值得关注的问题是逐步扩大的政府债务。短期来看，财政赤字对经济的发展有积极的影响。但是如果财政赤字不断积累，一旦超出政府的承担范围，就会爆发严重的债务危机，甚至危及整个国家的经济安全。截至 2018 年 8 月底，中国地方政府债务余额达到 17.668 4 万亿元，防控地方政府债务风险成为一项重要任务。

7.5.3　中国政府财政支出结构

财政支出结构是各类财政支出占总支出的比重。财政支出结构优化是指在一定时期内，在财政支出总规模占 GDP 比重合理的前提下，财政支出内部各构成要素符合社会共同需要且各构成要素占财政支出总量的比例相对协调、合理的状态。从社会资源的配置角度来说，财政支出结构直接关系到政府动员社会资源的程度，从而对市场经济运行的影响可能比财政支出规模更大。不仅如此，一国财政支出结构的现状及变化，表明了该国政府正在履行的重点职能以及变化趋势。

以 2014 年为例，全国一般公共财政支出 151 662 亿元，比上年增加 11 449 亿元，增长 8.2%。其中中央本级支出 22 570 亿元，比上年增加 2 098 亿元，增长 10.2%；地方财政支出 129 092 亿元，比上年增加 9 351 亿元，增长 7.8%。在财政收支矛盾十分突出的情况下，财政部门认真落实积极的财政政策，着力优化财政支出结构，盘活财政存量，用好财政增量，促进各项社会事业发展。教育支出 22 906 亿元，增长 4.1%。科学技术支出 5 254 亿元，增长 3.4%。文化体育与传媒支出 2 683 亿元，增长 5.5%。医疗卫生与计划生育支出 10 086 亿元，增长 9.8%。社会保障和就业支出 15 913 亿元，增长 9.8%。住房保障支出 4 968 亿元，增长 10.9%。农林水支出 14 002 亿元，增长 4.9%。城乡社区支出 12 884 亿元，增长 15.4%。交通运输支出 10 371 亿元，增长 10.9%。中国财政支出结构的主要问题集中在以下几点：

(1) 财政职能界定不清，经济建设支出比重偏高。自改革开放以来，中国财政体制改革不断深化，但是旧有的高度集中的财政体制仍然在思想上被保留了下来，在一定程度上继承了计划经济体制。由于计划体制的惯性作用，政府对自身的定位不清楚，政府既是管理者又是所有者，其职能在从生产到消费再到社会的再分配过程中都发挥着重要的影响。同时政府的越位管理造成了资源的浪费，也造成了政府财政资金的浪费。中国财政资金还存在着过于分散的问题，缺乏重点，这就造成了政府对一些大型公共项目的投资不足，进而会使政府的宏观调控能力大大减弱，不利于市场经济体制的发展和完善，而且也会影响正常的社会经济秩序。

(2) 教育经费投入不足。中央财政用于教育的投入在逐年快速增长，截至 2017 年，国家财政性教育经费支出占 GDP 的比例连续 6 年超过 4%，达到 42 557 亿元，但仍然低于 4.5%的世界平均水平。相比较之下，中国的私人支出占教育支出的比重不仅高于世界平均水平，也高于发展中国家的平均水平。过高的教育私人支出严重挤压了私人消费空间，导致社会消费其他方面的需求不足，削弱了中国经济增长的内在动力。教育投入上长期存在的另一个重要问题是教育资源配置很不公平。由于对“科教兴国”战略的理解不准确，高等教育支出加速增长，而基础教育支出相对减少，教育支出的层级结构出现了严重颠倒，教育支出在城乡和区域间的分配不平衡问题长期得不到有效解决。

(3) 卫生医疗支出总费用支出结构不合理。中国医疗卫生事业发展不均衡，医疗资源过分集中在大城市、大医院。据统计，全国的医疗资源80%在城市，而占总人口60%的农村居民只能使用20%的医疗资源。同时，财政对卫生医疗方面的投入严重不足。就卫生费用的构成而言，中国政府卫生支出比例持续下降，个人卫生支出比例急剧上升，居民卫生医疗负担较重。因此，需要进一步完善政府医疗卫生投入机制，不断加大支持力度。

(4) 社会保障支出严重偏低。社会保障通常被称为和谐社会构建的“稳定器”、实现社会公平的“调节器”、促进经济发展的“减震器”。早在20世纪80年代，许多发达国家的社保支出就已经占到财政支出的30%以上，中国虽已建立一定的社会保障体系，但是社保支出的比重还很低，普惠性比较差，仅接近于西方发达国家20世纪60年代的水平。

(5) 行政管理费支出不断膨胀，且增长过快。政府的行政资金是为实现其社会管理的职能服务的，这部分资金只能源于政府的财政收入。中国的行政管理费支出占财政支出的比重从1978年的4.7%上升到2016年的14.3%，规模呈现出不断增大的趋势，虽然随着社会经济的发展，这种行政管理费的增加有其必然性，但是长期以来行政管理费增长速度过快，有的时期甚至超出了同期财政收入、财政支出和GDP的增长速度，已经成为人们最为关注的问题之一。在财政收入一定的情况下，行政支出费用不断膨胀，增长过快会影响到其他公共财政的支出，进而影响到政府履行其职能，甚至造成各级财政机关的财政困境。

要改善目前财政支出结构不合理现象，就应该合理界定财政支出范围，弱化经济建设的支出，完善财政预算与支出体制，大力加强社会公共性开支，逐步压缩行政事业费用。

专栏

中国行政支出占GDP比重高吗?

一个国家的GDP可以分别使用生产法、支出法、收入法进行核算，其中支出法是从最终成果的使用去向角度进行核算的。具体来说，GDP的使用去向分为最终消费支出、资本形成和净出口三大项目，政府行政开支被纳入最终消费支出中。

最终消费支出，指常住单位为直接满足个人或公共消费需求而用于购买货物和服务的支出总额，按照支出主体分为居民消费支出和政府消费支出，其中政府消费支出指政府部门承担的公共服务支出、个人消费货物和服务支出。公共服务支出主要包括外交、国防、公共安全和环境保护等方面的支出；政府承担的个人消费货物和服务支出主要包括政府在医疗卫生、教育、文化娱乐和社会保障方面的支出，这部分的政府支出最终都会转化为居民实际获得的福利。2016年，我国GDP的53.6%用于最终消费，其中，居民消费支出占GDP的39.3%，政府消费支出占GDP的14.3%，GDP的44.2%用于资本形成，2.2%用于净出口（见图7-4)。

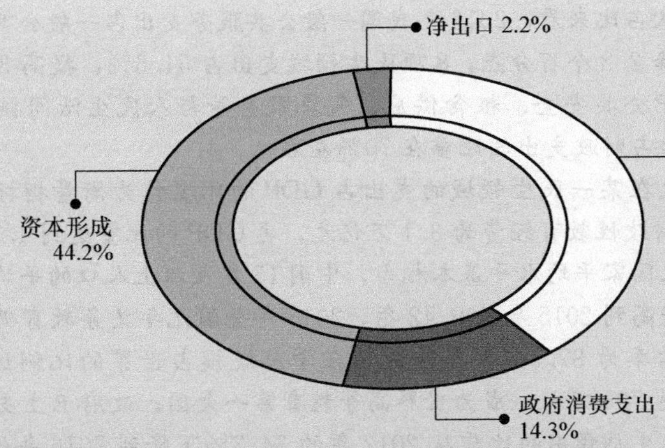

图7-4 2016年GDP的使用去向

从国际比较来看，我国政府消费支出并不比世界平均水平高，明显低于世界平均水平。2016年，我国政府消费支出占GDP的比重为14.3%，而被认为是自由经济典范的美国该比重也为14.3%；韩国、意大利、英国、德国、日本、加拿大等发达国家的该比重分别为15.2%、18.8%、18.9%、19.6%、19.8%、21.2%，均高于我国；该比重的世界平均水平为17.1%，中等偏上收入经济体平均水平为15.9%，也比我国要高（见图7-5）。

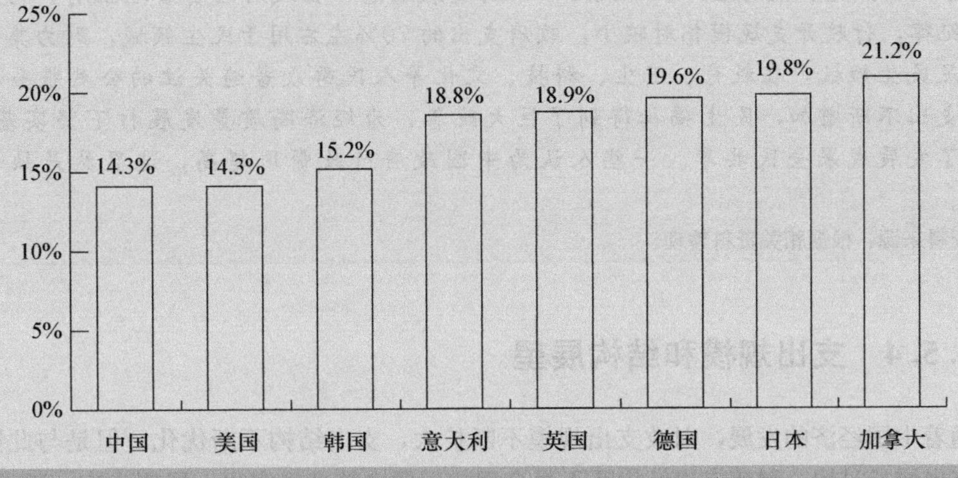

图7-5 2016年一些国家政府消费支出占GDP的比重

包括“三公”经费在内的一般公共服务支出构成了政府行政管理费用的主体。中国政府支出中，用于政府日常开支的行政管理费用仅占较小的一部分。党的十八大以来，我国各级政府积极调整优化财政支出结构，坚持过“紧日子”，实行“三公”经费只减不增，政府行政管理费用支出比重明显下降，民生和重点领域财政支持力度明显加大，政府行政管理费用增速远低于民生支出。2013—2016年，我国财政一般公共预算支出年均增长10.5%，而其中包括“三公”经费在内的一般公共服务支出，仅年均增长3.9%，教育、医疗、文化、科技、社会保障、城乡社区、节能环保、住房保障等八项民生领域支出年均增长12.3%。从占比来看，2016年我国一般公共服务支出占一般公共预算支出的7.9%，比2012年下降2.2个百分点，8项民生领域支出占54.6%，提高3.5个百分点，如果再加上用于维护公共安全、粮食供应、气象服务等与人民生活间接相关的支出，用于民生领域的支出占财政支出的比重在70%左右。

国际上一般都把财政在某一民生领域的支出占GDP的比重作为衡量指标，我国也是如此。2016年，国家财政性教育经费为3.1万亿元，占GDP的比重达到4.2%，公共教育支出占比与中等收入国家平均水平基本相当，中国15岁及以上人口的平均受教育年限由2010年的9.05年提高到2015年的9.42年，2016年全国九年义务教育巩固率达到93.4%，高中阶段毛入学率为87.5%，高等教育在学总规模占世界的比例达到20%，2017年全国高校毕业生达795万人，成为世界高等教育第一大国；政府卫生支出1.4万亿元，个人卫生支出占卫生总费用的比重从2012年的34.3%下降到2016年的28.8%，2017年医疗卫生和计划生育支出占一般公共预算支出的比重为7.2%，医疗卫生体系更加健全，2016年全国共有医院29 140家，卫生人员1 117万人；研发支出强度超过其他金砖国家，2017年财政科学技术支出为7 286亿元，比2012年增长63.6%，占一般公共预算支出的比重达3.6%；文化体育事业投入不断加大，2017年，财政文化体育与传媒支出为3 367亿元，比2012年增长48.4%，占全国财政支出的比例达到1.7%；社会保障水平不断提高，覆盖城乡居民的社会保障体系已基本建成。

中国共产党和政府坚持以人民为中心的发展思想，在政府经费管理上有严格的制度和纪律，行政开支规模相对较小，政府支出的70%左右用于民生领域，财力集中用于补足民生短板，在教育、卫生、科技、文化等人民群众普遍关注的公共服务核心领域支出不断增加，民生福祉得到了巨大改善，为经济高质量发展打下坚实基础，确保了发展成果全民共享。一些人认为中国政府行政费用超高，这显然是缺乏根据的。

资料来源：根据相关资料整理。

7.5.4 支出规模和结构展望

随着中国经济的发展，财政支出规模不断扩大，支出结构不断优化。但是与此同时，财政支出增长过快，财政支出结构还不尽合理的问题也越来越突出。展望未来，随着中国政治经济改革的深入，财政支出发展必然会进入一条良性发展的轨道，支出规模会稳定增长，支出结构会逐步优化。

1. 中国财政支出规模展望

世界各国的财政支出无论是从绝对规模来看还是从相对比例来看，都呈现出随着GDP的提高而增长的趋势，但由于决定财政支出增长趋势的因素很多，不仅有社会、经济、政治等方面的因素，还有体制、文化、人口、技术等各种因素，因此关于财政支出增长趋势的解释变得非常复杂。

随着中国市场经济的深入发展，为市场经济的发展创造一个良好的发展环境日益重要。而政府作为促进市场经济发展的守夜人，其宏观调控政策对经济的稳步增长具有重要意义。而财政支出作为政府进行宏观调控的重要手段，其规模的大小对经济增长具有深远影响。根据凯恩斯财政理论，财政支出具有乘数效应。毋庸置疑，财政支出在克服市场缺陷、稳定经济、促进经济发展方面发挥着重要的作用。但是，根据实践经验，财政支出的一味增加，并不会带来经济的稳定增长。

合理的财政支出规模应该既能实现国家宏观调控目标，又能避免财政支出过快增长。从目前的形势来看，中国正处于改革深化阶段，经济和社会发展还有诸多不完善的地方，需要财政支出予以支持和刺激，所以近期内中国财政支出会延续持续增长的局面。但是可以预计，随着中国市场经济和社会的发展和完善，人口规模逐步企稳，财政支出快速增长的局面也会获得改观，财政支出增长会逐步放缓，增长率会趋于稳定。

2. 中国财政支出结构展望

由于中国目前还是个发展中国家，必须以经济建设为中心，因此生产性财政支出所占比例很大，而社会保障性财政支出所占比例很小。中国财政支出还存在着行政管理支出比重居高不下、科教文卫支出所占比重过低和财政性补贴逐年增加等问题，这一结构不合理的现象加剧了经济发展的不平衡。

财政支出结构的优化是促进中国经济高质量发展的关键性因素，是建设服务型政府的客观需要。中国作为发展中的社会主义国家，财政支出的结构问题事关经济发展、政治的稳定、社会繁荣。近年来中国政府逐步认识到了财政支出结构的重要性，不断采取各种措施完善财政支出结构。未来，随着经济社会的发展，财政支出结构会呈现出以下几个特征：

（1）财政支出向民生领域倾斜。近年来财政支出对民生的倾斜力度持续加大。根据财政部发布的各年预决算报告，民生的八个主要开支项目——教育、社会保障和就业、农林水事务、城乡社区事务、交通运输、医疗卫生、住房保障、节能环保支出占到了财政总支出的一半以上，且呈现出逐年上升的趋势。在民生主要开支项目中，最大的一项仍是教育，排名第二的是社会保障和就业，接下来依次为农林水事务、城乡社区事务、交通运输、医疗卫生、住房保障、节能环保等。

（2）经济建设支出压缩优化。要适应中国发展阶段的特征，就要提高基础建设的投资力度，加强公共基础建设。经济发展仍然是第一要务，然而也要统筹其他领域的健康发展。考虑到中国国情，继续扶持重点竞争性领域，同时逐渐放松对竞争性领域的管理，避免过度干预，以发挥市场在经济调节中的基础性作用。

（3）财政补贴规模不断缩小。按照市场经济要求，财政补贴会被限定在弥补市场调节不足、进行宏观调控等必要方面，同时会不断减少对城镇居民的补贴，或将这部分补贴转移到农村居民身上去，另外会减少对一些竞争行业企业的补贴。企业是独立的法人单位，应该对自己的盈亏负责，随着企业改革的推进，也要取消对其的补贴，从而减轻财政支出负担。

（4）财政支出向老少边穷地区倾斜。中国城镇化水平和城镇居民的生活水平不断提高，但是城乡二元化问题仍然很严重，许多老少边穷地区居民尚处于绝对贫困的水平。未来财政支出会不断向老少边穷地区倾斜，以缩小城乡差距，保障老少边穷地区的居民的基本生活水平，在此基础上着力提高老少边穷地区的居民消费水平。

近年来中国越来越认识到财政支出的重要性，通过各项措施不断减少并逐渐消除现阶段存在的各种不足之处。显而易见的是，中国政府已经对财政支出进行了全方位的改革。可以预计，优化财政支出规模和结构是一项任重道远的工作，中国政府必然会结合实际，在改革中发现问题、解决问题，不断提高中国的经济发展水平和人民的生活水平。

关键术语

财政支出　购买性支出　公共消耗性支出　转移性支出　量入为出　效益原则　公平原则　稳定发展原则　瓦格纳法则　梯度渐进理论　经济发展阶段理论　官僚预算最大化理论　社会保障支出　财政补贴

复习思考题

（一）简答题

1. 简述财政支出的类型和原则。
2. 简述财政支出逐渐增长的趋势与瓦格纳法则。
3. 说明消耗性支出与转移性支出对经济的影响及其差别。
4. 公共投资对经济发展的影响表现在哪些方面？

（二）讨论题

1. 谈谈建立覆盖全社会的社会保障体系对经济、社会发展的作用及意义。
2. 用事实谈谈你和你的家庭享受了哪些公共财政带来的好处。

第8章

财政收入理论与实践

学习意义与作用

财政收入又称为公共财政收入或政府收入，它是现代市场经济中财政的三大职能之一，也是财政调节收入分配差距的主要政策手段。它是政府为了履行其职能，满足财政支出的需要，从企业、家庭取得的一切货币收入的总和。财政收入理论与财政支出理论一样，在公共经济学理论体系中具有重要的地位和作用。

理解财政收入理论的基本线索是政府与市场的边界。政府与市场的关系一直以来都是财政收入理论研究的重要内容，从"夜警国家"到"政府干预"再到"有限政府"，无不是以界定政府与市场的边界为目的。

教学要求

了解财政收入的形式、内涵，税收的要素、分类，以及税率的形式；掌握税收的公平和效率原则，从效率和公平的角度理解税收的影响、税收的转嫁和归属；理解依法纳税是公民的义务、税收对社会福利的影响及税收对社会经济发展的作用等。

学习重点

- 税收的基本要素、类型和税率
- 从效率和公平的角度对税收的规范分析
- 税负转嫁与归属，中国分税制改革的辩证分析

8.1 财政收入原则与类型

8.1.1 财政收入的内涵与特征

财政收入是政府为了履行公共管理、公共服务以及国民经济的市场化管理等职能，满足财政支出的需要，从企业、家庭等社会目标群体中取得的一切货币收入的总和。财政收入表现为政府部门在一定时期内（一般为一个财政年度）所取得的货币收入，是衡量一国政府财力的重要指标。政府在社会经济活动中提供公共物品和服务的范围和数量，在很大程度上取决于财政收入的充裕状况。

公共财政收入的规模在很大程度上决定着公共财政支出的规模，从而决定着政府活动的范围，进而影响到一个国家的经济增长和社会发展。各国政府都十分重视对公共财政收入的管理，科学设定财政收入的规模、结构，明确规定财政收入的范围、形式，建立规范的公共财政收入制度以实现政府的经济意志，促进公共财政分配的科学化和规范化，有效实现政府的各项管理职能。公共财政收入是政府将私人部门的部分资源转移到公共部门的过程，这是公共部门分配活动的一个阶段或环节。

公共财政收入作用有两大方面。一是收入作用。政府获得较多的财政资金，又不伤害民众的投资和劳动热情，并使收入过程中成本耗费最少。二是调节作用。财政收入是政府调节社会经济的重要工具。具体表现为：收入再分配，即通过税收，缩小个人收入分配差距，体现公平；改善资源配置，即通过差别税收、奖限政策，调整投资方向和结构，使资源优化配置；稳定经济，即根据不同经济波动周期调整财政收入，高涨时，增加财政收入，衰退时，减少财政收入，使经济稳定发展。

公共财政收入的主要特征有四个方面。一是公共性。公共财政收入是以满足社会公共需要为目的的，并且在使用上强调公共参与决定，而不是由少数官僚集团或个人以国家的名义来随意安排。二是强制性。这主要是从公共财政收入来源的角度说的，由于公共财政收入的获取主要以公共权力为依托，而公共权力的一个主要特点是强制性，相应地公共财政收入也就具有了强制性特征。三是规范性。公共财政收入主要取自家庭、企业的所得，在获取财政收入过程中一定要依据法律、法规，做到有章可循、依法行事，避免侵害公众利益。四是稳定性。由于公共财政收入是政府行使职能的必要物质基础，政府的运行和发展都离不开必要的物质保障，因此必须保证公共财政收入有稳定的来源和一定的数额。

8.1.2 财政收入的来源与形式

财政收入的形式主要包括经常性税收收入、经常性非税收入以及公债收入等三大类。其中税收是政府为了履行其职能，凭借政治权力，按照法律预先规定的标准，强制地、无偿地获得财政收入的一种形式。在现代市场经济条件下，税收是政府调节经济和进行宏观调控的重要政策工具。税收的出发点是为公共物品和服务筹资，是公共财政收入的主要形式，也是本章讲述的重点。

经常性非税收入是指除税收以外，由各级国家机关、事业单位、代行政府职能的社会团体及其他组织依法利用国家权力、政府信誉、国有资源（资产）所有者权益等取得的各项收入。具体包括：行政事业性收费收入、政府性基金收入、罚没收入、国有资源（资产）有偿使用收入、国有资本收益、彩票公益金收入、特许经营收入、中央银行收入、以政府名义接受的捐赠收入、主管部门集中收入、政府收入的利息收入，以及工本费等其他非税收入等 12 类。政府引致的通货膨胀也包括在非税收入中。社会保险费、住房公积金（指计入缴存人个人账户部分）不包括在经常性非税收入中。根据财政部发布的《政府非税收入管理办法》的规定，非税收入是政府财政收入的重要组成部分，应当纳入财政预算管理，要加强政府非税收入管理，规范政府收支行为，健全公共财政职能，保护公民、法人和其他组织的合法权益。非税收入实行分类分级管理，根据非税收入不同类别和特点，制定与分类相适应的管理制度。鼓励各地区探索和建立符合本地实际的非税收入管理制度。各级财政部门是非税收入的主管部门。

公债收入又称为国债收入，是国家凭借其信誉，以政府的名义，采用信用借款的方式筹集的收入，包括国内债务收入和国外债务收入。

8.1.3　公共财政收入原则

公共财政收入原则即税收原则，指将政府所提供的公共物品或服务的成本费用分配给其社会成员的依据。

1. 公平原则

公平原则是公共财政收入，即税收的首要原则。公平不仅仅是一个经济目标，还是一个社会目标。它既是维持税收制度的正常运转必不可少的，同时也是矫正收入分配、维护社会稳定不可或缺的。

税收公平原则应从两个角度理解：一是福利水平相同的人应缴纳相同的税，即所谓的横向公平；二是福利水平不同的人应缴纳不同的税，即所谓的纵向公平。福利水平及其衡量是公平原则的关键。依据不同的公平标准，人们对税收的公平原则进行了多种解释，包括受益原则和纳税能力原则。

受益原则指政府所提供的物品或服务的成本费用的分配，要与社会成员从政府所提供的物品或服务中获得的收益相联系。每个纳税者根据他从公共服务中获得利益的水平来纳税，即社会成员的税收负担应与他从政府服务中获得的收益相等。受益原则的优点是如果它能够成功地被贯彻，政府所提供物品或服务的每单位成本便可以同这些物品或服务的边际收益挂钩。

纳税能力原则指政府所提供的物品或服务的成本费用的分配，要与社会成员的支付能力相联系，根据纳税人的纳税能力来确定其应承担的税负。这就是说，收入高的人应当多纳税，收入低的人应当少纳税。政府所提供物品或服务的成本费用的分配，主要根据社会成员的支付能力进行。纳税能力原则的主要优点在于，如果它能够成功地被贯彻，政府所提供物品或服务的成本费用的分配，将可以使社会成员的境况达到一种相对公平的状态。

政府的许多税收就可以改变国民收入的分配状况，使其向收入分配公平的目标靠近。

2. 效率原则

效率原则就是要求税制的设计尽可能有利于社会经济资源的有效配置。为使资源能够实现最优配置，按照帕累托最优准则，公共财政收入的任何措施，都应当使“得者的所得大于失者的所失”，使社会收益大于社会成本。按照受益原则征税有助于实现效率。

税收的效率原则也可以从两方面去理解：一是税收的中性原则，二是税收的便利原则。税收的中性原则，是指税收制度的设计应尽可能地使税收不影响市场中各相对价格，保证纳税主体纳税前后经济行为的一致，即保持税收的中性，尽可能少地减少因为税收而给纳税人或社会带来的额外负担。

专栏

2016年中国两个月的财政收入和支出

随着经济的发展，如今一个月的财政收入比过去一年的财政总收入还多。据财政部公布的信息，2016年1—2月全国一般公共预算收入27 385亿元，同比增长6.3%。其中，中央一般公共预算收入11 765亿元，同比增长1.6%；地方一般公共预算本级收入15 620亿元，同比增长10%。全国一般公共预算收入中税收收入23 867亿元，同比增长6.7%。具体收入包括：个人所得税收入达2 012亿元，同比增长22.2%，排名在增值税、消费税、营业税和企业所得税之后，位列第五大税种；国内消费税收入也达到2 273亿元，同比增长12.1%；房地产营业税收入达1 160亿元，增长20.2%，主要是部分地区商品房销售回暖；此外房地产企业所得税也收入652亿元，增长14%；其他一些税种则出现了收入下降的情况，印花税450亿元，同比下降1.8%，其中证券交易印花税247亿元，同比下降9.9%，资源税136亿元，同比下降24.8%，主要是因为原油、煤炭价格下降等。

2016年1—2月一般公共预算支出21 170亿元，同比增长12%。其中中央一般公共预算本级支出3 147亿元，同比下降2.1%，主要是去年同期部分支出拨付较早，基数较高；地方一般公共预算支出18 023亿元，同比增长14.9%。中央一般公共预算本级支出主要包括教育、科技、社保、医疗、住房保障等重点项目，其中教育是花钱的“大头”。中央扶贫资金增加201亿元，增长43.4%，增幅较为罕见。有关数据显示，2016年中国全口径财政收入预计20万亿元左右，这关系到今年政府是否能够提供更好的公共服务，是否有更多钱投向贫困山村的教育，以及社保医保网络是否能全方位覆盖。

资料来源：根据相关资料整理。

税收的节约与便利原则是指以最小的税收成本取得最大的税收收入。这里考察的是税务行政管理方面的效率问题。税收成本包括在征税过程中所发生的各类费用支出，它有狭义和广义之分。狭义的税收成本是指征税费用，即税务机关为征税而花费的行政管理费用，包括税务机关工作人员的工资、薪金和奖金支出，税务机关办公用具和办公设备指出，税务机关在征税过程中采用各种方法、措施而支出的费用等，政府在征税过程中耗费的人力、物力、财力等资源消耗计入征管成本。广义的税收成本除了政府征税费用之外，还包括纳税人付出的成本。纳税人履行纳税义务需要花费精力、时间，需要法律和税务咨询等，这些资源消费称为缴纳成本。税收的节约与便利原则就是指税种设置要具有易征集性、简明性及确定性，这不仅给纳税人带来便利，节省缴税的中间成本，而且便于税管部门的征管工作，降低征管成本。简化税制成为世界各国税制改革的重要目标。

3. 公共财政收入管理过程中应遵循的原则

公共财政收入管理是指对财政收入分配政策的制定、分配过程的控制和各项财政资金的管理，是财政分配制度的一项重要内容，涉及财政收入分配活动的方方面面，关系到社会经济发展和人民生活水平的提高。结合公共财政收入原则，公共财政体制下的政府财政收入管理过程中应该遵循以下原则：

（1）财政收入规模必须与政府职能相适应。财政收入的首要任务是为政府开展各项活动、充分实现政府职能提供物质保障和财力支持，这就要求财政收入的规模、结构必须适度、合理，以满足财政支出的需要。

（2）财政收入形式必须有利于财政收入分配职能的实现。财政分配是政府凭借政治权力对国民收入进行的强制性分配，既要尊重价值规律，注重效率，又要关注公共财政的公共性，实现公平、公正和公开分配。财政收入是财政分配的基础环节，必须选择有利于财政收入分配职能实现的财政收入方式，协调好各方面的利益关系，实现财政资源的合理有效配置。

（3）坚持区别对待、合理负担原则。若以实现政府职能为主要目的，财政资金的确是越多越好，而一定时期内国民经济发展水平是一定的，所能提供的资金又是有限的，两者之间始终存在矛盾，要恰当地处理这个矛盾，就应该既考虑财政支出的需要，又考虑财政收入缴纳者的承担能力，处理好不同的财政收入缴纳者之间的分配关系。

（4）财政收入管理法制化、规范化原则。政府借助政治权力取得财政收入为实现国家职能提供资金保证，带有明显的强制性，因此要求财政分配活动依法进行，实现制度化、规范化管理，使财政分配关系的客体与主体的利益分配格局处于一种合理、稳定、规范的状态。公共财政本身就是由公共对其进行规范、决定和制约的财政，不仅公共财政收入来之于民，财政支出用之于民，而且整个财政收支活动要接受公众的监督，这就要求财政分配政策和收支安排必须公开、透明，有利于社会公众监督。

8.2 财政收入的主要形式：税收

8.2.1 税收的内涵与特征

在现代经济中，税收是国家公共财政收入的主要来源。税收的本质是国家为满足社会公共需要，凭借公共权力，按照法律所规定的标准和程序，参与国民收入分配，强制取得财政收入所形成的一种特殊分配关系。因此，税收在本质上是政府为了向国民提供公共物品和公共服务而从国民处获得的融资，它体现了一定社会制度下国家与纳税人在征收、纳税的利益分配上的一种特定分配关系。税收与其他财政收入形式相比，具有强制性、无偿性、固定性三个基本特征。这三个基本特征是统一的整体，税收的强制性决定税收的无偿性，而税收的强制性和无偿性又决定和要求税收的固定性。

税收的强制性是指税收是国家以社会管理者的身份，凭借政权力量，依据政治权力，通过颁布法律或政令来进行强制征收。应缴纳者必须履行义务，应纳而不纳者要受到法律制裁。负有纳税义务的社会集团和社会成员，都必须遵守国家的税收法令，在国家税法规定的限度内，纳税人必须依法纳税，否则就要受到法律的制裁，这是税收具有法律地位的体现。强制性特征体现在两个方面：一方面，税收分配关系的建立具有强制性，即征税完全是凭借国家拥有的政治权力；另一方面，征税过程具有强制性，即如果出现了税务违法行为，国家可以依法进行处罚。

税收的无偿性是指通过征税，社会集团和社会成员的一部分收入转归国家所有，国家不向纳税人支付任何报酬或代价，即国家征税后，既不需要偿还，也不需要对纳税人付出任何代价，税收的无偿性是以国家的强制性为条件的。税收这种无偿性是与国家凭借政治权力进行收入分配的本质相联系的。无偿性体现在两个方面：一方面是指政府获得税收后无须向纳税人直接支付任何报酬；另一方面是指政府税收不再直接返还给纳税人。税收的无偿性是税收本质的体现，它反映的是一种社会产品所有权、支配权的单方面转移关系，而不是等价交换关系。税收的无偿性是区分税收和其他财政收入形式的重要特征。

税收的固定性是指税收是按照国家法令规定的标准征收的，即纳税人、课税对象、税目、税率、计价办法和期限等，都是税收法令预先规定了的，有一个比较稳定的试用期，是一种固定的连续收入。国家在征税之前，预先规定了征税对象和征收的数额或比例，这有利于保证国家财政收入的稳定性，也有利于维护纳税人的合法权益。对于税收预先规定的标准，征税和纳税双方都必须共同遵守，非经国家法令修订或调整，征纳双方都不得违背或改变这个固定的比例或数额以及其他制度规定。

专栏

“市场税”、“田税”和“车船税”

市场税。古代市场称为“市”。市是商品经济发展的产物，由来已久。商代末年，商人贸易就已出现，但当时手工业和商业都属官办，所以没有市场税收。到西周后期，由于商品经济的发展，在官营工商业之外，出现了以家庭副业为主的私营手工业和商业，集市贸易日益增多，因此出现了中国历史上最早的市场（交易）税收。周代市场在王宫北垣之下，东西平列为三区，分别为朝市、午市和晚市。市场税收实行“五布”征税制。市场税收由司市、雇人、泉府等官吏统一管理，定期上缴国库。

田税。春秋时期鲁国实行“初税亩”。据《春秋》记载，鲁宣公十五年（公元前594年），列国中的鲁国首先实行初税亩，这是征收田税的最早记载。这种税收以征收实物为主。实行“初税亩”反映了土地制度的变化，是一种历史的进步。

车船税。最早对私人拥有的车辆和舟船征税是在汉代初年。武帝元光六年（公元前129年），汉朝就颁布了征收车船税的规定，这时的征收对象还只限于载货的商船和商车。

元狩四年（公元前119年），开始把非商业性的车船也列入征税范围。法令规定，非商业用车每辆征税一算（“算”为征税基本单位，一算为120钱），商业用车征税加倍；舟船五丈以上征税一算，“三老”（掌管教化的乡官）和“骑士”（由各郡训练的骑兵）免征车船税。同时规定，对隐瞒不报或呈报不实的人给予处罚，对告发的人进行奖励。

资料来源：根据相关资料整理。

8.2.2　税收要素

税收离不开对什么征税、征多少、由谁缴纳这些问题，这些是税收的核心要素。税收制度均包括课税主体、课税客体和税率等三个最为核心的要素。其他税收要素如纳税地点、罚没等共同组成税收八大要素。

1. 课税主体

课税主体，又称纳税人或纳税义务人，是税法规定的直接负有纳税义务的单位或个人，故也称法定直接纳税人。纳税人可以是自然人，即公民个人，也可以是法人，即依法成立并能独立地行使法定权利和承担法律义务的社会组织，如社团、公司、厂商等。如个人所得税，纳税人是公民个人或家庭。企业所得税，纳税人只能是企业单位。根据实际需要，可以从不同角度对纳税人进行分类，如按国民经济部门可分为工业、农业、商业、机关、部队等，按国籍可分为中国人和外国人等。对纳税人进行合理分类，有利于体现税收政策中合理负担和区别对待的原则，协调国民经济各部门、各层次的关系。负税人与纳税人是两个不同概念。当纳税人缴纳的税款是自己负担时，纳税人与负税人是一致的。当纳税人通过一些途径将税款转嫁他人负担时，纳税人就不是负税人。

2. 课税客体

课税客体，是指税法规定的课税目的物，又称课税对象、征税对象，即对什么征税，是国家征税的基本依据，也是税收制度中的核心要素。课税对象规定着征税的范围，是确定税种的主要标志，也是进行税收分类和税法分类的重要依据。凡是列入课税对象的，就属于该税种的课征范围；凡是未列入课税对象的，就不属于该税种的课征范围。从课税范围来看，课税客体包括物和行为，前者如商品、劳务、财产、资源等，后者如证券交易等。不同的课税对象决定着税收的不同种类以及各种税收的征税特点，通常都是以课税对象为标志来划分税种并规定税名。

课税对象并不等于税源，税源是税款的最终来源。税源只能是在国民收入初次分配中已经形成的各项收入，如工资、利息、利润、地租等。这些税源可以是直接的课税对象，也可以不是直接的课税对象。如对财产的课税，课税对象是特定的财产，而税源只能是各种收入；对农民的课税，税源是农民的收益，而课税对象却可以规定为农民所占用的土地量或利用土地所生产的农作物产量。在大多数情况下，税源与课税对象并不一致。

课税客体的种类很多，按照不同的标准，可以进行不同的归类。按其性质划分，可分为流转额、所得额和财产。按其在社会再生产各环节中所表现的形态划分，可分为资源

(包括人力、物力和财力资源)、商品(包括有形的物品和无形的劳务)、所得(在国民收入分配过程中所形成的财产所得、劳动所得和营业所得)、支出(在国民收入使用过程中形成的投资支出和消费支出)、财产(包括动产和不动产)以及凭证(因生产经营活动或其他活动所书立或使用的商事凭证和产权凭证)等。

就课税客体的作用来说,一方面,课税客体是区别征税与不征税的主要因素。在社会再生产中,可以作为课税客体的事物比较多,由于政治、经济或社会的诸多原因,国家并不一定对所有可以作为课税客体的事物都征税。另一方面,课税客体是区别不同税种的主要标志。如课税客体为资源的称为资源税,课税客体为商品的称为商品税,课税客体为所得的称为所得税等。在经济发展的不同阶段,生产力发展水平不同,课税客体也不尽相同。自然经济时期,课税客体主要是农作物。商品经济初期,随着商品生产与交换的发展,课税客体主要是商品。在高度发达的商品经济时期,一些国家是以所得为主要课税客体的,商品则退居次要地位。有学者主张今后的课税客体应主要为支出。中国现阶段的课税客体主要是商品和所得,此外还包括财产和矿藏等自然资源,以及用于投资和消费方面的特定支出等。

纳税主体与纳税客体有密切联系,社会中的某一主体是不是课税主体,要由其课税客体,即征税对象确定。当某种事物成为课税客体时,有关它的占有、使用或行为主体就相应地成为课税主体。如果该种事物不再作为课税客体,有关它的占有、使用或行为主体也就不再成为课税主体。

3. 税率

税率即所课征得数额与课税对象之间的数量关系或比例,即课税尺度。税率高低直接关系到国家财政收入和纳税人的负担。税率是税收制度的核心要素,被称为“税收的眼睛”。一般来说,税率越高,税收负担越重,政府的税收就越多;反之,税率越低,税收负担越轻,政府的税收越少。税率通常用百分比的形式来表示,大致有四种形式:比例税率、累进税率、定额税率、累退税率。

(1) 比例税率。它是不论课税对象的数额大小,只规定一个比例的税率,即对同一征税对象,不分数额大小,规定相同的征税比例。中国的增值税、营业税、城市维护建设税、企业所得税等采用的是比例税率。在这种税率下,课税比例不随课税对象数额的变化而变化,始终保持在一个不变的水平上。

比例税率在实际应用中又可分为三种具体形式:单一比例税率、差别比例税率、幅度比例税率。单一比例税率,是指对同一征税对象的所有纳税人都适用同一比例税率。差别比例税率,是指对同一征税对象的不同纳税人适用不同的比例征税。具体又分为三种形式:产品差别比例税率,即对不同产品分别适用不同的比例税率,同一产品采用同一比例税率,如消费税、关税等;行业差别比例税率,即按不同行业分别适用不同的比例税率,同一行业采用同一比例税率,如营业税等;地区差别比例税率,即区分不同的地区分别适用不同的比例税率,同一地区采用同一比例税率,如城市维护建设税等。幅度比例税率,是指对同一征税对象,税法只规定最低税率和最高税率,各地区在该幅度内确定具体的使用税率。

(2) 累进税率。它是按照课税对象数额的大小,规定不同等级的税率,课税对象数额越大，税率越高。累进税率又分全额累进税率和超额累进税率。全额累进税率是课税对象的全部数额都按照与之相适应的等级的一个税率征收，课税对象数额越大，所适用的税率越高。超额累进税率则是把课税对象按数额的大小划分为若干个不同等级部分，对每个等级部分分别规定相应的税率，分别计算税率。全额累进税率的计算比较简单，取得税收多，但缺点是负担不尽合理；超额累进税率幅度比较缓和，一定程度上克服了全额累进税率的缺陷（见表 8-1）。

表 8-1　全额累进税率和超额累进税率比较

应税所得额（元）	适用税率（%）	全额累进税额（元）	超额累进税额（元）	超额累进平均税率（%）
1 000	10	100	100	10
2 000	20	400	1 000×10%+(2 000−1 000)×20%=300	15
5 000	30	1 500	300+(5 000−2 000)×30%=1 200	24
10 000	40	4 000	1 200+(10 000−5 000)×40%=3 200	32

平均税率是全部应征税额占课税对象数额的比例，用公式表示为：平均税率＝（全部应征税额/课税对象数额）×100%。

(3) 定额税率。它不是按照课税对象规定征收比例，而是按照征税对象的计量单位规定固定税额，所以又称为固定税额，一般适用于从量计征的税种。其优点是从量计征有利于鼓励纳税人提高产品质量。由于税额的规定同价格的变化情况无直接关联，在价格提高时不能使国家财政收入随国民收入的增长而同步增长，在价格下降时则会限制纳税人的生产经营积极性。定额税率同价格没有直接联系，一般适用于从量定额征收。在具体运用上又分为：地区差别税额，即为了照顾不同地区的自然资源、生产水平和盈利水平的差别，根据各地区经济发展的不同情况分别确定的不同税额；幅度税额，即中央只规定一个税额幅度，由各地根据本地区实际情况，在中央规定的幅度内，确定一个执行数额。

(4) 累退税率。它与累进税率相反，就是按照课税对象数额的大小，规定不同等级的税率，课税对象数额越大，税率越低。这种税率由于不符合税收合理负担、应能负担的原则，一般不被采用。但在某种特定条件下，为达到特定目的，作为一种过渡办法也可能被用到。比例税、累退税和累进税的比较如表 8-2 所示。

表 8-2　比例税、累退税和累进税的比较

	比例税		累退税		累进税	
收入（美元）	税收量（美元）	收入百分比（%）	税收量（美元）	收入百分比（%）	税收量（美元）	收入百分比（%）
50 000	12 500	25	15 000	30	10 000	20
100 000	25 000	25	25 000	25	25 000	25
200 000	50 000	25	40 000	20	60 000	30

8.2.3 税收分类

税收分类是按一定标准对各种税收进行的分类，一个国家的税收体系通常是由许多不同的税种构成的。每个税种都具有自身的特点和功能，但有些税种也具有共同的性质、特点和相近的功能，从而区别于其他各种税收而形成一类。一个国家的税收是由许多不同的税种构成的。

由于研究目的不同，对税收分类可以采用不同的标准，从而形成不同的分类方法。通过对税收进行科学的分类，不仅能够揭示各类税收的性质、特点、功能以及各类税收之间的区别与联系，有利于建立合理的税收结构，充分发挥各类税收的功能与作用，而且对于研究税收发展的历史过程、税源的分布与税收负担的归宿以及中央与地方政府之间税收管理和支配权限的划分都具有重要的意义。

（1）按照课征对象的不同，分成所得税、流转税、财产税、资源税等。所得税是直接依据纳税人的所得额或收益额征收的税；流转税又称商品税、货物税、营业税或销售税，是依据商品或劳务买卖中的流转额或增值额课征的一种税；财产税是对纳税人拥有或支配的财产征收的一种税；资源税是对从事资源开发的单位和个人就列举的应税资源课征的一种税；行为税是以纳税人的某种特定行为为课税对象的一种税；产品税是指在产品市场上课征的税；要素税是在要素市场上课征的税。

（2）按照是否直接依纳税人的纳税能力征收来划分，税收可以分为对人税与对物税。对人税是指根据人的纳税能力课税，是对个人或家庭征收的；对物税是根据经济活动，诸如购买、销售或对财产的持有而征收的税，可以对家庭征收，也可以对企业征收。

（3）按照税负是否可以转嫁来划分，税收可以分为直接税与间接税。直接税是指税负难以转嫁的税种，如个人所得税、财产税等；间接税是指税负相对容易转嫁的税种，包括对商品或劳务的交易课征的税种，如营业税、消费税、关税等。

（4）按照税收的计征标准可以分为从价税与从量税。凡以课税对象的价格为标准，按一定比例计算征收的为从价税；凡是以课税对象的重量、容积、面积、数量为计征标准的为从量税。

（5）按照税收与价格的关系分类，可以分为价内税与价外税。价内税的税金是作为价格的组成部分，如消费税；价外税的税金是作为价格以外的附加，如增值税。

（6）按照税收的用途分类，可以分为一般税和特定税。一般税是指满足一般性财政需要的税种；特定税是指支付特定财政需要的税种，如社会保障税。

（7）按照税收的归属关系划分，可以分为中央税、地方税及共享税。

8.3 税收的公平与效率

8.3.1 税收与效率

税收效率是从资源配置的角度考察税收对资源利用和社会福利的影响。无谓损失又称社会净损失，指由于市场未处于最优运行状态而引起的社会成本，即当偏离竞争均衡时，所损失的消费者剩余和生产者剩余。消费者剩余从消费者角度衡量经济福利，生产者剩余从生产者角度衡量经济福利。生产者剩余与消费者剩余之和是社会总剩余，用以衡量社会总的经济福利。

社会净损失是垄断、关税、配额、税收或其他扭曲等因素导致的生产者和消费者都得不到的那部分。例如，当垄断企业抬高价格时，消费者将减少消费，这样将导致减少的数量中本来可以实现的消费者剩余都流向了社会，这种社会性损失，就是社会净损失。

需求曲线衡量的是消费者的支付意愿。支付意愿是指买者愿意为某种商品支付的最高价格，它衡量买者对商品的价值评价。消费者剩余可以用买者支付意愿减去买者的实际支付量来衡量。买者愿意为一种物品支付的量减他们实际支付的量，所得差额就是消费者从购买中感觉到的利益。如图 8-1 所示，阴影部分为消费者剩余，需求曲线以下和价格以上的面积是市场的消费者剩余。图 8-2 表示的是当减税后价格变动时消费者剩余的变化情况。

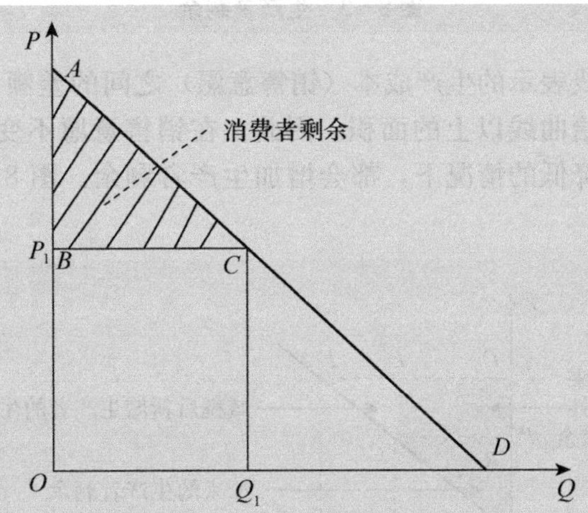

图 8-1　消费者剩余

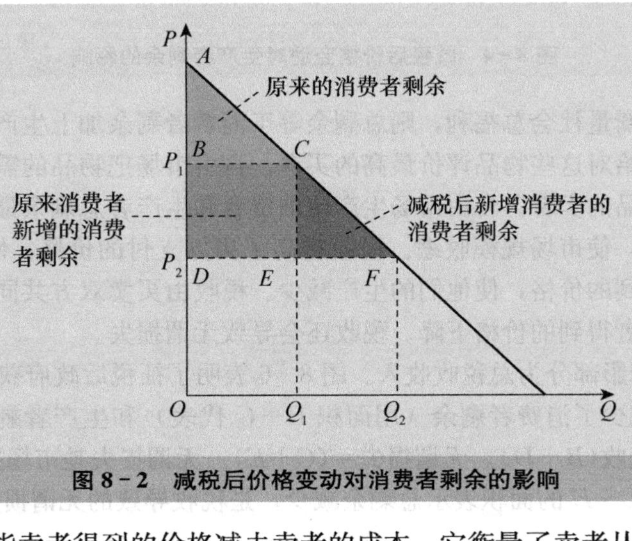

图 8-2　减税后价格变动对消费者剩余的影响

生产者剩余是指卖者得到的价格减去卖者的成本，它衡量了卖者从参与市场中得到的利益。供给曲线衡量的是生产者的成本和卖者的销售意愿，可以利用供给曲线衡量生产者剩余。如图 8－3 所示，价格以下和供给曲线以上的面积是市场的生产者剩余。

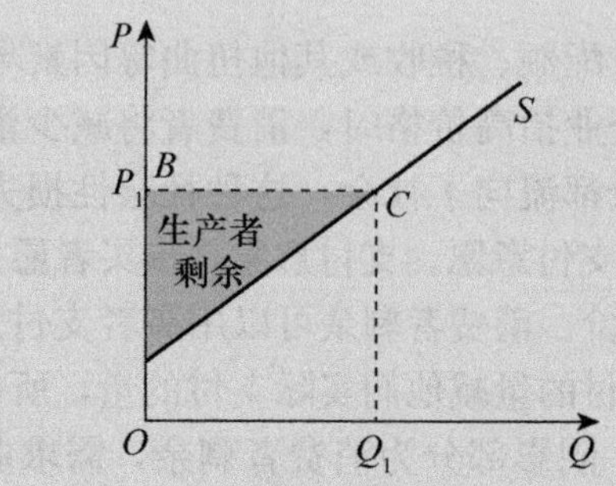

图 8－3　生产者剩余

销售价格和供给曲线表示的生产成本（销售意愿）之间的差额，就是卖者的生产者剩余，它是价格以下，供给曲线以上的面积。因此，在销售意愿不变的情况下，价格提高，或者在价格不变，成本降低的情况下，都会增加生产者剩余。图 8－4 表示减税后价格变动时的生产者剩余。

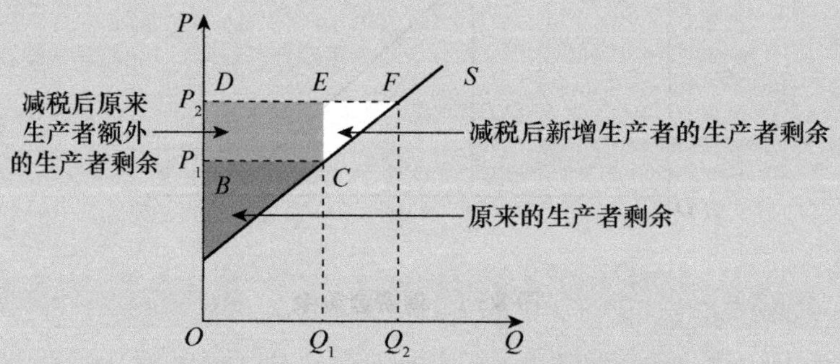

图 8－4　减税后价格变动对生产者剩余的影响

利用总剩余来衡量社会总福利，则总剩余等于消费者剩余加上生产者剩余。自由市场把物品的供给分配给对这些物品评价最高的买者。自由市场把物品的需求分配给可以以最低成本生产这些物品的卖者。自由市场生产使消费者和生产者总剩余最大化的产量。税收会使均衡产量减少，使市场规模收缩。税收提高了买方支付的价格，使他们的消费减少。税收降低了卖方得到的价格，使他们的生产减少。税收由买卖双方共同分担，使买者支付的价格上升，使卖者得到的价格下降。税收还会导致无谓损失。

图 8－5 中的阴影部分为总税收收入。图 8－6 表明了征税后政府获得的收益$=T\times Q$。图 8－7 所示征税减少了消费者剩余（用面积 $B+C$ 代表）和生产者剩余（用面积 $D+E$ 代表）。政府得到税收$(B+D)$。无谓损失$=(C+E)$。无谓损失是市场扭曲（比如收税）引起的总剩余减少，$C+E$ 的面积表示总剩余减少，是税收导致的无谓损失。

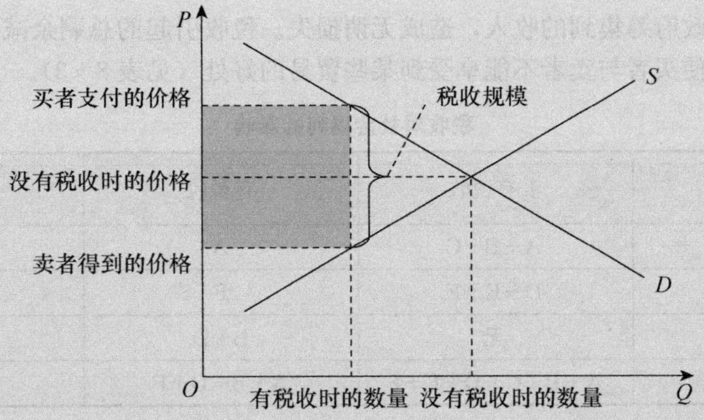

图 8-5　价格与税收规模

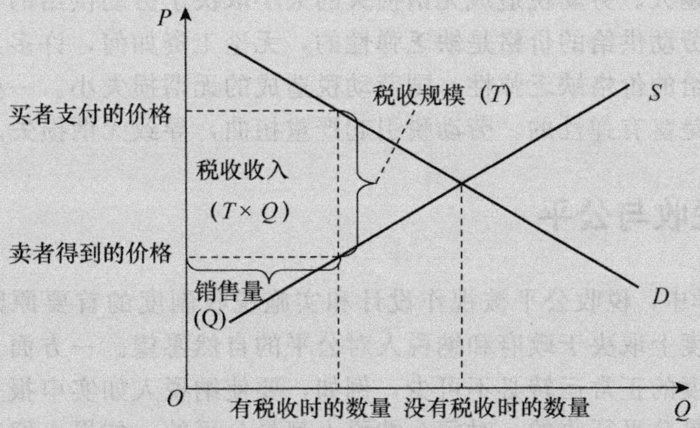

图 8-6　税收收入

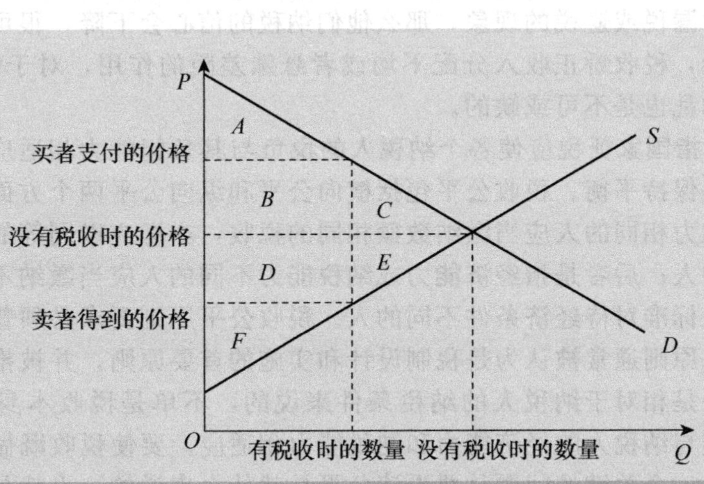

图 8-7　无谓损失

税收使得消费者剩余减少、生产者剩余减少，政府获得税收收入，买者和卖者因税收受到的损失大于政府筹集到的收入，造成无谓损失。税收引起的总剩余减少、税收引起无谓损失是因为它使买者与卖者不能享受到某些贸易的好处（见表 8－3）。

表 8－3　　税收对社会福利的影响

	没有税收	有税收	变动
消费者剩余	A+B+C	A	－（B+C）
生产者剩余	D+E+F	F	－（D+E）
税收收入	无	B+D	+（B+D）
总剩余	A+B+C+D+E+F	A+B+D+F	－（C+E）

无谓损失的大小取决于供给和需求的价格弹性。供给和需求的价格弹性越大，税收导致的无谓损失就越大。供给和需求的价格弹性越大，均衡数量下降得越多，税收的无谓损失也就越大。劳动税造成无谓损失的大小取决于劳动供给的价格弹性。一些经济学家认为，劳动供给的价格是缺乏弹性的，无论工资如何，许多人都要从事全职工作。若劳动供给的价格缺乏弹性，则劳动税造成的无谓损失小。一些经济学家相信劳动供给的价格是富有弹性的。劳动税引起严重扭曲，导致无谓损失。

8.3.2　税收与公平

在公共经济学中，税收公平被视作设计和实施税收制度的首要原则。税收公平的重要性在很大程度上取决于政府和纳税人对公平的自然愿望。一方面，税收的公平性对于维持税收制度的正常运转必不可少，例如，要使纳税人如实申报并依法纳税，必须使其相信税收是公平征收的，对每个纳税人都是公平的。如果人们看到与他们富裕程度相同甚至远较他们富裕的人少缴纳很多税甚至享受免税待遇，如果人们认为现实税制下存在着偷漏税或避税的现象，那么他们纳税的信心会下降，很可能逃税以至于抗税。另一方面，税收矫正收入分配不均或者悬殊差距的作用，对于维护社会稳定、避免爆发社会动乱也是不可或缺的。

税收公平是指国家征税应使各个纳税人的税负与其负担能力相适应，并使纳税人之间的负担水平保持平衡。税收公平包括横向公平和纵向公平两个方面。前者是指经济能力或纳税能力相同的人应当缴纳数额相同的税收，亦即应以同等的课税标准对待经济条件相同的人；后者是指经济能力或纳税能力不同的人应当缴纳不同的税，亦即应以不同的课税标准对待经济条件不同的人。税收公平原则要求必须普遍课征和平等课征。税收公平原则通常被认为是税制设计和实施的首要原则，并被推为当代税收的基本原则。公平是相对于纳税人的纳税条件来说的，不单是税收本身的绝对负担问题。税收负担应与纳税人的经济能力和纳税能力相适应。要使税收既做到横向公平又保证纵向公平，一个关键的问题是要弄清公平是就什么来说的，也就是要确定以什么样的标准来衡量税收公平与否。

衡量税收公平原则的标准有两个，即受益原则和能力原则。(1) 受益原则。根据纳税人从政府提供的公共物品中受益的多少，判定其应纳税的多少和税收是否公平，受益多者应多纳税，反之则相反。受益原则的确能够适用于公路使用的课税和社会保险方面以及城市设施的建设，但是受益原则不适用于大多数的公共产品，如国防、教育、社会治安方面。(2) 能力原则。根据纳税人的纳税能力来判断其应纳税额的多少和税收是否公平，纳税能力强者即应多纳税，反之则相反。

8.3.3　税收在公平与效率之间的平衡

1. 税收公平与效率的逻辑关系

税法意义上的税收公平与效率的关系是既矛盾又统一的逻辑辩证关系。在具体税种与税收政策的立法价值选择上很难同时兼顾公平与效率。公平原则主要强调纵向公平中的量能负担，而效率原则更强调经济效率，即税收应尽量避免对经济产生干扰，而应促进资源的有效配置与经济的稳定增长，如果实现了经济效率目标，则很有可能拉开社会成员间的贫富差距，并进而破坏税收的公平特性。就一国整体税收制度而言，公平与效率是可以且必须是统一的。

提高效率是公平得以践行的物质基础。公平须是有效率的公平，没有效率的公平最终只能成为无本之木。税收公平是实现经济效率的前提。不公平的税收必然会挫伤纳税人的积极性，使社会发展缺少直接激励动力，税收效率自然无从谈起。

真正的效率必须能涵纳公平的特性。从一般税种类型的划分上，商品税利于提高经济效率，而所得税则利于彰显税收公平。在对税收的根本体制进行设计时，很多国家都尝试通过立法设计复合型的税制来实现公平与效率的目标，而有些国家从本国国情出发，在设计本国税制时实行了以公平或以效率为侧重点的税收立法体制，这也形成了效率型税制与公平型税制两类税制，中国的整体税制更偏向于一种效率型税制。

公平的程度虽能促使整体经济从数量型向质量型的发展，却不能动摇市场经济追求效率的目标特征，更不能影响效率是创造社会财富的源泉、是市场经济内生的要求和动力的本质属性；效率的本质特征在于对稀缺资源的客观反映和对利益最大化的极端追求，追求效率的最大化是不以人们的意志为转移的①，即追求效率是经济人的本质要求，具有更多的私人性，而公平则不是经济人考虑的首要因素，其具备更多的社会性。

2. 公平与效率相互契合的有机统一体

在一个税收效率低下的社会里，公平的表现形式是简单的均等。

导致低税收效率的祸首不是税收公平，恰恰是税收的不公平。税收上的不公平必然产生效率的低下，并抑制个人或群体创造财富的积极性。只有让公平与效率相互契合，个税及所有税种才能作为推动经济和社会发展的良性润滑剂。

不公平的税收在任何时候都会直接或间接制约与阻碍效率的提高：社会的财富分配差距过大，则会导致广大的中低收入群体的有效购买力下降，使得有效需求不足。

---

① 张怡. 论非均衡经济制度下税法的公平与效率. 现代法学，2007 (4).

效率目标实现的一个重要条件是合理的激励机制。如果社会中的广大中低收入群体通过不断的努力与勤奋劳动不能改善自身的处境，将会造成社会的不稳定，最终会损害效率目标的实现。因此，要坚持不懈地发挥税收促进经济发展和提高经济效率方面的作用，以鼓励自由、良性的竞争；强化税收在社会财富公平分配方面的功能，调整税制中不符合公平与效率原则的各项具体制度，以实现社会公平的目标。

专栏

百姓最关注的是税收公平

无论财税改革难度多大，注重了公平，改革就能凝聚最大的共识，为打破利益藩篱创造应有条件。面对财税体制改革低于预期的担忧，财政部部长楼继伟在十二届全国人大四次会议记者会上坦言，当前财税体制改革的部分进度确实比原计划“慢了一些”。楼继伟同时透露了推进税制改革的部分时间表和主要思路：2016 年主要税种“营改增”“一定要完成”；个人所得税要把个人所得收入 11 项综合在一起，然后进行分类扣除并在今年进行相关修法；房产税目前尚处在财政部配合有关部门的立法阶段；对于事权和支出责任划分的改革，需要各方面共同推进。

党的十八届三中全会部署的财税体制改革，包括改进预算管理制度、完善税收制度、建立事权和支出责任相适应的制度，其中许多方面的改革低于预期。之所以出现这种情况，楼继伟给出了主要答案：“全面深化改革也进入了一个攻坚期和深水区，旧的思想观念、利益藩篱也是干扰改革实施的阻碍。”什么是旧的思想观念、利益藩篱？就是基于现行财税体系形成的利益格局仍没有真正被触动。财税改革涉及最深度的利益调整，没有整体协调，很难全面推进。

但是，这不是财税改革落地率不高的充分理由。财税改革处于全面深化改革的最前列，在很大程度上决定着其他领域改革的方向和进度，具有“牵一发而动全身”的作用，因此，改革等不得。在改革阻碍因素难以在短时间内排除的情况下，提高财税改革的落地率，必须进一步优化顶层设计，提出更有操作性的实施方案，适当调整改革推进顺序，尽可能为财税改革找到更多共识。比如，过去不同行业的“营改增”试点中，尽管 17%的税率并不高，但有的行业和企业由于种种原因并未因此实现减负，这给“营改增”下一步的推广带来了困扰。面对这种情况，需要更明确什么可以纳入抵扣范围、如何缩小税基，提出更明确的行动方案，同时保证所有行业税负只减不增的承诺不会打折。又如，财税改革遭遇的阻力表明，央地事权和支出责任的划分需以明确划分财税体系为前提。这就要求以更快速度推进建立包括资源税、消费税等税种在内的地方新财税体系。地方财税平稳，事权和支出责任的划分改革才能推动。

对百姓而言，最关注的是税收公平问题。对于个税、房产税等“敏感”税种，其改革思路应当始终把推进公平作为优先考量。

资料来源：根据相关资料整理。

8.4　税负转嫁与归宿

8.4.1　税负转嫁与归宿的内涵

税收转嫁指纳税人在缴纳了税款以后，通过经济交易将税收负担转移给他人的过程。最初缴纳税款的法定纳税人，不一定是该项税款的最终负担者。只要某种税收的纳税人和负税人不是同一个人，便发生了税收转嫁。

税负转嫁是在经济活动中纳税人通过各种途径减少自己承担的税额，实现降低成本、提高收益的过程。一般是通过压低生产资料的购入价和提高自产商品的出售价来实现。它具有三个特征：一是与价格升降紧密相关；二是各经济主体由于所处社会地位和规模大小的区别，所承担的税负水平不一致；三是在理性经济人作为一般假设前提的情况下，市场中经济主体出于利益最大化行为准则在面对政府课税时，必然会主动选择税负转嫁。

税负归宿是指政府课税后由谁来承担税负，是税收政策调节经济的目标之一。国家对商品课税，其税负运动有三种结果：一是税负无法转嫁，完全由税法规定的纳税人承担；二是税负完全转嫁出去，或者由商品购买者承担，或者通过压低进价由上游产业企业或个人承担，或者由两者分别承担；三是法律规定的纳税人通过税负转嫁，使税负中的部分自己承担，部分转嫁出去。国家对纳税人课税，其税负的运动结果有三种情况：一是纳税人通过转嫁使税负最终落在负税人身上；二是税负无法转嫁而由纳税人自己承担；三是转嫁一部分，纳税人自己承担一部分。不管出现何种情形，税负总是要由一定的人来承担，归着于一定的人身上。西方财政学认为，税收从征收到最终找到归宿，要经过三个环节，即政府向纳税人征税，然后发生税负转嫁，最后税收负担落在负税人身上。税收转嫁是介于税收冲击点与税收归宿点之间的中间过程。

由于税负转嫁的存在，纳税人与实际税负人在实际中不一定是一致的，因而税负归宿有法定归宿和实际归宿之分。税负由税法上规定的纳税人承担，则称法定纳税人为税的法定归宿，即名义归宿。税负不由纳税人承担而是由其他人承担，则税负的实际承担者为实际归宿。从法定归宿到实际归宿，可能只需要一次转嫁就能完成，也可能需要经多次转嫁才能完成。在税务完全不能转嫁的特殊情况下，法定归宿即实际归宿。典型税收转嫁包括：

(1) 前转，亦称顺转，指在经济交易过程中，纳税人通过提高其所提供的产品或生产要素价格，将纳税款向前转移给产品或生产要素的购买者或最终消费者的一种形式，即由卖方向买方转嫁。前转是税收转嫁最典型、最普遍的形式，多发生在商品或劳务课税上。例如，产品制造商通过提高商品出厂价格，把税负转嫁给批发商，批发商再把税负转嫁给零售商，最后零售商又把税负转嫁给消费者。所以名义上的纳税人是产品或劳务的销售者，实际上税收负担者是商品或劳务的消费者。

(2) 后转，亦称逆转，即纳税人将其所纳税款，以压低生产要素进价或降低工资、延长工时等方法向后转移给生产要素提供者负担的一种形式。税负转嫁表现为向后转，是因为在市场供求条件下，不允许纳税人以提高商品销售价格的方法向前转移税收负担。例如，在零售环节对某种商品课税，但该商品零售价格因市场供求关系难以提高，这时零售商便不能通过提高商品售价把税负转嫁给消费者，而只能设法通过压低进货价格，把税负逆转给批发商，批发商再逆转给产品制造商，产品制造商又通过压低原料价格、劳动力价格（工资）或延长工时等方法，把税负转嫁给原料供应者和雇佣工人。名义上的纳税人是零售商或产品制造商，但实际上税收的负担者是原料供应者和雇佣工人。

8.4.2 税负转嫁的前提条件

税负转嫁的前提条件主要在于以下四个方面：

（1）商品经济的存在。税负转嫁的过程就是商品交易的过程，是伴随着商品价值实现而产生的。如果没有商品交换，就不会有税负转嫁。商品经济是税负实现转嫁的经济前提。在自然经济社会里，自给自足的农业生产消费模式在国民经济生活中占主导地位，产品一般不通过市场交换，国家课征的税多数由土地所有者负担。随着生产力不断发展，商品交换大规模出现并逐渐取代自然经济生产经营模式。在这种条件下，商品的内在价值通过货币表现为价格，商品经济突破了时间和地域的限制而大规模地发展起来，这为商品税的开征提供了广阔的场所，同时也为税负通过价格变动实现转嫁提供了可能。

（2）自由定价体制的存在。税负转嫁与商品价值实现过程是同步的，而商品价值在商品经济中是通过价格来体现的，所以税负的转嫁和价格因素密切相关。有些税种的负担可以通过价格变动实现直接转嫁；有些税种的负担是通过改变资本投向来影响商品供求关系，进而间接地通过价格的变动影响税负归宿。不论税负转嫁以何种形式实现，不论转嫁方式是直接还是间接，价格变动是其必然途径。如果没有价格自由变动，就不存在税负转嫁。供需价格弹性是影响税负转嫁最直接的因素。在自由竞争的市场中，商品的价格弹性直接影响着商品价格变动后销量的大小，进而影响销售者的综合收益。商品是否需要提高价格，由市场上供需价格弹性相对大小决定，这样供需价格弹性成为影响税负转嫁的关键因素。商品税往往会向弹性较小的方向转嫁，承受税负转嫁的一方由于可替代商品较少，或者短期无法改变相应策略，只能承担转嫁过来的税负。

（3）纳税人的物质利益驱动，是税负转嫁产生的根本动因。物质利益是人们进行社会活动的物质动因。课税具有法律强制性，企业在其作为纳税人不能抵抗政府课税时，为了保证经济利益不受损失或把损失减少到最低限度，就采取变动商品价格的办法将税负转嫁给他人。由此观之，作为纳税人的企业的逐利动机是税负转嫁的动力机制。企业转嫁税负的动力机制是否存在，取决于企业的性质和状态。

（4）纳税人利益的刚性与行政法律控管能力呈现一定的差距，使税负转嫁具有外部环境。税收是通过对经济利益的诱导来影响和调节生产经营者的经济行为的。税负运动只有依靠国家行政力量作为原动力和国家机构有效的行政管理，才能做到有序运行。法律制度是税负运动的强有力后盾，是规范税负运动的依据，要求依法办事。由于作为纳税人的生产经营者的经济利益与国家利益存在矛盾，客观上要求行政管理科学化、规范化，法律制度健全化，执法机制有效化，以增强对税负运动的控管能力，保证税负运动的有序性和有效性。纳税人利益的刚性与行政法律的控管能力之间的差距，为税负转嫁提供了契机。

税负转嫁是建立在商品价格与价值背离的基础上，出于纳税人追求尽可能多的经济利益的心理动机，通过价格变化实现的一种国民收入再分配方式。在中国实行高度集中的计划经济体制时，基本不存在税负的转嫁。在实行市场经济体制之后，税负转嫁在客观上必然存在。在高度发达的市场经济体制下，赢利是商品的生产者、经营者和其他市场主体进行一切生产经营活动的根本动机。随着中国经济体制的改革，自由定价制度基本形成，企业有了很大的定价权，生产者会想方设法在合理且合法的情况下，通过转嫁、减少自身税负来获得更多收益或降低成本，这是一种必然的经济倾向，也是一种经济理性行为。在实际的经济生活中税负转嫁现象必然客观存在。

8.4.3　税收转嫁与归宿的局部均衡

局部均衡分析是在假定其他条件不变的情况下，分析一种产品或一种生产要素的供给和需求达到均衡时的价格决定。对从量计征产品税的情况进行分析后知道，不论是向买者征税还是向卖者征税，最后都是由买者和卖者共同分担。首先分析向卖者，即向供给方征税的结果。假定政府征税前某产品的供给曲线和需求曲线如图 8－8 所示，D 为需求曲线，S 为供给曲线，均衡点为 E_0，P_0、Q_0 分别为均衡价格和均衡产量。

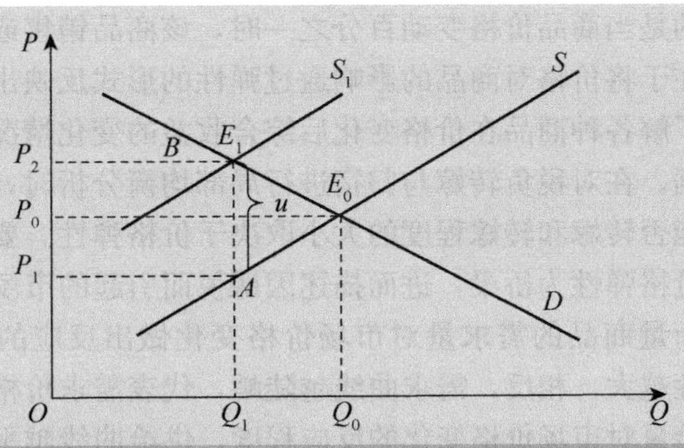

图 8－8　对卖者征收从量税

现在政府向卖方征收 u 单位的从量税，则意味着卖方的成本上升了。为了在缴税后保持原有的收入水平，厂商必然希望每单位产品向购买者多收取 u 单位的价格，这样就导致供给曲线从 S 平行移动到 S_1，新的均衡点为 E_1，均衡价格和均衡产量分别为 P_2 和 Q_1。由于征税，产量从 Q_0 下降到 Q_1，买者支付的价格从 P_0 提高到 P_2，卖者得到的价格从 P_0 下降到 P_1，政府获得了 $P_1P_2E_1A$ 的税收，其中卖者（生产者）承担了 P_1P_0，买者承担了 P_0P_2。

如果政府对买者，即需求方征收 u 单位的从量税，如图 8－9 所示，D 为需求曲线，S 为供给曲线，均衡点为 E_0，P_0、Q_0 分别为均衡价格和均衡产量。需求价格提高，导致需求减少，需求曲线将由 D 平行下移至 D_1，供给曲线 S 和新的需求曲线 D_1 决定新的均衡点 E_1，产量由 Q_0 降至 Q_1，P_2 为税后消费者支付的价格，P_1 为生产者获得的价格，

$P_1P_2AE_1$ 为政府获得的税收，其中卖者（生产者）承担了 P_1P_0，买者承担了 P_0P_2。

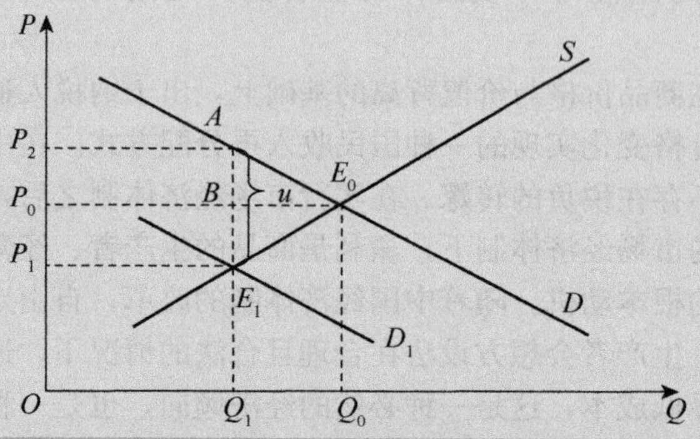

图 8-9　对买者征收从量税

从分析中可以看出，在征收从量税时，税收最终由谁负担，和名义上由谁纳税无关。税负的转嫁和归宿是由税后的均衡价格决定的，买者支付的价格比税前均衡价格提高的部分由买者承担，税收的其余部分必须由卖者向后转嫁或自行承担。税收就像在买者支付的价格和卖者得到的价格之间打入了一个楔子，使得市场销售量低于没有税收时应该达到的水平。

8.4.4　弹性与税负转嫁和归宿

供需价格弹性指的是当商品价格变动百分之一时，该商品销售或者需求量变动的百分比。价格弹性的意义在于将价格对商品的影响通过弹性的形式反映出来，通过直接对比弹性大小，可以直观地了解各种商品在价格变化后综合收益的变化情况，为经济主体施行价格策略时提供数理依据。在对税负转嫁与归宿进行局部均衡分析时，必然会涉及供需价格弹性，这是因为税负能否转嫁和转嫁程度的大小取决于价格弹性。要考察价格和税负转嫁的关系，必须以供需价格弹性为桥梁，进而描述因课税而引起的市场平衡的打破。

需求价格弹性是衡量商品的需求量对市场价格变化做出反应的程度，需求曲线越平坦，代表需求价格弹性越大，相反，需求曲线越陡峭，代表需求价格弹性越小；供给价格弹性是衡量商品的供给量对市场价格变化的反应程度，供给曲线越平坦，代表供给价格弹性越大，供给曲线越陡峭，代表供给价格弹性越小。某种产品需求价格弹性越大，供给价格弹性越小，则税收负担越难以向前转嫁给需求方，而只能由供给方自行负担或向后转嫁；反之，需求价格弹性越小，供给价格弹性越大，则税收负担容易通过提高价格的方式向前转嫁给需求方。买卖双方在价格变化时产量的调整能力越强，就越是容易处于有利地位，越可以承担较小的税负。

当需求曲线变陡峭而供给曲线变平时，表明需求价格弹性趋小，供给价格弹性趋大，税后均衡价格升高幅度大，这意味着买方税收负担增加。反之则卖方负担增加。由此可知，如果课税产品属于生活必需品、不易替代产品、用途狭窄产品或耐用产品，由于这类产品需求价格弹性较小，消费者在税收的转嫁中处于不利地位，政府所征之税会更多地向前转嫁到消费者身上。如果征税产品属于奢侈品、易于替代产品、用途广泛产品或非耐用品，由于这类产品需求价格弹性较大，消费者将在税负的转嫁中处于有利地位，政府所征之税会更多地向后转嫁或不能转嫁，而落在生产要素提供者或生产者身上。

如果征税产品属于资本密集型产品或生产周期较长的产品，那么这类产品的生产规模变动较难，其供给价格弹性较小，生产者将在税收的转嫁中处于不利地位。政府所征之税会更多地向后转嫁或不能转嫁，而落在生产要素提供者或生产者身上。反之，如果课税产品属于劳动密集型产品或生产周期较短的产品，那么，由于这类产品的生产规模变动容易，其供给价格弹性较大，生产者将在税负转嫁中处于有利地位，政府所征之税会更多地向前转嫁，而落在消费者身上。

如果课税的范围较窄，则课税产品的替代性较大，消费者可减少对该产品的需求而增加对其他产品的需求，因而课税产品的需求价格弹性较大，税负向卖方转嫁；如果课税的范围较大，涉及所有同类产品，消费者就难以通过增加对替代产品的需求来避让税收负担，则课税产品的需求价格弹性较小，税负易由买方承担。政府对劳动力、资本、土地等要素征税，即对工资收入、利润（利息）收入或土地收入的课税，一般采用比例的从价税。

税负归宿是税收分配和再分配的结果，学习税负转嫁与归宿具有重要意义。对于政府来说，不仅有助于弄清税是由谁负担的，更重要的是有助于政府建立合理的税制。

8.5 中国税收制度与改革

8.5.1 中国税收制度概况

税收制度即国家制定的用来约束人们征纳税行为的一系列规则。税制的构成是一个国家的文化传承、价值准则、道德观念、法律规范和实施手段的总和。税收制度是一个主权国家为实现其国家职能和经济发展目标而制定的一整套税收法规、税收管理体制和税收征管办法的总称，是国家责成其代理人（征税机关）向纳税人征税的法律依据和工作规程。一国的税收制度可以较全面地反映其政治制度、社会制度、经济制度和法律制度的特征。

从最深的含义看，税制也是人的利益及其选择的结果。根据马克思主义基本原理，社会生产力发展水平及其经济基础决定着上层建筑及其制度的形成。有什么样的经济条件、什么样的社会环境，就必然产生什么样的制度约束。正是人们在追求效用（或收入）最大化的过程中，不断地发明、创造或改变着一系列税收规则或规范，使之成为今天体现各种国家特色和经济特点的税制。

从制度安排角度看，税制也是人与人之间某种契约关系的体现。制度安排是制度的具体化。税收制度的安排完全体现了征税人和纳税人之间的契约形式或契约关系。

税制作为具体制度，必然受制于基本制度，并服从和服务于基本制度，任何一个国家的税收制度都是由生产力发展水平、生产关系性质、经济管理体制以及税收所应发挥的作用所决定的，都体现着其政治制度、社会制度、经济制度和法律制度的特征。税收制度反映的是国家及其委托代理人（税务机关）与纳税人三者之间的关系。税收制度是以法律法规形式固定下来的规则和规范，带有很强的法律制度特点。中国税制是一个既有着制度共性内涵，又体现了鲜明制度个性内涵的制度体系。

8.5.2 中国现行主要税种

按课税对象的性质不同，中国现行税种主要分成五大类：流转课税，包括增值税、消费税、营业税、关税；所得课税，主要包括个人所得税、企业所得税等；财产课税，主要有房产税、契税、车船税等；资源课税，主要包括资源税、盐税等；行为课税，主要有土地使用税、耕地占用税、固定资产投资方向调节税等。

1. 个人所得税

个人所得税是对中国公民个人和在中国境内的外籍个人取得的应税所得征收的一种税，或者说是以纳税人个人所得为课税对象的一种税。

个人所得税的征税范围。凡在中国境内有住所，或者无住所而在中国境内居住满 1 年的居民纳税人，无论是在中国境内还是在境外的个人所得，均应征收个人所得税；在中国境内无住所又不居住或者在中国境内无住所而在境内居住不满 1 年的个人，也称非居民纳税人，只就从中国境内取得的所得征收个人所得税。

课税对象。个人所得税的课税对象，是指税法规定的各项所得，包括：工资、薪金所得，个体工商户的生产、经营所得，承包经营、承租经营所得，劳务报酬所得，稿酬所得，特许权使用费所得，利息、股息、红利所得，财产租赁所得，财产转让所得，偶然所得，经国务院财政部门规定的其他所得。

税率。个人所得税依据不同的所得，适用不同的税率。工资、薪金所得，适用超额累进税率，税率为 5%～45%；个体工商户的生产、经营所得，对企事业单位的承包经营、承租经营所得，适用 5%～35%的超额累进税率；劳务报酬所得，适用比例税率，税率为 20%，劳务报酬一次所得畸高的，可以实行加成征收；稿酬所得，适用比例税率，税率为 20%，并按应纳税额减征 30%；特许权使用费所得，股息、红利所得，财产租赁所得，财产转让所得，偶然所得，适用比例税率，税率为 20%；利息所得，比例税率为 5%。

专栏

新个税法增加了居民的福利

2018 年 8 月 31 日，全国人大通过了《中华人民共和国个人所得税法》（简称新个税法），这是中国个人所得税法的第七次修订。新个税法于 2019 年 1 月 1 日起全面施行。新个税法将工资薪金所得基本减除费用标准提高至 5 000 元/月，并首次提出子女教育支出、继续教育支出、大病医疗支出、住房贷款利息或住房租金、赡养老人等专项附加扣除，同时扩大 3%、10%、20%三档低税率的级距，缩小 25%税率的级距，30%、35%、45%三档较高税率级距不变。

5 000元的基本减除费用标准是统筹考虑了城镇居民人均基本消费支出、每个就业者平均负担的人数、居民消费价格指数等因素后综合确定的。根据国家统计局抽样调查数据测算，2017年我国城镇就业者人均负担的消费支出约为每月3 900元，按照近三年城镇居民消费支出年均增长率推算，2018年人均负担的消费支出约为每月4 200元。基本减除费用标准确定为每月5 000元，不仅覆盖了人均消费支出，而且体现了一定的前瞻性。修法后个人所得税的纳税人占城镇就业人员的比例将由44%降至15%。新个税法的颁布，意味着中国终于由分类税制向综合和分类相结合的征收方式迈出步伐，但同时也给未来的公安、金融、教育、医疗、养老等多个体系的信息联动机制和征管系统升级等方面带来了挑战，因为没有信息交换，想要达到相对全面的专项扣除和好的征管效果是比较困难的。

新个税法将起征点设定在5 000元，是充分考虑到目前中国社会的收入状况和生活成本的，同时也考虑到城乡、区域收入分配的不平衡。假如按月收入15 000元计算，在起征点为3 500元时，需要缴税1 870元；而按照新个税法的起征点5 000元计算，只需要缴税790元。月收入15 000元每月少缴税1 080元，税负减轻58%。如果再考虑其他扣除项目以及这次新增加的专项附加扣除，那么他的税负还会进一步减轻。因此，新个税法带给中低收入居民的福利是比较明显的。但对于高收入者而言，则没有中低收入者的税负下降得那么明显。

新个税法将工资薪金所得、劳务报酬所得、稿酬所得、特许权使用费所得4项劳动性所得纳入综合征税范围，适用统一的超额累进税率，居民个人按年合并计算个人所得税，非居民个人按月或者按次分项计算个人所得税。其中劳务报酬所得、稿酬所得、特许权使用费所得以收入减除20%的费用后的余额为收入额。2017年中国税务年鉴数据显示，2016年个人所得税收入10 094亿元。其中工资薪金是大头，收入达到6 727.5亿元，劳务报酬为357亿元，稿酬为6亿多元，特许权使用费为4亿多元。新个税法还明确，扩大3%、10%、20%三档低税率的级距，3%税率的级距扩大一倍，现行税率为10%的部分所得的税率降为3%；大幅扩大10%税率的级距，现行税率为20%的所得以及现行税率为25%的部分所得的税率降为10%；现行税率为25%的部分所得的税率降为20%；相应缩小25%税率的级距，30%、35%、45%这三档较高税率的级距保持不变。新个税法增加子女教育支出、继续教育支出、大病医疗支出、住房贷款利息或住房租金、赡养老人等专项扣除，降低了个人的税负，同时鼓励和引导了个人的特定消费行为。

2. 企业所得税

企业所得税是对中国境内企业的生产经营所得和其他所得征收的一种税，包括内外资企业。

纳税人。凡是实行独立经济核算的企业或组织，都是企业所得税的纳税人。具体包括国有企业、集体企业、私营企业、联营企业、股份制企业，以及有生产、经营所得和其他所得的其他组织。

课税对象。企业所得税的课税对象是指企业的生产经营所得和其他所得。生产经营所得是指从事第一产业、第二产业、第三产业以及其他行业的生产经营所得。其他所得是指股息、利息、租金、转让各类资产收益、特许权使用费以及营业外收益等经国务院、税务机关确认的所得。

税率。企业所得税实行比例税率，法定税率为33%，对规模较小、利润较少的中小企业实行低税优惠照顾。

3. *增值税*

增值税是以企业生产经营中的增值额为课税对象的一种税，它是商品课税的一种形式。所谓增值，就是从企业的商品销售收入额或劳务收入额扣除经营中的物质消耗后的余额。从一个经营单位来看，就是该单位的商品销售额或劳务收入额扣除外购商品金额之后的余额，大体上相当于该单位活动所创造的价值。从一种商品来看，就是该商品生产和流通各环节所创造的增值额之和，相当于该商品的最终销售额。

中国从1979年开始进行增值税试点，1993年12月13日颁布《中华人民共和国增值税暂行条例》，1994年1月1日起施行。2017年国务院对《增值税暂行条例》又做了相应的修改，修改后增值税的主要内容有以下几个方面：

征税范围。增值税的征税范围包括货物的生产、批发、零售和进口四个环节。此外，加工和修理修配劳务、销售服务、无形资产、不动产也属于增值税的征税范围。

纳税人。增值税的纳税人是在中国境内销售货物或者加工、修理修配劳务，销售服务、无形资产，不动产以及进口货物的单位和个人。外商投资企业和外国企业也是增值税的纳税人。

税率。基本税率又分不同情况。纳税人销售或者进口货物，除列举的外，税率为17%；提供加工、修理修配劳务的，税率也为17%。纳税人销售或进口下列货物的，缴纳11%的低税率：粮食等农产品、食用植物油、食用盐，自来水、暖气、冷气、热水、煤气、石油液化气、天然气、二甲醚、沼气、居民用煤炭制品，图书、报纸、杂志、音像制品、电子出版物；饲料、化肥、农药、农机、农膜，国务院规定的其他货物。纳税人出口货物的税率为零。纳税人兼营不同税率的项目，应当分别核算不同税率项目的销售额；未分别核算销售额的，从高适用税率。纳税人销售不同税率货物或提供应税劳务，并兼营应属一并征收增值税的非应税劳务的，其非应税劳务应从高适用税率；纳税人销售服务、无形资产的除另有规定外税率为6%，境内单位和个人跨境销售国务院规定范围内的服务、无形资产，税率为零。

增值税的计税方法。增值税采用购进扣税法计税，其应纳税额的计算公式为：应纳税额＝当期销项税额－当期进项税额。其中，当期销项税额＝当期销售额×税率。当期进项税额是指当期购进货物或应税劳务已缴纳的增值税额，在进货发票上都已注明。

4. *消费税*

消费税是国家为了执行消费政策和产业政策，对生产和进口应税消费品征收的一种税。课征消费税的目的，一般并不在于取得多少财政收入，而是借助于消费税所具有的独特的调节功能，达到调节消费，进而调节收入的政策目的。

征税范围。消费税的征税范围为在中国境内生产、委托加工和进口的《消费税暂行条例》规定的应税消费品。消费税只在生产环节和进口环节征收，流通环节不在征收范围之内。确定的征收消费税的品目有烟、酒、化妆品、护肤护发品、贵重首饰及珠宝玉石、鞭炮焰火、汽油、柴油、汽车轮胎、摩托车、小汽车等。

纳税人。消费税的纳税人是在中国境内从事生产、委托加工和进口应税消费品的单位和个人。外商投资企业和外国企业也是消费税的纳税人。

税率。消费税一般采用比例税率和定额税率，且区别不同应税品目，分别规定差别税率。

5. 关税

关税是对进出国境的商品货物流转额课征的一种税。关税在性质上属于消费税，是一种过境消费税。关税根据课税商品在国境上的不同流向，可以分为进口税与出口税。进口税是进口国家的海关在外国商品输入时，对本国进口商所课征的关税，它通常是在外国商品进入国境时课征，或在外国商品从海关保税仓库提出运往国内市场时课征。出口税是出口国家的海关在本国商品输往国外时，对本国出口商所课征的关税。但随着商品输出和海外市场上的竞争日益激烈，许多国家已不征或少征出口税。中国加入世界贸易组织（WTO）以后，为了履行入世承诺，有效发挥关税在促进经济发展方式转变、优化经济结构和促进贸易平衡方面的宏观调控作用，按照世贸规则，降低了大部分商品和服务的关税，针针一些特殊的地区和商品，甚至免除了关税。

专栏

美国加征关税对中国经济的影响

2018 年 6 月 15 日，美国公布了对华价值 500 亿美元商品加征 25%关税政策；2018 年 9 月 17 日，特朗普又宣布对中国 2 000 亿出口产品自 2018 年 9 月 24 日起加征 10%关税，2019 年 1 月 1 日起加征 25%关税。这是特朗普上台后美国对世界主要国家和地区发起的最大一桩贸易战。

WTO 统计，2017 年全球贸易商品出口总额 17.73 万亿美元，其中中国、美国、德国分别为 2.63 万亿美元、1.55 万亿美元和 1.45 万亿美元，分别占到全球贸易总额的 12.77%、8.72%和 8.17%。从商品出口总额来看，中国大陆确实是世界最大的商品出口地区。但从人均水平来看，中国大陆人均商品出口额 1 610 美元，为全球人均商品出口总额的 68.2%，为美国人均商品出口额的 33.8%。中国作为世界第二大经济体，2017 年 GDP 为 12.24 万亿美元，相当于美国 19.3 万亿美元的 63%，占全球地区总 GDP 88.1 万亿美元的 13.9%。2017 年中国的人均 GDP 仅为美国的 14.53%。

中国加入 WTO 以后，按照 WTO 的规则，扎实地履行了中国的义务，同时中国也得到了相应的发展。特朗普政府奉行“美国第一”的贸易保护主义，以“关税”为武器，对中国发动贸易战，企图遏制中国的发展。以中美两国对等贸易加税影响出口总额 1 000 亿美元计算，影响到全球 GDP 4 970 亿美元，从中美两国出口依存度来看，分别影响两国 GDP 的 2 683 亿美元和 6 242 亿美元，合计 8 925 亿美元，为全球 GDP 总值的 1.01%。中美贸易战升级，彼此互加关税或者采取其他措施等，假设最终使中国对美国的外贸顺差降低 1 000 亿美元，将会使中国 GDP 增速降低 0.8%，中国的经济增速依然可以保持在6%左右。

总的来说，中美贸易战对中美双方是两败俱伤，对全球经济增速影响明显。

资料来源：根据相关资料整理。

8.5.3 中国税制改革与展望

新中国成立60多年来，税制的发展始终与中国社会主义建设和发展的进程融合在一起，并有着直接的一致性。从总体上看，60多年来，税收制度的变迁和发展大体上可以分为改革前（1949—1977年）和改革后（1978年至今）两个大阶段。

1. 重工业优先发展战略下的税收制度（1949—1977年）

在计划经济中，中国经历了三次大规模的税收制度改革。新中国成立后，经过三年经济恢复，税收制度逐步完善，集体经济的比例增加明显，私营经济的比重逐渐下降，降低了商品的流通，建立了多个税种、多次征收税收制度。1953年颁布税收制度修正案与以前相比，税收结构大致保持不变，但重复征收的税收方案有所改变。工业行业税收下降，其支付的消费税、营业税以及额外的印花税和其他税被纳入商品的流通和消费税，部分产品税不是一轮一轮地征收，而改为一次征收。

1953年的税收制度使税收成为社会主义过渡时期的强大工具。一方面，有效动员、积累资金，支持国家重点建设；另一方面，作为对资本主义工商业的改造工具，逐步限制和引导私营经济走上社会主义道路。1956年，公有制经济的社会主义改造占据了绝对优势。社会主义公有制企业代替资本主义工商业成为征税的重点。1958年，中国进行了第二次大规模的税收制度改革，主要内容是简化营业税制度，巩固工商业的统一。

1973年，基于保持原税负、合并税收、简化税制前提，中国进行了第三次大规模的税收制度改革。该次改革主要简化了工业和商业税的税率税目，包括工商统一税及附加、房地产税、车辆和车船使用牌照税等。国有企业只缴纳工商税，集体企业只缴纳工商税和工商所得税，进一步简化税制，以单一的流转税形式，形成了新的税收制度。

2. 计划商品经济时期的税制改革（1978—1991年）

从1978年底开始至1982年底，中国实行的税收制度改革措施大体上曾经实行过。1983年4月29日，财政部发布了《关于对国营企业征收所得税的暂行规定》，自当年6月1日起，国营企业开始普遍推行“利改税”制度，征税时间从当年1月1日起计算。“利改税”制度下开征了一些必要的新税种，合理调整了税率，按照税种划分中央收入、地方收入和中央与地方共享收入，改进和稳定了国家与企业之间、中央与地方之间的分配关系，从税收划分上进一步理顺和加强了税收制度。

针对第一步“利改税”取得的成效和存在的问题，经过比较充分的准备工作，从1984年10月起实施“利改税”的第二步改革和工商税制的全面改革，改进了一批旧税种，开征了一批新税种，其中对国营企业应当上缴国家的财政收入，改为分别按照11个税种向国家缴税，从而由“税利并存”逐步过渡到完全的以税代利。1985年3月21日，国务院发布了《关于实行“划分税种，核定收支，分级包干”财政管理体制的规定》。这一体制主要是根据第二步“利改税”的税制变化，重新划分了中央与地方财政的收支范围，并对有关问题做了相应的规定。总的特点是税在各项收入中的成分增大了，并且把税收划分为中央固定收入、地方固定收入和中央与地方共享收入三部分。

3. 社会主义市场经济初期的税制改革（1992—2003 年）

1992 年邓小平推动了我国新一轮税制改革。1994 年开始新的税制改革。坚持统一税法、公平税负、简化税制、合理分配权力、理顺分配关系、规范分配的原则，建立“确保财政收入，符合社会主义市场经济要求的税收制度”。1994 年统一所得税，取消国有企业的调节税和两金税。个人所得税和城乡个体工商户的所得税合并，建立统一、规范的个人所得税。又根据增值税、营业税与消费税，建立标准化的协调税收制度。批发和零售消费税，与扩大范围的增值税交叉征收，服务业继续征收营业税，同时适用于外资企业和国内企业。并且开征土地增值税、城市维护建设税和教育费等附加税种。

4. 社会主义市场经济完善时期的税制改革（2004 年至今）

新世纪以来，社会主义市场经济体制初步建立，我国又推行了一系列税制改革，包括：稳步推动“费改税”改革，将一些具有税收特征的收费项目转化归并为税收；实行农村税费改革，取消农业税；合并内外资企业所得税，结束了企业所得税法律制度对内外资分立的局面，最终在城建、教育附加等方面也实现内外资企业完全并轨的“国民待遇”状态；对车船使用税、城镇土地使用税等税种实行改革；以“生产型转消费型”和“营改增”为重点，分步推进增值税改革；从新疆试点开始，将原油、天然气资源税由从量计征改为从价计征，并逐步深化和扩展资源税改革；调整消费税税目，提高大排量乘用车和卷烟生产环节消费税税率，强化消费税调节功能；实施个人所得税改革，提高工薪所得减除费用标准；在上海和重庆启动房产税改革试点；等等。

5. 中国税制改革的展望

中国已初步建立适应社会主义市场经济体制的税制框架，在税收制度方面仍有一些需要修订改善。主要有以下方面：税收职能定位有时出现偏差；税制结构需要进一步优化；存在一些影响税负水平合理调整的不利因素；税收法制化建设中存在一些滞后现象。税收管理能力与税制改革不相适应。未来中国税制改革主要应该集中在以下几个方面：

（1）税种结构要由以流转税为主转向以调节税为主。市场经济国家税种基本上是以所得税、遗产税、物业税等调节税为主，旨在增加收入，重在调节分配。中国向市场经济转轨之后，税种结构也要随之进行调整，即从计划经济时期以营业税、增值税、消费税等流转税为主转向以企业所得税、个人所得税、遗产税等调节税为主，通过征收遗产税、物业税、资本税等调节税，实现分配上的相对公平，保证社会和谐稳定。

（2）税收环节要由生产型纳税为主转向消费型纳税为主。消费型纳税有三个好处：一是消费与纳税挂钩有利于公平；二是培养全民纳税的意识；三是消费与纳税同步进行，有效防止偷税、漏税。需要改革税收制度，用市场的观念研究税收，使税收环节由生产型纳税为主转向消费型纳税为主，这样才能减轻企业负担，鼓励生产，解决大量偷税、漏税问题，从而使中国税收工作实现新的突破和根本性的变化。

（3）税收作为经济杠杆要向节能减排上倾斜。税收作为经济、社会发展的调节机制，具有重要的导向作用。中国资源短缺，环境日益恶化，需要运用税收这个杠杆来加大调节力度。征收资源税和环境税，有利于资源节约型、环境友好型社会的建设。只有向企业征收环境税，重污染者重税收，用以弥补和整治环境污染，从而建立起全社会的环保补偿机制，才能有效遏制企业肆意污染环境的心态和行为。利用资源税和环境税调节，使那些高消耗、高污染的企业在市场经济中因高税负、高成本而自行淘汰，要比政府“刮环保风暴”，用行政手段强行关闭企业有效得多，更能发挥市场这只“看不见的手”在宏观调控中的主导作用。

（4）营造尊重、感恩纳税人的社会主流意识。在计划经济体制下，国家包单位，单位包个人，收入分配不对称。个人拿工资、涨薪水只会感谢领导人，不知道感恩纳税人，既没有纳税人光荣的文化氛围，更无感谢尊重纳税人的思想意识。改革税制，需要在全社会大力宣传纳税人的功劳和贡献，从根本上扭转纳税吃亏意识和偷税、漏税行为，在社会上普遍培育纳税光荣的社会主流意识，弘扬尊重、感恩纳税人的社会文化。

（5）合理调整中央税和地方税收入结构，健全地方税体系。要逐步缩减中央与地方共享税数量，构建完整的地方税制度，进一步完善分税制，按照建设现代财政体制要求健全公共财政体制，明确各级政府的财政支出责任，在统一税政的前提下，赋予省级政府适当的税政管理权限，培育地方支柱税源。中央集中管理中央税、共享税的立法权，税种开征停征权，税目税率调整权，减免税权等，以维护国家的整体利益。对于一般地方税种，在中央统一立法的基础上，赋予省级人民政府税目税率调整权、减免税权，并允许省级人民政府制定相关的实施细则或者具体实施办法。

专栏

“营改增”五千亿元减税礼包献企业

2016年5月1日起，营业税改增值税的试点范围扩大到建筑业、房地产业、金融业和生活服务业，实现货物和服务行业全覆盖，打通税收抵扣链条，支持现代服务业发展和制造业升级。这意味着营业税将退出历史舞台。这是我国自1994年分税制改革后一项重大的税制调整。5 000亿元，是全面“营改增”之后预计为企业减少的负担。

“营改增”意味着工商税制将从二元税制转变成统一税制。1993年，国务院发布《增值税暂行条例》，规定对所有货物和加工修理修配劳务统一征收增值税，而对其他劳务、不动产和无形资产征收营业税。20世纪90年代的工商税制改革原本是要建立以增值税为主导的流转税体系，但实际上增值税只在工业领域实现，形成了增值税、营业税二元税制。2012年，我国开始增值税扩围，启动“营改增”试点。至2015年底，“营改增”覆盖“3＋7”个行业，即交通运输、邮政、电信三大类行业和研发技术、信息技术、文化创意、物流辅助、有形动产租赁、鉴证咨询、广播影视7个现代服务业。剩下的建筑业、房地产业、金融业和生活服务业是“营改增”最难啃的骨头。不仅难啃，这4个行业还是“营改增”的重头。按照财税部门的测算，上述4个行业涉及纳税人近1 000万户，是前期“营改增”试点纳税人总户数的近1.7倍；年营业税规模约1.9万亿元，占原营业税总收入的比例约80%。也就是说，只有覆盖了这4个行业，“营改增”才会有真正意义上的价值。

根据公布的方案，建筑业和房地产业将适用 11% 的税率，金融业和生活服务业适用 6% 的税率。表面看起来，建筑业和房地产业的税率高了，但营业税和增值税的税率不能直接做比较，因为税基不同。总的来看，“营改增”对未来经济发展是重大利好。

“营改增”有利于避免重复征税。从税收征收方式看，营业税是在流通环节征税，往往出现重复征税的问题，而增值税则是对增值部分征税，避免了重复征税。以房地产为例，开发商在采购建设所需材料时，这些材料的价格已经包含了营业税，但建成的楼房需要按照售价全额计提营业税，造成重复征税。“营改增”之后，会避免这样的重复征税。一个值得关注的事实是，由于“营改增”，一些原本不能进行税收抵扣的成本成为可抵扣项。2009 年 1 月 1 日起，新购进设备等固定资产所含的增值税准予抵扣。从 2016 年 5 月 1 日开始，不动产也纳入抵扣范围，这些抵扣项目将会促使出现消费性增值税。

“营改增”有利于企业实现产业升级。由于不动产、设备等可以抵扣税收，企业就能拿出更多的钱进行技术改造和革新，就能扩大投资，从而推动经济增长。由于“营改增”避免了重复征税，企业不必大而全、小而全，一个产品、一项服务可以通过多个企业的精细化分工完成，从而提升产品和服务质量，有利于企业分工协作。现阶段中国经济发展需要产业结构的不断优化和升级，服务业的提升是产业优化升级的标志。通过“营改增”，制造业将会大量购买服务业的服务，从而促进制造业和服务业的融合，而这样的融合发展正是当下中国经济转型升级所需要的。

“营改增”有利于降低企业税收。国家现在面临产业升级的压力，需要通过提高服务业占比推动产业升级。而要发展服务业，需要降低企业负担，需要减税，“营改增”正是减税的选择。“营改增”还有利于对货物、劳务统一征收增值税，解决当一项业务难以被认定为货物销售和提供服务，从而导致课征的税种、适用的税率及征税的规则不同的矛盾。

“营改增”有利于刺激经济增长。“营改增”减税幅度不小，降低了企业负担，预计 2016 年企业税收负担减少 5 000 亿元，扩大了投资和消费，削减了经济下行压力。经济企稳回升，财政收入自然就增长了。

当然，“营改增”的实施需要解决几个问题。从税收流归属看，营业税是地方税种，增值税是中央和地方共享的税种。在 2012 年启动的“营改增”试点中，“营改增”收入归属地方政府。在全面“营改增”之后，需要对中央和地方的收入关系进行调整，解决部分地方政府财政困难、地区间财政不均衡等问题。同时，“营改增”存在 5 档税率，即 17%、13%、11%、6%、0，直接税和间接税的比例关系等，未来需要调整，进一步完善税收体系。

资料来源：李松涛．五千亿元减税礼包袭来．中国青年报，2016-03-20．

关键术语

财政收入　　经常性税收　　经常性非税收入　　公债收入　　税收原则　　横向公

平　纵向公平　纳税能力原则　效率原则　中性原则　便利原则　税收成本　税收效率　税收要素　个人所得税　直接税　间接税　纳税成本　课税主体　课税客体　税率　累进税　增值税　消费者剩余　支付意愿　生产者剩余　销售意愿　总剩余　无谓损失　税负规模　税负转嫁　税负归宿　营改增

复习思考题

（一）简答题

1. 怎样理解税收的公平原则和效率原则？
2. 根据税收的基本特征，如何理解依法纳税是公民的义务？
3. 税负的转嫁形式有哪些？对不同类型物品征税对税负的转嫁和归宿产生什么影响？
4. 中国税制改革的发展趋势是什么？如何发挥税收在经济社会发展中的杠杆作用？
5. 中国税收和公共财政增长速度明显高于 GDP 增长速度的现状能否可持续？
6. 税收对社会福利的影响表现在哪些方面？

（二）讨论题

1. 为什么要营造尊重、感恩纳税人的社会主流意识？
2. 中国税负水平是高还是低？

第9章

收入分配理论与社会保障建设

学习意义与作用

随着中国经济的发展和综合国力的增强，收入分配悬殊、贫富差距扩大，成为现实生活中的重大社会问题，这是市场失灵的重要表现，也是政府参与经济、纠正市场失灵的重要原因。对收入进行再分配和建立完善的社会保障体系，防止收入分配过分悬殊现象的出现，是政府弥补市场失灵的重要行为。市场是实现收入公平分配的最基本手段，政府通过税收来矫正市场分配结果，第三部门也参与收入再分配。政府在实现公平收入分配过程中的作用不是压制市场，而是让市场更加充分地发挥作用。

教学要求

了解引起收入分配差距的原因、收入分配的不同理论流派和制度模式，了解中国的贫困问题，掌握收入分配公平程度的衡量方式和实现收入公平的措施和手段，掌握社会保障体系的内容，理解中国收入分配制度改革及反贫困的重要性。

学习重点

- 收入分配不平等的标准
- 政府转移支付与社会保障
- 过程公平和收入公平

9.1 收入分配差距与衡量

市场失灵的一个重要表现就是收入分配悬殊，完全竞争的市场机制可能使资源配置实现高效率，但并不一定导致社会公平。对收入进行再分配和建立完善的社会保障体系，防止收入分配悬殊的现象出现，是弥补市场失灵的重要行为。

9.1.1 收入差距产生的原因

个人收入是指被行使的消费权利的市场价值的和。现实中引起收入差别的原因很多，假如要素价格是既定的，那么每个人的收入就与他的禀赋、偏好和运气有直接的关系。

个人的能力以及来自父母的天赋和财富的遗赠就是禀赋，这些因素决定了个人的机会集合。决定干什么工作，干多少工作，储蓄多少钱，怎样用余钱去投资，这些是个人偏好的反映。个人的偏好有可能是受父母的影响，也可能是受社会氛围影响而形成的。在机会相同的情况下，偏好的不同会直接形成收入的不同。个人决策的后果是难以预料的，拥有相同机会集合而且偏好相同的人可能因个人决策不同而有不同收入。一个在夕阳产业的企业里工作的人与一个在软件企业工作的人，收入差距显而易见。前者收入日益减少最终失业，后者则因信息技术向全社会渗透而报酬丰厚。有人创办的企业因突然爆发的地震而毁于一旦，而某人的企业则因城市发展而获得相应级差地租收入，这些可能是运气因素在起作用。

9.1.2 收入差距的衡量标准

经济学家常用洛伦兹曲线这一分析工具和基尼系数对公平程度进行衡量和分析。洛伦兹曲线通常用来比较和分析一个国家在不同或同一时代的收入与财富的平等状况。在图 9-1 中，纵轴代表收入百分比，横轴代表人口百分比。衡量社会总财富的分配，将纵轴分为五等分，每一等分为 20%的社会总财富，将横轴代表的家庭百分比从最贫者到最富者从左到右排列，分为五等分，每一等分为 20%的家庭。第一个等分代表最贫穷的 20%的家庭，最右边的等分则代表最富有的 20%的家庭。在这个正方形中，将每一百分比的家庭所拥有财富的百分比累计并将相应的点画在图中，便得到一条洛伦兹曲线，曲线能直观表现出社会的财富在不同阶层的分配（见表 9-1）。

如果总财富平均分配于所有家庭，则洛伦兹曲线就是 45 度对角线 *OE*，在这条线上，每 20%的人口或家庭得到 20%的收入，表明收入分配绝对平等，*OE* 线被称为绝对平等线。*OXE* 表示收入绝对不平等，是绝对不平等线，因为这一折线意味着一个家庭拥有 100%的财富。反映实际收入分配状况的洛伦兹曲线介于绝对平等线和绝对不平等线之间，

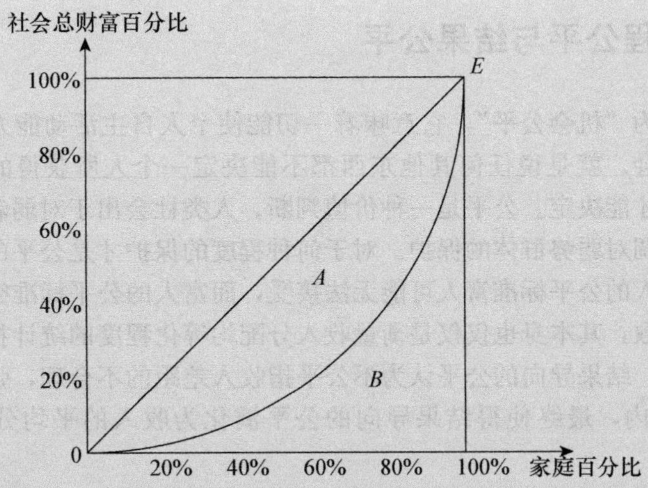

图 9-1　洛伦兹曲线

表 9-1　社会不同人群占有财富的比重

人口累计	收入累计
0%	0%
20%	3%
40%	7.5%
60%	29%
80%	49%
100%	100%

洛伦兹曲线与 OE 线越靠近，收入分配越平等；洛伦兹曲线越靠近 OXE，收入分配越不平等。当今世界上任何一种经济体都处于两种极端的财富分配状况之间。

为了使财富分配的平等程度更具可测性和可比性，可再引入一个指标——基尼系数。如果把图 9-1 中洛伦兹曲线与绝对平等线之间的面积用 A 来表示，把洛伦兹曲线与绝对不平等线之间的面积用 B 表示，则计算基尼系数 G 的公式为

$$G=A/(A+B)$$

当 $A=0$ 时，基尼系数 G 等于 0，这时收入绝对平等；当 $B=0$ 时，基尼系数 G 等于 1，这时收入绝对不平等。

基尼系数总是大于 0 而小于 1 的，在 0（绝对平等）到 1（绝对不平等）之间变动。基尼系数给出了一个衡量公平程度的客观参考指标，基尼系数是多少才公平仍取决于决策者们的价值判断，没有一致的答案。一般来说，基尼系数越小，收入分配越平等；基尼系数越大，收入分配越不平等。市场经济国家衡量收入差距的一般标准是：基尼系数在，0.2 以下表示高度平均，0.2～0.3 之间表示相对平均，0.3～0.4 之间表示较为合理，0.4～0.5 之间表示差距偏大，0.5 以上表示差距悬殊。

9.1.3 过程公平与结果公平

过程公平又称为“机会公平”，它意味着一切能使个人自主活动能力得到充分发挥并由此取得成就的机会。就是说任何其他东西都不能决定一个人所获得的报酬，只有其才能、所付出的努力才能决定。公平是一种价值判断。人类社会出于对弱者的同情，本着人文关怀的精神，强调对弱势群体的保护。对于何种程度的保护才是公平的，没有一个各方均接受的标准。穷人的公平标准富人可能无法接受，而富人的公平标准穷人可能也无法接受。即使是基尼系数，其本身也仅仅是衡量收入分配均等化程度的统计指标，是一个客观结果而非主观判断。结果导向的公平认为不公平指收入差距的不合理，强调应该把收入差距控制在合理区间内，最终使得结果导向的公平演化为收入的平均分配，走向问题的极端。

过程公平是独立于个体由社会提供均等的资源和制度并平等运作，个人不靠环境谋利，个人的努力水平决定其福利水平，承认经济个体不可分离的资质差异性。过程公平比结果公平更加公平。过程公平意味着不论是对穷人还是对富人、不论是对竞争中的胜利者还是对竞争中的失败者，社会都应该提供基本的社会保障，满足其基本生活需求。过程公平意味着人人享有受教育的权利，主张通过征收遗产税的形式实现竞争起点的公平。过程公平主张严格按照规章制度办事，法律、制度面前人人平等意味着法律、制度不承认与具体个人的某种社会地位有关的差别。平等对待所有人的个人权利的行为规则构成了过程公平的基本内容，这些规则有利于社会财富的创造，有利于市场效率的提高。因此，过程公平是实现结果公平的关键。

9.2 收入分配理论流派与分配模式

9.2.1 收入分配的理论流派

收入分配理论一直是经济学中的重点问题，也引起了经济学家的广泛关注和研究。收入分配差距悬殊是市场失灵的重要表现之一，改善人类生活、缩小收入差距、消除贫困是经济学的基本使命，对稀缺资源进行科学配置和有效使用是经济学完成这项使命的基本方式。对收入进行再分配、三次分配并建立完善的社会保障体系，是弥补市场失灵的重要手段。不同流派对收入分配理论有不同论述。

1. 古典经济学的收入分配理论

古典经济学分析了自由竞争和市场机制，将自由市场机制看作一只“看不见的手”支配着社会经济活动，提出自由放任原则，反对政府对市场经济活动进行干预。作为古典经济学的创始人，亚当·斯密和李嘉图最早对资本主义收入分配问题进行了系统研究，他们从商品价值角度出发分析剩余在各要素之间的分配，劳动价值论是其收入分配理论的核心。

亚当·斯密继承并发展了威廉·配第关于商品价值形成问题的观点。斯密认为，除了劳动外，资本和土地同样能够创造价值。斯密认为，只有在资本积累和土地私有尚未发生之前的初期野蛮社会，劳动才是获得物品的唯一投入，劳动的产品完全属于劳动者自己，物品相互之间才按取得或生产它们所需的劳动量比例进行交换。一旦资本或土地在某些人手里积聚起来并成为该人的私有财产，物品价值便开始由生产的劳动、资本和土地共同决定。商品交换价值由劳动获得的工资、资本获得的利润和土地获得的地租共同构成（这被称为斯密的收入构成价格论）。商品价格由工资、利润和地租共同构成的观点被称为斯密教条。

在解释工资、利润和地租的决定时，李嘉图将劳动作为一个整体来看待，使用均量分析法来决定工资水平，而对土地却按照优劣顺序排列，用边际分析法来决定地租水平。关于商品价值的影响因素，李嘉图认为，供求因素也会影响收入分配；价值不仅由劳动创造，土地也创造价值。

功利主义者认为，政府的目标应该是社会每一个人效用总和的最大化，即最大多数人的最大幸福。换言之，功利主义的基本主张是政府的使命是实现最大多数人的效用总和的最大化。功利主义理论的出发点是功利即效用。功利主义者认为，一个穷人增加一单位货币所带来的效用和满足程度的增加，要远远大于富人增加一单位货币所带来的效用和满足程度的增加。因此，如果通过政府税收和转移支付，将有钱人收入的一部分转移到低收入的贫困者手中，那么会使有钱人和穷人更加勤奋工作的激励变小，于是他们都减少工作，从而导致整个社会收入减少，这样社会总效用也会减少。功利主义者认为，政府在收入分配问题上必须做到，在平等带来的好处与激励机制扭曲带来的损失之间取得平衡。为了实现总效用最大化，即社会上最大多数人的利益最大化，政府不能采取措施促使收入平等。福利依赖是一种很容易学习的政策而且对收入分配非常危险。应该通过税收制度，包括所得税、遗产税和消费税调节收入分配，确立一种既能照顾穷人，又能激励公民自力更生的救济制度。

2. 新古典经济学的收入分配理论

新古典经济学兴起于19世纪末的边际主义理论，该理论与古典经济学相对立，把由需求方决定的边际效用视为商品价值的新源泉，后来该理论经马歇尔发展，形成西方经济学中的新古典经济学。新古典理论注重研究稀缺性资源的配置以及投入、报酬与生产贡献之间的联系。在收入分配方面，新古典经济学形成了要素价格决定的边际生产力理论。

新古典经济学在说明要素价格决定时，把要素的供给和需求结合起来，比古典经济学仅考虑供给方面的价格决定更加全面。在市场经济情况下，供给和需求作为两个基本方面，在价格决定中的作用都是不可忽视的。在经济发展不同阶段，供给和需求的作用的相对重要性是变化的。在经济发展水平较低时，供给方面的作用更大，而在经济发展到较高水平时，需求方面的重要性更大。每一种理论的产生都有一定的时代背景，古典经济学产生于经济发展的初期阶段，特别强调供给的作用。在分析要素收入时，不仅需要考虑供给和需求两方面，还应当特别重视需求的作用。

3. 新剑桥学派的收入分配理论

新剑桥学派是现代凯恩斯主义的一个重要分支。在理解和继承凯恩斯主义的过程中，该学派提出了与新古典综合派相对立的观点，试图在否定新古典综合派的基础上，重新恢复李嘉图的传统，建立一个以客观价值理论为基础、以分配理论为中心的理论体系，并以此为根据，探讨和制定新的社会政策，以改变资本主义现存分配制度，调节失业与通货膨胀的矛盾。

新剑桥学派的收入分配理论采用阶级分析方法，把国民收入总量分为不同阶级收入，考察各部分在国民收入分配中的地位和作用。重视国民收入中各相对份额的决定因素，包括资本收入、劳动收入等的决定因素，并把收入分配理论和经济增长理论相结合。以总需求理论为基础，强调投资不仅是决定产量和就业的主要因素，而且也会对国民收入在利润和工资之间的分配产生影响。以收入分配角度为切入点对经济增长问题进行研究，且政策主张的核心也是调节收入分配。

根据新剑桥学派的观点，随着经济增长，利润在国民收入中所占比重上升，而工资在国民收入中所占比重下降，所以经济增长加剧了利润和工资在国民收入中所占份额的差距。政府经济政策的重点在于利用税收、财政补贴等手段调节收入分配，包括长期和短期政策。

4. 机会平等论

这一理论是由自由主义者、哲学家罗伯特·诺齐克（Robert Nozick）提出来的。在一个自由的社会里，不同的人控制着各种资源，新的持有是来自他们的资源交换和馈赠。自由权利是至高无上、不可侵犯的，不能为了他人或团体的利益来牺牲自己的权利。诺齐克不仅反对罗尔斯为最底层的改善而向富人征税，而且也反对功利主义的个人效用总和之说，主张在收入分配上最好的选择是自我权利的实现和保护。他认为，人的不平等不是自然形成的，而是不可更改的事实，没有理由对最不幸的人做出补偿，能力大的人有权获得更大利益，只要财产的分配正当合法，转让也正当合法，这种分配就是正义的。只要收入分配不是以不公正手段进行，政府就不应该进行干涉，除非有人以偷窃、抢劫等不正当手段来获得财产，政府必须进行干预外，政府不应该介入收入分配。只要分配的过程是公正的，那么所引起的结果即使不平等也是公正的，因为机会平等比收入平等更重要。政府在收入分配上应该做的事情只有一个，就是强调个人的权利，确保个人有同样发挥自己才能的机会和相应的报酬。只要建立了使个人充分发挥自己才能的制度框架，政府也就没有必要为改变既定收入分配而操心。

5. 倒U形理论

库兹涅茨1955年在美国经济学会的讲演中提出了收入分配差别“倒U形假设”。收入分配不平等是经济发展过程中不可避免的现象，收入分配不平等的长期变动轨迹是“先恶化，后改进”，在前工业文明向后工业文明过渡的经济增长早期阶段，收入分配不平等迅速扩大，随后是短暂的稳定，然后在增长的后期阶段迅速缩小。早期收入分配差距扩大的原因在于，早期经济增长是储蓄和积累的函数，而大部分储蓄和积累又为富人所有，富人得到经济增长带来的财富增加的大部分。

在二元化经济结构情况下，经济增长是以工业化为中心，以城市为主要舞台，城市化水平的提高又意味着不平等的加剧。经济增长的后期阶段收入分配差距缩小的原因在于，政府实施干预诸如征收遗产税、累进制所得税等来帮助穷人，改善了收入分配不平等的状况；技术进步、新兴产业的出现，衰退行业的财产和收入在总收入中的比重逐渐减少；人口变动，富裕阶层的出生率长期低于贫困人口的出生率，收入较低的人进入富裕阶层。这些因素抵消了储蓄和城市化的作用，使收入分配不平等的方向发生逆转，由上升转为下降形成了倒 U 形。库兹涅茨从经济发展的角度动态分析了收入分配不平等的原因及改进方法，并指出政府干预是改善收入分配不平等的关键力量。

6. 公平效率论

新福利经济学将帕累托最优作为资源配置的效率标准，市场经济中的自由竞争能保证资源配置达到帕累托最优。自由竞争的必要前提是公平。所有人应该有同等机会支配社会资源，游戏规则必须不偏不倚地公正执行；所有生产要素应自由流动，自由竞争的结果必然是经济上公平的实现。没有公平就没有效率，只有同时解决效率与公平问题，才能使社会福利最大化。经济效率是社会福利最大化的必要条件，合理分配是社会福利最大化的充分条件。

1998 年诺贝尔经济学奖得主阿玛蒂亚·森对公平和贫困等问题进行了卓有成效的研究，他的研究被称为“关注社会最底层的经济学”。在效率和公平上，他倾向于公平，认为平等是基于基本能力的平等，一个好的平等原则应该关注能赋予不同的人起码的从事某些活动的能力，因此政府权力应该介入收入分配。

9.2.2　主要国家的收入分配模式

市场经济国家实行的市场经济模式，实际上就是收入分配制度模式。一般来说，发达的市场经济国家主要有三种分配制度模式，即美国的自由市场经济分配制度模式、以瑞典为代表的福利国家分配制度模式和以德国为代表的社会市场经济分配制度模式。

1. 美国的自由市场经济分配制度模式

美国是最典型、最发达的市场经济国家，崇尚自由竞争，主张把国家对经济的干预减少到最低限度。在收入分配上，美国的基本原则是效率优先、兼顾公平。税收和财政支出是美国对收入分配进行调节的主要手段。美国对个人所得税实行的是累进税率，在西方发达国家中，就最高税率而言美国是最低的。很多美国总统推崇供给学派的观点，将减税作为竞选的纲领，如前总统里根就将减税作为他的主要施政纲领，曾先后于 1981 年和 1986 年两次签署大幅度减税法案。

美国的社会保障体系十分健全、庞大而复杂。1935 年，美国在罗斯福总统推动下制定了《社会保障法》，并在联邦政府内设立了社会保障署。美国社会保障主要由社会保险和社会福利组成。

社会保险包括养老保险、遗嘱保险、伤残保险和老年医疗保健。老年医疗保健是向 65 岁以上的老人提供医疗服务。联邦政府向雇主和雇员征收同额的社会保险税来维持社会保险体系的运作。社会保险所需财政支出约占联邦预算支出的 60%以上。在社会保险中，对老人的保险和医疗占了主要地位，仅养老保险一项就占社会保险开支的 60%。除此以外，人们还通过企业的退休福利、个人养老储蓄及商业性养老保险来对政府养老保险做补充。

社会福利主要为伤残、穷人、特定的少数民族提供实物和现金帮助，比如单亲家庭的孩子、生活困难的家庭均可从联邦有关机构领到救济金、食品券以及棉衣等物品，可以享受价格低廉的住房。

美国的医疗保险主要是官助民办，官方通过向商业保险机构提供少量资助或补贴来向国民提供各种类型的医疗保险。对于特别困难的穷人，联邦政府于1965年建立了穷人医疗援助项目，向他们提供免费的基本医疗服务。

美国的失业保障系统是由各州自行建立和管理的。美国法律规定各州必须建立经联邦政府批准的失业保障制度，失业者从公共就业处领取失业津贴，以失业保险税筹集的资金不得挪作他用，各州的事业储备金必须存入联邦政府的国库。失业津贴的数额大致相当于失业前工资的50%～70%不等，最高限额一般为每月2 000美元，领取时间一般为半年，最长不超过一年。失业救济金的领取者必须向政府提供自己正在努力寻找工作的证明。

专栏

美国收入不平等达致命程度

福布斯发布的报告显示，美国400富豪的财富（总资产减去负债）总和达到2.34万亿美元，比印度的GDP还要多，创下1982年福布斯发布该榜单以来的最新纪录。

最富有的20个美国人的财富超过一半美国人拥有的财富总和。美国的财富金字塔直逼“太空针塔”（西雅图的地标性建筑之一）。处于“太空针塔”顶端的是占美国人口0.1%的最富有的人，他们所拥有的财富却占美国家庭财富总和的20%多，比20世纪70年代的7%增加了13个百分点。这0.1%的人来自约11.5万户美国家庭，这些家庭的户均净资产至少有2 000万美元。

而包括微软前CEO比尔·盖茨、甲骨文CEO拉里·埃里森等在内的20个美国超级富豪坐拥的财富总和达到7 320亿美元，比财富金字塔底端超过一半的美国人拥有的财富总和还要多，这些美国人约有1.52亿，来自5 700万个家庭。福布斯还采用比较方法，典型美国家庭拥有财富8.1万美元，福布斯美国400富豪拥有的财富与3 600万个这样的典型美国家庭拥有的财富总和相当。

至于如何解决财富分布不均问题，福布斯给出两条建议。首先需要关闭财富出逃通道。因为富人正迅速将财富转移到离岸的避税天堂，或将财富置于私人信托。目前，这些隐形财富已达数万亿美元。其次要实施降低财富集中的政策，其中之一便是对最富有的家庭征收重税。

著名经济学家斯蒂格利茨认为美国收入不平等已达致命程度。越来越多的美国人无法达到中产阶层的生活水平。由于美联储无情地压低了短期和长期利率，那些把钱放在安全的政府债券的人，发现退休后的收入减少到近乎零。随着大学学费飞涨，让他们的孩子能得到教育——这算是一点点希望之火——的唯一方法是借钱；但是由于教育贷款基本上不会被免除，学生负债似乎比其他形式的债务更加恶劣。这种金融压力只会让属于中产阶层的美国人和他们的家庭神经更加紧绷。于是吸毒、酗酒和自杀的比例不断走高就不足为奇了。

因此，GDP 不是衡量社会福祉的优秀指标，美国白人健康状况下降的新数据证实了这一结论。美国这个世界典型的中产阶层社会正在沦为它的第一个前中产阶层社会。

资料来源：根据相关资料整理。

2. 瑞典的福利模式

以瑞典为代表的北欧国家是典型的福利国家。所谓福利国家，是指国家有意识地运用公共权力，努力减少市场失灵，保证个人和家庭的最低收入，保证个人和家庭有能力应付疾病和失业等“社会意外事故”，保证在一定范围内的社会服务向所有国民提供所能得到的最好服务。福利国家的基本出发点是在市场经济基础上，国家重视国民收入再分配，国家为所有人的福利负责，直接帮助受市场不利影响的人，减少社会震荡的因素，降低社会不稳定的程度。

瑞典被称为“从摇篮到坟墓”都由政府包起来的福利国家。这种福利国家的模式有两大特点：一是激进的收入均等化，二是高而全的福利制度。这种福利制度主要通过激进的个人所得税来实现。以瑞典年薪最高的 110 家大中型企业的领导人的薪资与普通工人的比来看，税前二者之比是 127∶1，税后则下降为 5∶1。

瑞典政府向国民提供的福利主要有医疗保险、养老保险、工伤保险、儿童抚养津贴、失业保险、工资补助金、劳动力市场资助等。其中医疗保险除向病人提供完善的医疗服务外，不同的病人还可享受到全额为正常工资的 90%的病人津贴、怀孕津贴、父母津贴等现金补助。瑞典福利模式的另一个重要特点就是普遍原则，不管是什么人，只要是瑞典公民，不管收入如何，均可享受同样的社会保障。高福利的结果是经济活力下降，效率降低。

3. 德国社会市场经济模式

德国社会市场经济模式，即“市场经济＋广泛的政府调节＋充分的社会保障”，在市场经济框架内，寻找效率与公平、个人积极性与社会平等间的平衡。

德国的社会收入分配制度模式是通过两个层次来实现的。按照效率的高低，通过市场机制完成国民收入的初次分配；然后按照公平原则，由国家行使公共权力对收入进行再分配。国家进行二次分配的手段是累进的个人所得税。德国最高个人所得税率为 53%，起征点根据经济发展情况不断调整。德国政府利用税收杠杆调整收入差距的力度是很大的。

德国的社会保障体系建立了养老保险、失业保险、医疗保险、工伤保险、社会救济等制度，其中的养老保险鲜明地体现了跨代分配理论。失业保险是强制性的义务保险。医疗保险也是强制性的，凡有工资收入者必须参加医疗保险。凡参加医疗保险者，其家属可以享受免费医疗服务。

除了直接的社会保障以外，德国政府还从保障就业、提供教育等方面做出努力。法律规定，在劳资纠纷和就业方面，职工有权共同参与决策。德国的社会市场经济分配制度模式对社会保障的重视，虽然对经济发展的效率产生了一定的消极影响，但总体上是成功的，对稳定社会产生了重要的作用。

9.2.3　按劳分配与按生产要素分配相结合

与中国的市场经济体制相适应，按劳分配与按生产要素分配相结合是中国的主要分配模式。二者既有差别也有共同之处，在实际操作过程中，既要考虑二者之间的差别，也要注重两种分配方式的融合，以更好地服务于市场经济体制。

收入分配方式是由资源配置方式决定的。随着中国市场经济体制改革的深入，资源配置方式由计划转为市场，利益主体向多元化方向发展，单一的按劳分配方式已无法与市场经济发展相适应，而且除劳动以外的其他要素投入的数量、质量都有很大提高，所以必须承认劳动以外的如资本、土地、管理、技术、信息等其他生产要素在经济中的贡献，并肯定其参与劳动成果分配。按劳分配与按生产要素分配都承认劳动在生产中的贡献作用，劳动者的收入由劳动的数量和质量决定，这一点不仅符合按劳分配的原则，也符合按生产要素分配的原则。

效率与公平是收入分配领域的基本矛盾，如何兼顾效率与公平是收入分配的重点问题。按劳分配有利于实现公平但常导致生产效率低下，按生产要素分配有利于提高效率但会造成收入差距扩大。兼顾效率与公平，既要发展经济又要保证公平，仅依靠一种分配方式是不可行的，将按劳分配与按生产要素分配相结合是与中国市场经济相适应的分配制度，这样的分配方式在市场经济条件下能形成有效激励方式。以按劳分配为主并承认其他要素在经济中的贡献，既能兼顾公平也能促进市场效率的提高。

9.3 收入初次分配与再分配

国民收入的分配分两个阶段。第一个阶段是按市场机制，即效率原则进行的，是初次分配。劳动者得到工资，投资者得到红利，管理者得到利润，地主得到地租。第二阶段则是按权力机制，即公平原则进行的，由民主选举的政府通过税收、财政支出以及社会保障方式对收入进行再分配。为区别现有的一次分配和二次分配，有学者把慈善事业机制称为三次分配。

9.3.1 市场进行收入初次分配

初次分配指国民总收入（国民生产总值）直接与生产要素相联系的分配，奉行能力原则。任何生产活动都离不开劳动力、资本、土地和技术等生产要素，在市场经济条件下，取得这些要素必须支付一定的货币，包括工资、利息、地租和分红等，这种货币报酬就形成各要素提供者的初次分配收入。国民收入初次分配是在创造它的物质生产领域进行的分配，经过这次分配得到的收入称为原始收入。初次分配主要由市场机制形成，能力是初次收入分配的关键因素，政府通过税收杠杆和法律法规进行调节和规范，一般不直接干预初次分配。

9.3.2 政府进行收入再分配

政府再分配，又称为“二次分配”或“再分配”，指在初次分配结果的基础上，通过各种渠道实现各收入主体之间现金或实物转移的一种收入再次分配过程，也是政府对要素收入进行再次调节的过程，奉行强制原则。

政府再分配主要有以下几种形式：

收入税：居民和企业等各收入主体当期得到的初次分配收入依法应支付的所得税、利润税、资本收益税和定期支付的其他经常收入税。政府以此对企业和个人的初次分配收入进行调节。

财产税：居民等财产拥有者根据现有财产状况，依法缴纳的动产税和不动产税，如房产税、遗产税等，政府以此对居民收入进行的调节属于存量调节。

社会缴款：居民为维持当前和未来的福利，保证在未来各个时期能获得社会福利金，而对政府组织的社会保险计划或各个单位建立的基金所缴纳的款项，如失业保险、退休保险、医疗保险计划等。

其他转移收支：包括政府内部转移收支；本国政府与外国政府、国际组织之间的援助、捐赠、会费缴纳等，对私人非营利性机构的捐赠、赞助等转移收支；居民之间的内部转移收支，如城镇居民对农村居民的转移收支。再分配主要由政府调控机制起作用，政府进行必要的宏观管理和收入调节，是保持社会稳定、维护社会公正的基本机制。

9.3.3　第三部门参与再分配

第三次分配是建立在志愿性的基础上，以募集、自愿捐赠和自主等慈善公益方式对社会资源和社会财富进行的分配，它依靠精神力量，奉行道德原则。

第三次分配主要是对前两种分配的补充，对缩小社会差距，实现更合理的收入分配和公平有重要意义。一是弥补市场失灵。通过对低收入群体技术要素的补给，提供慈善培训增强其技能；通过资本要素补给，给予他们一定的创业资本，从而提高低收入者的收入水平，调节差距，而且其本身也符合市场效率要求，能总体上增加社会财富。二是弥补政府失灵。通过第三次分配可以弥补因税收问题造成的收入差距，同时高收入者的无偿捐赠势必会直接减少他们在整个社会中所占的收入比重，可以弥补因政府转移支付造成的收入差距。慈善在教育方面发挥着较大作用，一方面直接减轻了低收入群体的教育负担，另一方面为家庭成员获得发展提供物质保障，从长远看是一种智力救困，是对政府社会保障的有力补充，客观上缩小了收入差距。

9.4　收入分配差距与社会保障体系建设

9.4.1　中国收入分配情况

以流转税为主体的税制结构使居民取得收入环节的税负较轻而消费环节的税负较重，

而随着收入的增长，消费占收入的比重下降。针对居民存量财产课征的财产税的缺失，则会进一步削弱税收调节居民财产和收入的功能。

自改革开放以来，人们的物质生活水平得到了显著的提高。中国居民的收入差距在不断扩大。不同社会群体和行业之间收入差距的扩大，已经日益成为中国经济转型非常关键的一个趋势。当前中国收入分配情况主要体现在以下几个方面：一是居民收入在GDP中的比重持续下降，从国民收入初次分配阶段的功能性分配方面看，劳动者报酬所占比重经历了先上升再下降的过程，资本侵蚀工资的程度有加强的趋势。二是居民收入差距持续扩大。中国居民收入分配格局的演变中，最突出的特征是收入差距的扩大。三是行业差距扩大。垄断性行业的就业者人力资本水平较高，的确对行业之间收入差距产生了一定的影响。四是再次分配机制落后。五是区域收入差距显著。

9.4.2 贫困与反贫困政策

1. 贫困的内涵

在界定贫困概念时，国际上最普遍的做法是将贫困区分为绝对贫困和相对贫困：绝对贫困主要是以满足人体基本活动所需的最低营养水平为划分的标准，相对贫困是将一般社会成员从事正常社会活动所需要的最低消费量作为划分标准。

如果使用相对贫困的概念，则贫困与不公平紧密相连。中国在计划经济时代比较贫困，但相对公平，富人和穷人的收入差距很小；进入市场经济阶段，人们普遍富裕了，收入大幅度提高，但相对不公平比任何时候都突出。

国际组织和许多国家政府以及大多数学者都接受以人均纯收入水平为标准来划定一个贫困线，以此为衡量贫困的办法。尽管世界各国对贫困线的划分标准不同，但是基本上是以家庭收入能否满足维持正常生存需求的最低生活费用支出来衡量的。由于不同时期、不同国家或地区的人均纯收入是一个可变的因素，贫困线的划分不仅有空间上的差异，而且也有时间上的变化。在国际上，联合国粮农组织根据恩格尔系数（食品支出占消费性支出的比重），大体上将居民生活水平界定为：恩格尔系数在0.6以上为绝对贫困，0.5～0.6为温饱，0.4～0.49为小康，0.3～0.39为富裕。

2. 中国的贫困问题

中国国家统计局对贫困的定义为物质生活困难，一个人或一个家庭的生活水平达不到一种社会可能接受的最低标准。他们缺乏某些必要的生活资料和服务，生活处于困难境地。与世界其他国家和地区相比，中国的贫困有两类：一是原生型贫困，二是发展型贫困。前者主要发生在中国的农村地区，后者则突出地表现为收入增加了，但是居民的生活指数下降，生活质量下降，而使人们的生活处于贫困状态。要合理地划分中国的贫困线，就要从人均纯收入的官方“数字标准”、作为家庭财富象征的“物质指向”以及人们心目中的“贫困认知观”等来分析。以前中国对贫困的理解主要停留在“生存”的需要上。正是与国际组织存在理解和定义上的差距，才有目前中外在贫困界定标准上的差异。

新形势下为适应全面建成小康社会的要求，中国农村贫困标准应参考国际贫困线标准和诸多学者的观点，考虑物价因素、保障农民最低生活需求、健康和教育需求、缩小社会成员之间的收入差距、国家财政收支等多种因素进行重新划定。贫困不仅仅是“吃不饱饭”的问题，而且涉及人们生活的各个层面，还包括“穿、住、行”，以及教育、医疗和社会交往等方面。联合国开发计划署早在《1997 年人类发展报告》中就提出贫困不仅包括人均国民收入的因素，还包括人均寿命、教育、卫生和生活条件等因素。提高贫困标准应考虑如下因素：一是物价因素，二是保障农民最低生活需求因素，三是健康和教育的需求，四是缩小社会成员之间收入差距的需求。

专栏

中国反贫困对世界减贫事业的贡献

中国自 1978 年改革开放以来，40 年反贫困取得了惊人的成就，为世界减贫事业做出了重大贡献，积累了宝贵经验。

1978 年改革开放以前，大部分中国人在为温饱问题发愁，经过 40 年改革开放的发展和 40 年持之以恒的反贫困，中国有 7 亿多农村贫困人口实现脱贫，为全面建成小康社会打下了基础。中国曾经是世界上贫困人口最多的国家之一，而现在是世界上减贫人口最多的国家，也是率先实现联合国千年发展目标的国家。中国反贫困取得了举世瞩目的成就，谱写了人类反贫困史上的辉煌篇章。

中国反贫困的成就主要体现在以下几个方面：一是农村贫困人口大幅减少，贫困发生率明显下降。按照现行标准计算，中国的农村贫困人口从 1978 年的 7.7 亿人下降到 2017 年的 3 046 万人，减贫 7 亿多人，贫困发生率从 30.7%下降到 3.1%。到 2020 年，我们还将实现现行标准下农村贫困人口全部脱贫。二是贫困地区农民生活水平显著提高，农民收入水平明显提高，实现了跨越式增长，人均消费支出也呈现了加快增长的势头。三是贫困地区基础设施条件明显改善，基本改变了过去基础设施建设落后、交通不畅、信息闭塞等严重制约当地经济发展的状况，诸如贵州等贫困地区实现了县县通高速，乡乡通油路，村村通公路、通电、通电话、能接收电视节目，促进了贫困地区农民生活水平的大幅提升。四是贫困地区社会事业得到较快发展。基础教育水平明显提高，文盲、半文盲率持续下降，劳动力素质明显提升，医疗卫生条件得到巨大改善，服务能力不断增强，基本实现“小病不出村、大病不出县”；社会保障投入力度不断加大，社会保障制度不断完善，社会保障水平不断提高。

中国扶贫开发规模之广、难度之大，绝无仅有；而取得的成果之巨，也足以载入人类发展史册。中国对全球减贫的贡献率超过 70%，全世界每 10 人脱贫，就有 7 个来自中国。中国 40 年来的发展之路，为世界现代化贡献了中国道路、中国智慧和中国方案；而中国的扶贫之路，同样为人类反贫困积累下中国经验。联合国开发计划署署长海伦·克拉克曾说，中国将它的人民以前所未有的速度从贫困中脱离了出来，世界各国应该分享中国的减贫经验。中国反贫困不仅是小规模的、社会化的生活救济，而且是成建制、有计划、有组织的国家行动。中国集中力量办大事，以“急诊”的手段和方式推动了高效的重大危机事件后的重建和救助；对于需要久久为功的扶贫，则以一种“调养”的手段和方式慢性治理。带有强烈“政府主导”色彩的扶贫模式、政治优势和制度优势的充分发挥，是中国实现快速减贫的重要原因。

资料来源：根据相关资料整理。

3. 中国反贫困取得阶段性成就

中国采取整村推进、劳动力转移培训、产业扶贫三大新举措，贫困发生率从1978年的30.7%下降到2017年的3.1%。取得上述成就的原因主要有三个方面。第一，农村改革为改革开放初期的农村减贫提供了重要基础。当时农民生计来源以种养业为主，农村改革解放了农村生产力。第二，非农产业发展为农村减贫提供了强劲动力。乡镇企业异军突起，农村劳动力大量向非农产业转移，实现了农民收入提高。第三，工业化和城镇化成为农村减贫的重要推动力量。随着工业化和城镇化加速推进，农村劳动力源源不断地向工业和城镇转移，非农产业收入成为农村居民主要收入来源。中国农村改革发展带有明显的普惠性，经济发展的收益能迅速为广大农村人口所共享。

目前中国在消减贫困上面临城乡差距、社会经济差距（经济发展和社会发展的不平衡）、性别差距、沿海内陆差距四大挑战。针对中国城乡经济发展不平衡的问题，联合国开发计划署为中国21世纪消减贫困提出一些建议，即政府要注重提高农民收入，转移农业劳动力，扩大城市化，建立和完善农村社会保障网络、基础教育和公共医疗系统。中国目前需要关注的三个问题是艾滋病、产妇死亡率和农村的公共卫生问题，这三个问题主要显现在农村。

消除贫困是全面建成小康社会的重要内容。“十三五”期间，中国将使现有标准下7 000多万贫困人口全部脱贫。为了实现全部脱贫的目标，中国开始建立精准扶贫工作机制。实践证明，精准扶贫是适合中国当前发展阶段新特征的扶贫方式，是实现7 000多万贫困人口全部脱贫的重要举措。精准扶贫方略将社会保障的兜底作用与扶贫开发的增收作用相结合，形成到2020年解决绝对贫困问题的基本框架。通过精准扶贫，做到扶持对象精准、项目安排精准、资金使用精准、措施到户精准、因村派人精准、脱贫成效精准，最大限度地提高扶贫资金使用效率，满足贫困人口的基本生存和发展需求，在全面建成小康社会进程中不让一个人掉队。

9.4.3 社会保障体系建设

1. 转移支付

政府转移支付是政府的一种不以取得商品和劳务为补偿的支出。转移支付分为政府的转移支付和企业的转移支付。政府的转移支付大多数带有福利支出性质，如社会保险福利、失业救济金、退伍军人救济金等，以及其他某些补贴，如农产品价格补贴，也属于转移支付。政府的转移支付等于把政府的财政收入通过上述支付还给社会，因而有时被称为负税收。其作用是重新分配收入，即把收入从一个人或一个组织转移到另一个人或组织，如由就业者转向失业者，从城市居民转向农民。企业的转移支付通常主要指对非营利性组织的捐款或赠款、非企业雇员的人身伤害赔偿，以及个人对企业造成的坏账等。

不论是政府转移支付还是企业转移支付，都不是接受者（受款者）的要素收入，因为接受转移支付的个人或组织并没有提供相应的商品和劳务。转移支付对接受者来说是一笔要素收入之外的转移收入。在政府或企业对收入进行转移支付的过程中并没有任何相应的商品和劳务的交换发生。但在国民收入核算体系中，政府转移支付不计入国民生产总值，而企业转移支付计入国民生产总值。这是因为后者尽管也不是要素支付，但它们使企业增加的生产费用同工资薪金或别的要素成本是一样的，省略它们将使从产品方面测算的国民生产总值与从收入方面测算的国民生产总值之间不一致。因此企业转移支付虽然被排除在要素收入之外，但却被包括在国民生产总值之内。而对政府转移支付来说，则不存在这个问题。

政府的转移支付款项主要来源于国家税收，是收入再分配的一种形式。某些转移支付具有调节总需求与总供给的关系和稳定社会经济的作用。萧条来临时，总收入下降，失业增加，政府拨付的社会福利支出也必然增加，这就增加了居民收入，从而可以抑制或缓和萧条；通货膨胀来临时，总收入增加，失业减少，政府拨付的社会福利支出就会相对减少，而不至于加剧通货膨胀。

2. 社会保障体系建设

根据美国学者维托·坦茨的观点，政府对收入进行再分配、为公民社会提供保障基于两个假设：一是社会公众是短视的，缺乏深谋远虑。如果任其自由行动，无论是个人还是集体都不会采取必要的风险防范行为。二是即便他们有此意愿，各种私营协会也没有能力满足他们的需求，只有政府才能把这件事做好。

第一次世界大战之前，主要国家的社会保障体系建设并不完善，税收负担和政府支出平均占国民收入的比重也较低，直到 20 世纪 30 年代，政府转移支付才开始变得重要起来，原因在于大萧条期间，公众对政府职能的理解发生了变化。20 世纪为政府支出和政府社会保障项目融资而征税的理由不再是帮助赤贫者，而是帮助更多人抵御风险。政府推出新的社会保障项目不再像之前那样是出于同情或基于贫困负外部效应的假设，而是出于一种全新的观念，即公民应该有权利享有政府提供的社会援助。

社会保障体系的模式。依靠已有的非正式安全网，政府鼓励社会团体和私人参与社会保障制度的建设；要求所有公民设法获得一些最基本的社会保障，以抵御老龄化、早逝与疾病等风险。在这种模式下，政府的作用在于监管保险体系，为应得到救助的穷人提供财政支持，改善市场经济运行等。例如智利以及一些欧洲国家的医疗卫生体系中，政府承担为所有公民提供基本社会保障的责任。例如北欧的福利国家，政府不提供任何指导和帮助，但支持个人、团体等志愿性的社会保障制度自由发展。

社会保障体系可以分为三大类。由公共财政支持的社会保障体系，资金来源于税收或与工资挂钩；以法规为基础的社会保障体系，通过法规的制定和实施，鼓励或强制要求参保人和企业购买或提供社会保障；以慈善为基础的社会保障体系，政府可通过税收体系补贴慈善方。

9.5 中国收入分配制度改革

9.5.1 以扩中为重点的分配制度改革

目前世界上大部分国家的收入分配结构呈现为金字塔形。调整国民收入分配结构，就是要构建经济学上所推崇的橄榄形收入分配结构，即低收入和高收入相对较少，中等收入占绝大多数。

中等收入者是指一定时期收入及生活水平稳定保持在中等或相对平均水平的居民群体。中等收入这一概念应具有两个方面的内涵。一是发展的内涵。也就是说，随着经济社会发展和整体生活水平的提高，收入在贫困线以下的人口比重将缩小，符合一定标准的中等收入者的比重将上升；这意味着需要针对中等收入者定制相应的标准，这一标准应该是绝对的而不能是相对的，否则不能客观反映社会进步与经济发展。二是收入分配的内涵。中等收入者比重提升，也意味着社会收入差距的缩小，即社会收入分配结构从“上端小，底部大”的金字塔形向“两端小、中间大”的橄榄形的变迁。国民收入和收入差距会对中等收入者比重造成重要影响。

目前中国基尼系数水平较高。根据有关数据，中国全国居民收入的基尼系数逐年变化，2003 年是 0.479，2004 年是 0.473，2005 年是 0.485，2006 年是 0.487，2007 年是 0.484，2008 年是 0.491。然后逐步回落，2009 年是 0.490，2010 年是 0.481，2011 年是 0.477，2012 年是 0.474。收入差距依然较大，以扩大中等收入群体为重点的分配制度改革迫在眉睫。

首先，应保持经济稳定发展，为扩大中等收入群体提供基础。目前大部分中等收入者集中分布在城镇，而农村是主要的低收入者聚集地。通过推进城镇一体化改革进程，改善农村基础设施建设，提高农村居民收入水平，使其成为中等收入者的重要后备队。注重对农村教育、科技、社会保障等方面的投入，加快城乡人力资本积累，促进就业，推动劳动收入增加。

其次，加大分配制度攻坚力度，促进中等收入者比重提升。优化宏观分配格局，为培育中等收入者创造人群基础；完善要素分配，根据收入来源特点调节不同收入群体的初次分配收入比重；强化收入二次分配、三次分配的调节功能，提高中等收入者的收益水平。

9.5.2 完善相关个人财税收入制度

1. 所得税

所得税是国家对个人、企业和社会团体就其劳动工资、薪资报酬、企业利润、业务所得、债券利息、财产租赁等收入按照规定课征的一种税，是直接税的一种。由于直接根据纳税人的负担能力课征，比较合理。所得税一般采取分类制和综合制两种方式。分类制是对利润所得、利息所得和财产租赁所得、工资所得及其他报酬所得进行分别征收，综合制是对各种所得的总收入进行征收。

所得税通常以纯所得为征税对象，以经过计算得出的应纳税所得额为计税依据，纳税人和实际负担人通常是一致的，因而可以直接调节纳税人的收入。特别是在采用累进税率的情况下，所得税在调节个人收入差距方面具有较明显的作用。对企业征收所得税，还可以贯彻国家特定政策，发挥调节经济的杠杆作用，应纳税所得额的计算涉及纳税人的成本、费用的各个方面，有利于加强税务监督，促使纳税人建立、健全财务会计制度和改善经营管理。

所得税具有税基广泛、税率累进的税制特征，加上对各种宽免（宽指税基宽，免指税基范围的免除）与扣除项目的设置，可以有效地促进横向公平与纵向公平。通过所得税实现经济的有效性及提高资源配置效率。

2. 财富税（或者财产税）

财富同收入一样，指某人所控制的经济资源。财富和收入的区别在于，财富一般指任何一时点上资源的存量，而收入是指一段时间内资源的流量。如果说所得税和商品税是收入流量的征税，对财产或财富课税就是对收入存量的征税。

财富税体现公平性。拥有财富要比来自财富的现金收入给所有者带来更大的利益，包括动用储蓄的能力、经济资源的控制、非现金收入和社会地位。而所得税本身无法对来自财富所有权的所有利益课税。国家是财富的保护者，那些需要国家保护的财富所有者应当比那些不需要国家保护的财富所有者支付更多的税。财富税是一个强有力的再分配工具。它的征税范围广，囊括了所有财富，有利于加强管理控制，取得更为可靠的财富分配数据。从效率角度分析，财富税同所得税相比，对工作激励的反作用更小；对来自财富的收入而不是对财富本身征税，会促使人们将资本投向那些现金收入小或没有现金收入的财产，以免缴所得税。

9.5.3 培养中产阶级与避免“中等收入陷阱”

世界银行在《东亚经济发展报告(2006)》中提出了“中等收入陷阱”的概念，认为鲜有中等收入的经济体成功地跻身为高收入国家，这些国家往往陷入了经济增长的停滞期，既无法在工资方面与低收入国家竞争，又无法在尖端技术研制方面与富裕国家竞争。

照世界银行的标准，2012 年中国人均 GDP 约合 6 100 美元，已经进入中等收入偏上国家的行列。当今世界，绝大多数国家是发展中国家，存在所谓的“中等收入陷阱”问题。像墨西哥、智利、马来西亚以及东亚和东南亚一些国家等，在 20 世纪 70 年代均进入了中等收入国家行列，但直到 2007 年，这些国家仍然挣扎在人均 GDP 3 000 至 5 000 美元的发展阶段，并且见不到增长的动力和希望。

很多国家陷入“中等收入陷阱”的一个重要原因就是对发展的公平性重视不够。公平发展不仅有利于改善收入分配，创造更为均衡的发展，还能够减缓社会矛盾和冲突，从而有利于经济可持续发展。拉美国家在进入中等收入阶段后，由于收入差距迅速扩大，中低收入居民消费严重不足，消费需求对经济增长的拉动作用减弱。一些国家还由于贫富悬殊，社会严重分化，进而产生激烈的社会动荡，甚至政权更迭，对经济发展造成严重影响。

中国也面临着陷入“中等收入陷阱”的风险，中国收入分配差距的扩大伴随着各社会群体收入的绝对增加。改革开放以来的收入分配差距经历了一个先下降后扩大的趋势，但在收入差距扩大的同时，全社会各群体的收入水平都呈现了增长的态势，这种绝对收入的增长使得收入差距扩大带来的风险有所控制。但是，潜在风险依然存在，一旦收入差距扩大造成的影响集中爆发，就可能给社会和经济发展带来很大波动，甚至造成经济发展停滞不前。

专栏

中国如何避免拉美国家出现过的“中等收入陷阱”

中等收入陷阱是指当一个国家的人均收入达到世界中等水平后，由于不能顺利实现经济发展方式的转变，导致新的增长动力不足，最终出现经济停滞的一种状态。按照世界银行的归类，中等偏上收入国家的人均国民收入在4 126～12 735美元之间，2017年中国人均GDP达到8 836美元，成为名副其实的中等偏上收入国家，潜伏着“中等收入陷阱”的风险。

从1950年到1981年的30余年间，拉美国家的经济社会发生剧烈变革，经济得到迅速发展，GDP增长了4倍，人均收入年均增长2.6%，投资年均增长7.4%，制造业年均增长6.5%，产量增加6倍多。农业现代化取得进步，生产大幅增长，产量翻了一番多，结构多样化，人口从1.66亿增至3.7亿。城市化水平迅速提高，城市人口占总人口比例从1950年的41.6%上升到1980年的65.5%。其中巴西30年的人均经济增长率达到了惊人的237%（人均GDP）。但是，20世纪80年代以后形势急转直下，转折点是墨西哥债务危机，它终结了拉美国家经济增长的第二个“黄金时代”。与1950—1981年高增长形成鲜明对比，20世纪80年代拉美经济年均仅增长1.2%，制造业仅增长1.1%，人均收入则年均下降1.2%。与1980年相比，1988年人均总投资从500美元下降到了330美元；1990年的固定资本形成总值低了1/4，最低工资低了1/3，城市失业率则迅速上升到8%。20世纪90年代初，生活在贫困线以下的人占总人口的46%。自此，拉美地区经济增长停滞，“中等收入陷阱”随之而来。世界银行在2007年还指出，在过去的50年中，“世界上最失落的地区当属拉丁美洲，它的很多国家在达到中等收入水平后，根本就停止了增长”。拉美国家落入“中等收入陷阱”，主要原因是长期僵化地实行进口替代工业化战略，经济对外部市场依赖严重。作为一种半封闭的内向经济和发展模式，进口替代工业化战略包含着初生的、内在的矛盾，长期僵化地实行这种战略使矛盾持续积累，导致内生性动力不足、消费不足，没有内部需求的经济体就像建筑在沙滩的大厦一样脆弱，一旦外部需求变化便轰然倒塌，最终使得进口替代工业化失败，这些国家无一例外地陷入了发展陷阱。

经过40年改革开放，中国从一个人均不足300美元的低收入国家发展为一个中等偏上收入国家，同时中国也面临着落入“中等收入陷阱”的风险。一是各社会群体收入绝对增加的同时收入分配差距扩大。二是中国城市化进程落后于经济发展水平，虽然没有出现拉美等国家存在的城市贫民窟问题，但滞后的城市化进程使经济增长失去了一些机会，存在一定的风险，但也使城市化的经济增长效应具有了可持续性。三是达到中等收入水平后，由于劳动力成本提高和资源价格上涨，中国的产业结构调整困难孕育着经济发展的最大风险。四是对外经济关系的不断扩展和加深使中国频繁受到国际经济波动的冲击，特别是中国经济与世界经济的联系越来越频繁和紧密，中国已成为世界第二贸易大国和第一出口大国，这使中国既加大了对外部经济的依赖，也孕育着不断增加的贸易摩擦，尤其是美国发动的对中国的贸易战，更是增加了风险。

中国面临的这些“中等收入陷阱”风险，尽管有着区别于其他中等收入国家的特征，但对未来中国经济的增长提出了挑战，因此，必须设法加以规避。要以推动公平分配为切入点，为持续增长培育新的基础；要以提升产业结构为突破口，构造经济增长新的动力；要以循序渐进的城市化为依托，形成对经济增长的持续支持；要以扩大和完善国内市场为保障，抵御外部经济波动的冲击。

资料来源：根据相关资料整理。

提高整体居民收入水平，扩大中等收入群体，是避免陷入“中等收入陷阱”的重要途径。中等收入群体扩大，一方面可以为扩大国内消费市场、提高国内居民的消费能力带来主要动力，另一方面也能为未来经济发展提供更多高技术、高素质的人力资本储备。

关键术语

收入分配　洛伦兹曲线　基尼系数　过程公平　结果公平　机会平等　按劳分配　按生产要素分配　初次分配　再分配　效率与公平　第三次分配　反贫困　精准扶贫　社会保障体系　中等收入陷阱

复习思考题

（一）简答题

1. 简要分析引起收入分配差距的原因。
2. 结合中国收入分配实际情况，思考如何分析和衡量中国的洛伦兹曲线与基尼系数。
3. 所得税、财富税与政府转移支付等政府干预经济措施在收入分配中的作用是什么？
4. 失业保障、医疗保障、退休保障等在保障公平、解决两极分化中具有哪些主要作用？
5. 精准扶贫对于消除收入差距、全面建成小康社会的现实意义是什么？
6. 为推进社会公平和谐，中国分配制度改革的路径和措施是什么？

（二）讨论题

1. “贫困是无声的危机”，通过调查写出一份从“授人以鱼”到“授人以渔”、从被动式扶贫到开发式扶贫的反贫困案例，然后进行讨论。

2. 运用基尼系数的理论，讨论消除中国的财富占有两极分化的对策。

第10章

政府参与经济的财政政策理论与实践

学习意义与作用

公共经济学是以政府等公共部门为研究对象的，政府等公共部门是公共经济学的研究主体。政府参与经济是指运用相应的政策手段，在经济发展的不同阶段进行调控，保障社会经济的持续、稳定发展。政府运用的公共政策主要有公共财政政策和货币政策。从政策手段看，财政政策是政府调控经济的重要工具，其中税收政策是实现经济目标的有力工具之一，它对经济增长、收入分配和稳定经济等产生重要影响。

教学要求

了解政府部门的职能、财政政策的目标及局限性，掌握财政政策的内容、政府相机抉择财政政策的方式和财政政策的自动稳定作用，理解政府运用财政政策调控经济、实现社会经济稳定的重要性。

学习重点

- 相机抉择的财政政策
- 扩张与紧缩财政政策对经济的调节
- 财政政策的稳定功能

10.1 政府的经济职能

党的十八届三中全会指出："科学的宏观调控，有效的政府治理，是发挥社会主义市场经济体制优势的内在要求。必须切实转变政府职能，深化行政体制改革，创新行政管理方式，增强政府公信力和执行力，建设法治政府和服务型政府。"明确政府在市场经济中的职能是改革目标得以实现的根本保证。本节将对政府经济调节职能的含义及具体职能进行说明。

10.1.1 政府调节经济的职能

政府作为最重要的公共部门，承担着经济建设、政治建设、文化建设、社会建设、生态文明建设的"五位一体"的战略布局功能。党的十八届三中全会首次把政府职能确定为宏观调控、公共服务、市场监管、社会管理、环境保护等。很显然，调节经济是政府很重要的职能。

政府经济调节职能指政府部门通过各种手段对市场经济活动进行干预，实现对市场经济全局性的规划、协调、监督和服务，使市场经济协调、稳定、有序地运行，充分发挥政府在经济活动中的责任和作用。政府经济调节职能的对象是市场经济体制下的经济活动，即以市场机制为配置社会资源的基本手段，依靠价格机制决定供求关系，影响市场经济的运行，对个人、企业及其他经济组织的经济行为进行监控、协调、服务等。

政府经济调节职能的目的是促进市场经济的协调性、稳定性、有序性。政府只能作为经济运行的调节者，从宏观层面上对市场经济活动进行调节，保障参与市场经济活动相关主体的利益，及时掌握市场经济活动的发展周期，并予以适当的干预和调整，为市场经济协调、稳定、有序地运行提供保障，促进社会经济的发展水平。

在市场经济体制中，经济活动的多元主体包括政府、私人企业、社区、第三部门、国际组织等，这些经济主体在市场经济体制中具有不同的作用和地位，政府需要调节各方利益，实现市场经济秩序稳定。具体说来，政府经济调节职能主要表现在以下方面：

1. 权利保障职能

市场经济体制在产权明晰的前提下进行物品和服务的交换，这一过程涉及交易双方的基本权利，即公民的基本权利，政府应对这种权利进行保护，以保证交易活动的公平公正。政府主要通过三种途径保护公民的基本权利不受侵害，即国防、警察、司法系统。国防保护公民的权利不受国外力量的干扰和侵害，警察保护公民的权利不受他人的侵害，司法系统解决公民在交易过程中产生的经济纠纷等问题。权利保障职能是市场经济体制协调、稳定、有序运行的前提条件，是促进社会经济发展的根本保障。

2. 收入再分配职能

市场经济体制能够有效地促进社会的经济发展，但是同样拉大了贫富差距，容易激化社会不同阶层的矛盾，引起社会动荡。政府参与收入再分配，是利用公共政策改善社会福利，确保每个人都能达到最低生活标准。比如在德国，每个人的最低生活标准要比发展相对落后国家中每个人的最低生活标准高，这就说明社会福利水平与一个国家经济发展水平息息相关。政府通过公共政策将社会财产进行整合，投入教育、公共服务等领域，对收入进行再分配，促进社会经济的发展，提高社会福利水平，增进社会的公平，维持社会秩序的稳定。

3. 提供公共产品和公共服务职能

市场不是万能的，在市场经济体制中公共产品和公共服务的存在导致市场失灵。服务型政府的建设对公共产品和公共服务需求增加，显然依靠市场经济满足不了社会需求，这就需要政府的参与。政府提供公共物品和公共服务的目的是弥补市场失灵，不仅要保证公共产品和公共服务总量的提高，更要保证质量水平，使政府在进入全面深化改革期时，既能够充分发挥掌舵者角色，又能够促进经济持续稳定增长。

4. 宏观调控职能

宏观调控是指政府通过财政政策、货币政策、产业政策以及其他行政手段对市场经济进行引导、监控的经济行为。政府通过宏观调控手段，避免市场经济受经济危机的波及，或使市场经济在衰退期逐渐复苏，控制经济周期的波动，使社会经济总量平衡，经济结构完善，进而促进市场经济有序、稳定地发展。

5. 监管职能

在全面依法治国时期，市场经济也是法治经济。为了维护市场经济中各主体的基本权利不受侵害，维护市场经济秩序的公平稳定，政府必须提供与之相适应的制度供给，完善法律法规建设，引进科学的管理手段，充分调动政府各部门及公民监督的力量，进行全方位的监管，避免监管不到位引起的不正当竞争等违法行为的产生，营造秩序良好、持续稳定的市场经济环境。

10.1.2 财政政策是重要的经济政策

市场经济体制需要公共财政作为其正常运行的保障。公共财政是建立在市场经济体制基础上的财政模式，市场经济条件下政府职能决定了建设公共财政的必要性和价值取向。政府财政活动的目的是提供公共服务，随着市场经济的发展与成熟，市场与政府之间的互动关系决定着公共财政的实施范围。在偏重于市场机制作用时期，公共财政职能范围相对缩小；相反，在强调政府预防、消除经济危机时，公共财政被寄予了更高期望。

1. 自由竞争市场条件下的有限财政

亚当·斯密主张使用市场这只“看不见的手”优化资源配置，通过市场机制可以自动实现经济发展目标，无须政府干预资源配置。斯密崇尚“看不见的手”在经济活动中的作用，认为应该限制政府职能、政府经济活动范围，从而财政支出范围也就局限于国家安全、公共秩序与法律、公共工程与设施以及公共服务等有限领域。斯密界定了市场经济条件下政府财政职能的内涵，提出财政职能在资源配置中居于辅助地位，这对此后公共财政理论与政策产生了重要影响。

2. 国家全面干预条件下的有为财政

大萧条将公共财政职能推到国家战略地位。20 世纪 30 年代，大萧条宣告供给自动创造需要命题的终结，许多经济学家认识到自由市场经济不能自动实现资源优化配置、经济稳定发展、充分就业等目标。凯恩斯将经济危机和失业归因为有效需求不足所导致的短期非均衡，他主张通过财政政策增加投资需求，使总需求与总供给均衡，其政策传导过程表现为通过财政政策手段引起社会总需求改变，从而实现宏观经济目标。这一阶段除了出现传统市场失灵外，还普遍出现经济外部效应、垄断、宏观经济波动、信息不对称等，弥补这些缺陷需要政府介入。公共财政在这一阶段逐渐形成有效配置资源、促进收入公平分配和稳定宏观经济等职能，财政活动范围随着政府职能的扩展而扩大。

随着对市场失灵认识的深化以及公共产品理论的确立，政府行为与市场活动成为一体并相互替代，财政支出更加广泛地进入市场失灵领域，这从支出结构的变化上可以看出来。支出结构变动尤其是转移性支出在公共总支出中地位上升，是政府运用财政工具实现财政政策目标特别是社会公平的最显著标志。所得税取代间接税，也将逐步成为中央和地方政府的主要收入来源。

3. 公共财政演化特点

成熟市场经济制度的演进线索表明，公共财政范围处于不断演进状态，呈现出从守夜人职能到政府投资、公共产品、收入分配再到以福利化为导向的社会保障等的变化，这是市场经济发展的内在要求。公共财政范围的扩大和作用的增强使财政逐渐走向公共经济化。公共财政是为市场提供公共服务、与市场经济相适应的财政模式。公共财政理论与实践围绕“政府—财政—市场”框架展开。现代公共财政是政府与市场动态平衡的产物，公共财政行为主体是政府，以社会管理者身份管理社会需求。将政府、公共财政和市场结合分析，可以全面认识公共财政的发展促进因素，理解公共财政进程的阶段性。

以市场发展眼光认识公共财政。西方公共财政理论从规范和实证角度说明政府机制，认为公共财政的发展和市场经济发展以及国家经济职能发展相联系。自由竞争的市场经济时期，财政支出的项目和内容为国防费、司法费以及公共工程和公共机关的费用，主要体现在社会秩序和物质性的公共产品方面。垄断竞争时期的市场经济公共财政扩展到充分就业、政府投资、收入分配等方面。人们逐渐认识到财政职能应该与由一国国情所决定的政府经济活动范围相适应。

根据国家发展特点积极推动公共财政转型。市场经济国家由于其经济发展水平不同、历史文化背景不同，社会经济结构和经济运行方式存在很大差别，即使是采用公共财政模式的国家，彼此之间也存在差异。中国当前正处于经济转轨时期，应该根据转型时期经济社会的特点，借鉴发达国家等的经验教训，建立健全公共财政模式。

10.1.3　市场经济条件下的公共财政

公共财政是在市场经济条件下，以国家能力建设为主体，通过政府财政日常收支活动，集中部分社会资源用以履行政府职能、维持社会正常运转和满足社会公共需求的经济活动。公共财政的逻辑前提是存在市场失灵，核心载体是政府提供公共产品，基本职能涉及资源配置、收入分配和稳定经济。政府通过公共财政保障和实现其职能，制约和规范其职能，促进政府职能转变。

市场经济发展扩大并强化了财政职能，使财政在现代经济生活中的地位举足轻重。市场经济条件下的财政拓展了原国家财政职能。财政分配作为国家强有力的调节杠杆，正是立足于市场对资源配置的基础性作用，成为资源配置、收入分配、稳定和发展经济的调节机制。

1. 公共财政是弥补市场失灵的财政

公共财政的产生和发展以市场失灵为分析出发点，以此界定职能范围。政府弥补市场缺陷需要运用财政作为直接配置资源的手段与市场互补，实现资源优化配置。市场失灵原则规定了政府及其财政活动应限定在市场机制领域，即提供市场无法有效提供的公共产品，解决市场本身无法解决的外部效应和自然垄断问题等。弥补市场缺陷的财政实质上认为公共财政是一种弥补缺陷的财政安排。市场对资源配置起基础性作用条件下，必须发挥政府在市场失灵领域的特殊作用，这是市场经济中市场与政府的分工原则。政府在构建公共财政框架时必须满足市场在资源配置中起基础性作用的条件，既不越位也不缺位。

2. 公共财政是提供公共服务的财政

公共产品是用于满足社会需求的商品和服务，它具有非排他性。在市场经济体制下，政府活动和存在的根据在于履行社会管理职责，满足社会公共需要。公共财政是一种为市场提供公共产品和公共服务的国家财政。科学合理地界定和规范财政资金的供给范围成为构建公共财政基本框架、提高财政保障能力和支出效率的前提。成熟的市场经济国家和转型国家通常都转变财政支出行为方式，凡是市场办得了、办得好的由市场承担，政府退出经营性与竞争性领域投资，集中公共财力，支持和满足有关教育、卫生、社会保障、农业、自然生态和基础设施建设等领域支出，满足社会公共需求。

3. 公共财政是程序规范和透明的财政

规范财政是接受公众监督的受制财政。市场经济体制下的政府作为代理人，承担着公共受托责任。公众委托政府提供公共服务。政府在合法取得税收以后，主要职责是向社会提供安全、秩序、基本权利和发展条件。政府作为受托方，其财政行为应该接受公众监督。

公共财政是以预算法规为指导的法制财政。公共预算需要通过正规法律程序，形成完整、统一的公共预算。公共财政作为与市场经济相适应的财政运行体制，它的税收收入与支出建立在完善法制基础之上。从公共财政收入方面看，凡是开征新税种，或发行国债等正式收入行为，需要按照既定法律程序进行，全部纳入政府预算范围。从公共财政支出方面看，公共财政支出需要按照预算法进行。政府提供公共产品必须通过一定的程序进行决策安排。这一决策安排主要表现为国家权力机关根据预算法规和严格的法制程序，审批政府财政资金的预算和决算。

4. 公共财政是民主监督的财政

随着经济发展和政府干预经济所发生的滞胀的出现，人们对政府干预经济中的政府失败进行了深入思考。政府决策以公共物品为对象，以集体为决策主体，通过一定政治秩序来实现。政府具有追求自身利益最大化的动机，具有扩张本性。官僚机构垄断公共物品供给，如果缺乏必要监督将导致寻租，从而使得政府难以制定和实施合理的公共政策。为避免政府失败，公共选择学派提出在政府机构内部建立竞争机制以及采用预算平衡原则等方式对政府的税收和支出加以约束。对公共财政的监督突出表现在校正政府越位与缺位等方面。

10.2 财政政策的内涵与功能

财政政策是政府调节经济的重要手段，对于市场经济有着重要作用，在深入研究财政政策之前，应了解财政政策相关理论，包括财政政策的内涵与功能、目标及目标之间的调整。

10.2.1 财政政策的内涵

美国著名经济学家曼昆认为，财政政策为“政府对政府购买和税收总水平的选择”。美国著名财政学家埃克斯坦认为，“政府为了实现充分就业和稳定物价水平这些短期目标而实行的各种税收和财政支出的变化，通常叫财政政策”。这两种解释更加凸显了凯恩斯主义的观点，即认为政府通过税收和支出参与经济活动，达到一定的目的。

广义的财政政策是指与财政相关的所有政策，政府有目的的税收和支出行为，有利于实现社会的充分就业，保持物价的稳定性，促进经济稳定发展。狭义的财政政策是指政府根据一定时期政治、经济、社会的发展任务，制定的与财政有关的原则规范，通过财政手段间接地干预市场经济，对市场经济进行宏观调控，通过政府的税收及支出行为，促进社会供求总量的平衡，实现充分就业、物价稳定、国际收支平衡、经济增长等一系列目标，避免通货膨胀或通货紧缩的发生，实现经济稳定的一种经济政策，是政府促进经济发展的间接手段。

财政政策主要通过财政支出政策和财政收入政策来实现对宏观经济的调控作用。在财政支出政策方面，主要包含政府投资、政府购买、政府转移支付等内容；在财政收入政策方面，主要包含税收、政府债务等内容。

1. 财政支出政策

政府的财政支出包括一个国家各级政府的全部支出。根据支出的性质，可以将其分为三大类：一类是政府投资，表现为政府对道路、水利设施、医院、学校等设施的建设；另一类是政府购买，表现为政府对商品和劳务的需求，如政府对国防物资、办公用品的购买，对各类人员的雇佣；第三类是政府的转移性支出，包括了失业救济金、养老金、退休金等各种社会福利保障支出以及政府对居民的其他各类补贴，这一类支出的共同特征是，政府在进行这些支出的同时，并未获得相应的产品和劳务。无论是哪一类支出，都会对社会总需求产生影响。在经济萧条时，政府可以增加财政支出，向企业进行大规模的采购，以刺激民间投资的增加；也可以兴建更多的公共工程，在创造出更多的就业机会和社会需求的同时，也为经济发展奠定基础；此外，政府还可以增加转移支付，增加对居民的各种补贴，使他们有更大的能力进行消费，从而拉动消费需求。总之，增加政府支出，可以增加总需求，这样有助于克服经济萧条，朝着充分就业方向发展。当经济过度繁荣时，政府可以通过减少财政支出来抑制总需求，以减少通货膨胀的压力，使经济正常发展。

2. 财政收入政策

税收是国家财政收入的重要来源之一，也是政府调节总需求的重要手段。税收包括所得税（如个人所得税、企业所得税）和流转税（消费税、关税等）。其中最重要的是个人所得税与企业所得税。在经济萧条时期，由于总需求不足，为了刺激总需求，政府往往采取减税的措施，使企业与个人的可支配收入增加，这样居民更有能力进行消费，企业更有能力进行投资，社会的消费需求和投资需求增加，总需求也就随之增加。而在经济繁荣时期，政府采取增加税收的办法来限制企业的投资与居民的消费，从而减少社会总需求，抑制经济过热，使经济回复到比较正常的状态。

在现实中，政府的支出政策与收入政策往往会相互配合，同时发生变化，以使财政政策达到更为理想的效果。在经济萧条时，政府在增加支出的同时还会采取减税的措施；而在繁荣时期，政府在减少支出时会增加税收，以进一步抑制社会总需求，最大限度地缓解通货膨胀的压力。

10.2.2 财政政策的功能

1. 引导作用

财政政策的引导作用是指对公民和企事业单位等主体的经济行为进行指导，对市场经济的发展方向进行引导，以实现经济整体有序稳定运行，避免通货膨胀或通货紧缩带来的影响。财政政策的引导分为直接导向和间接引导两种类型。直接导向是指政府购买或转移支付、加大投资等直接对作用对象产生作用的引导行为。间接引导是指通过税收的增加和减少来影响消费者的选择和企业家的投资。财政政策以国家的根本政策方针为依据，规定公民的经济行为，引导人们做出最好的经济选择。

2. 协调作用

协调作用体现在政府通过财政政策对不同国家之间、不同地区之间、不同主体之间、不同行业部门之间的经济行为进行规范，协调各方主体的利益，同时，对不同经济时期的失衡状态进行调整。协调作用能够发挥主要是因为财政政策本身具有规范性。财政政策协调的对象具有多元性，必须以国家在不同发展阶段的要求为依据，不断改变力度，并且在协调的过程中掌握适度的原则，既不能超越政府与市场的界限，也要掌握国家财政的最大承受力度。财政政策能够对市场经济的多元利益进行有效的协调，促使经济稳定发展。

3. 稳定作用

财政政策的稳定作用体现为政府通过灵活的财政政策，对收支水平进行调整，使市场经济供求平衡，促进市场经济稳定发展。稳定作用更主要体现在抑制通货膨胀或避免通货紧缩。在经济高涨期，通过财政政策减少政府总支出，防止通货膨胀；在经济衰退期，通过财政政策增加政府总支出，扩大内需，防止通货紧缩。财政政策通过调节政府的支出和税收，使经济的总支出与总需求相平衡，对于维持市场经济的稳定性具有重要的作用。

4. 监控作用

财政政策的监控作用主要体现为政府通过财政政策规定公民和企业及其他社会团体在市场经济活动中的行为，并对这些行为加以监控，以维持正常的市场经济秩序，营造公平公正交易的市场经济氛围，进而实现对整个市场经济的监控。由于财政政策是国家的政策，对公民的经济行为进行的约束具有强制性，因此不论哪种财政政策都具有监控作用。

10.2.3 财政政策的目标与协调

1. 财政政策的目标

(1) 促进就业和降低失业率。失业率是指失业人数占总人数的百分比，每个国家都把将失业率控制在一定的范围内作为目标，而且不同的国家失业率也不相同，同一国家不同时期的失业率也不相同。降低失业率、改善公民的物质生活水平是财政政策的根本目标。

(2) 保持物价稳定。财政政策的基本目标就是保持物价稳定。物价稳定是指在通货膨胀时进行抑制，同时也要避免通货紧缩，维持币值的稳定性。通货膨胀是指物价持续上涨，通货紧缩是指物价持续下降，物价上涨和物价下降会对经济产生一定的影响。在经济周期中，经济繁荣时期通常伴随着通货膨胀，而将通货膨胀率控制在一定的范围内，则对经济产生较小的影响；经济衰退期，伴随着通货紧缩的出现。通货膨胀和通货紧缩都会影响价格机制在市场经济中所发挥的作用，政府将保持物价稳定作为财政政策的根本目标。

(3) 保持国际收支平衡。国际收支平衡是指国内对国外产品和服务的需求与国外对国内产品和服务的需求相一致，即出口与进口相平衡。受经济全球化的影响，进出口国际贸易增加，对本国经济的供求量产生影响。当一国的国内供求量平衡时，就应该注意进出口量的作用，当国内供求量不平衡时，就可以适当地利用进出口进行调整，最终实现经济的均衡发展。

(4) 促进经济增长。财政政策的根本目标是促进经济的增长，经济增长会增加社会经济福利，也不是增长率越高越好。一方面，经济增长要受到各种资源条件的限制，例如，自然资源、人力、资本等，尤其对于经济已经相当发达的工业化国家来说，经济增长率的提高更困难。另一方面，过快的经济增长往往会造成环境污染并引起各种社会问题，同时加大贫富差距，激化本已存在的各种社会矛盾。通过财政政策将经济的增长控制在合理范围内，使经济稳定发展。

(5) 反经济周期性波动。经济的运行具有周期性，主要包括经济繁荣期、经济衰退期、经济萧条期和经济复苏期，这是任何国家的经济都不可避免的。经济周期能够破坏市场经济的生产力，财政政策可以通过政策工具减缓经济周期带来的波动性和破坏力，促使经济稳定发展。财政政策能够根据当前经济的发展形势，有效地分析经济周期，及时对市场经济及各主体行为进行引导，最大限度地减缓经济萧条对市场经济的冲击力，或者有效地避免经济危机对生产力的破坏。

2. 财政政策目标之间的协调

在市场经济中，财政政策实施的目标往往不是一个而是好几个，这些政策目标之间相互联系又相互矛盾着，政府就必须根据社会发展结构、政治改革深入的程度、国内外供求状况及公民的需求，不断地协调财政政策（见图 10－1）。

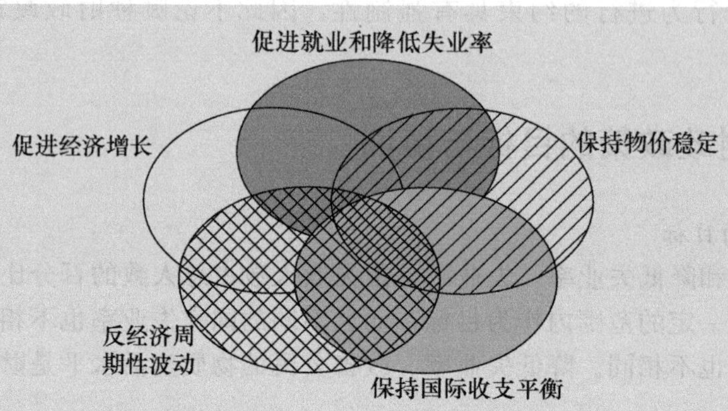

图 10－1 财政政策目标与协调

（1）促进就业和降低失业率与保持物价稳定的矛盾。为降低失业率，就需运用扩张性财政政策，而这些政策又会由于财政赤字的增加和货币供给量的增加而引起通货膨胀，通货膨胀将会导致物价上升，从而引起物价的波动。

（2）保持物价稳定与保持国际收支平衡的矛盾。随着物质生活水平的提高，人们会选择国外的产品和服务来满足自己的消费需求，比如国外的电子产品、汽车等，大量进口需求必然会减少国内产品的供求量。供求量的变化直接反映在价格方面，这必然会带来物价的波动。

（3）保持国际收支平衡与促进经济增长的矛盾。保持国际收支平衡必然会影响国内的总供求量，如果进出口贸易增多，就意味着国内总供求量减少。总供求量对经济增长产生重要影响，追求国际收支平衡会抑制经济的增长。

（4）促进经济增长与反经济周期性波动的矛盾。根据经济发展周期，有经济增长就必然会有经济衰退。财政政策反经济周期性波动目标就是要抑制经济的增长，与促进经济增长目标相互矛盾着。

（5）反经济周期性波动与促进就业和降低失业率的矛盾。反经济周期性波动必然要抑制经济的增长，而促进就业和降低失业率则要运用扩张性财政政策扩大内需，这需要加快经济的增长速度，从而在一定程度上加快了经济的周期性运行。

10.3 自动稳定器与相机抉择的财政政策

现代经济学根据财政政策不同的运行机制，将财政政策分为自动稳定器的财政政策和相机抉择的财政政策。下面对两种财政政策的类型进行概括和总结。

10.3.1 自动稳定器的财政政策

自动稳定器的财政政策是指政府财政体系本身就能够根据经济的运行情况自动地进行财政收支的调整，无须依靠任何力量就能够稳定经济。这种财政政策类型可以根据市场经济形势和政治改革变化自动发挥调节作用。财政政策的自动稳定性主要表现在以下方面：

1. 税收的自动稳定性

税收对市场经济波动的反应最为明显，不管经济过热还是萧条，政府的税率是不变的。根据税率，税收随经济的发展状况自动地上升和下降。税收制度具有这种自动调节社会总需求的内在稳定机制。

（1）个人所得税。每个国家的公民都要缴纳个人所得税，个人所得税大多采用累进税率，且有一定的起征点，税率不变。具体地说，当经济繁荣时期，经济过热、通货膨胀时，生产扩大，就业增加，国民收入水平增加，政府税收相应增加，在实行累进税的情况下，税收的增长快于国民收入增长，因而税收具有抑制总需求扩张和经济过热的作用。在经济萧条时期，由于经济衰退，失业增加，个人收入减少，国民生产总值下降，符合纳税规定的人数也相应减少，适用较高税率的税基缩小，因而个人所得税的征收额也就会自动减少，由于税收的减少幅度会超过个人收入的减少幅度，税收会产生一种推力，防止消费和投资过度萎缩，减轻经济的萎缩程度。个人所得税这一财政政策直接对个人的收入进行作用，影响个人的消费行为，调节经济波动。

（2）企业所得税。企业所得税采用的是累进税率，且同样有一定的起征点，税率不变，具有内在稳定作用。在经济萧条时期，经济衰退，人们的购买能力下降，工人大量失业，企业利润就会减少，符合纳税规定的企业数量减少，政府税收自动减少。由于税收的减少幅度大于企业利润的减少幅度，税收会产生一种推力，增加企业投资，从而发挥反经济衰退的作用。在经济繁荣时期，经济高涨，人们购买能力增加，企业利润增加，符合纳税规定的企业数量增加，适用较高税率的税基扩大，政府税收自动增加。由于税收的增加幅度会超过企业利润的增加幅度，税收会产生一种拉力，防止企业投资需求过度膨胀，抑制经济过度繁荣，从而收到抑制通货膨胀的效果。

2. 政府支出的自动稳定性

不仅税收具有自动稳定作用，政府财政支出的某些项目也同样具有自动稳定的作用，特别是各种转移性支出。转移性支出是政府支出的主要表现形式，政府的转移支付对经济具有一定的自动稳定作用，有助于可支配收入的稳定。在经济萧条时期，失业增加，人们的购买能力降低，社会福利支出增加；在经济繁荣阶段，就业增加，人们的购买能力增加，政府的各种转移支付减少。

（1）失业救济金。失业救济金是指劳动者暂时丧失工作和劳动收入后，在等待就业期间，从国家和社会获得物质帮助的一种社会保障。失业救济金的发放有一定的标准，发放的多少主要取决于失业人数的多少。在经济萧条时期，国民收入下降，失业人数增多，失业救济金的发放就趋向于自动增加，即转移性支出增加，从而有利于抑制消费支出的下降，防止经济衰退。在经济繁荣时期，国民收入上升，失业人数减少，失业救济金的发放就趋向于自动减少，即转移性支出减少，从而有利于抑制消费支出的增加，避免通货膨胀的发生。

(2) 社会福利支出。社会福利是指国家依法为所有公民普遍提供、保证一定生活水平和尽可能提高生活质量的公共产品和公共服务的社会保障制度。一般社会福利主要指公共事业及设施建设。社会福利支出的多少取决于就业与收入状况。在经济萧条时期，国民生产总值下降，人们的购买能力下降，社会福利自动地增加，有利于推动消费支出的增加，防止经济进一步衰退。在经济繁荣时期，国民收入上升，人们的购买能力上升，社会福利自动地减少，有利于抑制消费支出的增加，避免通货膨胀的发生。

(3) 农产品维持价格。很多国家政府为了维护农民利益，实行农产品的维持价格政策，即将农产品价格维持在一定的水平上。当农产品价格低于维持价格时，政府就按维持价格进行收购。这等于是对农民进行农业亏损补贴。在农业萧条时期，农产品严重过剩，农产品价格下降，政府的维持价格支出就会增加，因而自动符合了此时政府增加购买支出、扩大需求的意图。反之，在经济繁荣时期，伴随着通货膨胀，农产品价格上涨，政府的维持价格支出会自动减少，并且抛出农产品，自动符合此时政府减少购买支出以抑制总需求的目的，同时也可以抑制农民收入和消费的增加，稳定农产品价格，防止通货膨胀。

内在稳定器自动发挥作用调节经济，无须政府做出决策，它们成为经济生活中的第一道防线，有助于减轻萧条或膨胀，但不能改变萧条或膨胀趋势；它们对财政政策起到自动配合的作用，但不能代替财政政策。政府要根据经济发展具体状况运用财政政策来调节经济。

10.3.2 相机抉择的财政政策

相机抉择的财政政策是指政府根据市场经济形势的不同，按照经济宏观调控的需要，调整财政收入政策和财政支出政策，以避免通货膨胀或通货紧缩，是政府为实现财政政策目标有意识地干预经济的行为。相机抉择的财政政策主要分为扩张性的财政政策、紧缩性的财政政策和中性财政政策。

1. 扩张性的财政政策

政府实施扩张性的财政政策是指在经济不景气时期，为了避免通货紧缩，政府通过财政政策减轻或消除经济衰退，增加和刺激社会的总需求。在经济衰退时期，国民收入降低，人们消费能力降低，社会总需求和总供给不平衡，社会经济增长缓慢，失业率增加。为了刺激经济增长，政府降低税率，减少税收，增加财政支出，利用扩张性财政政策，促进整体经济发展。

(1) 减少税收。政府通过减少税收，增加人们的可支配收入，在政府财政支出不变的前提下，能够扩大社会总需求。税收有很多种类，减税的方式和类型也不同，主要有降低税率、免税和退税等。降低个人所得税和企业所得税的税率，能够提高人们的消费水平和增加公司的投资力度，扩张效应主要体现在需求方面；减小商品和劳务的征税力度，能够降低商品和劳务的价格，有效地刺激供给，扩张效应主要体现在供给方面。政府通过减少税收，提高消费水平，最终刺激经济增长，实现充分就业的作用过程如图 10－2 所示。

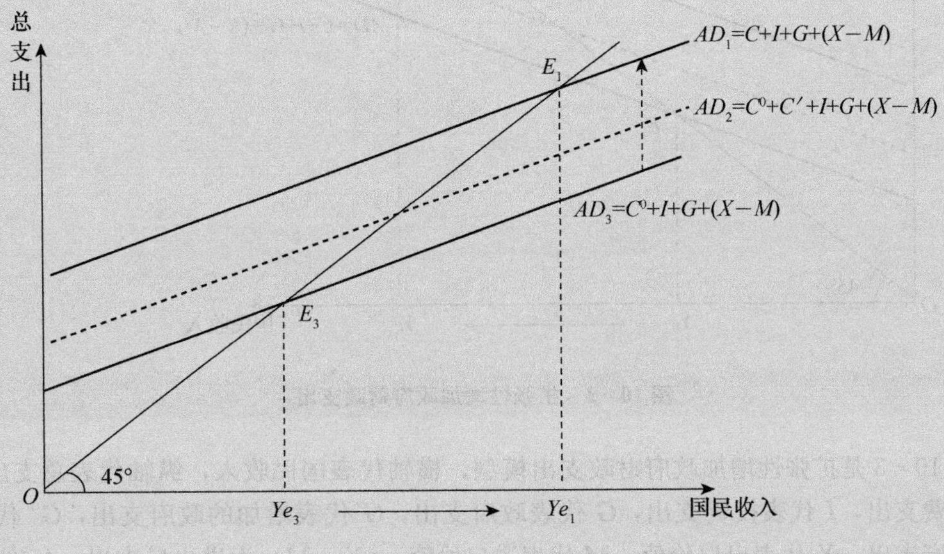

图 10－2　扩张性减少税收

图 10－2 是收入-支出模型，是最简单的宏观经济模型，横轴代表国民收入，纵轴代表总支出，C 代表消费支出，I 代表投资支出，G 代表政府支出，C'代表增加的消费支出，C^0 代表现有的消费支出，X 代表出口价值，M 代表进口价值，$(X-M)$ 为进出口支出。45°线表明总支出等于国民收入，假设投资支出（I）、政府支出（G）、进出口支出（$X-M$）都不随收入的变化而变化，引起变化的只有消费支出（C），由于乘数效应的存在，总支出曲线是向上倾斜的，总支出曲线 AD_1 与均衡曲线交叉于均衡点 E_1，相对应的国民收入 Ye_1 为充分就业条件下的收入。由于经济属于衰退期，总支出曲线 AD_3 所对应的国民收入 Ye_3 小于 Ye_1（均衡国民收入），导致了大量的失业，政府通过减少税收增加了消费支出（C'），使总支出曲线上移，直至达到均衡水平，现有的消费支出（C^0）加上增加的消费支出（C'）等于均衡的消费支出（C），国民收入由 Ye_3 逐渐增加到 Ye_1，达到充分就业水平。

（2）增加政府财政支出。增加政府财政支出是指增加政府购买、增加政府投资、增加政府转移性支付等行为，政府的财政支出直接决定着社会总需求，财政支出的多少直接决定着总需求量。政府财政支出增加可以直接扩大社会总需求量，也可以间接刺激私人消费和投资，间接地增加总需求量。在经济衰退时期，政府通过增加财政支出行为，使总供给或总需求曲线移动，使社会经济总需求和总供给达到平衡，如图 10－3 所示。

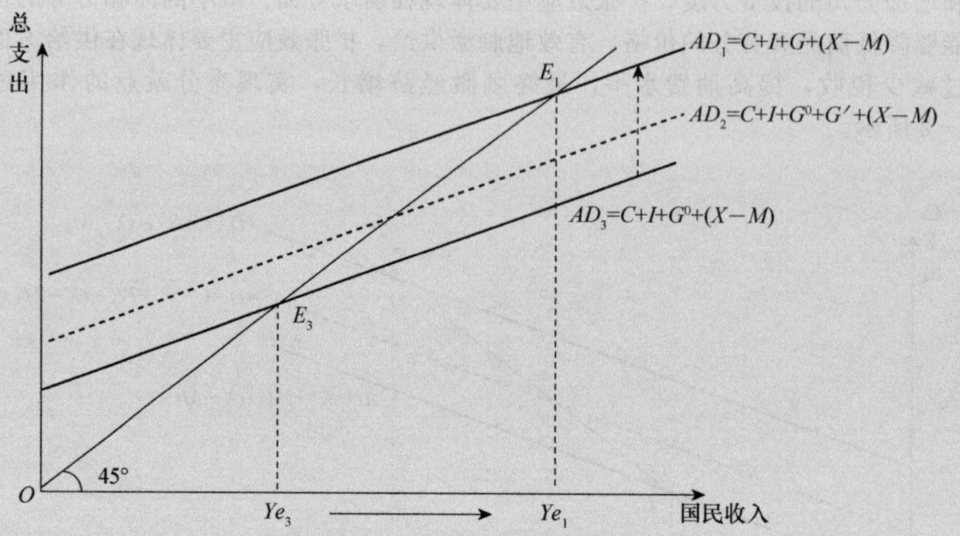

图 10-3 扩张性增加政府财政支出

图 10-3 是扩张性增加政府财政支出模型，横轴代表国民收入，纵轴代表总支出，C 代表消费支出，I 代表投资支出，G 代表政府支出，G' 代表增加的政府支出，G^0 代表现有的政府支出，X 代表出口价值，M 代表进口价值，$(X-M)$ 为进出口支出。45°线表明总支出等于国民收入，假设消费支出（C）、投资支出（I）、进出口支出（$X-M$）都不随收入的变化而变化，引起变化的只有政府支出（G），由于乘数效应的存在，总支出曲线是向上倾斜的，总支出曲线 AD_1 与均衡曲线交叉于均衡点 E_1，相对应的国民收入 Ye_1 为充分就业条件下的收入。由于经济属于衰退期，总支出曲线 AD_3 所对应的国民收入 Ye_3 小于 Ye_1（均衡国民收入），导致了大量的失业，政府通过增加支出（G'），使总支出曲线上移，直到达到均衡水平，这时，现有的政府支出（G^0）加上增加的政府支出（G'）等于均衡的政府支出（G），国民收入由 Ye_3 逐渐增加到 Ye_1，达到充分就业水平。

专栏

积极的财政政策更加积极

受全球经济持续低迷的影响以及随着国内经济结构调整战略的实施，中国经济增长呈现出明显放缓的态势，步入了一个中高速增长的“新常态”。在实际经济增长率由2010 年的 10.3%下降到 2014 年的 7.4%，特别是 2015 年面临较大的经济下行压力、经济运行变得更加复杂的情况下，要保持 GDP 增长 7%左右，积极财政政策如何更有效地发挥作用，成为社会各界关注的焦点之一。政府工作报告明确提出，“积极的财政政策要加力增效”，实现“既扩大市场需求，又增加有效供给，努力做到结构调优而不失速”的目标。

财政赤字率是衡量积极的财政政策扩张力度的一个重要指标。自 2010 年以来，中国一直在采取适度扩张的财政政策——赤字率在 2012 年为 1.5%，2013 年和 2014 年均保持在 2.1%。当然，现实赤字率由于包含了经济波动的影响，并不能非常准确地反映出财政政策的扩张力度，而结构性赤字率——剔除了经济周期影响的赤字率是更为科学地反映财政政策态势的指标。根据测算，自 2010 年以来，中国结构性赤字率也一直保持着不断增加的趋势：结构性赤字率由 2010 年的 1.27%持续提高到 2014 年的 2.03%。积极财政政策的扩张力度相对较大，而且体现出渐进增强的特点。

2015 年积极财政政策的扩张性不仅体现在赤字率特别是结构性赤字率的提高上，而且还体现在支出强度的进一步加大上。根据 2015 年财政预算报告和财政部新闻发言人公布的预算信息，在支出安排中，还额外安排了符合新预算法规定的不计入赤字的两项支出：一是中央财政动用以前年度结转资金 1 124 亿元，以扩大支出规模；二是增加安排地方政府专项债券 1 000 亿元并纳入地方政府性基金预算管理，主要用于有一定收益的公益性项目建设支出。

在中国地方政府承担较多支出责任且又是经济增长重要推手的情况下，加大地方支出力度或减轻地方支出压力，无疑是增加积极财政政策支出强度、稳定经济增长的有效途径之一。伴随着新预算法的实施和预算方法变化，地方政府可以腾出更多的债务资金用于其他急需支出、重点民生支出事项。比如，地方一般债务也可实行余额管理，从而使地方政府可用债务资金增加 1 714 亿元；又如，“财政部已下达地方存量债务 1 万亿元置换债券额度，允许地方把一部分到期的高成本债务转换成地方政府债券”，而政府债券利率一般较低，可使地方政府一年减少利息支出 400 亿至 500 亿元，这些节省出来的资金可用于加大其他支出。

资料来源：郭庆旺. 积极的财政政策更加积极. 经济日报，2015-03-13.

2. 紧缩性的财政政策

政府实施紧缩性的财政政策是指在经济繁荣时期，为了避免通货膨胀，政府通过财政政策抑制经济增长过快，减少和降低社会的总需求。在经济繁荣时期，国民收入提高，人们的消费能力增加，导致社会总需求和总供给不平衡，社会经济增长过快，物价水平上升。为了抑制经济的增长过快，政府提高税率增加税收，减少政府财政支出，利用紧缩性的财政政策，促进整体经济的发展。

(1) 增加税收。政府通过增加税收，减少人们的可支配收入，在政府财政支出不变的前提下，能够减少社会总需求。税收有很多种类，增加税收的方式和类型也不同，主要有：提高税率、取消免税和退税、设置新的税种等。提高个人所得税和企业所得税的税率，能够降低人们的消费水平和减少公司的投资力度。此时紧缩效应主要体现在需求方面。提高商品和劳务的征税力度，增加新的税种，能够提高商品和劳务的价格，有效减少供给，此时紧缩效应主要体现在供给方面。政府通过增加税收，降低消费水平，最终抑制经济增长，实现充分就业的作用过程如图 10-4 所示。

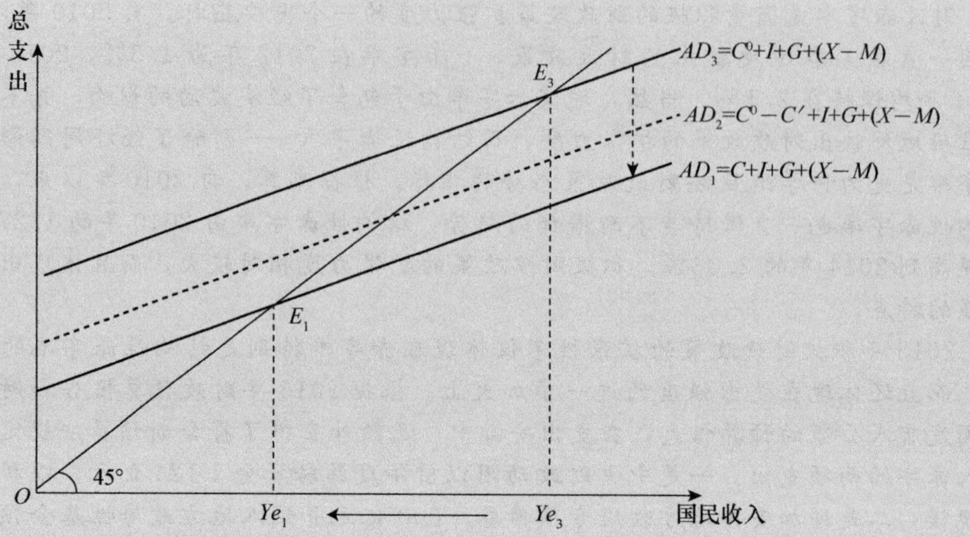

图 10-4 紧缩性增加税收

图 10-4 是紧缩性增加税收模型，横轴代表国民收入，纵轴代表总支出，C 代表消费支出，I 代表投资支出，G 代表政府支出，C'代表减少的消费支出，C^0 代表现有的消费支出，X 代表出口价值，M 代表进口价值，($X-M$) 为进出口支出。45°线表明总支出等于国民收入。假设投资支出（I）、政府支出（G）、进出口支出（$X-M$）都不随收入的变化而变化，引起变化的只有消费支出（C），由于乘数效应的存在，总支出曲线是向下倾斜的，总支出曲线 AD_1 与均衡曲线交叉于均衡点 E_1，相对应的国民收入 Ye_1 为充分就业条件下的收入。由于经济属于繁荣期，总支出曲线 AD_3 所对应的国民收入 Ye_3 大于 Ye_1（均衡国民收入），导致了物价水平上升，政府通过增加税收降低了消费支出（C'），使总支出曲线下移，直到达到均衡水平，这时，现有的消费支出（C^0）减去减少的消费支出（C'）等于均衡的消费支出（C），国民收入由 Ye_3 逐渐降低到 Ye_1，达到了物价稳定的水平，抑制了通货膨胀的趋势。

（2）减少政府财政支出。减少政府财政支出是指减少政府购买、减少政府投资、减少政府转移性支付等行为，政府的财政支出直接决定着社会总需求，财政支出的多少直接决定着总需求量。政府财政支出减少可以直接降低社会总需求量，也可以间接地减少私人消费和投资，间接地减少总需求量。在经济繁荣时期，政府通过减少财政支出行为，使总供给或总需求曲线下移，使社会经济总需求和总供给达到平衡，如图 10-5 所示。

图 10-5 是紧缩性减少政府财政支出模型，横轴代表国民收入，纵轴代表总支出，C 代表消费支出，I 代表投资支出，G 代表政府支出，G'代表减少的政府支出，G^0 代表现有的政府支出，X 代表出口价值，M 代表进口价值，($X-M$) 为进出口支出。45°线表明总支出等于国民收入，总支出和总收入呈均衡状态，假设消费支出（C）、投资支出（I）、进出口支出（$X-M$）都不随收入的变化而变化，引起变化的

只有政府支出（G），由于乘数效应的存在，总支出曲线是向下倾斜的，总支出曲线 AD_1 与均衡曲线交叉于均衡点 E_1，相对应的国民收入 Ye_1 为充分就业条件下的收入。由于经济属于繁荣期，总支出曲线 AD_3 所对应的国民收入 Ye_3 大于 Ye_1（均衡国民收入），导致物价水平上升，通过减少支出（G'），使总支出曲线下移，直到达到均衡水平，这时，现有的政府支出（G^0）减去减少的政府支出（G'）等于均衡的政府支出（G），国民收入由 Ye_3 逐渐降低到 Ye_1，达到了均衡状态下的物价水平，抑制了通货膨胀。

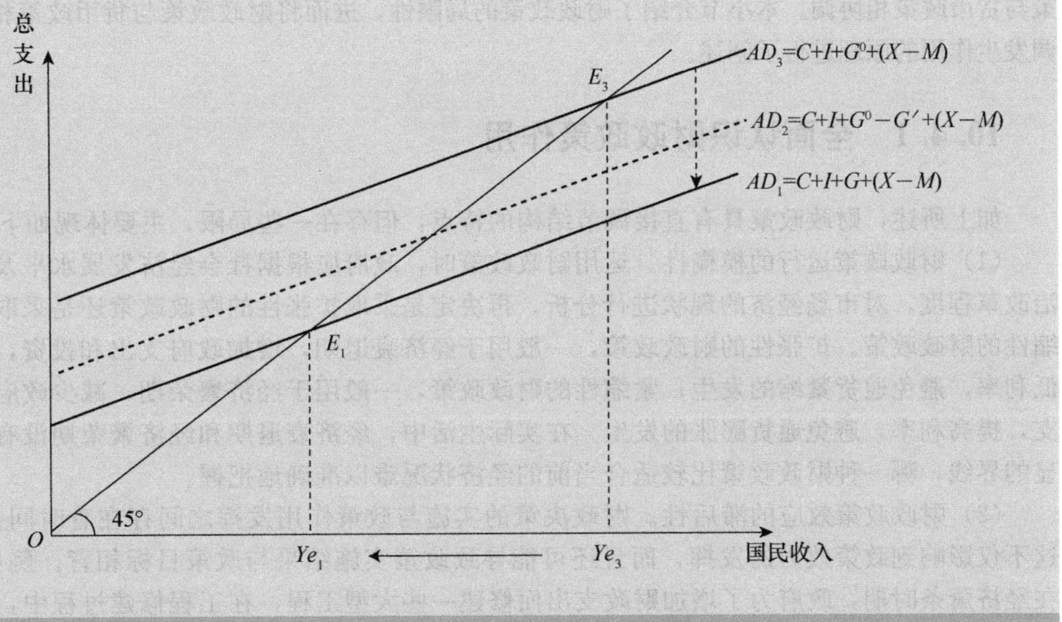

图 10－5　紧缩性减少政府财政支出

政府实行相机抉择的财政政策，通常被称为“逆经济风向行事”，即在经济高涨时期进行抑制，使经济不会过度高涨而引起通货膨胀；在经济衰退时期进行刺激，使经济不会严重萧条而引起失业。通过这种“逆经济风向行事”的财政政策，可以使经济实现既无失业又不会产生通货膨胀的稳定增长。

3. 中性财政政策

中性财政政策是指不会对社会总需求产生影响的财政政策。它既不会产生扩张性的财政政策影响，也不会产生紧缩性的财政政策影响。这种政策也可以理解为收支平衡政策，因为它既不允许大量的结余，也不允许财政赤字的出现。中国政府主张的是“收支平衡、略有结余”的方针，收支平衡的公式为：经常收入＋债务收入＝全部财政支出。在现实运行中，中性财政政策大致可以理解为平均税率和财政支出水平不变的政策，即政府的税收存在变化但占国民收入总量的比例不变，财政支出水平保持不变。另外一层意思是政府的支出增量与收入增量相等。

10.4 财政政策与货币政策配合协调

财政政策是政府参与市场经济活动，进行宏观调控的重要手段，在弥补市场经济运行的不足及监管市场经济的运行方面收到了显著的成效。但是财政政策本身具有局限性，政府单纯地依靠财政政策手段进行调控远远不能满足市场经济运行的需要，政府应将财政政策与货币政策相协调。本小节介绍了财政政策的局限性，进而将财政政策与货币政策相协调发生作用的原理进行了阐述。

10.4.1 全面认识财政政策作用

如上所述，财政政策具有直接调节结构的特点，但存在一些局限，主要体现如下：

（1）财政政策运行的模糊性。运用财政政策时，政府应根据社会经济发展水平及政治改革程度，对市场经济的现状进行分析，再决定是采取扩张性的财政政策还是采取紧缩性的财政政策。扩张性的财政政策，一般用于经济衰退期，增加政府支出和投资，降低利率，避免通货紧缩的发生；紧缩性的财政政策，一般用于经济繁荣期，减少政府开支，提高利率，避免通货膨胀的发生。在实际生活中，经济衰退期和经济繁荣期没有明显的界线，哪一种财政政策比较适合当前的经济状况难以准确地把握。

（2）财政政策效应的滞后性。财政决策的实施与政策作用发挥之间存在着时间差。这不仅影响到政策效力的发挥，而且还可能导致政策实施结果与政策目标相背。例如，在经济萧条时期，政府为了增加财政支出而修建一些大型工程，在工程修建过程中，经济本身已进入高涨时期，实施结果反而加剧了通货膨胀的压力。

（3）财政政策的挤出效应。挤出效应是指增加一定数量的公共投资就会减少同等数量的民间投资，从而总投资不变。有两种情况：一是在一定时期内，社会资源是既定的，政府支出的扩大，往往会与私人企业争夺资源，所以在政府扩大支出的同时，抑制了私人企业的投资需求，使政府财政支出的扩张作用被部分或全部抵消。二是在有效需求不足的情况下，不存在公共投资对私人投资的挤出效应。因为这时有效需求不足，商业银行的贷款贷不出去，如果这时政府增加开支，就可以弥补私人投资的不足，最后达到总需求的增加。

（4）财政政策具有期限性。财政政策一般能够在短期内对市场经济产生有效的调节和引导作用，同时也会产生一系列的问题。政府长期使用扩张性的财政政策，能够增加政府财政支出，加大政府的投资力度，提高公共服务和公共物品的需求，同样会产生一些消极的影响，比如政府财政支出的长期增加会导致财政赤字，使政府举债并缺少偿还能力，产生主权债务危机；政府投资力度的加大会导致社会投资效益的低下，导致失业和国民收入总值的下降。政府使用紧缩性的财政政策，减少政府支出，减少公共物品和公共服务的提供，增加税收，在短期内能够抑制经济的增长，但长期使用则会成为阻碍经济增长的一大重要因素，导致国家经济落后。

10.4.2 财政政策与货币政策配合使用

由于财政政策具有一定的局限性，在实际经济生活中，政府只有从当前的市场经济发展状况、政府的行政体制改革需求、公民的需要等内容出发，选择相应的财政政策，并与货币政策相配合，选取不同的政府经济政策组合，才能解决经济中出现的问题。这些组合和配合构成了财政政策与货币政策之间关系的基本内容。

关于财政政策与货币政策的组合或配合，通常以松紧搭配来概括，基本的搭配有“双紧”“双松”“一松一紧”，但这几种搭配也并不全面。政府在进行调节时，根据国民经济中可能出现的总供给与总需求的态势，兼顾当前利益和长远利益，进行不同的政策组合和搭配。因此，究竟应采取哪一项政策，或者如何对不同的政策手段进行搭配使用，并没有一个固定不变的模式，政府应根据不同的情况灵活地决定。财政政策与货币政策的搭配及适应情况如表 10－1 所示。

表 10－1　财政政策与货币政策的搭配类型及其适用的宏观经济环境

政策类型		财政政策		
		松	中性	紧
货币政策	松	社会总需求严重不足，商品价值实现普遍困难，生产能力和资源得不到充分利用，失业严重	社会总需求不足，供给过剩，企业投资不足，主要的经济比例结构没有大问题	社会总需求大体平衡，但公共消费偏旺而投资不足，生产能力及资源方面有增产潜力
	中性	社会总需求略显不足，供给过剩，经济结构有问题，主要是公共消费不足，公共事业及基础设施落后	社会总供给与总需求基本平衡，社会经济的比例结构也基本合理，社会经济的发展健康，速度适中	社会总需求大于总供给，经济比例结构没有大问题，财政支出规模过大，非生产性积累与消费偏高
	紧	社会总供给与总需求大体平衡（包括平衡关系偏紧），而公共事业、基础设施落后，生产力布局不合理	社会总需求过大，供给不足，经济效益较差，出现通货膨胀，但财政在保障社会公共需求上正常	社会总需求大大超过社会总供给，发生了严重的通货膨胀

下面主要介绍两种最为典型的组合。

1. “双松”

经济处于严重萧条时期，出现大量的失业，国民收入减少，人们的消费水平下降，为了避免通货紧缩，政府可以同时采用扩张性的财政政策与扩张性的货币政策。一方面增加政府支出，减少税收，增加投资力度，通过公共产品和公共服务的提供，增加就业机会，提高国民收入水平；另一方面降低利率，增加货币供给，刺激投资和净出口，增加社会总需求（见图 10－6）。

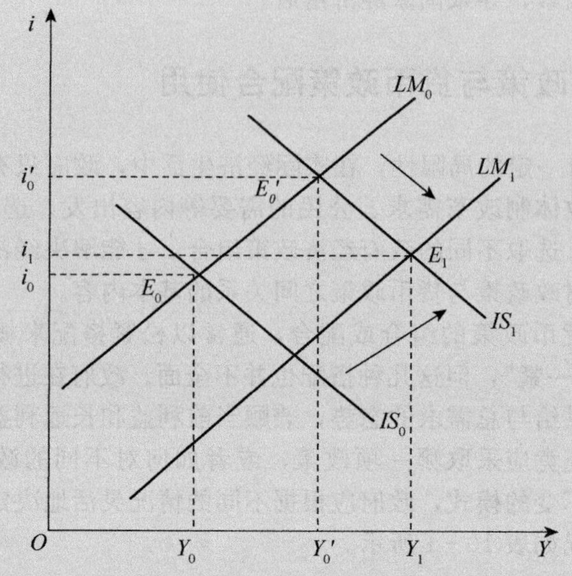

图 10－6 “双松”政策及其效果

图 10－6 为 IS-LM 中“双松”政策模型，它是宏观经济学分析的重要工具，图中 i 代表利率，Y 代表国民总收入，IS 曲线代表财政市场均衡的状态下利率与国民收入之间的关系，LM 曲线代表货币市场均衡的状态下利率与国民收入之间的关系。

从图中可以看出，扩张性财政政策使 IS_0 曲线右移到 IS_1 的位置，均衡点由 E_0 移动到 E_0'，在国民收入 Y 增加的同时也使市场利率由 i_0 上升到 i_0'，而这将形成挤出效应，影响扩张性财政政策的效果。此时政府同时实施扩张性的货币政策使 LM_0 曲线右移到 LM_1 的位置，货币供给量的增加使市场利率下降，这样在一定程度上消除了政府支出增加对利率的影响，保证了社会上的私人投资能维持在较高的水平上，从而有效刺激了收入的增加和失业的减少。IS_0 曲线与 LM_0 曲线分别右移到 IS_1 和 LM_1 的位置，使均衡点由 E_0 移动到 E_1，重新达到了均衡，国民收入由原来的 Y_0 增加到 Y_1，而利息率 i_0 只上升到 i_1，相对稳定。

2. “双紧”

经济过热时期，国民收入增加，人们的消费水平提高，物价水平上升，为了避免通货膨胀，政府可以同时采用紧缩性的财政政策与紧缩性的货币政策。一方面减少政府支出，增加税收，减少投资力度，降低国民收入水平，降低人们的消费水平和购买能力；另一方面增加利率，减少货币供给，抑制投资和净出口，降低社会总需求，促使经济稳定有序发展（见图 10－7）。

图 10－7 为 IS-LM 中“双紧”政策模型，图中 i 代表利率，Y 代表国民总收入，IS 曲线代表财政市场均衡的状态下利率与国民收入之间的关系，LM 曲线代表货币市场均衡的状态下利率与国民收入之间的关系。

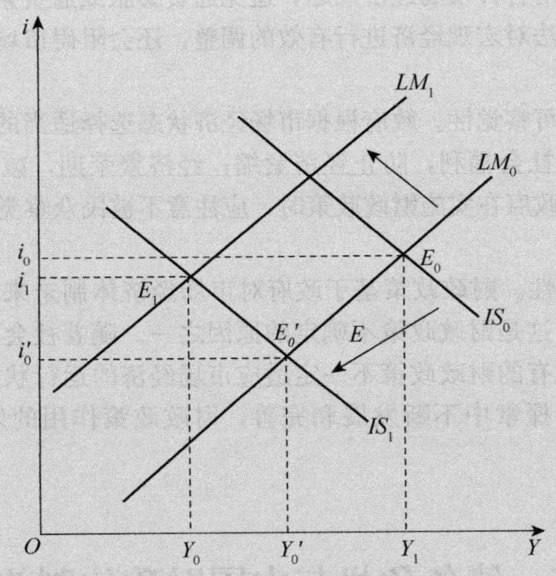

图 10-7　“双紧”政策及其效果

从图中可以看出，紧缩性财政政策使 IS_0 曲线左移到 IS_1 的位置，均衡点由 E_0 移动到 E_0'，在国民收入 Y 减少的同时也使市场利率由 i_0 减少到 i_0'，而这将刺激人们进行消费，影响紧缩性财政政策的效果。此时政府同时实施紧缩性的货币政策使 LM_0 曲线左移到 LM_1 的位置，货币供给量的减少使市场利率上升，这样在一定程度上消除了政府支出减少对利率的影响，保证了社会上人们的消费能力维持在较低的水平上，从而有效抑制了经济的过热和通货膨胀的发生。IS_0 曲线与 LM_0 曲线分别左移到 IS_1 和 LM_1 的位置，使均衡点由 E_0 移动到 E_1，重新达到了均衡，国民收入由原来的 Y_1 减少到 Y_0，而利息率从 i_0 降低到 i_1，相对稳定。

10.4.3　财政政策发挥作用的相关条件

财政政策通过自动稳定器和相机抉择的财政政策调节整个市场经济的运行，对政府的宏观调控起到重要的作用，但是，财政政策只有在一定的前提条件下，才能充分发挥其作用，相关条件主要有以下几方面：

(1) 政府把握市场经济发展状态的准确性。政府在选择财政政策之前，必须对市场经济的供求状态进行全面深入的了解，对国内外的经济发展水平及发展速度做综合的概括，并通过数据分析，预测市场经济未来的发展趋势，及时了解民众的生活水平、物质需求及精神状态，对社会政治局面及环境的变化做深入的了解。政府应结合各方面的因素，准确把握市场经济的发展状态，在此基础上选择适当的财政政策，应对各种经济危机，促进市场经济稳定有序运行。

(2) 决策实施的及时性。政府在准确把握市场经济发展状态的同时，应根据时效性及时选择相应的财政政策，以适应当前市场经济的运行状态。这就要求政府完善财政政策体制，使财政政策能够应对各种市场经济问题，避免通货膨胀或通货紧缩的发生。财政政策实施得不及时，不仅无法对宏观经济进行有效的调整，还会阻碍市场经济自动调节功能的发挥。

（3）政策行为的不可察觉性。政府根据市场经济状态选择适当的财政政策，如经济萧条期，增加支出，提高社会福利，防止经济紧缩；经济繁荣期，减少支出，降低社会福利，防止经济膨胀。但政府在实施财政政策时，应注意不被民众察觉，否则有可能会引起不满。

（4）政策的不确定性。财政政策基于政府对市场经济体制未来发展趋势的预测，而数据存在一定的误差，这是财政政策不确定的原因之一。随着社会的发展进步及政治格局的不断发展完善，原有的财政政策不一定适应市场经济的运行状况，现有的财政政策没有实践经验，只能在探索中不断发展和完善，财政政策作用的发挥具有一定的不确定性。

10.5 债务危机与中国财政体制改革

政府债务是财政收入的主要来源，对宏观经济具有一定的调节作用。政府通过发行债券，扩大政府投资，拉动内需，最大程度实现充分就业。

10.5.1 政府债务

1. *政府债务的内涵*

政府债务又称公债，是指政府以其信用为基础，以债务人的身份，按照一定的法律规定，通过借款或发放债券，向国内外进行有偿借债而形成的债权债务关系，是政府财政收入的一种主要形式。政府债务的主体是国家或政府。相对于私债而言，政府债务与私债都有明确的债权债务关系，政府债务区别私债的根本点在于政府债务是以国家或政府为主体。政府债务的存在表明政府扩大了财政支出，政府债务的发行，使得财政收入与支出的失衡现象由现在转移到了未来的某一个时期。由于政府债务的主体是国家或者政府，因此政府债务在发行过程中具有较高的信用度。

政府债务的发行依据严格的法律法规。政府债务的主体是国家或者政府，因此政府债务的发行必须依靠严格法律程序或规章制度。每项政府债务的发行必须在法律法规上明确价格、期限及利率。政府债务具有严格的法律约束，能够使政府债务的债权关系双方的权利拥有依据并得到保护。

政府债务以信用为基点。信用是指在一定期限内偿还本息的行为，信用可划分为个人信用、商业信用、银行信用和国家信用。政府债务是财政收入的一种形式，必须严格按照法律法规在一定期限内偿还本息，属于国家信用。政府债务是流动的，能够更好地保护政府债券价值的实现。

2. 政务债务的特点

从政府债务的债务人即政府的角度分析，政府债务具有以下特征。第一，自愿性。购买者可以根据自己的购买愿望和购买能力购买政府债券，政府不加干涉，但是政府债务具有一定的强制性，比如购买程序、偿还期限、价格等都有明确的规定。第二，有偿性。政府必须对所购买的债券进行偿还，偿还的期限、流程及利息都有严格的规定，税收是政府偿还债务的重要资金来源。第三，灵活性。政府债务具有一定的灵活性，根据当前经济的发展状况定位政府债券的作用，灵活地确定发放多少的政府债券，确定政府债券的类型及偿还期限等内容。

从政府债务的债权人即购买者的角度分析，政府债务具有以下特征。第一，安全性。政府债务的主体是国家或政府，以国家信用为基础，有严格的偿还程序和期限规定，基本零风险，具有较强的安全性。第二，稳定性。相对于私人债务和银行债务来说，政府债务的信誉度较高，价格波动幅度较小，利率较稳定，在一定经济阶段内，受外界因素的干扰较小，政府债务的稳定性相对较大。第三，效益性。政府债务有一定的利率，利率波动幅度较小，购买政府债务除了收回本金之外还能获得一定的利息，收益成果较为显著，政府债务收益不能低于购买者的边际投资收益。此外，收益可以根据利率进行计算，具有可预见性。

3. 政府债务的类型

根据不同的划分标准，政府债务可以划分为多种类型。

根据借贷的对象不同，将政府债务分为国内政府债务和国外政府债务。国内政府债务简称内债，是指在国内发行的政府债务，主要购买者为本国公民、企业等，内债一般不存在流转出国外的现象，不会减少或增加国内资源总量，对国内的总需求和总供给也不会产生影响。国外政府债务简称外债，是指在国外发行的政府债务，外债主要通过国家的外交手段进行发放，很少涉及个人及企业的行为，外债的发放使得本国的资源流转到国外，如果外债发行过多，会对本国的总需求和总供给产生影响，导致本国国际收支不平衡，进而导致债务危机。

根据偿还期限的不同，将政府债务分为永久政府债务、长期政府债务、中期政府债务和短期政府债务。永久政府债务是指没有偿还期限的政府债务，政府不偿还本金，只是按期支付利息，这种债务又称可交易政府债务，可以上市交易或随时兑现。长期政府债务是指偿还期限在十年以上的政府债务，这种政府债务按照利率定期支付利息。中期政府债务是指偿还期限在一年到十年间的政府债务，这种政府债务的主要作用为弥补财政赤字或进行经济建设。短期政府债务是指偿还期限在一年以内的政府债务，这种债务的主要作用为弥补财政赤字或临时解决政府资金周转的问题。

根据举债主体的不同，将政府债务分为中央政府债务和地方政府债务。中央政府债务是中央政府发行的债务。中央政府是国家政府的集中体现，根据经济调控的需要或国际收支平衡的需要发放内债和外债，通常把中央政府发行的内债称为国债。地方政府债务是指由地方政府发行的债务。地方政府发行债务的主要目的是解决本地区资金周转问题，或弥补财政赤字。

除此之外，根据有无利息和奖金，将政府债务分为有息政府债务、无息政府债务和有奖政府债务；根据有无担保品，将政府债务分为有担保政府债务和无担保政府债务；根据有无证券标志，将政府债务分为证券政府债务和登录政府债务；根据是否可以上市流通，将政府债务分为可转让政府债务和不可转让政府债务；根据利率的变动方式，将政府债务分为固定利率政府债务、市场利率政府债务和保值政府债务；根据国债发行的计量单位，将政府债务分为货币政府债务、实物政府债务和折实政府债务。

4. 政府债务的作用

(1) 经济杠杆的作用。财政政策是政府对市场经济进行宏观调控的重要手段，政府债务是财政政策的主要工具，政府通过债务增加收入，调节市场经济的收支平衡。在经济繁荣时期，国民收入增加，政府发放大量的债务，降低人们的实际消费水平，从而防止通货膨胀的发生；在经济衰退期，国民收入减少，政府减少债务的发行量，提高人们的实际消费水平，从而防止通货紧缩的发生。政府债务作为一种特殊的形式，间接地调节市场经济的运行，充分发挥了经济杠杆的作用。

(2) 弥补财政赤字的作用。财政赤字是政府债务产生的主要原因，政府债务是财政收入政策的一种主要形式，是政府增加收入的主要途径之一。财政赤字导致了国家收支不平衡状态，政府债务的发行能够增加政府的收入，弥补政府财政的缺口，解决政府的资金周转问题，促进国家收支平衡。但事实上，政府债务并没有填补政府财政的缺口，而是将未来的钱提前使用，将政府的财政缺口向后转移。不过，政府债务的发行能够在短期内弥补财政赤字，促进政府宏观调控作用的发挥。

(3) 扩大内需的作用。筹集政府提供公共产品和公共服务所需要的资金，是政府债务的主要作用之一。政府可以通过债务的形式，整合人们手中的闲置资金，进行社会基础设施建设，提供公共产品和公共服务，通过投资铁路建设、公路建设等，为失业者提供更多的就业机会，实现充分就业，从而提高人们的消费水平，使社会的总需求和总供给达到均衡状态，拉动内需，提高资金的利用率。

(4) 信用流通手段的作用。政府债务的主体是国家或者政府，以国家信用为依据，利率具有一定的稳定性，并具有较低的投资风险、稳定的收益，这为投资市场提供了一种新的信用流通手段。政府债务可以在市场上进行交易，有利于实现储蓄向投资的转化，作为金融体系的一部分，降低了金融体系的风险程度。因此，政府债务作为一种新的信用流通手段，丰富了财政政策的内涵。

10.5.2 主权债务危机

1. 主权债务的含义

主权债务，是指一个国家以自己的主权为担保，通过发行国家债券等方式向国际货币基金组织、国际银行或者其他国家借款。由于主权债务大多是以外币计值，因此，一旦债务国家的信誉评级被调低，就会引发主权债务危机。主权债务危机是指一个国家通过自己的主权向国际金融社会进行借债，并在国际金融领域中大量负债，已经超出了主权国家自身的偿还能力，主权国家无力偿还或者必须延期偿还的现象。

专栏

希腊主权债务危机

2009 年 11 月希腊财政部长宣布，其 2009 年财政赤字对 GDP 之比将为 13.7%，而不是原来所预测的 6%。市场出现恐慌，希腊国债 CDS 价格急剧上升。2010 年一季度，希腊国债对 GDP 之比达 115%。2010 年 4 月希腊政府宣布如果在 5 月前得不到救援贷款，将无法为即将到期的 200 亿欧元国债再融资。由于担心希腊政府对其总额为 3 000 亿～4 000 亿美元的国债违约，投资者开始大规模抛售希腊国债。希腊政府难以通过发新债还旧债，希腊主权债务危机终于爆发。主要依赖希腊政府债券为抵押进行融资的希腊银行无法从其他地方得到资金，只能依靠廉价的欧洲央行贷款，货币市场流动性短缺骤然加剧。希腊主权债务危机的传染效应出现：西班牙、爱尔兰、葡萄牙和意大利等国同时遭受信用危机，受影响国家的 GDP 总和占欧元区 GDP 37%左右；欧洲资金外逃，货币市场流动性短缺，利率上升，欧元贬值。在此情况下，欧盟、欧洲央行和国际货币基金组织紧急出台 7 500 亿欧元的救援措施。欧洲央行在国债市场上购买私人投资者抛售的希腊国债，以防其价格下跌、收益率攀升。欧洲央行资产负债表上的“垃圾”债券不断增加。与此同时，欧洲央行增加了对银行的短期贷款、放松贷款的抵押条件，以缓解货币市场上的流动性短缺。在稳定金融市场的同时，同美国不同，欧盟国家并未采取扩张性财政政策。希腊等国开始实行财政紧缩政策，德国等财政状况良好的国家也准备实行财政紧缩。欧盟区在全球金融危机发生后即采取了非常宽松的货币政策，但在此次欧洲主权债务危机中，欧洲央行似乎并不打算效仿美国，也并未修改 2%的通货膨胀率目标。

希腊的主权债务危机，源于财政赤字过高，但这并非才出现的问题。在高福利制度下，希腊人得以维持高消费、重享受的生活方式，加之税收征管不善导致严重的偷税漏税，其财政状况比较糟糕；希腊等国在加入欧盟时，由于资本自由流动与固定汇率，大量资金流入，公私债务增加，不但存在大量财政赤字，还存在大量经常项目逆差；希腊劳动市场僵硬，与德国的劳动生产率差距不断扩大，但无法通过劳动力自由流动缩小差异；马斯特里赫特条约关于财政赤字的规定未得到严格遵守，欧盟也因一体化和主权矛盾，没有形成有效的监管机制；受全球金融、经济衰退的影响，希腊问题雪上加霜；造假账，严重的财政困难被暂时掩盖，丧失了及早采取措施的机会。

通常，当一国由于经济增长速度下降而使财政赤字增加时，可通过三条途径解决：一是通过扩张性货币政策如降息等刺激经济增长，增加税收，减少赤字；二是通过货币贬值，刺激出口和经济增长，增加税收，减少赤字；三是实施紧缩性财政政策，但要注意其对增长的负面影响。然而，希腊没有本国货币和独立的货币政策，既不能执行扩张性货币政策又不能贬值，只有财政紧缩一条路，即大幅削减工资和福利。这在政治上十分困难，效果难料。德国等迟迟不肯施以援手，也加重了市场对希腊前景的担忧，助推了危机的爆发。

资料来源：根据相关资料整理。

2. 主权债务危机产生的原因

(1) 单一的经济体制结构。主权债务危机产生的原因很复杂，但有一个最为关键的原因就是国家自身经济结构的单一性，如希腊，经济结构主要以航运业、旅游业为主，这些产业稳定性不强，极容易受到外界因素的干扰，在次贷危机的影响下，希腊海运市场急剧萎缩，航运业收入下降，旅游业收入快速下滑。单一经济结构缺乏具有国际竞争力的行业，不能够提供相应的经济基础，不能够很好地应对金融危机所带来的波动和影响，这是主权债务危机产生的主要原因。

(2) 财政赤字过大。政府的收支平衡严重失调，政府开支过度，资金周转困难，政府债务不能自动用新债填旧债，政府债务越积越多，尤其以外债居多，国家信用额度迅速下滑，政府已经失去了偿还的能力或者必须延期偿还。财政赤字过大，政府举债过多，是导致主权债务危机的最为直接的原因。

(3) 政局不稳定。政局变革及社会动荡不安，国家信用就会下降，使公民失去对国家信用的认可。在政局动荡不稳的阶段，公民及企业购买政府债务的行为就会有意识地减少。政府无法通过举债的方式筹得资金弥补财政赤字的缺口，无法提供公共产品和公共服务，更加失去了公民的认可和信任，最终政府无力偿还债务。政局不稳定是导致主权债务危机最主要的原因。

(4) 社会福利负担过重。失业救济金、公共产品和公共服务等社会福利措施发展过快，政府将更多的资金投入社会福利基础设施建设中，这样造成的局面是社会福利水平提高了，但是政府债务增加了，而且福利工程变成了政绩工程的表现形式，社会福利不断提高，政府不断举债，最终使得因高社会福利产生的政府债务成为政府财政严重的负担，这是主权债务危机产生的主要原因之一。

3. 主权债务危机的启示

(1) 政府与市场相协调。市场经济通过价格机制、竞争机制等市场机制，充分发挥自动调节的作用，促进社会经济的发展。但是由于外部效应、公共物品和公共服务等，仅仅依靠市场经济进行国家的经济活动，远远不能满足社会经济发展的要求，必须依靠政府的指导和协调。然而，政府对公共物品和公共服务、社会福利、失业救济金等的财政支出也不能单纯依靠政府举债的方式。政府不能过多地介入市场经济活动，市场经济应该主动承担一些社会责任。政府与市场相互协调，才能促进经济稳定、有序发展。

(2) 优化产业结构。中国的经济结构为以公有制为主体、多种所有制经济共同发展，产业结构为第一产业、第二产业占的比重较大，第三产业占的比重较小，第三产业的发展也成为中国产业结构的改革方向。产业结构的优化能够促进产业结构的多样性及发展的均衡性，打下坚实的经济基础，应对金融危机对经济的波动及影响，为政府收支平衡提供保障，避免主权债务危机所产生的严重后果。

(3) 合理计划政府开支。政府应有计划、有目的地进行财政开支活动，人们生活水平的提高，不能只依靠政府的福利措施及公共基础设施建设。对于财政支出的用途及款项，政府应有明确的计划，并且应对政府举债的数目及偿还的日期和方式，制定详细、严格的规章制度。要严厉打击偷税漏税等违法活动，保证政府财政收入来源渠道的通畅性，确保政府资金周转的流畅性，以平衡政府的财政开支，确保政府债务偿还能力。

10.5.3　中国财政体制的演进与分税制改革

1. 中国财政体制的演进

中国财政体制的演进可以分为以下阶段，每个阶段都有明显的特点和差异。

(1) 1949—1952 年：经济恢复时期。1949 年新中国成立之初，不论是在政治方面还是在经济方面都面临着严峻的考验。国家通过推行一系列的强制政策，为经济发展和恢复奠定了基础。通过三年的努力，国民经济的恢复工作主要做到了以下几方面：第一，废除了封建官僚资本主义，初步建立并逐步完善财政体制建设。第二，确立了“统一财政”的目标。第三，对国民经济进行恢复。第四，打击投机倒把。第五，实行国营经济领导下的多种经济并存、计划管理与市场调节相结合的经济体制，国家掌握了经济的命脉，同时发展金融、市场和重工业，奠定了经济基础。

(2) 1952—1957 年：第一个五年计划时期。经过三年的恢复，政府通过没收官僚资本、统一财政、土地改革、稳定物价等措施，逐渐使国民经济步入正轨，国家的政权得到巩固，废除了封建地主剥削制度，解放了生产力，充分调动起了农民的生产积极性。

第一个五年计划的经济指导思想就是过渡时期总路线，这一时期的主要经济任务为集中力量建设中国社会主义工业化的初步基础，建立集体所有制的农业合作社，对农业和手工业进行社会主义改造，以建立对私营工商业进行社会主义改造的基础，在 1954 年，发展为“一化三改”：准备在一个相当长的时期内，逐步实现国家对农业、手工业和资本主义工商业的社会主义改造。到 1956 年，计划经济体制完全取代了市场经济体制，市场经济体制的作用逐步缩小。

(3) 1958—1978 年：经济动荡期。1958—1962 年，为第二个五年计划时期，“二五”计划在制定和执行中存在着严重的冒进主义倾向，严重阻碍了社会经济的发展，财政政策出现了偏差，使刚恢复的国民经济遭受到严重的损失。1963—1978 年，为第三、四、五个五年计划时期，十年的“文化大革命”严重影响了国民经济的发展。这个阶段社会经济机构混乱，国民经济基本比例严重失衡。

(4) 1978—1992 年：计划经济向市场经济转型期。该时期是中国经济建设的转型期，经济体制逐渐由计划经济向市场经济转变，改革开放逐步迈入新的历程，生产力进一步解放，国民经济得以恢复和发展，转型期财政体系的改革主要有以下几方面：

“四人帮”被粉碎后，国民经济逐渐恢复到正常轨道上，国家以“利改税”和财政管理体制为主要内容，对国家与企业、中央与地方的分配关系进行了调整，充分调动了生产的积极性。从 1980 年开始实行“分灶吃饭”和“分级包干制”的财政改革探索，各层面的经济体制改革快速推进，划分了中央与地方的隶属关系，规定了收支范围。进一步对农民和企业进行经济体制改革，对农民的让利体现为实行家庭联产承包责任制，调动了农民的积极性；对企业实行利润留成制，企业自主支配财力的能力提高，增加了职工的收入；对地方也实行了“分灶吃饭”和大包干体制。1985 年，推行了“划分税种、核定收支、分级包干”的财政管理体制，体现了适当的集中，符合当时的发展思路，使中央和地方的分配关系发生了重大的变化，财政收入被分为中央财政固定收入、地方财政固定收入及中央和地方共享收入三种类别。1992年底，国民经济快速发展，但经济发展过热的问题没有得到进一步的解决。1992年，国家的改革开放进入崭新的阶段，社会主义市场经济体制得以建立，极大地解放了社会生产力，调动起了生产积极性。

从1978年实行改革开放以来，中国的经济发展取得了显著的成效，财政体系逐渐完善，产业结构丰富，物价维持在较稳定的状态，国民收入持续增加。受经济周期的影响，中国经济有一定的波动性，但是中国的财政体系通过不断的改革，始终使国民经济稳定、有序、持续发展。

2. 中国分税制改革实践

20世纪80年代末90年代初，中国经济过热，中央财政陷入了严重的危机，在社会商品零售总额中，市场调节价的比重由1978年3%提高到75%，中央财政收入在整个财政收入中的比重为20%～30%，地方财政收入的比重为70%左右，出现“弱中央”的状态。为了改变这种状态，渡过经济危机，党中央和国务院在1994年开始实行分税制。分税制是政府对市场经济进行宏观调控的重要工具和手段，是中国财政体制改革的重要内容，保证了中国财政体制运行的有序性和稳定性。

(1) 分税制改革的主要内容。

中央与地方事权和支出的划分。根据中央政府与地方政府事权的划分，中央财政主要承担国家安全、外交和中央国家机关运转所需经费，调整国民经济结构、协调地区发展、实施宏观调控所必需的支出以及由中央直接管理的事业发展支出。地方财政主要承担本地区政权机关运转所需支出以及本地区经济、事业发展所需支出（见表10-2）。

表10-2　中央与地方事权与支出划分

中央	国防、外交、中央行政支出、中央事业支出、国债支出、公检法支出、科教文卫等各项事业费支出
地方	地方行政支出、公检法支出、地方事业支出、支农支出、地方科教文卫等各项事业支出、补贴等

中央与地方收入的划分。根据事权与财权相结合的原则，按税种划分中央与地方的收入。将维护国家权益、实施宏观调控所必需的税种划为中央税；将同经济发展直接相关的主要税种划为中央与地方共享税；将适合地方征管的税种划为地方税，并充实地方税税种，增加地方税收入（见表10-3）。

表10-3　中央与地方收入划分

中央	关税，海关代征消费税和增值税，消费税，中央企业所得税，地方银行和外资银行及非银行金融企业所得税，铁道部门、各银行总行、各保险总公司等集中缴纳的收入，中央企业上缴利润等，外贸企业出口退税
地方	营业税、地方企业所得税、地方企业上缴利润、个人所得税、城镇土地使用税、固定资产投资方向调节税、城市维护建设税、房产税、车船使用税、印花税、屠宰税、农牧业税、对农业特产收入征收的农业税、耕地占用税、契税、遗产和赠与税、土地增值税、国有土地有偿使用收入等
中央与地方共享收入	增值税、资源税、证券交易税

中央财政对地方税收返还数额的确定。为了保持现有地方既得利益格局，逐步达到改

革的目标，中央财政对地方税收返还数额以1993年为基期年核定。按照1993年地方实际收入以及税制改革和中央与地方收入划分情况，核定1993年中央从地方净上划的收入数额（消费税+75%的增值税－中央下划收入）。

原体制下中央补助、地方上解以及有关结算事项的处理。为顺利推行分税制改革，1994年实行分税制以后，原体制的分配格局暂时不变，中央对地方的补助继续按规定进行。地方上解仍按不同体制类型执行：实行递增上解的地区，按原规定继续递增上解；实行定额上解的地区，按原确定的上解额，继续定额上解；实行总额分成的地区和原分税制试点地区，暂按递增上解办法，即按1993年实际上解数，并核定一个递增率，每年递增上解。原来中央拨给地方的各项专款，该下拨的继续下拨。地方1993年承担的20%部分出口退税以及其他年度结算的上解和补助项目相抵后，确定一个数额，作为一般上解或一般补助处理，以后年度按此定额结算。

（2）分税制改革的目标。

党的十八届三中全会审议通过的《中共中央关于全面深化改革若干重大问题的决定》（简称《决定》）对财税体制改革明确提出了"完善立法、明确事权、改革税制、稳定税负、透明预算、提高效率，建立现代财政制度，发挥中央和地方两个积极性"的要求，并专列第十八节阐述完善税收制度。结合《决定》的内容，中国下一步分税制改革的目标可以概括为：

完善现行税法体系。改革开放以来，在税收立法领域中国长期实行授权立法体制，现行的18个实体税法中，只有企业所得税、个人所得税和车船税是由全国人大立法，其他15个税种都以"暂行条例"的形式存在。《决定》除了在深化财税体制改革的总论部分明确提出了"完善立法"的要求外，在第十八节"完善税收制度"中明确要求"加快房地产税立法并适时推进改革"，而且在第八部分"加强社会主义民主政治制度建设"中明确提出"落实税收法定原则"。

稳定税负与税费综合改革。党的十八届三中全会明确要求"稳定税负"，近年来全部政府收入占GDP的比重在35%左右，而税收收入占GDP的比重仅在20%左右。因此，中国下一步税制改革的重点是政府收入内部结构的调整，在总体上不增加社会负担，保持宏观税负稳定的前提下，通过税费综合改革等措施优化政府收入结构。具体来说，资源税、环境税、房地产税改革都涉及与现行资源、环境和土地开发中相关税费的合并问题。而为应对人口老龄化、提高社会保障的覆盖面和保障水平，应加紧研究实施社会保障费改税。

完善地方税体系与理顺中央和地方收入划分。随着"营改增"的推进，中央和地方的收入划分面临着重大调整，党的十八届三中全会明确提出了"完善地方税体系"的要求，同时也明确指出"保持现有中央和地方财力格局总体稳定，结合税制改革，考虑税种属性，进一步理顺中央和地方收入划分"。因此，完善地方税体系是下一步税制改革的重要目标。

逐步提高直接税比重与促进社会公平。中国当前以间接税为主体的税制结构难以发展税收调节收入分配的功能，而扩大国内消费需求与调节收入分配等一系列重大结构调整任务都需要充分发挥直接税，尤其是个人所得税和房产税对居民收入和存量财产的调节作用。直接税比重提高的同时相应降低增值税等流转税的比重，能够缓解整体税制的“累退性”，有利于国内消费需求的扩大和内外需的平衡。《决定》明确提出“逐步提高直接税比重”的要求，在第十二部分“推进社会事业改革创新”中则重申“完善以税收、社会保障、转移支付为主要手段的再分配调节机制，加大税收调节力度”。

促进税制结构优化。中国推进的营业税改征增值税改革对于消除重复征税、鼓励服务业发展，优化产业结构具有重要意义。为了促进资源节约和环境保护，应重视特殊流转税和税收优惠政策的作用，通过消费税、资源、环境税费改革等促进经济结构的优化和调整。

(3) 分税制改革的成效。

自分税制改革实施以来，中央对经济的宏观调控能力逐步增强，地方财政的改革积极性也显著提高，同时，促进了市场经济体制的发展与完善。

中央财政的宏观调控能力逐步增强。在1994年之前，尤其是20世纪80年代末90年代初，中央财政在整个财政收入中的比重逐渐下降，政府宏观调控的能力逐渐下降，出现“弱中央”的危机。1994年政府实施分税制改革。分税制改革实施以来，中央财政所占的比重逐渐提升，充分调动起了中央和地方政府经济发展的积极性，界定了中央与地方政府的事权，理清了国家与企业、个人的收入分配关系，完善了税收制度体系，最终改变了中央财政较为被动的局面。

地方政府的改革积极性显著提高。在分税制改革实施之前，不同地区之间的交流较少，地方政府保护主义盛行，导致资源分配不均衡，地区经济财力差距相对较大。分税制改革实施以后，将地区同一资源及商品的税种收归国家，由国家统一分配。同时，通过开放的市场经济体制，不同地区之间资源及产品的交流日渐增多，极大地促进了地区政府改革的积极性，促进了地区经济的发展。

转移支付缩减了地方财力的差距。转移支付是一种平衡不同地区经济发展的财政手段，能够缓解贫富差距所激化的社会矛盾。1994年转移支付的概念引入中国，在其后的若干年逐渐发展完善，进而形成了一套具有中国特色的转移支付制度，主要包括税收返还、财力性转移支付和专项转移支付三部分，并以中央对地方的转移支付为主。中央政府通过转移支付制度实现了自上而下的纵向转移和地区间横向转移及纵向与横向转移的混合，在保持发达地区经济发展稳定的同时，促进了欠发达地区经济的发展，有效缩减了不同地区经济发展的差距，促进了经济发展的平衡。

促进了市场经济体制的发展与完善。在市场经济体制实施之前，中国实行的是计划经济体制，“大包干”的财政体制使得地方保护主义盛行，地区之间相互封闭，这样既限制了产品和资源的流出，也限制了产品和资源的流入，最终导致分散的、独立的分块格局式市场。分税制改革将税种集中到中央，使资源和产品在不同地区间合理流动，从而形成统一稳定的市场，提升了经济发展的效率。

(4) 分税制改革的问题。

财力过多地集中于中央。分税制规定了地方政府税收入及地方和中央的共享税收入，税权过多地集中于中央，而且中央拥有税率的调整权和减免权，中央与地方之间税权配置的随意性大。税权配置及税收划分大部分依据收入而非税收特点，在分税制的实施过程中，中央可以根据财政形势的需要，通过实行新的政策来调整中央与地方的财政分配关系，税收划分办法更是经常随着税收结构和税收收入的变化而进行动态调整。

中央与地方事权、事责划分不清楚。分税制改革对中央和地方政府的事权和事责没有进行明确细致的划分，难以适应经济发展的需要，中央政府与地方政府在事权与事责方面存在着缺位、越位、错位等问题，不仅压制了地方政府提供公共产品的积极主动性，也增加了地方政府在地方事务上的财政支出。

税权配置不合理。分税制改革对中央和地方的税权进行了划分，但是仍存在着许多问题。第一，税法建设不完善，立法体制不健全，税法的实施缺少公民的监督，偷税漏税现象较为普遍。第二，税权在不同地区之间的划分不科学，资源分配的不平衡性导致了税负在不同地区间分配的不均衡，加大了地区间的财力差距。第三，分税制改革只是规定了中央与地方的税权配置，地方税权缺少层次性，缺少具有相对稳定收入来源的税种，这导致了各地区收入的差距。

税制结构不完善。税制结构的不完善，导致转移支付目标设立不够明确，一般性转移支付与专项转移支付比重严重失调，转移支付制度与政府财政支出目标相矛盾，资金规模效益低，在一定程度上加重了地方政府的财政负担。相对于超额累进的个人所得税，在交易环节按比例税率征收的流转税，尤其是增值税，缺乏弹性。

10.5.4 中国财政体制改革与展望

中国经济进入新常态发展阶段，未来财政体制改革的最终目标是实现市场经济稳定有序发展，提高经济效率和人们的物质生活水平及幸福指数，最终推动社会主义现代化建设的进程。中国财政体制改革已经进入了一个关键时期，必须对分税制改革中所凸显的问题进行分析和思考，进一步探索财政体制改革的方向。

1. 合理设置财政改革目标

财政体制改革的根本目标是促进经济稳定有序运行，提高经济的有效性，设立合理的财政改革目标是其必要前提条件。设立财政改革目标必须遵循：第一，时效性原则，财政改革目标必须与当前社会经济发展状况相适应，将政府收入和支出水平都纳入考量，推动财政改革的发展进程；第二，动态性原则，财政改革目标必须进行及时调整和改变，以探索更为合理科学的目标体系，推动财政体制改革实施的进程，促进中国的经济发展；第三，层次性原则，财政改革必须设立长期目标、中期目标和短期目标，短期目标应及时变动，并最终实现财政长期目标。

2. 明确中央与地方政府的事权与事责

计划经济体制下，政府是全能型的政府，中央政府的职责领域涉及政治和经济等各个方面，明确中央与地方政府的事权与事责，首先就要确定政府与市场的关系，再明确中央与地方的职责范围。市场经济体制下，政府应适当地“放权”，充分发挥市场经济自动调节的作用，同时，通过政府支出提供公共产品和服务，对外部效应进行规制等，弥补市场经济发展的不足。在中央与地方事权与事责的问题上，本着“凡地方能解决的问题归地方，地方解决不了的问题归中央”的原则进行明确划分，比如本行政区的财政事务归地方政府，而中央政府有权管理全国性事务。如跨地区的财政事务及具有较大外部效应的事务

(环境污染)归中央政府。并且，中央政府和地方政府应及时进行沟通协调，共同发挥政府对经济的宏观调控作用。

3. 建立完善的税权配置

第一，随着社会的发展进步以及科学技术水平的飞速发展，根据市场经济发展状况，立法部门应及时完善税法建设，弥补税法漏洞，防止偷税漏税行为的发生，增加政府税收收入。第二，加大对偷税漏税的惩处力度，规范公民的纳税行为，使公民自觉履行纳税义务，同时，设立奖励机制，对举报偷税漏税行为进行奖励，充分调动起全民监督的积极性，发挥公民监督的力量。第三，在不同地区间实行分层级的税权配置机制，根据地区的自然资源状况、经济发展水平等因素配置税权，以缩小不同地区间的财力差异，缓解社会矛盾。

4. 设立科学的转移支付制度

政府通过转移支付提供公共产品和服务，弥补市场经济体制的不足，然而，转移支付制度的不合理性导致政府支出增加，致使政府债务增多，引发转移支付和政府支出矛盾。对此，第一，要完善政府预算制度的建设，对政府每年、每季度、每月及各项目的支出做合理的预算，确保政府资金的流动性。第二，要完善政府审批制度，对需要政府财政支出的项目进行严格的审批，杜绝“形象工程”“政绩工程”等对政府财政支出的浪费。第三，要对社会经济发展状况进行整体的把握，根据政府宏观调控，及时增强或降低转移支付力度。第四，要保证政府收入来源的固定性和流动性，合理控制财政赤字的范围，提高政府转移支付的能力，进一步促进社会经济的发展。

5. 民生财政是中国公共财政的建设方向

民生财政即围绕实现民生底线保障与民生利益最大化的财政行为。从公共财政特征看，公共财政满足公共需要的目标和机制，满足民生基本生存需要；从公共财政实践看，财政支出用于教育、卫生、社会保障、住房、环境等与民众生活直接相关领域。民生财政致力于从体制层面改善民生现状，破除制约经济发展与深化改革的基础性障碍。当前中国社会保障相对不足、经济发展过度依赖投资与出口，社会矛盾逐步向财政部门集中，需要在支出体制、结构、力度及管理等多个层面进行相应变革，以缓解社会矛盾并破除制约改革深化的体制性障碍，因此，应把民生财政作为深化财政改革的方向，在财政实践中大力推进。

关键术语

政府经济职能　财政政策　公共财政　公共预算　国际收支平衡　经济周期　内在稳定器　相机抉择　扩张性财政政策　紧缩性财政政策　中性财政政策　经济杠杆　通货膨胀　通货紧缩　财政赤字　挤出效应　分税制改革　IS-LM　主权债务危机

复习思考题

(一) 简答题

1. 财政政策的目标及目标之间的矛盾是什么？

2. 扩张性财政政策和紧缩性财政政策的内容和功能是什么？
3. 简述财政政策的内在稳定器作用。
4. 财政政策的局限性有哪些？

（二）讨论题

1. 讨论财政政策在经济发展周期的不同阶段中的使用。
2. 财政政策对实现中国梦、促进中国经济可持续增长的作用是什么？

第 11 章

公共经济学研究发展趋势

学习意义与作用

学习公共经济学，掌握相关的知识很重要，但更重要的是了解这门科学发展的最新研究动态，把握国内外关注和研究的前沿理论问题，洞悉该领域的发展趋势，从而更有效地运用国内外研究的最新成果，为解决我国公共经济问题提供有价值的参考，促进公共经济学学科的发展。

教学要求

了解这一学科国内外最新研究动态和方法，掌握国内外最新关注和研究的重点问题，把握该学科的发展趋势，从而更好地运用公共经济学相关理论，拓展学生的研究视野，促进中国公共经济学的发展和创新。

学习重点

- 国外公共经济学研究的最新进展
- 公共经济学研究的发展趋势
- 研究范畴的拓展和研究方法的更新

作为一门动态发展的社会科学，公共经济学研究公共部门经济活动，关注公共部门在参与资源配置、协调收入分配和促进经济发展方面的行为和效果。研究中国公共经济理论与实践问题，必须围绕社会主义国家、市场经济、经济转型时期等时代特征，与中国经济新常态、新形势相结合，力求将新理论内化于新实践，这些构成了中国公共经济学未来研究的基本方向。未来公共经济学研究范畴将进一步拓展，方法论更加多元，更加突出制度规范政府和市场边界，更加突出研究影响可持续发展的相关难点和热点问题。

11.1　公共经济学研究的最新进展

通过对公共经济学国际范围内的权威期刊《公共经济学杂志》的相关统计和梳理，可以总结出公共经济学理论研究的最新进展及公共经济学理论在社会多领域中的发展与应用。具体而言，公共经济学研究的最新进展主要表现在下列几个方面：

11.1.1　公共经济学理论研究的最新进展

历久弥新的税收理论相关研究。税收是财政学领域的首要研究问题，也是公共经济学中最重要的内容。主要包括：最优税制与最优政策，最优税制的实现需要稳定的公共系统的基础保障，而政府政策包括企业税收政策在内的一系列政策的合理确定以及相互促进和影响，才能保证最优政策效果的实现；最优所得税与最佳再分配，旨在分析和解决所得税的征收在公平与效率之间的权衡取舍问题，拓宽了传统研究关于税收和再分配的影响因素的范围；税收与企业的关系，税收收入的构成和税收的执行直接影响到企业的盈利水平和未来发展；纳税人行为与税收政策遵守，对纳税人行为决定影响因素的系统分析，使政策制定者们能够更清晰地洞察纳税人的心理动机及变化，从而采取适当的激励措施促进税收政策的遵守。

日益向新的公共物品理论相关研究。公共物品理论是公共经济学的基础性理论之一，近年来的研究成果中，关于潜在的帕累托公共物品的研究、政府和私人在公共物品提供中的适当范围和所有权以及公共物品的最优提供等方面的新观点不断涌现。包括：潜在的帕累托公共物品，潜在的帕累托公共物品是无所不在的；政府与私人提供公共物品的所有权，传统的公共物品提供理论认为只有政府才是公共物品的生产者和提供者，市场则是私人物品的生产者和提供者，现代西方公共经济学研究者们开始更多地思考公共部门与私人部门的合作形式以及公私部门对公共物品提供的所有权问题，当存在事后谈判摩擦时，公共物品提供的最佳所有权由公私部门各方的技术因素和对公共物品的福利估值所驱动；公共物品的最佳提供，公共物品的适当私人提供以及政府与私人部门在公共物品提供中的所有权分配，为提高公共物品提供效率创造了新的路径。

稳中有进的财政联邦主义相关研究。由于信息和激励因素的不同，中央政府和地方政府在公共物品的提供方面各有优势，不同层级的政府之间进行合理分工，可以促进公共物品社会效益的最大化。财政联邦主义就是财政分权，给予地方政府一定的税收权力和支出责任范围，并允许地方政府自主决定其预算支出规模与结构，从而通过分散化的结构提高财政运行的整体效率。包括：财政联邦主义与公共支出效率、财政联邦主义下中央与地方政府的关系。

方兴日盛的财政透明度相关研究。财政透明度可以减少信息不对称问题，对经济发展具有积极影响：一方面，保障公民的知情权，增强公民影响预算决策的可能性，使政府的财政政策和行为更多地反映公民意志；另一方面，通过公民参与和监督，使财政政策更贴近于公共利益的实现，获得公众更好的理解，从而减少政策执行的阻力。包括：财政透明度及其影响因素，制度因素对财政透明度至关重要，更高水平的制度质量或治理决定了更好的财政透明度指标；财政透明度与反腐败，通过对外公布政府预算执行报告等信息，使政府之外包括财政的预期受益群体、非政府组织、政策分析者等信息使用者充分发挥监督作用，减少滥用公共资金等腐败行为的发生。

11.1.2 公共经济学理论在社会多领域中的发展与应用

公共经济学作为一门理论与实践相结合的学科，其研究不局限于公共部门在参与资源配置、协调分配和促进经济发展等方面的行为方式和效果，更立足于经济发展和社会生活各领域的实际问题，分析公共部门的经济活动和政策效果，研究改革与发展的新路径，实现公共经济学理论的实际运用。近年来，经济社会发展对公共经济学提出越来越多新的问题，促使公共经济学的研究视角不断开阔，研究主题日益多样。当前国外公共经济学的关注范围，已拓展到对社会生活各领域涉及问题的分析，如环境、教育、医疗卫生服务和养老、社会保障等，通过运用公共经济学理论和分析方法，对环境、教育、医疗卫生服务和养老问题的公共物品属性进行分析，研究供给或监管的有效模式，以促进人们生活质量的提高和经济社会的稳定发展。可以看出，公共经济学在突破其传统研究领域范围的同时，正在对社会性和公共性的领域给予全面关注，并越来越重视对公共经济学研究的经济社会效应的分析和评估，以提供解决的制度技术路径。

公共经济学视域下的环境监管。生态环境是人类赖以生存和发展的基本条件和物质基础。生态环境作为一种特殊的公共物品，除具有公共物品非竞争性和非排他性的一般特性外，还具有代际共享性、国际传导性和系统网络性等特征。同时，生态环境很容易产生“搭便车”的行为，即享受生态环境带来的好处而不承担产出、治理环境的成本。随着全球科技和社会生产力的迅速提高，人类在创造巨大经济财富的同时，无偿汲取和浪费了大量自然和生态环境资源，致使环境这一公共物品的供给呈现出越来越少的状态。自然资源紧缺、生态环境污染及其引起的全球气候变化等问题成为危及人类社会共同生存与全面发展的严峻问题。如何保护自然资源并提供良好的生态环境、如何发挥政策的作用减少和治理污染，日益成为世界各国政府和研究者们普遍关注的课题。碳市场的平衡约束的数值随机政策优化模型，探讨在公司减排成本和未来排放量不确定时分区环境监管下的混合排放交易系统可能达到的效果，价格界定对减排效果的优越性意味着原有控制机制的重新设计，构建新的机制以提升监管机构改变分区之前排放预算分配的能力等。

公共经济学视域下的公共教育支出与补助。教育是人类基本的传授知识、启迪智慧、开发潜能的活动。公共经济学研究者将研究重点更多放在了对基础教育的公共财政补贴和保障政策以及高等教育扩张的效应等方面。

公共经济学视域下的基本医疗卫生服务。基本医疗卫生服务是为了预防疾病、延长人的寿命和促进人的身心健康而提供评价、治疗保障和政策发展的服务，是社会福利的重要组成部分。包括：从公共经济学角度对医疗保险改革、医疗技术创新以及医疗卫生护理等服务的社会效益和价值进行研究；政府在增加医疗保险投入的同时，还应通过改善日常生活环境来提高人民的健康水平，从而完善医疗保健的公共服务水平；随着人口老龄化的发展和对创新能力要求的不断提高，对长期护理、保健服务的政策以及医疗创新的价值的相关研究，也成为新的关注点。

公共经济学视域下的公共养老制度。主要包括对老龄阶段生活的经济支持、生活照料和精神慰藉等基本保障。兼具公共物品和私人物品属性的公共养老措施，必然需要引入政府机制对市场提供进行干预和调节。通过适当设计的软硬兼施的方法，改革养老金制度。①

11.2　研究范畴拓展和研究方法更新

11.2.1　以国外公共经济研究范围拓展观察中国趋势

公共经济学研究公共部门在参与资源配置、协调收入分配和促进经济发展方面的行为和效果。公共部门为满足社会公共需要所从事的全部经济活动，不仅包括公共资源的筹集、分配和管理，而且还包括公共资源的配置、使用和对公共产品的供给与管理，其研究范围不仅包括分配领域，还包括公共产品的生产和提供方式等领域。中国公共经济学研究必须围绕社会主义国家、市场经济、经济转型时期特征，研究影响改革和发展的主要问题。②

（1）税收理论与应用。自亚当·斯密以来，税收始终是财政学领域研究的重要问题，例如，税收原则、税收职能等。马斯格雷夫将标准的经济分析引入税收研究，有针对性地分析了税收局部均衡、税收激励、税收经济效率以及税收对买方卖方行为的影响等。1962 年，阿罗德·哈伯格发表了对于企业所得税的激励问题的研究成果，并提出相应一般均衡模型，在马斯格雷夫局部均衡的基础上将研究向前推进。哈伯格将传统的福利三角损失模型扩展到对各种产品征收的不同税种的分析，并进一步评估了企业所得税的福利损失。20 世纪 60 年代末和 70 年代初，由于计算机技术的发展以及美国政府公布大量税收数据，公

① 唐任伍，李楚翘. 国外公共经济学研究的最新进展和发展趋势，经济学动态，2017 (8).

② 陈柳钦. 公共经济学的发展动态分析. 东南学术，2011，27 (3).

共经济学实证研究得以飞速发展，包括使用面板数据研究税收对于劳动力供应的影响，使用时间序列数据评估边际税率对于个人应税收入的影响，利息所得税对于家庭储蓄行为的影响，资本利得税对于公司行为的影响等。实证研究增加了对同一个体在某些条件下行为的可重复观察和测量，提升了公共经济学的科学研究水平。

（2）财政支出与公共政策。20世纪60年代中后期，美国政府支出规模急剧扩大背景下，公共经济学研究热点从税收转到政府支出。70年代布坎南的公共选择理论颠覆了长期以来所有主流社会科学家关于仁慈政府的前提，向世人证明了政府和官员并不是仁慈公正、全能而又无所不知，以实现公民福利为行动的全部动机的政治人，而同样是存在自利动机并通过各种方式谋求个人利益最大化的经济人。为了实现真正的公共利益，必须对政府政策目标实现得如何、如何才能更好地实现进行严肃对待和观察。理论突破立即得到了实践回应，大批经济学家开始从事政府支出方面的研究，并延伸到公共政策评价与政策设计。财政支出研究侧重于某一个支出项目是否达到预期政策目标，例如，众多研究者先后对养老金、失业保险、劳工补偿等政府支出项目的效果进行研究，并对人们行为的激励或额外负担问题进行研究，关注其中相关行为。

（3）一些待开发的前沿领域。随着公共经济学外延的进一步扩大，在未来一个较长的时期内，公共经济学家应注意以下问题：有利于私人部门增长与发展的政府治理与制度研究，保证穷人直接参与经济增长与发展的制度研究，如教育、供水等基本公共服务提供中的公众（家庭和社区等）如何参与其中，公共部门、非政府部门、社区如何实现制度性互动等相关问题。①

在现代经济中，由私人部门经济和公共部门经济共同构成的经济体系，分别提供着两类产品和服务，分别满足私人需求和公共需求。改革开放以来，中国的私人产品得到较大发展，基本上满足了私人需要，但公共产品供给严重不足，无法满足公共需要。随着经济的发展和社会的进步，经济结构和经济环境日益复杂，这从客观上要求对公共部门的经济活动进行深入研究。公共经济学研究的是公共部门为满足社会公共需要所从事的全部经济活动，不仅包括公共资源的筹集、分配和管理，而且还包括公共资源的配置、使用和对公共产品的供给与管理，其研究范围不仅包括分配领域，还包括公共产品的生产和提供方式等领域。

（4）中国公共经济学未来研究拓展。公共经济学在中国传播时间不长但发展势头良好，研究主要涉及为何需要公共经济、公共收入、财政支出以及决策体制机制等。与发达国家相比，中国国情和体制不同尤其是中国尚处于建立健全市场经济体制过程中，所以中国公共经济学研究存在特殊性，例如，准公共产品边界、公共产品多元化提供、国有土地、国有企业、公用事业单位改革等在中国公共经济学研究中是重要的领域。公共经济学需要以一种更加广阔、更加高远的视野来展开对与政府经济有关的一系列问题的研究。现代混合经济在世界范围已渐成大势，它们都将在政府与市场中寻找符合本国国情的平衡点，以政府为中心的公共经济、公共政策研究将成为公共经济学的研究重心。

改革开放以来，随着社会主义市场经济体制的逐步建立，中国公共经济学迎来了难得

---

① 马骁，冯俏彬. 现状与未来：国内外公共经济学研究评述. 地方财政研究，2009（11）.

的发展机遇。例如，在社会主义市场经济条件下，应如何确定市场与政府的界限？以政府为主要组成部分的公共部门应如何更有效地发挥作用？第三部门在经济社会发展中的角色应如何定位？中国经济转型与二元经济结构并存带来的收入分配问题、公共规制问题、转型期公共部门的活动范围与经济增长问题等等，都是中国公共经济学应当立足国情加以研究并给予科学回答的问题。①

11.2.2　以马克思主义中国化的研究方法观察中国公共经济问题

1. 以马克思主义为研究中国公共经济学的指导思想

作为脱胎于古典政治经济学的财政学，它的变化过程与政治学理论和经济学思想的发展紧密相连。马克思主义认为国家本质和国家职能的阶级性与公共性是相统一的。坚持马克思主义的指导地位，必须用发展着的马克思主义指导新的实践。马克思主义是一个开放发展的体系，它要在实践中不断吸取营养和丰富发展。公共经济学产生于市场经济的土壤，反映社会化生产法则，带有市场经济共性特征，对建立中国公共经济学具有指导意义。西方公共经济学以经验事实为基础，以经济模型为分析工具，便于证伪，易于操作，可以利用其研究解决中国的经济问题。建立中国公共经济学理论体系，必须坚持创新原则，从中国实际出发，实现公共经济理论的中国化。

由于经济理论基础及相关的政治制度、意识形态上的根本差异，我们对西方公共经济理论既不能排斥也不能照搬，而要借鉴和消化吸收。只有从中国实际出发，结合对中国经济发展和文化演进的历史与现状的全面调查，认真分析中国社会公共需要的一般性和特殊性，概括和总结中国社会公共需要内容的演变规律，才能建立真正适合中国历史、文化、人文经济环境的公共经济学理论体系。

2. 经济实验等成为公共经济学新兴研究方法

行为研究也是研究方法之一。与传统经济学中的行为研究不同，公共经济学中的行为研究侧重于研究制度、政策与行为之间的关系，以提高公共政策的有效性。从相当程度上讲，公共经济学未来更可能朝着集经济学、政治学、社会学、管理学、信息学等多学科综合、多维交叉的方向前进。

20 世纪初，在实验心理学建立之前，心理学一直仅作为哲学的一个部分存在，实验方法的引入使心理学成为一门真正独立的科学。然而经济学的发展并非如此，经济学较早地具备了独立、完备的理论体系，而实验检验的发展却相对滞后。从财政学的产生到公共经济学的形成，现代财政学一直都依附于相关的经济理论及其研究方法的发展，系统实验检验一直未能在财政研究中实现。随着实验经济学的产生，特别是实验方法在公共经济领域的运用，经济学乃至公共经济学已经大量使用现代实验方法和实验技术进行科学研究。以至于理论界开始日益关注实验经济学能否使经济学在未来成为真正的科学。② 广泛使用实验方法不仅体现实验经济学与其他经济学理论流派的不同，而且对经济学和公共经济学

---

① 杨志勇. 公共经济学的前沿问题. 人民日报，2005-03-25.

② 叶泽方. 实验经济学的方法论演进. 经济学动态，2002 (9).

的研究方式起到实质性革命作用。

实验方法在经济思想研究中具有重要地位。从某种意义上讲，作为古典经济学核心的市场均衡机制首先是由斯密通过“看不见的手”的思想实验完成的，马歇尔的成就是将这种思想实验用熟悉的模型有逻辑地表达出来。在其他因素不变的情况下分析一种因素变化所引起的另一种相关因素的变化是主流经济学的常用方法，而这种方法正是现代实验经济学中典型的强度验证实验方法。新制度经济学中的科斯定理并不像这个名称所暗示的是通过严格的演绎或者归纳方法得到的，而是通过放牧人是否看管自家的牲口不吃别人家的稻子这种日常生活的思想实验而产生的。公共选择学派在投票人模型中，也是用全体一致、过半数规则和中间投票人定理的实验思想来对投票决策规则进行经济分析的。在少数情况下，经济学家也进行社会实验，他们对不同的人群施加不同的税率，或者不同的福利待遇，试图以不同的方式向穷人提供住房和教育。① 实验的思想方法在经济学中其实十分传统且应用广泛。现代实验经济学的本质在于把大量的经济学家个人思想的实验结果进行验证，通过证伪或证实使结论真实可靠；或者探索经济学家思想实验所没有涉及的领域。②

实验经济学的发展加速了经济学和公共经济学研究与行为理论的融合。史密斯认为经济学和认知心理学在三个核心假说上相同：社会或经济中的理性结构直接来自个人决策者的个体理性，个体理性是一个自省的过程，人类心理可以模型化为一个总的目标问题的解决机制。可以将决策描述为期望效用最大化决策问题。从这三个基础出发，通过实验经济学家和心理学家的努力，许多心理学的思想也被引入经济解释理论之中，同时经济心理学思想也被引入公共经济学。实验经济学开创了经济实验系统化先河，加速了公共经济学方法论创新，未来公共经济理论体系中经济实验将占重要地位。

11.2.3 制度因素和作用将更加突出

制度作为经济活动中最为重要的环境，对经济发展的影响越来越明显，国家和政府作为制度的主要构成部分，是制度研究的一个中心问题。西方国家有研究者把新制度经济学与微观经济学、宏观经济学相提并论，认为它们共同构成了当代经济学的完整体系。③ 新制度经济学对于经济学的影响非常重要，公共经济学未来发展不能脱离这种影响。

相对于主流经济学来说，新制度经济学的重要区别在于以制度为其研究对象，并第一次把制度作为公共物品进行研究，丰富了公共经济学有关公共物品和正负外部效应理论内涵；新制度经济学在新古典理论框架中，将传统理论设定为已知不变的参数-产权制度、交易费用、将经济组织视为亟待解释的关键性变量，从而产生了其主要理论体系：交易费用理论、产权理论、制度变迁理论和制度与经济增长理论等。这些理论与公共经济学所研究的内容和范畴密不可分。所有这些理论的共同点，都是把制度作为主要变量引入公共经济学研究领域。

---

① 约瑟夫·E. 斯蒂格利茨. 经济学：上册. 北京：中国人民大学出版社，1997：20.

② 叶泽方. 实验经济学的方法论演进. 经济学动态，2002（9）.

③ 马涛. 经济思想史教程. 上海：复旦大学出版社，2006：450.

1. 新制度经济学拓展公共物品的研究对象

制度作为研究的对象，在新制度经济学分析的框架里被赋予新的内涵。一般公共物品是有形的，表现为具体的实物，而作为公共物品的制度是无形的，它是人的观念的体现以及在既定利益格局下的公共选择，表现为法律制度或规则、规范或一种习俗。一般公共物品不具有排他性，但作为公共物品的制度，有的可能具有排他性，例如，对大多数人有益的制度可能对少数人并不利，因为一些制度是根据少数服从多数的原则确立的。通过引入制度分析，新制度经济学为公共经济学的公共物品研究提供了一种更广阔的思路。

2. 交易费用理论

新制度经济学的核心范畴是交易费用。新古典经济学是假定交易费用为零的。1937年，科斯通过引入交易成本的概念，解决了企业起源的难题。虽然交易费用理论主要是来自对市场以及微观主体经济效率的研究，但是交易费用这一概念的革命，却使得经济学获得了对现实问题的新的解释力。① 20 世纪 60 年代以后，新制度经济学家们将交易费用的概念应用于广泛的公共经济领域，例如，代理关系、寻租活动、外部效应问题以及公共选择理论等，使得公共经济学能够运用交易费用、交易成本的分析方法来重新全面诠释和评价公共部门的经济行为。

3. 产权理论

产权理论构成了新制度经济学的基本主题之一，利用产权界定国家功能，并研究产权对资源配置效率的作用，是产权理论对公共经济学的重要贡献。新制度经济学家科斯利用交易成本理论，充分讨论了产权安排与资源配置的效率问题，并认为在交易成本为零时，不管产权如何界定，市场交易都将使资源处于帕累托最优状态。但在交易成本不为零时，不可能实现资源配置的帕累托最优状态，产权安排不仅影响产权转让和重组的市场交易，而且还将直接影响资源配置的效率。

在科斯之前，对于外部效应的问题，以福利经济学家庇古为代表的主流派主张以税收和管制来解决。新制度经济学家指出，只要产权是明确的，外部效应本身是有其特定市场的产品，在完善的市场机制下，关于外部效应的各项权利是可交易的，通过交易可以把外部效应内部化。这其中初始的产权界定是重要的，在初始产权明确界定后，不管如何分配产权，资源配置结果是一定的，不同的只是收入分配，这一理论为外部效应内部化提供了新思路。

对于公共经济学来说，公共物品具有典型的外部效应，由于收费的困难，公共物品主要由政府部门提供，政府干预其生产是必要的，传统主流学派一直坚持这一点。但公共物品不能像私人物品一样明确界定产权，因而造成了公共物品的过度使用即拥挤问题。针对公共物品的低效率问题，新制度经济学家通过对外部效应的重新认识，提出了解决拥挤问题的新思路，即适当调整公共物品的产权性质，以提高效率。这一思路的关键在于使私人成本与社会成本一致，即公共物品的外部效应内部化，例如，建立俱乐部产权制度把某些公共物品限定于一定范围而对其他人具有排他性。公共经济学对于公共物品的外部效应问题逐渐形成了“马歇尔—庇古—科斯”的思想体系。

---

① 马涛. 经济思想史教程. 上海：复旦大学出版社，2006：455.

4. 制度变迁模型与诺思悖论

制度变迁理论是新制度经济学体系的核心部分，其中，强制性制度变迁模型通过对政府法令引起变迁的探讨提出了国家的基本功能是提供法律和秩序，并保护产权以换取税收的思想。推进制度变迁具有合理性：制度供给是国家的基本功能之一，制度安排是一种由国家提供的公共物品，弥补政府供给不足。

国家经过努力可能降低一些不利因素对制度变迁的影响，但是不能克服其他不利因素对制度变迁的约束。诺思提出，国家既可以弥补市场的缺陷，成为强制性变迁的主体，又可以与旧制度中的既得利益集团结合在一起，形成对资源的垄断，从而使任何创新都变得毫无意义，这一观点被称作诺思悖论。

诺思从研究产权与国家的关系的角度提出了诺思悖论，揭示了国家在产权制度建设中的作用和两面性。诺思主张在发挥国家保护产权积极作用的同时，要利用宪法和法律手段遏制国家权力对产权的干预和控制。这无疑是从产权的新视角为规范政府行为、塑造政府效率机制提供了全新的论证。诺思悖论似乎是对历史上的国家干预论和自由主义经济学家各自思想的全面反思，为现代财政理论的研究提供了一个全新的理论框架和科学的指导思想。

11.3 公共经济学研究的未来发展趋势和中国值得研究的突出问题

纵观国外公共经济学研究的发展进程，其研究范围和任务早已实现了对其理论来源——财政学的“否定之否定”意义上的突破。公共经济学研究在仍以政府支出与税收为重点的同时，更着眼于经济社会发展对提高人民生活水平和质量的意义，由此将目光放到了整个公共部门，涉及教育、卫生、社会环境等各个领域，并在这些领域研究政府生产和分配资源的行为以及政府政策的经济和社会效果。西方资本主义经济的成熟以及世界范围内更多计划经济国家向市场经济、“混合经济”的转变，必将使在政府与市场中寻求经济发展平衡点的公共经济学更加大有所为。展望未来，公共经济学研究呈现三个主要的发展趋势，即对传统理论在社会发展中的继续深入挖掘与拓展、对现代社会发展普遍关切问题的探讨和回应，以及研究方法上规范研究与实证研究的有机结合。公共经济学需要以更开阔的视野展开对公共部门经济领域一系列问题的研究，并朝着多学科综合、多维交叉的方向继续前进。

11.3.1 对传统理论的拓展与应用

税收理论的全面探讨与运用。传统公共财政学研究政府财政收支活动本身的问题，特别是与国家财政收入活动相关的一系列问题。而公共经济学不仅研究政府财政收支活动本身，并且将关注重点投向政府财政收支活动对整个经济社会的影响，即财政收支活动对全部资源配置活动的效率和社会福利变化的影响。税收与公共支出作为财政学研究的基础问题，也是公共经济学与经济增长理论研究关心的重要问题。当前，关于税收与公共支出结构的最优选择、税收对企业和个人行为的影响等方面的研究已相对完善。通过近年国外研究者在税收与公共支出方面的研究重点和成果可以看出，未来公共经济学研究，将继续围绕经济发展中的最优税收规模与公共支出结构这一核心。一方面，在世界经济全球化发展的进程中进一步探讨开放经济中的最优税收与支出政策，审视全球经济的外部环境对一国经济发展及经济结构的影响和外部冲击，从而分析判断财政政策工具选择的有效性及最优税收和支出结构的确定；另一方面，就一国经济社会的发展，从生命周期的视角设计最佳税收与支出项目也将在未来税收与支出政策的研究中得到更多关注。自哈佛大学葛瑞纳(Larry E. Greiner) 教授 1972 年在《组织成长的演变和变革》中首次提出"企业的生命周期"后，生命周期的概念被越来越多地扩展和应用于分析某一组织或领域生存和发展过程中的基本规律和特征。近年来国外公共经济学研究者也试图从生命周期的视角研究公共经济学问题。就税收与支出项目的选择而言，如何在经济社会发展的各个阶段把握发展规律及特征，洞察税收对当下企业和个人行为的影响，从而做出调整和完善税收与支出项目的决策以兼顾公平与效率，将在未来取得更大的进展。

公共物品的最佳提供模式与边界的合理确定。公共部门经济活动的主要任务之一就是向社会提供公共物品，公共物品理论也是公共经济学的重要组成部分。早期关于公共物品理论的研究从"搭便车"现象入手，提出私人缺乏有效提供公共物品的激励机制，因而政府等公共部门应该并且能够提供公共物品。将政府视为公共物品唯一提供者的传统理论，导致了政府财政负担过重并影响公共物品提供效率的问题。20 世纪 80 年代以来，公共物品私人提供问题开始更多地进入人们的研究视野，私人部门在公共物品提供中开始发挥越来越多的作用。西方国家非营利组织等第三部门的快速崛起和发展以及对个人慈善行为的提倡，都将带动公共物品私人提供的继续发展。如何充分发挥私人提供公共物品的积极作用，如何合理确定政府与私人部门提供公共物品的范围和供给模式，如何规范和管理非营利组织和慈善活动在公共物品提供中的行为和效果，以提高供给效率，都将是未来研究者们继续关注的重要问题。

11.3.2 对现代社会发展关切问题的回应

创新成为公共经济学研究的重要基石。在科技水平日益成为综合国力竞争的决定性因素的时代背景下，世界各国政府越来越多地将创新作为政治、经济议程上的一个关键问题，认识到创新在促进经济增长和应对社会与外部环境挑战方面的巨大潜力。在当今世界各国综合国力的激烈竞争中，谁能够把握创新制高点，谁便掌握了竞争的主动权。创新不只关乎企业等私人部门的发展命脉，在公共部门的发展中亦如此，创新对提高公共部门效率、提供优质和具有竞争力的公共服务至关重要。布朗和奥斯本将公共部门的创新定义为"一个不连续变化的独特类别，能够为政策制定者和服务管理者提供特殊挑战"。由此可见，创新是一个动态的过程，公共部门的创新包括改变组织的总体架构、确定问题、开发新的创新路径、选择和实施新的解决方案等，而促进创新的重要因素则是鼓励创造性的心态。将创新作为公共经济学研究的重要基石，以创新的思维和路径引导传统公共经济学理论的变革，并促进公共部门改革，将是未来国际范围内公共经济学研究的主要趋势。此外，当前许多国家由于受到不同范围的约束和限制，在创新方面发展缓慢，未来追求有助于克服这些限制的发展途径也是创新政策选择与制定研究的重要任务。

城市公共经济学问题的发展与研究。城市发展问题是世界各国必须高度关注的重要问题。随着经济和科技的发展，城市的快速增长和振兴为人们工作和生活改善提供了越来越多的机遇，但与此同时，世界范围内普遍面临着城市地区范围扩大带来的艰巨经济挑战。这些机遇和挑战的相互作用为公共部门的政策制定者和研究人员提出了重要的课题。城市地区的财政、金融和组织管理问题也为公共经济学领域的研究提供了更广阔的空间。此外，城市发展的复杂问题随着时间的推移而增加，城市的繁荣使得世界各国的大多数居民生活在城市地区，然而，如今的大都市已不仅仅是过去城市的简单外推和扩张，其规模和性质已发生重大变化。长期以来一直统治空间组织的“距离”概念也已被新技术超越，并促进了城市网络的形成。因此，当前与公共部门相关的许多问题都出现在具有流动模式和拥挤的城市中，如财政压力、城市与郊区兼并的经济社会影响、不同地区之间的横向和纵向的财政差异、税收和机构规模等问题，亟待未来的研究者们给予关注和研究。同时，与城市公共经济学直接相关的其他问题，诸如环境污染、地方基础设施恶化、住房供应不足、公共服务的数量和质量较低等，也向研究者们提出了新的挑战。

老龄经济学与最佳社会保障问题的研究。随着生活质量和医疗技术水平的不断提高，全球人口寿命普遍延长，加之发达国家人口出生率的下降，人口老龄化成为 21 世纪不可逆转的常态，构成经济运行的一种基础性环境因素。然而，人口老龄化不是单纯的老年人的问题，而是会给经济社会带来全方面影响的重大经济问题，在此前提下，研究在人口老龄化的基础性约束条件下进行稀缺资源有效配置与管理的老龄经济学理论应运而生。未来公共经济学关于人口老龄化问题的研究还需更多与老龄经济学的理论和实证分析相结合，分析人口老龄化对经济增长、社会生活以及财政收支平衡产生的影响，并寻求应对人口老龄化所带来的潜在风险的税收和财政支出结构。此外，人口老龄化的背景也使得最优社会保障问题成为公共经济学研究的前沿领域。已有研究表明，社会保障越完善就越会导致人们增加闲暇、减少储蓄，因此在未来的研究中，在不断完善包括养老金、养老保险、补助金等在内的社会保障计划的前提下，研究社会保障对人们行为的影响并提出合理的协调方法，同时，在兼顾公平和效率的原则和社会整体性理念的指导下，建立完整的社会保障制度将变得更为重要。①

11.3.3 中国公共经济学值得突出研究的相关问题

1. *政府和市场的边界与效率*

政府与市场是两种配置资源和协调社会经济活动的主要机制或制度安排。在市场经济条件下，市场机制不可能完全脱离政府单纯地发挥作用。从政府与市场关系的角度来看，

① 唐任伍，李楚翘. 国外公共经济学研究的最新进展和发展趋势，经济学动态，2017（8）.

两者关系的处理对经济效率、经济发展具有决定性的影响。政府与市场关系处理不当，就会导致经济低效率，阻碍经济发展。因此需要研究应该如何处理政府与市场的关系。

政府与市场的作用相互交织，通常很难把政府和市场的关系简单地概括为某一形式的关系，很难通过政府与市场的某种关系来全面地揭示政府与市场的作用。市场和政府是人类在漫长发展过程中自然形成的制度安排。作为规范人们交易行为的形式，它们有着各自的适用范围即边界，超越自己的边界侵入另一领域，就会损害经济活动的效率。如果政府可以随便越过边界，那么市场制度永远不可能建立。中国正处于经济转型时期，转型的过程是漫长的，不断变动的政府与市场的关系也并非一成不变，而是随着时代的发展和经济环境的变化不断做出调整。

公共经济学必须适应并促进政府和市场边界的动态调整。这一过程必然伴随政府在适应市场机制要求过程中其本身职能的公共化取向。这也是西方公共经济学研究的内容，即政府做该做的事情，弥补市场失灵，提供公共物品和服务。研究如何平稳、持续、快速推进转轨的政策才是这一时期最大的公共经济与政策。由此延伸出来的对本国国情民意的判断、对体制转轨目标的确定、对改革步骤的安排、对各项政策的预见和把握、对矛盾与冲突控制和化解的能力、对相关政策之间的统筹和协调等，也自然成为公共经济与政策研究的主要内容。

政府与市场、公共部门与私人部门，它们之间的相互联系、相互矛盾和相互均衡，也许是人类经济发展史上永无终结的论题。政府经济的重要作用并非像许多人主观想象的那样，是在市场自由竞争形态发展到再也无法实现自我控制的时候才充分表现出来的。在现代市场经济萌芽之时，政府就同这个“看不见的手”一起共同支配社会经济活动的命运了，政府和市场没有真正分离过。无论自由主义的学者们怎样（至今还在）质疑、批判和否定政府经济的历史合理性，也无论这种质疑、批判和否定具有怎样深刻的哲学影响力，一个越来越强大的政府和一个越来越扩张的公共经济部门，毕竟已经成为今天人类生活中的事实。

美国经济学家萨缪尔森教授认为市场既是在人类现有智力水平和发展条件下唯一可用的经济制度，又是难改先天缺失的制度。由政府弥补市场的先天缺失，是在人类现有智力水平和发展条件下唯一可行的选择。于是政府在市场经济活动中的基本功能就非常清楚了，政府应该更能体现社会的公平和公正，政府应当能够更好体现资源配置的效率原则。政府并不是先天就拥有弥补市场缺失的良心和理性的。政府要真正起到这样的作用，需要依靠严格的制度约束，这是政治学所要研究解决的问题，需要依靠政府行为理性水平的提高，这是公共经济学研究的问题。①

2. 最优税收与收入分配问题

最优税收理论形成之前，税制设计问题的讨论多局限于税收原则的罗列和细化，而该理论从课税带来的效率损失入手，用数学语言将这些内容形式化，各税收原则之间也因而形成更为严密的逻辑关系。从现代经济学理论来看，税收原则可以归纳为公平原则、效率原则和经济稳定与增长的原则。最优税收兼顾效率和公平，在深化关于税收对经济的影响

---

① 韩康. 政府经济和政府理性：公共经济学的缘起与发展. 国家行政学院学报，2005 (4).

的研究时，税收公平问题、优化税制结构、突出重点税种的主体地位等成为新一轮税制改革的热点问题。

在税率设计和课税范围等方面都存在不足甚至背离税收公平效率原则。要从中国现实情况出发，研究直接税与间接税的合理搭配，实现扭曲效应或超额负担最小。对于所得税，确定最适累进程度，既实现公平又兼顾效率。

分配问题一直是人类社会高度关注的经济问题。公平与效率是一对矛盾，是世界各国发展经济所面临的现实问题，是收入分配中难以协调的目标。在完全的市场经济条件下，初次分配的具体操作、运行和产生的结果由市场来实现，再分配的运转则完全掌握在政府手中。伴随着转型深化，中国经济取得了快速增长的同时，初次分配和再分配领域也出现了扭曲。中国市场化改革进程中收入分配差距不断扩大的事实已引起政府和全社会的关注。中国特色的经济转型与二元经济结构并存带来的收入分配问题将成为今后中国公共经济学研究的一个重要领域。中心议题在于如何发挥政府的收入调节功能，遏制贫富差距的过大与过快增加，促进橄榄形社会的逐渐形成。

3. 政府预算管理

公共部门的收支决策是通过预算的编制过程来完成的。政府预算是与法治国家和民主政治同步成长的。纵观西方发达国家现代公共预算管理模式的演进历程，其间出现了不少重要的创新和探索，这些创新和探索在当代既被新绩效预算管理不断整合，同时也按照自身的逻辑不断向前突破发展，成为公共预算管理改革的方向和动力。总的来看，近年来西方国家地方公共预算管理改革有五个方面的主题和趋势：结果导向预算、富于灵活性的预算、有使命感的预算、中长期预算和公民参与预算。

中国公共预算管理距离实现“依法管好百姓钱”的目标仍旧存在差距。政府预算涉及的是老百姓的钱，是一个涉及所有人的问题，依法管好老百姓的钱，体现公共预算管理的公共性，是当前政府需要解决的一个迫切问题。政府预算应该探讨建立由一般公共预算、社会保障预算、国有资本经营预算等组成的复式预算体系以及权责发生制在政府会计中的应用、推广绩效管理、发布公共部门财务报告等，研究强化人大的预算控制与预算监督、推广参与式预算以反映公众的预算需求。要着重研究中国公共预算管理制度的改革途径，完善公共预算编制的程序和方法，强化预算约束力。

4. 公共物品的供给和选择

公共物品理论是公共财政理论的核心内容，也是公共经济学的重要组成部分。公共物品是由市场还是政府来提供，依赖于制度选择。公共部门经济活动的主要任务是提供公共物品。传统理论认为，政府应成为公共物品的唯一供给者，但政府财政支出的不断膨胀和财政负担加重，影响政府提供公共物品的能力。

20 世纪 80 年代以来，公共物品的私人提供问题开始较多地进入人们的研究视野，这是与私人部门在公共物品提供中越来越多地发挥作用相适应的。比如：个人从事大量慈善活动，提供多种公共物品；非营利性组织等第三部门快速发展等。如何借鉴西方公共物品和公共选择理论，建立中国社会主义基本经济政治制度相应的公共物品需求表达机制和决策机制，合理确定公共物品的供给范围、供给规模和供给方式，并合理划分政府间公共物品的供给职能和范围，提高供给效率等都将是中国公共经济学研究的重要问题。

5. 公共经济政策分析和评价

公共经济政策是指国家或政党为实现一定的政治和经济任务，或指导和调节经济活动所规定的经济行动准则和措施，主要包括财政政策、货币政策等。伴随着经济体制的深刻变革，社会结构产生深刻变动，利益格局经历深刻调整，思想观念发生深刻变化，政府管理工作也经历着从行政管理到公共行政，进而发展到以公共经济政策为核心的公共经济管理的演变历程。提升政府制定、执行公共经济政策的能力已成为解决改革发展中的重大问题、群众生产生活中的迫切问题和政府建设中的突出问题的重要途径。

评价手段和工具不能局限于福利经济学提供的手段和工具，而要探求适合社会主义制度和中国现实的评价体系，并充分利用数理经济学和计量经济学的分析技术进行定性分析与定量分析，使分析的结果更加准确。在未来公共经济学的研究中，如何使政府政治和经济体制改革符合市场发展的需要，如何实现公共经济学中一贯倡导的兼顾公平和效率，完善公共政策的价值取向，如何实现最高效的公共机制仍然是理论研究的重点。

关键术语

福利三角损失模型　仁慈政府　准公共产品边界　公共产品多元化　公共政策　政府与市场边界　第三部门　现代混合经济　实验经济学　新制度经济学　交易费用　产权理论　制度变迁模型　诺思悖论　最优税收

复习思考题

（一）简答题

1. 国外公共经济学研究范畴在哪些方面进行了拓展？
2. 中国公共经济学未来研究的重心主要有哪些？
3. 如何运用马克思主义的基本理论来研究中国的公共经济问题？
4. 怎样运用实验经济学来研究中国的公共经济问题？
5. 新制度经济学对中国的公共经济学研究有什么影响？

（二）讨论题

1. 中国公共经济学的发展将面临哪些新问题和新趋势？
2. 中国公共经济学值得突出研究的有哪些问题？

主要参考文献

Martin Feldstein. The Transformation of Public Economics Research：1970—2000. Journal of Public Economics，2002，86 (3).

Laffont，Jean-Jacques. Public Economics Yesterday，Today and Tomorrow. Journal of Public Economics，2002，86 (3).

Charles M. Tiebout. A Pure Theory of Local Expenditure. Journal of Political Economy，1956，64 (5).

Paul A. Samuelson. The Pure Theory of Public Expenditure. The Review of Economics and Statistics，1954，36 (4).

Joseph E. Stiglitz. New Perspectives on Public Finance：Recent Achievements and Future Challenges. Journal of Public Economics，2002，86 (3).

罗宾・W. 鲍德威，大卫・E. 威迪逊. 公共部门经济学：2 版. 北京：中国人民大学出版社，2000.

约瑟夫・E. 斯蒂格利茨. 政府经济学. 北京：春秋出版社，1988.

约瑟夫・E. 斯蒂格利茨. 公共部门经济学：3 版. 北京：中国人民大学出版社，2005.

C. V. 布朗，P. M. 杰克逊. 公共部门经济学：4 版. 北京：中国人民大学出版社，2000.

高培勇，崔军. 公共部门经济学. 北京：中国人民大学出版社，2011.

唐任伍. 公共经济学. 北京：科学出版社，2018.

马胜杰，夏杰长. 公共经济学. 北京：中国财政经济出版社，2003.

金镝. 公共经济学. 大连：大连理工大学出版社，2007.

常兴华，李伟. 扩大中等收入者比重的实证分析和政策建议. 经济学动态，2012 (5).

陈共. 财政学：7 版. 北京：中国人民大学出版社，2012.

唐任伍，李楚翘. 国外公共经济学研究的最新进展和发展趋势，经济学动态，2017 (8).

陈振明. 政治与经济的整合研究：公共选择理论的方法论及其启示. 厦门大学学报

（哲学社会科学版），2003（2）.

刘尚希，李成威. 基于公共风险重新定义公共产品，财政研究，2018（8）.

丁煌. 公共选择理论的政策失败论及其对中国政府管理的启示. 南京社会科学，2000（3）.

樊继达. 公共经济思想的演进与当代中国转型. 学习时报，2007-01-14.

樊勇明，杜莉. 公共经济学：2版. 上海：复旦大学出版社，2007.

高培勇. 论国家治理现代化框架下的财政基础理论建设. 中国社会科学，2014（12）.

高嵩. 公共选择经济学导论. 北京：经济管理出版社，2007.

哈维·S. 罗森，特德·盖亚. 财政学. 北京：中国人民大学出版社，2009.

韩康. 政府经济和政府理性：公共经济学的缘起与发展. 国家行政学院学报，2005（4）.

华民. 公共经济学教程. 上海：复旦大学出版社，1996.

黄恒学. 公共经济学. 北京：北京大学出版社，2002.

林德尔·G. 霍尔库姆. 公共经济学：政府在国家经济中的作用. 北京：中国人民大学出版社，2012.

马骁，冯俏彬. 现状与未来：国内外公共经济学研究评述. 北京：地方财政研究，2009（11）.

宋世明. 公共选择理论视野中的规则变革. 中国行政管理，2004（8）.

孙文学. 中国财政思想史. 上海：上海交通大学出版社，2008.

唐朱昌. 新编公共财政学：理论与实践. 上海：复旦大学出版社，2005.

王和山. 积极探索公共财政的“民生之路”. 经济参考报，2012-08-13.

维托·坦茨. 政府与市场：变革中的政府职能. 北京：商务印书馆，2014.

项怀诚. 中国财政体制改革六十年. 中国财政，2009（19）.

许云霄. 公共选择理论. 北京：北京大学出版社，2006.

杨帆，张弛. 利益集团理论研究：一个跨学科的综述. 管理世界，2008（3）.

杨志勇. 公共经济学的前沿问题. 人民日报，2005-03-25.

约瑟夫·斯蒂格利茨. 财政学的新视角：近期的成就与未来的挑战. 经济社会体制比较，2004（1）.

张文春，郝晓霞. 公共经济学的最新进展. 经济理论与经济管理，2003（7）.

人大版公共管理类教材

公共管理类专业教材——学科基础课教材

书名	作者
现代管理学原理（第三版）（"十一五"国家级规划教材）	娄成武　魏淑艳
一般管理学原理（第四版）	张康之　周　军
管理学基础（第三版）	方振邦
政治学原理（第三版）	景跃进　张小劲
现代政治学原理（第四版）	石永义　刘玉萼　张　璋
公共管理学（第二版）	陈振明
公共管理学——一种不同于传统行政学的研究途径（第二版）	陈振明
公共管理学（第三版）（数字教材版）（"十二五"国家级规划教材）	蔡立辉　王乐夫
公共管理学（精编版）	王乐夫　蔡立辉
公共管理学（第三版）	张康之　郑家昊
公共管理概论（第二版）	朱立言　谢　明
公共政策导论（第六版）（数字教材版）	谢　明
公共政策概论（第二版）	谢　明
公共政策学——政策分析的理论、方法和技术（"十一五"国家级规划教材）	陈振明
公共政策学（第二版）	杨宏山
政策科学——公共政策分析导论（第二版）	陈振明
公共经济学（第三版）（"十二五"国家级规划教材）	高培勇
公共经济学教程	秦立建
政府经济学（第四版）（"十一五"国家级规划教材）	郭小聪
政府经济学（第四版）	潘明星　韩丽华

公共管理类专业教材——方法课教材

书名	作者
公共管理研究方法	何兰萍　张俊艳
行政学研究方法与应用案例	萧鸣政　等
管理定量分析：方法与技术（第三版）	刘兰剑

公共管理类专业教材——行政管理、公共事业管理专业教材

书名	作者
行政法学导论（第二版）	姜晓萍
公共部门人力资源管理（第四版）	孙柏瑛　祁凡骅
公共部门人力资源开发与管理（第五版）（"十二五"国家级规划教材）	孙柏瑛　祁凡骅
公共部门人力资源管理（第三版）	滕玉成　于　萍
公共部门人力资源管理概论（第二版）	方振邦
公共部门人力资源管理案例	周均旭
行政管理学（第五版）（数字教材版）	郭小聪
公共行政学（第五版）	彭和平
公共行政学（第二版）	张康之　张乾友
行政学导论（第三版）	齐明山

书名	作者
行政管理学导引与案例	陈季修
管理心理学（第三版）	范逢春
公共组织行为学（第三版）（“十一五”国家级规划教材）	孙　萍　张　平
公共组织学（第四版）	李传军
行政组织学（第二版）	张　昕　李　泉
公共组织理论	陆明远　冯　楠
公共事业管理概论（第三版）	朱仁显
公共组织财务管理（第三版）（“十一五”国家级规划教材）	王为民
国家公务员制度（第五版）（数字教材版）（“十二五”国家级规划教材）	舒　放　贾自欣
国家公务员制度概论（第二版）	刘碧强　郗永勤
公务员制度概论	李如海
公务员制度	温志强　王彦平　郝雅立
当代国家公务员制度：理论与实践	胡春艳
行政领导学（第三版）	朱立言　李国梁
领导学（第五版）	邱霈恩
领导学	孙　健
现代市政学（第五版）（数字教材版）	王佃利
市政管理学（第五版）（“十一五”国家级规划教材）	杨宏山
社区管理（第四版）	汪大海　魏　娜　郇建立
社区管理原理与案例	魏　娜
电子政务教程（第三版）（“十一五”国家级规划教材）	赵国俊
电子政府与电子政务（第二版）（“十一五”国家级规划教材）	张锐昕
行政伦理学教程（第四版）（“十二五”国家级规划教材）	张康之　李传军
公共危机管理概论（第二版）	王宏伟
公共危机管理	唐　钧
非营利组织管理（第二版）	康晓光
当代中国政府与政治（第二版）	景跃进　陈明明　肖　滨
当代中国政府与行政（第三版）	魏　娜　吴爱明
地方政府学概论（第二版）	方　雷
地方政府管理（第二版）	陈瑞莲　张紧跟
管理秘书实务（第三版）	赵锁龙
行政秘书学	唐　钧
公文写作与处理	赵国俊
机关管理的原理与方法（第三版）	赵国俊　陈幽泓
公共部门绩效管理（第二版）	方振邦
政府绩效管理（第二版）	方振邦　葛蕾蕾
政府绩效评估	蔡立辉
政府公共关系（第二版）（“十一五”国家级规划教材）	廖为建　张　宁
西方行政学理论概要（第二版）（“十一五”国家级规划教材）	丁　煌
公共行政学史（第二版）	何艳玲
西方公共管理名著导读	汪大海
文化管理学（第三版）（“十二五”国家级规划教材）	孙　萍
文化创意产业导论	魏鹏举
卫生事业管理（第二版）（“十一五”国家级规划教材）	李　鲁
现代公用事业管理	崔运武

公共管理类专业教材——劳动与社会保障专业教材

书名	作者
社会保障概论（第七版）	孙光德　董克用
社会保障学	戴卫东
劳动经济学（“十一五”国家级规划教材）	董克用　刘　昕
劳动法与社会保障法	黎建飞
社会保险学（第四版）	孙树菡　朱丽敏
社会保障基金管理	李春根
社会保障国际比较	仇雨临

公共管理类专业教材——土地资源管理专业教材

书名	作者
土地经济学（第八版）（“十一五”国家级规划教材）	毕宝德
土地法学（第二版）	严金明
土地资源学	张正峰　赵文武
土地资源管理学（第二版）	张正峰
国土空间规划学	张占录　张正峰
国土空间规划学导论	刘润秋　唐　鹏
不动产估价（第二版）（“十一五”国家级规划教材）	叶剑平　曲卫东
土地信息系统	曲卫东　韩　琼
地籍管理（第五版）（“十一五”国家级规划教材）	谭　峻　林增杰

公共管理类专业教材——城市管理专业教材

书名	作者
城市管理学（第四版）	杨宏山
城市管理学：公共视角	陆　军 等
城市经济学（第二版）	叶裕民　周　麟
城市总体规划原理	郐艳丽　田　莉
中国城市管理史概论	郑　国

公共管理类专业教材——应急管理专业教材

书名	作者
应急管理导论：原理与案例	李燕凌　朱正威 张海波　章文光
应急管理概论	王宏伟
应急管理理论与实践	唐　钧
突发事件风险管理	张小明
应急管理新论	王宏伟
新媒体时代的应急管理与危机公关	唐　钧
公共安全风险治理	唐　钧

公共管理硕士（MPA）教材——核心课教材

书名	作者
全国公共管理硕士（MPA）核心课程教学指导纲要	全国公共管理专业学位研究生教育指导委员会
社会主义建设理论与实践（第三版）	李景治　蒲国良
公共管理英语（修订版）	顾建光
学术规范和论文写作	胡宏伟
公共管理学（第三版）（全国优秀教材二等奖）	张成福　党秀云
公共管理学原理（修订版）	陈振明
公共管理导论	竺乾威　朱春奎　李瑞昌
公共政策分析	陈振明
公共政策分析导论	陈振明
公共政策分析概论（修订版）	谢　明
公共部门经济学（第三版）	高培勇　崔　军
公共经济学	唐任伍
行政法学（修订版）	皮纯协　张成福
行政法学概论（第三版）	胡锦光
非营利组织管理概论（修订版）	王　名
非营利组织管理	王　名　王　超
公共管理伦理学（修订版）	张康之
社会研究方法	陈振明
电子政务理论与方法（第五版）	金江军
公文写作概论	高永贵

公共管理硕士（MPA）教材——专业方向必修课、选修课教材

书名	作者
公务员制度教程（第六版）	舒　放　王克良
比较政府与政治（修订版）	卓　越
当代中国政府与政治（第三版）	吴爱明　朱国斌　林　震
公共部门人力资源管理及案例教程（第三版）	陈天祥
公共部门绩效评估（修订版）	卓　越
公共部门危机管理（第三版）	张小明
应急管理通论（第二版）	李雪峰
公共部门战略管理（修订版）	陈振明
MPA 学位论文写作指南	汪大海

图书在版编目（CIP）数据

公共经济学/唐任伍编著. —北京：中国人民大学出版社，2018.11
ISBN 978-7-300-23898-2
公共管理硕士（MPA）系列教材

Ⅰ.①公… Ⅱ.①唐… Ⅲ.①公共经济学-研究生-教材 Ⅳ.①F062.6

中国版本图书馆 CIP 数据核字（2017）第 010284 号

公共管理硕士（MPA）系列教材
公共经济学
唐任伍　编著
Gonggong Jingjixue

出版发行	中国人民大学出版社		
社　　址	北京中关村大街 31 号	**邮政编码**	100080
电　　话	010－62511242（总编室）		010－62511770（质管部）
	010－82501766（邮购部）		010－62514148（门市部）
	010－62511173（发行公司）		010－62515275（盗版举报）
网　　址	http://www.crup.com.cn		
经　　销	新华书店		
印　　刷	固安县铭成印刷有限公司		
开　　本	787 mm×1092 mm　1/16	**版　　次**	2018 年 11 月第 1 版
印　　张	16.5	**印　　次**	2025 年 9 月第 7 次印刷
字　　数	375 000	**定　　价**	48.00 元

中国人民大学出版社　管理分社

教师教学服务说明

中国人民大学出版社管理分社以出版工商管理和公共管理类精品图书为宗旨。为更好地服务一线教师，我们着力建设了一批数字化、立体化的网络教学资源。教师可以通过以下方式获得免费下载教学资源的权限：

★ 在中国人民大学出版社网站 www.crup.com.cn 进行注册，注册后进入“会员中心”，在左侧点击“我的教师认证”，填写相关信息，提交后等待审核。我们将在一个工作日内为您开通相关资源的下载权限。

★ 如您急需教学资源或需要其他帮助，请加入教师 QQ 群或在工作时间与我们联络。

中国人民大学出版社　管理分社

教师 QQ 群：648333426(工商管理)　114970332(财会)　648117133(公共管理)
教师群仅限教师加入，入群请备注（学校+姓名）

联系电话：010-62515782，82501868，82501048，62514760

电子邮箱：glcbfs@crup.com.cn

通讯地址：北京市海淀区中关村大街甲 59 号文化大厦 1501 室（100872）

管理书社　　人大社财会　　公共管理与政治学悦读坊